四川基层纪检调研报告

(2022)

乡镇篇

AN INVESTIGATION OF THE GRASS-ROOT DISCIPLINARY

INSPECTION OF SICHUAN IN 2022: VILLAGES AND TOWNS

主　　编 / 李向成
副 主 编 / 滕文浩　张　平
执行主编 / 崔　巍　毛张燕　张晓宏　陶　荣

社会科学文献出版社
SOCIAL SCIENCES ACADEMIC PRESS (CHINA)

编委会

前　言

　　党的十八大以来，以习近平同志为核心的党中央以强烈的使命担当、彻底的革命精神、巨大的政治勇气，不断推进纪检监察工作高质量发展，使党的纪律工作释放出新的活力，取得了历史性成就。党的十九大报告明确指出我国从严治党成效卓著，"不敢腐的目标初步实现，不能腐的笼子越扎越牢，不想腐的堤坝正在构筑，反腐败斗争压倒性态势已经形成并巩固发展"。继往开来，方能行稳致远。推动新时代纪检监察工作高质量发展，须把握新的时代方向、立足新的历史起点、回应新的现实问题，将行之有效的好经验、好做法、好试点固化为制度优势，提炼为"中国经验"，更好地回应纪检监察中的现实问题。党的十九大提出实施乡村振兴战略，开启了我国推动乡村全面振兴的历史性征程。实施乡村振兴战略是党中央从全局出发，着眼于实现"两个一百年"奋斗目标，顺应亿万农民对美好生活的向往做出的重大决策，是中国贯彻新发展理念、立足新发展阶段、构建新发展格局的必然要求。民族要复兴，乡村必振兴。基层党风廉政建设是党的领导建设的基础性工程，在护航乡村振兴战略实施的过程中发挥着重要的纪律保障作用。

　　为深入学习贯彻习近平总书记关于纪检监察工作的重要指示精神，更好构建一体化推进不敢腐、不能腐、不想腐体制机制，推动基层纪检监察工作砥砺前行，四川省纪检监察学会、四川省纪检监察研究中心举办"基层廉政建设"主题论坛，将从乡镇、国企、金融等多个领域展开，形成系列研究成果，每年以专题报告集的形式展现研究成果，致力于从理论上解读基层党风廉政建设，从实践上助推中国特色社会主义乡村振兴战略落地。2022年，论坛重点关注乡镇纪检监察工作，鼓励专家学者针对基层纪检监察工作提出宝贵意见，支持纪检干部边学习、边调研、边工作、边总结。本次论坛共征集征文 33 篇，择优编辑《四川基层纪检调研报告（2022）乡镇篇》一书，付梓面世，以飨读者。

　　"备豫不虞，为国常道"，备纪不虞，为权常道。注眸乡镇基层纪检监察工作，不难发现，"苍蝇""蚊子""微腐败"并没有完全绝迹，巩固拓展脱贫攻坚成果同乡村振兴衔接中人事、目标和政策调整的廉政风险高发。"一肩挑"可能引发"一言堂""一句话""一支笔""一锅端"现象的蔓延，"熟人关""亲友关""人情关"也会导致"局外人""稻草人"出现，乡镇纪检监察工作任重而道远。但权力与责任紧密相连，风险和机遇密切相关。乡镇纪检监察工作只有对症下药、锲而不舍、守正创新，不断提高制度化、规范化水平，回应基层实情、总结实践经验、解决实际问题，方能抓住机遇、稳步前行。

目录
Contents

Ⅲ　实践探索篇

Ⅳ　典型案例篇

Ⅴ　脱贫攻坚与乡村振兴篇

Ｉ　总报告

乡村振兴背景下基层党风廉政建设的
实践样态与发展导向
——基于四川省多案例分析[*]

崔　巍　曹金容^{**}

摘　要： 在乡村振兴战略背景下，强化基层党风廉政建设是贯彻党政目标、治理基层腐败、提升乡村文化内在价值的重要举措。文章通过实地考察和访问调查，将差异化廉政文化建设概括为"项目式建设""制度式建设""阵地式建设""队列式建设"四种模式，进而构建了一个整合式分析框架，为回应理论界和实务界提出的"如何发挥廉政建设作用护航乡村振兴发展"提供了一种解答思路。研究认为，不同资源禀赋支配下的构建主体会在

---

*　本文为四川省纪检监察研究中心资助课题"新时代高校干部清廉教育实证研究"（编号：scj220303）的部分成果。

**　崔巍，四川师范大学纪检监察研究院教授，主持四川省纪检监察研究中心课题项目"十八大以来党的制度建设评估"（编号：2020scdg06）；曹金容，四川省纪检监察研究中心助理研究员，博士研究生。

整体目标支配下以实践理性为遵循，形成外在表现各不相同的发展模式，这与乡村传统文化对应的腐败和滥权问题的深层逻辑密切相关。"项目式建设"重点挖掘廉政内涵，以打造品牌项目；"制度式建设"以体制机制建设为主，规范各主体及其行为；"阵地式建设"注重开发自身的优势资源，形成基层党风廉政建设合力；"队列式建设"关注纪检监察相关组织的发展，从人才、队伍建设上实现组织化以及资源高效整合。从城市场域到乡村场域、从兜底保障到助推拓展、从干部个体到多元协同的变化，这四种模式为基层党风廉政建设提供了路径参考。

关键词： 基层党风廉政建设　乡村振兴　基层治理

一　问题的提出

乡村振兴战略是党和国家立足中国实际，遵循城乡发展规律，解决农村问题所提出的中国方案，展现了国家与社会、权力与制度的互动。中国共产党领导农村建设的百年实践证明，促进农村发展的关键在于坚持党的领导。基层党风廉政建设是基层党的建设的重要内容，在护航乡村振兴战略实施过程中发挥着重要的纪律保障作用。

近年来，多数研究集中讨论基层党风廉政建设的行为维度。学者们从腐败的类型及治理[1-2]、体制建设[3-4]、历史溯源[5-6]等视角切入，回应基层党风廉政建设的实践困境，提出了许多富有洞见的观点。总的来看，已有的聚焦基层党风廉政建设的研究文献，多以"党政领导下的纪检监察如何行动？"作为问题导向，探寻权力制约、组织特征与行动路径等对基层党风廉政建设效果的影响。就本质而论，这些理论分析的成立以腐败发生的权力场域相近且上下级组织建设模式类似为条件。相应的，将权力与责任、权利与义务、腐败与治理的基层党风廉政建设定位为组织发展的兜底工作。考虑到中国语境下的党风廉政建设具有自我革命的导向，上述研究的确较好地回应了反腐倡廉情景下的此种特征。但是，不少研究在分析的起点上不仅将党风廉政建设限于组织内部，而且视角较为具体和片面，由此导致的局限之一体现在对廉政建设模式的情景考察不足，对主队伍以外的腐败治理的探讨略显乏力。究其原因,一是在研究范围上没有将党风廉政建设置于具体的实践情景之中,较少关注基层党风廉政建设的差异化模式;二是在分析逻辑上尚未跳出组织建设的框架;三是对公共服务动机考量不足,拘泥于将党员干部作为关注对象。

本文试图弥补既有研究的局限,特别强调将基层清廉建设置于乡村振兴的实践场域中进行分析,通过与横向案例进行观察比较,对纪检监察在乡村振兴中探索出的党风廉政建设模式及类型化差异展开讨论,实现对"权力如何运转,腐败如何治理"理论问题的深层次把握。具体而言,本文关注的内容包括:①在乡村振兴的具体情景中,党风廉政建设如何保障乡村振兴战略的实施和落地?②经由层层形塑的基层党风廉政建设模式,可以划分为哪些类型?不同模式回应了乡村振兴中的哪些具体问题?③公权力末端的运行机理及基层党风廉政建设在乡村振兴等重大战略实施中的发展逻辑是什么?

纵观世界历史中廉政建设的多种模式,权力、责任、权利、义务的互动与博弈,无不是从行为主体(党政干部)、行为对象(群众)、实践场域出发,从哲学思辨角度进行考量,最终回归对人性的探寻。具体到本文的语境中,拟将研究重心放在农村党风廉政建设的模式差异,兼顾考量纪检监察队伍建设。为确保所提炼的基层党风廉政建设模式类型具有扎实的经验支持,是典型的实践范式,本文选取四川省乡村振兴实施以来的基层党风廉政建设实践作为观察窗口,开展多案例比较研究。分析资料涵盖了作者实地调研的一手材料、政策文本和问卷访谈等方面的内容。

二 文献回顾与相关评述

(一) 关于基层党风廉政建设如何行动的研究

权力末端运转与腐败治理是理论界和实务界经久不衰的研究论题。哲学、政治学、法学、管理学等不同学科以不同分析范式展开了研究,化繁为简,可分为四方面内容。一是以权力制约权力,让权力之间达到某种平衡,以降低腐败产生的可能性,从而实现廉政建设。理论上以孟德斯鸠的三权分立学说[7]、朱光磊的权力制约观[8]等为代表,实践上以美国联邦宪法、中国法检"两院"对政府行政权力的监督为典型。二是从权利出发回归义务。注重强调主体的清廉义务，主张在义务承担模式下追究主体责任，增加腐败成本。理论研究上以霍布斯的国家权力观[9]、张贤明的责任与社会角色理论[10]为代表，实践上以政府行政问责、纪检监察打击腐败等为典型。三是关注权力与权利。公民在维护正当利益目标的驱动下，监督权力运转、预防腐败，必要时收回权力。研究上以马克思、恩格斯的人民公仆思想[11]为基础，实践上以中国的人民代表大会制度为典型。四是探寻权力、权利、义务的内涵。相关研究关注权力、权利、义务的运转，并适时引入道德、文化、历史等参考变量，以程序透明、法律强制、社会管理、监督制约等多种形式推动廉政建设、治理腐败。理论研究上以韦伯的层级官僚制理论[12]、佩里和怀斯的公共服务动机理论[13]为代表，实践上以中国特色社会主义法治建设、监察制度为典型。

基层党风廉政建设为研究限定了讨论的边界，在上述四方面内容基础上加入"社区""乡村基层"的限定语境。有研究指出，基层作为权力末端极易滋生"微腐败"，进而影响整个政治生态[14]。而纪检监察在基层的运转容易陷入形式化陷阱[15]，进而影响党的执政能力建设和社会治理体系现代化[16]。事实上，无论从"权力制约""义务本位""权益驱动"角度，还是从"公共服务动机理论"中，都可析出廉政建设的两个基本要件：人性回归和场域的发展。人性回归即在权力、权利、责任、义务与腐败、清廉的逻辑关联中挖掘不同行为主体的价值选择影响因素，进而构建符合发展的制度体系；场域的发展即在不同时期、不同地区、不同政治话语体系下，对不同廉政建设目标进行规划并作路径选择，最终找到该场域下的最优解。立足权力末端的"微腐败"治理视域，乡村场域下廉政建设的不同主体通过不同的行动路径最终实现基层社会的德治、法治、自治，是本文关注的核心。本文在汲取已有研究成果的基础上，将基层党风廉政建设进一步扩展到乡村，识别廉政建设横向上的不同模式及其内在意涵。

（二）关于乡村振兴下廉政建设的研究

自 2017 年中央农村工作会议首次提出走中国特色社会主义乡村振兴道路以来，关注基层党政干部廉政建设的文献剧增。2019 年，国务院颁布《关于建立健全城乡融合发展体制机制和政策体系的意见》等文件，提出全面推行村党组织书记、村委会主任"一肩挑"。随后，各地开始积极推行"一肩挑"，优化村（社区）的班子结构。而"一肩挑"很有可能演变为"一言堂"、"一句话"和"一支笔"，这给基层廉政建设带来不可回避的压力。2020 年，脱贫攻坚工作圆满结束，面临与乡村振兴工作有效衔接的转轨问题，过渡阶段的人事、目标和政策调整导致廉政风险增加。

基层党风廉政建设的上述特征反映到学理讨论上，表现为"微腐败"治理和构建制度以净化基层政治生态为研究焦点。在推进乡村"五位一体"建设的同时，部分地区出现了"小官巨贪"[17]和"一把手"腐败[18]现象，致使乡村振兴的部分政策"下不了镇、进不了村、入不了户、到不了人、走不进心"。而纪检监察基层力量薄弱、经费欠缺、人才断档、方式单一等导致监督力不足[19]，最终侵害群众的切身利益，削弱群众的获得感，继而减弱基层群众对党和政府的信任。多数文献留意到，在强现实需求的刺激下，全面从严治党必须向基层延伸[20]，建设清廉乡村方能扎紧基层权力运行的"笼子"[21]，在法律框架下推进多中心反腐方能形成良性腐败治理[22]。

（三）相关评述

有关基层党风廉政建设和腐败治理的讨论，在已有文献中已取得实质性进展。除却上述观察，也有文献对基层纪检监察队伍建设[23]、基层官员的被动担责与集体"共谋"[24]、默契性容忍与参与性机制建设[25]做了深入剖析。但是多数文献的一个相似特征表现为：在分析逻辑上，自觉或不自觉地将党风廉政建设、腐败治理、纪检监察等放到韦伯的科层制视角下进行解读，将乡村这个特定的场域与城镇类比，进而类推形成治理范式。这种分析取向凸显权衡理论和选择理性，造成对乡村基层党风廉政建设的认知尚未摆脱政治晋升"理性人""重形轻效"的刻板印象，进而遮蔽了对与特有乡村文化联动的基层党风廉政建设的多样性等更为丰富的细节考察。

简而言之，已有分析文献多遵循演绎逻辑。一方面，将腐败治理和权力制约的一般性学说移用至乡村振兴领域，以求切合理论并寻求路径；另一方面，这些研究多关注强制性规范和直接监督等，并未对内生于乡村振兴战略和场域的、基于地方实践的廉政建设模式和类型予以重点关注。针对学理讨论的局限，少数文献将视角转向乡村一级党风廉政建设，对村（社区）党组织书记和村委会主任等基层干部、农村产业扶持奖补等基层事务、"三资"管理等基层制度予以关注。故此，相较于以往文献，本文强调将乡村一级党风廉政建设置于乡村振兴的战略背景和现实需求下进行讨论，关注不同模式下潜在的逻辑关联与发展策略，推进研究的认知深度。

三　差异化的基层党风廉政建设模式：一个整合式框架

（一）框架构成维度

本文以不同乡村践行基层党风廉政建设的不同模式作为观察窗口，诊断基层党风廉政建设的模式差异和实践特征。建设模式是可被观察到的现实经验，无论是经济发达地区抑或是贫困县，从最初的理念建构到付诸实践，无不带有创设主体的价值判断并受本土文化驱动。[26]基于此，本文在进一步区分构建模板的基础上，形成了四种模式的概括。

1. 项目式建设

分税制改革以来，我国从上到下形成了"项目治国"式财政分配体制。[27]在资金划拨和审计的指引下，乡村建设的配套设计、责任分解乃至公共基础设施建设等多以项目制展开，乡村常规权力分配和组织建设也多向项目偏斜。在乡村振兴战略实施中，产业扶贫、基建改造、自然旅游开发也多以项目运作的形式展开，上级政府、乡村"一把手"和纪检监察工作等也多受项目的影响和形塑。据此，本文将该模式概括为"融合资源的项目式建设"（简称"项目式建设"）。

2. 制度式建设

我国乡村自古以来呈现多元共治格局，在内生性的自我共同体结构之外，还伴随国家权力的强制参与和治理。[28]内生性规制多表现为村规民约，国家权力多以明文法律和政策形式"下沉"。现代乡村制度即是对村规民约的理性化再造，也是法律政策"下沉"的赓续与转化。在基层党风廉政建设过程中，为保障法律强制规定和各级政策能够落地，权力运行、过程管控、公开公示等能够规范化开展，多以制度形式予以推进。本文将此模式概括为"规范边界的制度式建设"（简称"制度式建设"）。

3. 阵地式建设

尽管乡村振兴的整体布局由上级明确，基层党风廉政建设的标准有统一范式，但事实上各个地区仍然可以结合自身禀赋进行现实考量。在此背景下，有的乡村结合本土廉政文化和优势条件探索阵地建设乃至融合发展，提供了符合基层实践的"最优解"，符合成本效益的行动理性。这样做，一方面可以在文化等更深层次推动基层党风廉政建设入脑入心，另一方面可以减少政策衔接成本，使脱贫攻坚的成效更好地助力乡村振兴。本文将此模式概括为"嫁接优势的阵地式建设"（简称"阵地式建设"）。

4. 队列式建设

乡村的复杂情形，不仅体现在由"熟人社会"衍生出的微观权力关系网，而且体现在由血缘关系联结的亲密社群，"亲亲相隐"的"乡土逻辑"与纪检监察工作的开展之间产生难以回避的冲突。同时，基层党风廉政建设一直存在难以摆脱的"灯下黑"困境。廉政队伍的队列式建设，一方面可以更为有效地组织基层领导力量，巩固基层政权；另一方面形成内吸力，挖掘部门力量，是组织建设和资源整合能力的综合体现。故，本文将此模式概括为"内在控制的队列式建设"（简称"队列式建设"）。

（二）分析框架的理论蕴涵

以基层党风廉政建设创设的不同模板为分析基点，行动逻辑的差异塑造出"融合资源的项目式建设""规范边界的制度式建设""嫁接优势的阵地式建设""内在控制的队列式建设"，建设模式具有多样性。这意味着，将基层党风廉政建设简单归纳为对权力、权利、责任、义务模式的选择和类推治理，不能反映建设的全貌，分析场域有待丰富。

本文设立的分析框架（见图1），旨在为乡村振兴背景下的基层党风廉政建设提供初步探索。当然，不同地区的经验细节丰富，不同时间的建设逻辑也存在差别，需要逐一分析。下面将选取典型案例描绘各种模式的内在过程，从而使读者形成更具象化的认识。

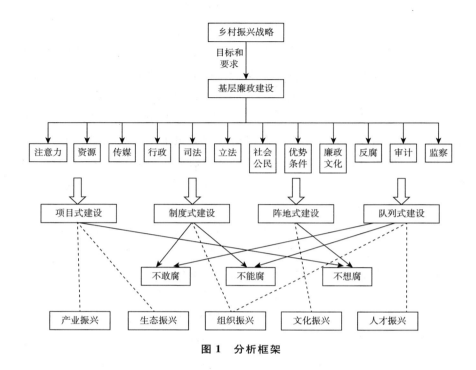

图 1　分析框架

四　案例选取与解读

（一）案例选取

　　基于案例选取的典型性原则，下面选取四川省四地的基层党风廉政建设情况作为观察窗口。党的十八大以来，廉政建设和反腐败斗争被提到新高度，也取得了历史性成就，故以 2012 年为标志性节点。本文重点关注四川省四地 2012~2021 年基层党风廉政建设进程。研究涉及的资料有两类：第一类是四地在此时间段基层党风廉政建设所涉及的文件、新闻；第二类是通过实地调研和发放调查问卷所获取的材料，包括四地基层党风廉政建设的工作总结、经验材料以及问卷分析等。同时，选取四川省基层党风廉政建设助力乡村振兴过程中涌现的四个案例——"阳光纪检·青廉工程""431 村级纪检监督机制""阳光产业·中医药廉政教育基地""监督小分队+室组地联合办案", 形成嵌入性案例分析和设计。

(二) 案例呈现

1. 项目式建设——阳光纪检·青廉工程

基层廉政建设如何挖掘廉洁内涵, 使党员干部乃至群众能够深切体会到, 这是基层廉政建设需要面对的长远问题。青神县以"青廉"品牌项目为统揽, 做实"竹廉文化"文章。以三大"青廉行动"为支撑, 在推进廉洁文化教育基地建设的基础上, 分层分类开展廉洁教育活动, 继而打造出独具青神特色的"阳光纪检·青廉工程"廉政品牌项目, 形成政治清明、政府清廉、干部清正、文化清朗、社会清和的廉政格局。

一是深耕"竹文化", 保障项目实施。青神县挖掘提炼本地竹文化, 提档升级竹廉教育基地。提炼出竹"高直、坚韧、中空、有节"的品质, 依托国际竹编艺术博物馆和中国首家竹林湿地公园, 将竹廉文化自然、有机地融入其中。通过观竹、赏诗、学廉史, 把竹之精神品质与青神县的历史文化名人紧密结合起来, 使党员干部以竹为镜, 学习竹之"虚心抱节、坚韧无私"的品格。同时, 拍摄了全国首部以"竹廉"为主题的《青廉·竹语》公益形象宣传片, 并在中央纪委国家监委网站、中央电视台《大美中国》栏目、学习强国、廉洁四川等平台转载播放。同时, 围绕竹之品格, 设计开发了一套集实用性、美观性、教育性于一体的文创产品, 做到以竹喻人、以竹育人。

二是开展"青廉行动"支撑项目。①打造廉洁项目示范点。按照"一派驻一特色、一乡镇 (街道) 一主题"的要求, 各政府单位结合乡村振兴、基层治理、机关文化、生产经营等实际, 创建一批廉洁文化示范点, 就近就便引导党员干部、一般群众、学生等接受廉洁教育。青神县纪委监委、宣传部等按照以奖代补原则, 鼓励先行先建廉洁文化示范点, 截至2021年底, 建成"古韵廉镇""竹引清风""茶语廉香"等廉洁文化示范点24个, 覆盖政府部门、乡镇、村 (社区)、企业、学校、医院等。②开展"青廉机关"建设, 严肃党内政治生活, 严格干部日常管理。开展廉政教育, 探索建设政治素质好、纪律作风好、服务效能好、廉洁氛围好的"四好"机关。开展"青廉企业"建设, 充分发挥党组织的核心引领作用, 优化法人治理机构, 引导企业诚实守信, 夯实企业内控体系, 打造廉洁文化教育阵地，建设组织建设好、经营管理好、企业风气好、廉洁氛围好的"四好"企业。开展"青廉村居"建设，加强村"两委"班子建设，严查群众身边的"微腐败"，建设组织建设好、产业发展好、治理成效好、村风民风好的"四好"村居。③以家风活动营造项目氛围。2021 年 7 月，中宣部、中央文明办、中央纪委机关、中组部等联合印发《关于进一步加强家庭家教家风建设的实施意见》，关注建设文明家庭、实施科学家教、传承优良家风。基于此，青神县研究苏母家风，建设苏母祠家风教育阵地，充分挖掘、弘扬优秀传统家规家训文化。苏母祠家风教育阵地，总建筑面积达 3800 多平方米。祠内以"勉夫教子、底于光大"为主题，以司马光《武阳县君程氏墓志铭》记叙的内容为主线，以苏母成长故事为脉络，挖掘其孝以侍亲、柔以睦族、劝夫以进、持家以智，力学显门、直道荣世的廉洁品质和文化内涵，引导党员干部、各界群众、在校学生学习、传承"立身、治家、传世"的深厚家风文化，牢固树立新时代家庭观，推动家庭家教家风建设高质量发展。举办全国"好风传家"——苏母家教暨"三苏"家风研讨会等，着力构建具有特色的廉政教育体系。同时，组织开展"探寻家风底色"活动，邀请 35 名中小学生讲述家风故事，并邀请岷江文化研究协会举办苏母家风知识讲座。

2. 制度式建设——431 村级纪检监督机制

谁来监督、如何监督，是摆在基层党风廉政建设面前的现实问题。2021 年，三台县全面推行村（社区）党组织书记、村（居）委会主任、集体经济负责人"一肩挑"，"两委"交叉任职，镇村干部管理的范围变大、调动的资源增多，全县村级常职干部、村（社区）干部减幅近半。基于此，三台县创新实行"431 村级纪检监督机制"，包括《村级纪检组织日常监督清单》（村级事项、组级事项）和《社区纪检组织日常监督清单》（社区事项、组级事项）"4 套清单"，《日常监督台账》《问题整改台账》《社情民意收集台账》"3 本台账"以及"1 次评比"，从而激活村级监督"神经末梢"，有效解决村（社区）日常监督难题。

4 套清单解答"干什么"的问题。4 套清单包括《村级纪检组织日常监督清单》（村级事项、组级事项）和《社区纪检组织日常监督清单》（社区事项、组级事项）。清单针对村（社区）以及村民小组和居民小组的监督事项梳理出村级党务、村务、财务等 3 类，政治思想、政策保障补贴、

"三资"管理等10方面，学习讲话和会议精神、"三重一大"、党费收缴管理等60个监督事项，同时细化村民小组2类5方面15个监督事项；根据社区实际，单列社区3类10方面47个监督事项，并针对居民小组同步提出2类5方面11个监督事项。清单制的建立将监督工作进一步落细落实，明确了日常监督事项，避免监督的盲目性和随意性，减轻了基层纪检干部的工作负担，提高了监督的针对性和实效性。

3本台账回应"怎么干"的问题。3本台账即《日常监督台账》《问题整改台账》《社情民意收集台账》。村（社区）纪检干部每月逐项对照日常监督清单，对当月实际发生的事项进行监督，形成《日常监督台账》；对监督发现的问题，每月向村（社区）"两委"反馈并报乡镇纪委，收集问题整改情况，形成《问题整改台账》；同时，走访、座谈党员代表、村（居）民代表等对村（社区）、小组干部工作的意见、建议，形成《社情民意收集台账》，将收集到的意见、建议及时向村（社区）"两委"反馈，并跟踪办理结果。台账明确了需要监督的内容。纪检干部将监督情况和监督中发现的问题记录在监督台账上，动态反映日常监督工作情况。台账对每项工作都提出了相应的监督方式、监督重点、监督要求，让监督主体知道每个阶段该监督什么事项，针对监督内容应该怎样监督，从而使监督更方便、更高效。

1次评比解决"如何干好"的问题。每月乡镇纪委组织召开一次村级纪检干部日常监督工作评比交流会，对上个月的监督工作进行总结和交流展示，对下个月的监督工作进行强调和安排，各村相互交流，取长补短。乡镇通过"村（社区）纪检组织自评+交叉互评"的方式，随机对问题台账整改落实情况进行抽查，对收集到的社情民意办理情况进行回访，对问题整改不落实、工作成效不明显的给予通报批评并扣减相应考核分，倒逼监督工作落地落实。每月一次的交流评比活动，既是评比、展示的过程，更是相互促进、相互提高的过程。

3. 阵地式建设——阳光产业·中医药廉政教育基地

在基层党风廉政建设过程中，如何挖掘自身优势资源形成构建合力，是基层党风廉政建设取得成绩的核心难题。2021年，顾县镇建成羊山湖村"阳光产业·中医药廉政教育基地"。基地占地面积近1.3万平方米，将中医药产业发展和廉政文化有机结合，以"治未病"为主题教育理念，构建党员干部拒腐防变的免疫屏障。基地以中药材现代农业园为主抓手，以廉洁文化建设为催化剂，大力弘扬"中医药文化+廉洁文化"，实现"种植+加工+旅游"三产融合发展，有力推动乡村振兴背景下的基层党风廉政建设。

一是挖掘中医文化。挖掘中医文化与廉洁的深层次关系，通过"疾在腠理——批评和自我批评、约谈函询""疾在肌肤——党纪轻处分、组织处理""疾在肠胃——党纪重处分、重大职务调整""疾在骨髓——立案审查"，由浅入深、循序渐进，生动形象地反映了中医治病和纪检监察办案之间的对应关系。同时，基地通过"习语润心""以廉正心"等篇章的展示宣传廉政文化。例如，"习语润心"部分，精选习近平总书记关于廉洁方面的金句名言，更加切合整个展陈主题。"以廉正心"部分，通过雕塑小品、图文展板等方式生动展示了"扁鹊三兄弟""讳疾忌医——扁鹊见蔡桓公""华佗妙方治贪官"等大家耳熟能详的经典医药故事，并进行宣传和教育。

二是关注"小微权力"。阳光是最好的防腐剂，顾县镇在"阳光产业·中医药廉政教育基地"的基础上大力推进"阳光乡村"建设，印发村级权力运行指导文件，使权力边界清晰、有迹可循、运行规范。一方面，规范村级权力。制定《县村级小微权力规范运行操作手册（试行）》，梳理基层单位小微权力13大类43项，明确权力范围、办理主体、办理方式、时限要求、纪律要求，确保权力依法合规、边界清晰。对43项小微权力逐项绘制操作流程图，严格要求基层干部"照单办事、按图操作"。另一方面，规范村务公开。落实《关于进一步规范村级"三务"公开工作的实施方案》要求，梳理村务公开指导目录3大类58条，制订公开指导目录及公开模板，统一公开方式。同时，规范"三资"管理。开展村级资产清查和登记造册，统一开设账户，完善财务代管制度，规范报账程序和票据管理，落实监管责任，做到对集体"三资"清底数、明情况、严管理。

三是建立教育基地特色机制。在"阳光产业·中医药廉政教育基地"推行"1344"机制，即成立一个中药材产业片区联合党总支，凝聚业主、合作社、农村能人三大"主力军"的力量发展产业，由中药材协会、专家顾问团、劳务公司、互助基金提供"四位一体"服务，健全"租金+股金+薪金+现金"四项利益分配制度，引导形成合法合规的资金运行机制，并在此基础上开展纪检监察专项监督检查。

4. 队列式建设——政治监督小分队+室组地联合办案

发挥廉政建设作用护航乡村振兴发展，是纪检监察工作的现实需要。自贡市大安区建立了政治监督"小分队"工作机制，定期抽调镇街、纪检监察组、委机关干部专职开展乡村振兴专项政治监督，并健全"室组地"联合办案机制，确保乡村振兴顺利开展。

一是以"小分队"强化政治监督。大安区定期抽调镇街、纪检监察组、委机关干部组成"小分队"，"小分队"按照上级有关巩固拓展脱贫攻坚成果同乡村振兴有效衔接、做好"两项改革"①"后半篇"等部署要求，开展清单式监督，致力于精准监督，提升监察质效。深化专项监督，坚持以群众普遍关注、反映强烈和反复出现的问题为重点，采取"职能部门自查、区纪委监委班子带队重点查、各镇纪委交叉查"的方式，紧盯乡村产业项目建设、民生领域重点问题整治、规范村级财务管理等方面，着力解决农民群众"急难愁盼"问题。开展提级监督。根据集体资产、债权债务规模，以及村（社区）"两委"班子、集体经济组织负责人职能发挥等情况，对乡村振兴重点帮扶村，集体资源丰富、资产雄厚、资金富集的重点村（社区），党组织软弱涣散、群众信访举报多的村（社区）进行提级监督。创新公开监督。坚持以公开促监督，推行组级事务"唱票公开"，采用院坝式、现场式、"流动小黑板+上门+网络"等方式，将产业项目、财务收支、集体"三资"使用、惠民惠农资金发放等情况逐项逐笔向群众公开，推动基层权力运行更加公开。2021 年以来，"小分队"已开展监督 47次，发现问题 217 个，推动财政累计投入 6000 余万元，用于产业发展、基础公共设施改善等 100 余个项目。

二是健全"室组地"联合办案机制。由纪检监察室牵头，划分 4 个监督执纪执法工作片区，整合片区内派驻纪检监察组、镇街纪检监察组织的力量，统筹开展审查调查工作，实现力量配备、监督质效、办案效果三方面"优化"。针对村级监督，探索制定大安区村（社区）监督手册"一本通"，规范村（社区）监督工作流程，为村级监督力量开展工作提供指南，初步构建横向倒边、竖向到底的联合办案网络。同时，畅通"信、访、

————————————

① "两项改革"是指乡镇行政区划调整和村级建制调整。

网、电"举报渠道，采取开门接访、带案下访、干部走访、处理回访"四访"方式，广泛收集群众诉求，对侵害群众利益的不正之风和腐败问题快查快结，监督检查不留盲区、死角。

三是发动基层群众监督。运用"唱票公开""低保挂牌"等形式引导群众参与监督，对党务政务、惠民政策、重大资金、重点项目等情况一一公开，确保权力在阳光下运行。区、镇两级加大对乡村振兴工作的日常培训、指导，围绕村（社区）党组织书记和村（居）委会主任"一肩挑"、集体"三资"管理等领域，梳理"小微权力"运行清单、重点环节监督事项清单，为村级监督提供工作指南，解决村级干部不会监督的问题。同时，开展纪检监察干部"清廉村居行"系列活动，配套设立"流动民情驿站""民情小管家"，组织"纪检干部赶场日""纪检干部走遍大安"等活动，持续通过摆摊设点、走街串巷、进村入户等形式，主动上门问廉、进门接访，"零距离"收集民情民意，主动发现各类问题。

五　乡村振兴背景下基层党风廉政建设的逻辑转变与发展策略

（一）四种构建模式的特征分析

基层党风廉政建设在乡村振兴背景下并不必然意味着同质化的模式，哪怕是在经济水平趋同的地区亦是如此。差异化的基层党风廉政建设主体及其互动带来模式类型的不同。下面基于案例过程，可比较四种构建模式（见表1）。

表 1　四种构建模式的特征比较

四种模式	重点关注点	模板创设特点	实践效果
项目式建设	挖掘廉政内涵，打造品牌项目	1. 提炼本地竹文化，提档升级竹廉教育基地；2. 结合机关、企业、乡村、示范点等开展项目专项行动；3. 配套家风活动扩大影响	教育基地接待学习参观人数达25万人次；宣传片在平台转载播放点击量超100万；建成苏母祠家风教育阵地，建筑总面积3800多平方米

续表

四种模式	重点关注点	模板创设特点	实践效果
制度式建设	推动基层党风廉政建设制度化，规范各主体及其行为	1. 制定《村级纪检组织日常监督清单》（村级事项、组级事项）、《社区纪检组织日常监督清单》（社区事项、组级事项）等4套清单；2. 制定《日常监督台账》《问题整改台账》《社情民意收集台账》3本台账；3. 每月开展1次村级纪检监察评比	全县33个乡镇全部配备纪委书记1名、纪委副书记1名、专职纪委委员53名，462个村（社区）设纪委书记240名，纪检委员222名。实施"431"村级纪检监督机制以来，三台县纪委监委收到信访举报同比下降59.85%，检举控告同比下降66.67%，实现了信访举报、检举控告"双下降"
阵地式建设	开发自身优势资源，形成基层党风廉政建设合力	1. 建成羊山湖村"阳光产业·中医药廉政教育基地"；2. 结合中医文化挖掘廉政精神实质，并助力乡村振兴产业发展；3. 建立教育基地廉政文化建设特色机制	顾县镇羊山湖村"阳光产业·中医药廉政教育基地"占地面积近1.3万平方米。2021年，全县中医药大健康产业实现产值6.6亿元，就地解决群众务工3.2万人次。统一开设村级账户460余个，核查村级集体资产5亿余元
队列式建设	加强廉政队伍建设，护航乡村振兴发展	1. 建立政治监督"小分队"工作机制，开展乡村振兴专项政治监督；2. 健全"室组地"联合办案机制，确保乡村振兴顺利开展；3. 以丰富的形式引导群众参与监督	2021年，自贡市大安区共发现相关问题279个，问责处理24人，挽回资金416万余元。开展组级事务"唱票公开"2086场次，收集解决问题1330个。共受理检控类信访举报62件，开展信访公开答复18场次

（二）乡村振兴背景下基层廉政建设的演进逻辑

在乡村振兴战略的统筹安排下，各地基层党风廉政建设模式有着共同的目标遵循和宏观制度约束，亦在具体开展方式和治理重点上存在不同。剖析横向之间基层廉政建设的演进和发展逻辑，可以得到三个层面的机理性认识。

1. 廉政建设基层场域的变化：从城市场域到乡村场域

基层党风廉政建设受特定历史环境和发展理念的综合影响，通常会将政治动员与基层实际相结合，在制度化和规范化的框架内，[29] 在不同命题下重点关注不同场域。在乡村振兴语境下，基层党风廉政建设的实践场域从城市转向乡村。这种转向不仅意味着权力、权利和责任、义务的变化，纪检监察主体和主管部门所处地位的变化，也意味着所涉及的其他主体行动者的惯习变化。村社"小微权力"、村级小型工程项目、涉农小额资金拨付成为关注重点，少数村组干部对上截留下拨的补贴资金，对下侵占群众财物，对内化公为私，对外暗通款曲，这些成为必须回应和解决的问题。而一些干部习惯性地将村组事务与邻里关系、家族事务"一锅煮"，难以回避基于地域和血缘关系形成的联系紧密的"熟人社会"问题。四种构建模式无不展现着基层对廉政建设场域变化的适应。另外，我们看到，项目式建设和阵地式建设模式均不只是简单地将城市基层党风廉政建设的经验照搬到乡村，更多的是通过吸收文化因素，促进基层党风廉政建设的逻辑在具体情景变化中的适应性调整，呈现政治势能边际递增效应。

2. 基层党风廉政建设目标指向的变化：从兜底保障到助推拓展

四种构建模式共同折射出基层党风廉政建设主体在科层制背景下对党政目标遵循上的趋同和在具体政策目标转译上的分野。在共同目标遵循上，2022年，十九届中央纪委六次全会公报明确提出要巩固拓展脱贫攻坚成果同乡村振兴有效衔接，推动乡村振兴中"打伞破网"常态化。这种从原来的"保障"转换为"助推拓展"的理性认知图式的变化，不仅是对《中共中央、国务院关于实现巩固拓展脱贫攻坚成果同乡村振兴有效衔接的意见》和《关于全面推进乡村振兴加快农业农村现代化的意见》的回应，也是宏观政策指引下的价值设定，带有极强的政治动员色彩。在具体政策目标转译上，基层在有限理性的思维下，趋向优化已有的政策模式，并将自身优势资源进行嫁接，渐进式地探索建设工具。乡村振兴作为当前和今后一个阶段我国推动农村发展的主要战略，必然成为基层践行的热点政治性议题。而在解读乡村振兴战略的过程中，基层主体必然遵循实践理性：一方面，实现巩固拓展脱贫攻坚成果同乡村振兴有效衔接，利用已有的成绩和资源进行"换面升级"；另一方面，利用嵌入式理念，根据乡村振兴的新要求，将基层党风廉政建设与本地成功经验结合，进行嵌入式解读和工具性运用，灵活调整建设的资源配置、人员结构、组织模式，统筹兼顾、全盘考量，进而共同发展。

3. 基层党风廉政建设作用方式变化：从干部个体到多元协同

正如欧阳静在讨论中国乡村治理时所说，我国乡村治理一直以来并不是简单依赖正规化、标准化的科层治理，而是运用"群众路线"、"包村制"、"工作组"和"统分结合"等非科层化治理方式。[30]在基层治理过程中,科层制以外的多元主体也会被调动,参与治理过程。四种构建模式体现的基层党风廉政建设从脱贫攻坚过渡到乡村振兴,不仅展现出不同地区和资源情景下纪检监察机关同多元主体的互构关系,也塑造了乡村治理从以党政为主到多元协同的演进逻辑。举例而言,在廉政监督力量培养上,四川省多地明确了从致富能手、外出务工经商返乡人员、本乡本土大学毕业生、退役军人等群体中培养储备40岁以下优秀青年人才作为村(社区)纪检委员后备力量的这一原则。在破解基层人才缺失和"熟人社会"困境时,S省M市按照"区域统筹、力量整合、优势互补"的原则建立县乡村片区协作机制,将全市7个县(区)划分为28个纪检监察协作区,形成"班子成员+内设部门+派驻(出)机构+乡镇+村(社区)"的干部一体化管理模式,构建了"协作区+乡镇纪委+村级纪检"三级联动监督网络,组建片区审查调查组和审理组,实行人员交叉监督、交叉办案。

结　语

在乡村振兴战略背景下,强化基层党风廉政建设,是贯彻落实党的十九届六中全会精神和确保城乡融合发展的现实需要,是顺应农业农村的深刻变化、巩固拓展脱贫攻坚工作成果的必然要求,也是促进基层干部改进作风、密切党群干群关系、提升乡村文化内在价值的重要举措。基层党风廉政建设是权力运行、治理腐败的重要内容,基层治理的行动逻辑颇受关注。本文通过典型案例,将各地差异化的廉政建设概括为"项目式建设""制度式建设""阵地式建设""队列式建设"四种模式,进而构建一个整合式分析框架,为回应理论界和实务界提出的"如何发挥基层党风廉政建设作用护航乡村振兴发展"提供了一种解答思路和初步答案。研究认为,各地差异化的基层党风廉政建设模式不仅反映出不同资源条件下横向组织行动路径,而且与乡村传统上的腐败和滥权问题等密切相关。概而言之,不同资源禀赋支配下的构建主体会在整体目标支配下以实践理性为遵循,形成外在表现各不相同的发展模式。项目式建设,重点挖掘廉政的内涵以打造品牌项目;制度式建设,以制度建设为主要推进方式,规范各主体及其行为;阵地式建设,注重开发自身优势资源,形成基层党风廉政建设合力；队列式建设，关注纪检监察相关组织发展，在人才、队伍建设上实现组织化和资源高效整合。四种模式作为基层党风廉政建设的典型示例，既展现了基层推动乡村振兴的积极性，也展现了中国推动乡村振兴的决心和能力。

参考文献

［1］任中平、马忠鹏：《从严整治"微腐败"净化基层政治生态——以四川省基层党风廉政建设为例》，《理论与改革》2018年第2期，第49~58页。

［2］李威：《基层"微腐败"的危害及治理建议》，《中共南京市委党校学报》2016年第6期，第42~45页。

［3］喻清华、任学强：《农村基层腐败治理与体制建设》，《中国发展观察》2009年第10期，第35~39页。

［4］刘佳：《论高校基层党委党风廉政建设主体责任长效机制的构建》，《江西理工大学学报》2015年第6期，第10~14页。

［5］刘圣陶、罗雄：《新中国成立初期农村基层党风廉政建设的历史经验与当代启示》，《湘潭大学学报》（哲学社会科学版）2014年第3期，第139~142页。

［6］罗雄：《建国初期农村基层党风廉政建设史研究》，湘潭大学硕士学位论文，2013，第23~26页。

［7］〔法〕孟德斯鸠：《论法的精神》，商务印书馆，2012，第92~129页。

［8］朱光磊：《以权力制约权力：西方分权论和分权制评述》，四川人民出版社，1987，第126~132页。

［9］〔英〕霍布斯：《利维坦》，黎思复、黎廷弼译，商务印书馆，1986，第132页。

［10］张贤明、张力伟：《找回责任：现代思想中的责任政治观念分析——以汉娜·阿伦特与齐格蒙特·鲍曼为研究对象》，《社会科学战线》2018年第1期，第175~182页。

［11］余佩琦：《马克思恩格斯的人民公仆思想的主要内容和基本特征》，《资本论研究》2020年第1期，第8页。

［12］〔英〕戴维·毕瑟姆：《马克斯·韦伯与现代政治理论》，徐鸿宾等译，吉林出版集团有限责任公司，2015。

［13］孙珠峰、胡近：《西方公共服务动机理论研究》，《学习与实践》2017年第1期，第9页。

［14］任中平、马忠鹏：《从严整治"微腐败"净化基层政治生态——以四川省基层党风廉政建设为例》，《理论与改革》2018年第2期，第49~58页。

［15］周少来：《基层巡察要避免"形式化陷阱"》，《人民论坛》2018年第8期，

乡村振兴背景下基层党风廉政建设的实践样态与发展导向 19

第 78~80 页。

[16] 国方:《〈中共中央关于加强党的执政能力建设的决定〉学习导读》,《学习导报》2004 年第 10 期,第 12~39 页。

[17] 邹东升、姚靖:《村干部"微腐败"的样态、成因与治理——基于中纪委 2012-2017 年通报典型案例》,《国家治理》2018 年第 Z1 期,第 4~12 页。

[18] 肖滨、陈伟东:《基层腐败问题的缘起:默契性容忍——基于 A 市镇街"一把手"的 48 个案例研究》,《广东社会科学》2019 年第 3 期,第 14~22 页。

[19] 潘琳、程明、周荣庭:《一把手监督和同级监督的现实困境,成因与化解策略——以县级纪检监察机关为视角》,《领导科学》2021 年第 15 期,第 3 页。

[20] 李明:《农村基层"微腐败",全面小康"大祸害"》,《人民论坛》2017 年第 20 期,第 36~38 页。

[21] 汪浩:《乡村振兴战略背景下清廉乡村制度建设研究——以浙江湖州为例》,《湖州师范学院学报》2018 年第 11 期,第 45~50 页。

[22] 李靖、李春生:《我国基层官员"微腐败"的生成机理、发展逻辑及其多中心治理》,《学习论坛》2018 年第 7 期,第 58~64 页。

[23] 桂梦美、王思涵:《治理视域下纪检监察派驻机构改革:原则、职责和评估》,《河北法学》2021 年第 4 期,第 134~145 页。

[24] 赵聚军、张昊辰:《被动担责与集体共谋:基层官员问责应对策略的类型学考察》,《江苏社会科学》2022 年第 1 期,第 125~136、243~244 页。

[25] 原永朋、朱晖:《基层廉政建设中制度之治的实证研究——以南通农廉制度建设为例》,《廉政文化研究》2022 年第 1 期,第 85~92 页。

[26] 白浩然:《纵向政府间的分工与协作如何促进脱贫绩效生产?——基于纵时段进程的多案例研究》,《公共管理学报》2022 年第 2 期,第 33~48、167 页。

[27] 孔卫拿:《乡村建设过程中的项目内卷化负债——基于安徽 G 县的调研与思考》,《甘肃行政学院学报》2014 年第 4 期,第 49~64 页。

[28] 周尚君:《乡村治理的法律规制及其限度——兼以云南德宏某村"村规民约"为参照》,《甘肃政法学院学报》2008 年第 6 期,第 79~84 页。

[29] 周伟、李和中:《历史变迁与理念嬗变:我国党风廉政建设中公众参与模式的回顾与展望》,《社会主义研究》2014 年第 6 期,第 6 页。

[30] 欧阳静:《简约治理:超越科层化的乡村治理现代化》,《中国社会科学》2022 年第 3 期,第 145~163、207 页。

成都市金牛区沙河源街道纪检监察组织建设情况的调研报告

杨小红 *

　　摘　要：本文结合成都市金牛区沙河源街道基层纪检监察组织开展"标准化、规范化"建设工作取得的成效，总结提炼出明晰职责任务、完善制度机制、抓住"关键少数"、注重廉政教育、强化组织领导等五点做法，深入剖析基层纪检监察组织标准化、规范化建设工作实践中遇到的困难和存在的问题。同时，从"全、专、畅、责"四个方面有针对性地提出加强制度建设、队伍建设、作风建设等建议，着力破解制约基层纪检监察组织高质量发展的难题和障碍。

　　关键词："两化"建设　纪检监察组织建设　"三级"监督

　　金牛区是成都市的中心城区，全区总面积 108 平方公里，辖 13 个街

---

　　*　杨小红，成都市金牛区沙河源街道纪工委书记、监察办公室主任。

道，常住人口约 126 万。金牛区上风上水，天回山、凤凰山"两山作屏"，府河、沙河等"八水润城"，环城生态区面积为 21.7 平方公里，河流总长 230.3 公里，是主城区自然生态最好的区域。沙河源街道是金牛区 13 个街道之一，位于成都的北大门，面积为 13.4 平方公里，常住人口 14.2 万，下辖 9 个社区。目前辖区内有党员 1660 人，监察对象 448 人。2018 年以来，沙河源街道锐意进取、担当作为，共获得区级以上奖励 69 项，其中省级 1 项、市级 46 项、区级 22 项，为"提升金牛品质、打造金牛品牌、重振金牛雄风"添砖加瓦、做出贡献。

国家监察体制改革以来，沙河源街道纪工委（监察办公室）认真贯彻中央纪委国家监委和省、市、区纪委监委关于加强街道纪检监察组织"标准化、规范化"（即"两化"）建设工作的部署要求，不断强化纪检监察组织建设，贯通运用执纪执法手段，实现"纪法双施双守"，护航街道经济社会持续健康发展，发挥了监督保障执行、促进完善发展的作用。沙河源街道纪检监察组织"两化"建设取得一定成效，2020 年 9 月，成都市纪检监察系统基层组织"标准化、规范化"建设暨干部队伍建设现场会调研了沙河源街道纪检监察组织"两化"建设工作情况，与会人员给予了充分肯定。新华网《新华访谈》栏目、《廉政瞭望》2020 年第 17 期、市纪委监委网站等进行了专题报道。2020 年 10 月，金牛区街道纪检监察组织"标准化、规范化"建设推进工作现场会在沙河源街道召开。经过几年努力，辖区内群众满意度不断提高，检举控告类举报连续三年呈下降态势，2021 年 10 月同比下降 33%。

一　取得的成效

街道纪工委监察办公室在金牛区纪委监委的坚强领导下，从街道、社区、院落三个层面分头并进、分类出击，持续深入推进纪检监察组织"两化"建设，取得了预期成效。

（一）健全组织机构，建强纪检监察队伍

一方面，设立三级监督机构：街道层面，设立纪律检查工作委员会（监察办公室）；社区层面，设立社区纪律检查委员会，街道聘请社区纪委

书记为社区监察工作信息员；院落层面，在社区二级党支部设 1 名纪检委员，在每个居民小组中聘请 1 名廉情监督员。通过设立三级监督机构，实现街道、社区、院落监督全覆盖。另一方面，充实纪检监察干部队伍。从街道新进转业年轻干部中，择优选拔、调整人选担任街道专职纪检监察干部，不断充实监督力量，确保有人干事、能干成事。截至 2021 年 10 月，街道纪检监察干部共 7 人，其中专职 3 人，兼职纪工委委员 4 人（3 人为兼职监察员）。街道下辖的 9 个社区全部成立社区纪委，由 3 人组成，其中书记 1 人、纪检委员 2 人。社区二级党支部配备纪检委员 69 人、廉情监督员 67 人，完成对"最后一公里"的监督。

如图 1 所示，沙河源街道通过设立三级监督机构，实现对街道、社区、院落的监督全覆盖，推动形成了完整的监督闭环，为最大限度地消灭腐败，将问题发现并解决在萌芽状态奠定了坚实的基础。

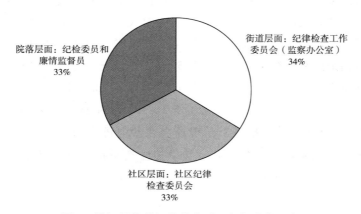

图 1　沙河源街道纪检监察"三级"监督网络

（二）做实监督首责，巩固提高监督实效

街道纪工委（监察办公室）围绕街道中心工作、重点工作、重大项目、群众民生等重要领域开展监督执纪执法工作。在区纪委监委"码上行动"的基础上，依托信息化手段，开发建设"智慧监督"平台，强化对上级重大决策部署落实情况的监督检查，对街道的疫情防控、安全生产、消防安全、生态环境保护、防洪防汛、拆迁安置、项目招投标等方面开展重

点监督和跟进监督，及时解决基层"小贪小腐""小梗小阻"问题。2018年以来，街道纪工委（监察办公室）共发出"三书一报"（纪律检查建议书、监察建议书、监督建议书和廉情专报）39份，推动问题整改82个，推动建章立制24项（见图2）。

沙河源街道纪工委（监察办公室）做实监督首责，按照"监督的再监督"的职能定位，发现问题并推动问题整改，促进基层建章立制，巩固了工作成果。

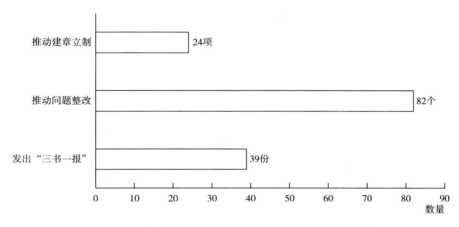

图2　2018年以来沙河源街道发挥监督首责取得的成效

（三）严肃案件查办，巩固形成高压态势

街道纪工委（监察办公室）牢牢把握全面从严治党总基调，结合自身的职能职责，畅通电话、网络、来访等群众举报渠道，坚持抓早抓小、防微杜渐，重点审查调查贪污受贿、失职渎职、违反中央八项规定精神以及发生在群众身边的腐败问题线索，不断推进全面从严治党向基层延伸。2018~2020年，分别处置问题线索17条、14条、27条，立案审查8件、10件、13件，运用"四种形态"① 处理9件、14件、18件，同比增长

---

① "四种形态"指：经常开展批评和自我批评、约谈函询，让"红红脸、出出汗"成为常态；党纪轻处分、组织调整成为违纪处理的大多数；党纪重处分、重大职务调整的成为少数；严重违纪涉嫌违法立案审查的成为极少数。

28.6%、55.6%、28.6%。2021 年 1～10 月，处置问题线索、立案审查、运用"四种形态"处理数分别为 27 件、11 件（其中司法移交 3 件，通过监督发现查处 8 件）、26 件，全面超越 2020 年同期水平。

如图 3 所示，2018～2020 年，沙河源街道纪工委（监察办公室）牢牢把握"严"的主基调，持续加大监督执纪执法力度，处置问题线索、立案审查、运用"四种形态"处理数呈稳定上升态势。相较于 2018 年，2020 年的立案审查数大幅增长了 62.5%。

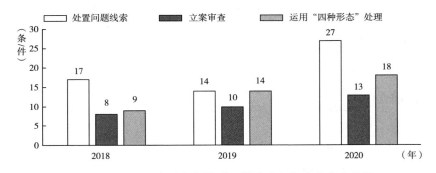

图 3　2018～2020 年沙河源街道纪检监察组织案件查办统计

（四）发挥护航作用，经济社会持续向好

沙河源街道纪律检查工作委员会（监察办公室）按照"监督的再监督"的职能定位，围绕"监督保障执行、促进完善发展"，推动街道各项工作高质量发展，辖区经济社会发展持续向好。党建引领社区治理取得新的成效，新桥社区成为国际化社区建设的成都样板，获得成都市 2020 年"蓉城先锋"十佳示范基层党组织、四川省先进基层党组织等荣誉。2019 年以来，街道在全区年度综合目标任务考核中均为优秀，2019 年和 2020 年街道连续两年被区委评为落实党风廉政建设主体责任先进单位。2020 年，重点经济指标任务达标率排名位列全区第五、涉农街道第一。2021 年 1～10 月，综合经济指标完成情况位居全区前列，引进重大产业化项目 2 个，完成固定资产投资 14.12 亿元，新增注册企业 3541 家。

二　主要做法

在构建三级监督机构、配齐配强纪检监察干部的基础上，沙河源街道纪工委（监察办公室）定岗明责、健全机制，统筹兼顾、一体推进，重点做了以下五个方面工作。

（一）明晰职责任务，形成工作合力

1. 细分五类监督力量

为强化监督的基本职责和第一职责，沙河源街道在形成三级监督网络后，按功能和层级划分，将监督力量细化分解为五类：一是街道纪工委（监察办公室）；二是社区纪委（纪检委员）；三是社区监察工作信息员；四是社区党委下属党总支（支部）纪检委员；五是廉情监督员。

2. 明晰五类监督主体职责

沙河源街道认真贯彻落实《关于加强和规范乡镇（街道）村（社区）纪检监察组织建设的指导意见》（川纪发〔2021〕1号）等有关制度规定，按照省、市有关要求，在金牛区纪委监委科学配置街道纪工委（监察办公室）职责的基础上，细化其他四类监督主体职责，做到权责匹配、责任落实。据统计，街道纪工委（监察办公室）、社区纪委（纪检委员）、社区监察工作信息员、社区党委下属党总支（支部）纪检委员、廉情监督员分别有10项、9项、3项、4项、6项职责（见图4）。

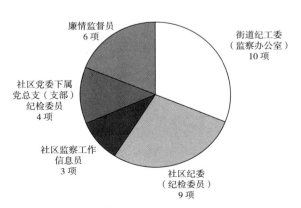

图 4　沙河源街道"五类"监督主体职责数量

街道纪工委（监察办公室）共有包括"监督促进街道党工委领导班子落实全面从严治党主体责任"在内的 10 项职责。社区纪委（纪检委员）共有"协助社区党组织推进全面从严治党，加强党风廉政建设和反腐败工作"等 9 项职责。社区监察工作信息员共有"协助社区党组织加强社区廉政建设，推进社区廉政文化建设"等 3 项职责。社区党委下属党总支（支部）纪检委员共有"负责对党员进行党纪国法和共产主义道德的教育"等 4 项职责。廉情监督员共有"积极宣传反腐倡廉方针"等 6 项职责。

3. 统筹形成工作合力

金牛区纪委监委将全区 13 个街道分成 3 个片区协作组，分别由区纪委一、二、三纪检监察室对口联系，并牵头开展片区协作。沙河源街道主动作为，多次向对口联系纪检监察室请示汇报，制定《沙河源街道社区纪检监察工作分片协作制度》，统筹使用五类监督力量，创建"3+1"协作模式。将街道下辖的 9 个社区分成 3 个协作组，在街道纪工委（监察办公室）的领导和指导下，定期开展交叉检查、线索排查等工作，推动形成工作合力，收到了良好工作成效，受到有关领导肯定。截至 2021 年 10 月，已开展片区协作活动 3 次。

（二）完善制度机制，规范权力运行

1. 落实上级部署要求

深入贯彻落实《关于加强乡镇纪检组织建设的指导意见》（中纪发〔2011〕26 号）、《关于加强和规范乡镇（街道）村（社区）纪检监察组织建设的指导意见》（川纪发〔2021〕1 号）等中央纪委和省、市纪委监委有关法规制度，认真执行金牛区纪委监委出台的《街道纪工委监察办公室工作实务手册》（修订版），全面落实"组织建设""日常监督""审查调查""案件审理""安全规范"五大类 34 项制度要求，做实规定动作。其中，组织建设类 6 项、日常监督类 10 项、审查调查类 8 项、案件审理类 6 项、安全规范类 4 项，基本覆盖街道纪工委（监察办公室）依纪依法履职的方方面面。

2. 制定本级制度规范

在深入调研、摸清家底的基础上，建立了街道党政领导班子主体责任清单、纪工委监督责任清单和社区纪检人员监督清单，创新编辑了《沙河源街道纪检监察内部管理制度、业务规范汇编》，分类制定《纪工委、监察办公室议事规则》《纪工委、监察办公室例会制度》《纪工委、监察办公室定期学习制度》等9项管理制度，以及《街道案发单位专题民主生活会制度》《社区纪检监察工作分片协作制度》《社区纪检监察组织与居务监督委员会联动协作制度》等7项业务规范制度，做优创新。

3. 完善对外协作机制

按照上级纪委监委统一要求，持续完善与司法机关、辖区派出所、交警等执法部门的工作协作机制。适时邀请区检察院、法院等司法机关干警到街道、社区开展法纪宣讲活动，提升党员、干部、社区工作者知法、守法、用法的意识，起到警示教育作用。注重协作配合，统筹使用各类办案资源，做到司法监督、执法监督和纪检监察监督有效贯通，持续释放纪法刚性约束压力。联动开展党员、公职人员违法线索排查，2018年以来联动排查出违法线索29条。

（三）抓住"关键少数"，提升监督质效

1. 盯紧"关键人"

督促街道"一把手"履行"第一责任人"职责，督促班子成员履行好"一岗双责"，抓好分管领域党风廉政建设工作。突出抓好街道工委班子、科（室）长、社区"两委"等党员干部这个"关键少数"，严格把好选人用人程序关、廉政关，认真审查科级干部、社区体制机制改革中社区"两委"新任人选的违纪违法违规情况，做好党风廉政意见回复工作；认真开展科级干部和社区"两委"任前集中进行廉政谈话，上好廉政教育"第一课"。详细了解掌握党员干部队伍的基本情况、基层党风廉政建设情况，全面落实领导干部如实报告收入、房产、投资等个人有关事项制度。进一步完善科级干部个人廉政档案，切实设好"警戒线"，筑牢"防火墙"。

2. 看牢"关键事"

坚持围绕中心服务大局，严格执行民主集中制，创新"三单+三督查"工作模式①，规范和落实"三重一大"事项集体决策制度，全程监督重大事项、工作进展情况。通过线上线下"双公开"等渠道和形式，紧盯社区

---

① "三单"，即督查重点单、督查问题单、问题整改单；"三督查"，即街道班子成员带队督查、街道纪工委全程督查、街道科室专业督查。

资金管理、惠民政策落实等基层事务中的突出问题，重点督查金府机电城"1·13"火灾事故的整改情况、古柏下穿隧道重点防汛点位等民生工作，推动完善制度机制，切实提升社区治理水平。2018～2020 年，开展疫情防控、防汛防洪、拆迁安置、社区财务资金管理、惠民惠农财政补贴资金"一卡通"管理、工作纪律作风等专项监督检查共计 183 次。2021 年 1～10月，开展专项监督检查 45 次，与 2020 年同期相比增幅为 45%。

3. 用好"关键招"

全力强化"两个责任"贯通协同，健全"一把手"负总责、分管领导"一岗双责"、班子成员齐抓共管、纪工委协调督查的领导体制和工作机制。"一把手"定期听取街道纪工委（监察办公室）的工作报告，支持、配合街道纪工委（监察办公室）查办各类案件，开展监督执纪问责，坚持把基层党风廉政建设工作纳入重要议事日程，与街道各项工作同部署、同落实，做到主体责任和监督责任同向发力、同频共振。主动融入基层治理，通过基层减负专项治理"瘦身"行动和推动服务效能提升行动，构建多方参与、共同监督社区治理的多元化监督体系，持续提升社区治理能力和治理效能。推动街道清理、优化原有的 18 类 176 项事务性工作，将社区综合窗口便民服务办理事项由原来的 80 余项减至 20 项。

（四）注重廉政教育，打造廉洁文化品牌

1. 持续开展廉政宣传教育

街道纪工委（监察办公室）对监督单位适时开展廉政谈话，及时通报中央、省、市、区纪委曝光的典型案例，组织党员干部观看《一念之误：四川省六起基层干部违纪违法典型案例警示录》等警示教育片，学习《做之于细 累之成风》等警示教育读本，到金堂监狱开展实地警示教育。邀请区法院、检察院干警和区纪委人员到街道开展"法纪宣传"警示教育，以典型案例为警钟明底线，教育街道干部自觉增强纪律规矩意识。督促各社区通过"清风大讲堂"等形式开展廉洁教育、家风教育和党史教育活动，营造清正廉洁的社会生态。开设街道和社区廉政文化微展点、宣传栏、一体机宣传平台，街道 9 个社区均设置了党风廉政宣传专栏"廉政文化微展点"。新桥社区除廉政宣传专栏外，还配置了党建一体机作为党风廉政宣传平台。持续深入开展法纪宣讲活动，2018 年以来，已开展 12 次。

2. 深入开展廉洁文化建设

组织各社区结合本地实际和文化特点，以群众喜闻乐见的形式开展"清风传家·廉行致远"系列活动，不断引导党员干部群众传承好家风、弘扬好家训，树立廉洁意识，提升拒腐防变能力。挖掘社区廉政文化，依托新桥社区的摄影文化，与金牛区纪委监委联合打造新桥廉政摄影文化品牌。通过镜头去传播、传承，展现金牛区的廉政文化、优良家风文化，优秀纪检监察干部形象、勤政廉洁好干部形象。鼓励社区创新创造。洞子口社区以杨柳诗社为载体，深入打造廉洁文化品牌。2020 年、2021 年分别出版了《清风传家·廉行致远（1）》《清风传家·廉行致远（2）》两本诗歌专集，以诗歌形式来传承好家风、弘扬好家训。新桥社区的廉政摄影文化和洞子口社区的廉政诗歌文化，已成为成都市重要的廉政文化品牌。

（五）强化组织领导，落实保障措施

1. 强化阵地建设

沙河源街道落实了独立办公场所、信访接待室，完成谈话室标准化改造。改造后的谈话室位于办事处一楼，空间密闭，墙体实行软包，系全区唯一的街道级标准化谈话场所，有效提升了"走读式"谈话和案件办理的安全性，保护被谈话者的隐私权。谈话室内配备摄像头和录像机，对案件审查、调查实行全程录像、录音，事后妥善保存谈话资料，进一步规范和完善了办案手续。配置到位各项纪检监察工作设备，落实台式电脑 4 台，其中 1 台为基层纪检举报信息平台专用电脑，还有笔记本电脑 1 台（办案专用）、彩色打印机 2 台（1 台专用于谈话室）、摄像机 1 台、录音笔 1 支。

2. 落实经费保障

街道、社区的纪检监察专项经费纳入年初财政预算，街道专职纪检人员的办案补贴保障到位，对非社区"两委"的纪检委员和社区廉情监督员按规定给予一定的工作补贴。其中，街道专职纪检监察干部每人每月的工作补贴为 220 元，非社区"两委"的纪检委员（兼职）每人每月的工作补贴为 100 元，居民小组廉情监督员每人每月的工作补贴为 50 元。通过落实工作补贴，进一步增强纪检干部的工作认同感、荣誉感和向心力，助力监督工作取得更大质效。

3. 强化队伍建设

落实中央纪委"三转"要求，街道纪工委书记（监察办公室主任）专岗专责，不再分管和从事与纪检监察工作无关的其他工作。街道在开展专职纪工委书记试点的同时，增设专职纪检人员 1 名。对标"政治业务齐头并进"的要求，通过线上线下、集中培训、以会代训、实战练兵等方式开展作风整顿和全员培训。派送街道纪工委专职干部到区纪委联系室（区纪委监察二室）帮助工作，参加片区协作组联合督查、交叉办案，致力于打造忠诚干净担当的基层纪检监察"铁军"。2018~2020 年，分别有 12 人、12 人、9 人参加各类学习培训。2021 年 1~10 月，共有 31 人参加各类学习培训，是 2020 年参加培训总人数的 3 倍。

三 存在的问题

沙河源街道在纪检监察组织"两化"建设中，还存在一些困难和问题。这些问题现实制约着街道纪检监察工作高质量发展，也为全面从严治党向基层延伸设置了"障碍"。

（一）业务指导还需进一步细化

派驻（出）监督在组织机构、人员配置等方面没有专项党内法规进行制度设计，在履职方面也无专项党内法规进行授权、规范。对派出机构开展监督检查，还需上级纪检监察机关进一步加强指导。在组织规范上，四川省纪委监委于 2021 年制定出台了《关于加强和规范乡镇（街道）村（社区）纪检监察组织建设的指导意见》（川纪发〔2021〕1 号），其落地落实还有一个过程。在履职尽责上，省纪委监委正在修订《四川省乡镇纪检监察工作规程（试行）》，着力点主要在乡镇纪检监察组织。但鉴于街道和乡镇在经济发展、人员结构、事务管理等方面存在较大差异，参照执行中还需探索有效的实施路径。

（二）本领、能力还需进一步提升

街道纪检监察干部多从街道内部选用，人员流动性大，且"半路出家"居多，业务能力和专业知识存在一定欠缺。在规范化开展执纪执法办案方面综合能力还需提高，在问题线索分析、处置，证据收集、甄别，定性量纪和查办案件等方面还有方法不多、技巧不够、办案质量不高等问题。同时，街道纪检干部平时"接地气"摸下情多，但"接天线"听上情少。上级纪委监委关于重要精神、重要部署的解读讲话和文件密级过高、传达范围小，街道听不到、看不到，做不到及时领悟上级精神、校正思想偏差。社区、院落的纪检干部多为高中以下学历，年龄结构也较为老化，其能力、素质与新时代纪检工作高要求相比还有明显差距。

（三）纪检监察干部成长渠道还需进一步拓展

目前，街道一级纪检监察干部晋升渠道较窄，他们的组织关系、人事关系均在街道。基层纪检干部在开展日常监督执纪问责时有"得罪人"的地方，他们在参加街道一级考核、提拔任用、评优评先中难免会受到一定程度的影响，导致部分纪检监察干部在履职上存在一定的"好人主义"，不敢大胆、主动开展监督执纪执法工作。此外，社区专职纪委书记无专项工作补贴，社区、院落的纪检干部因看不到"前景"，流动相对频繁，影响监督工作的有效开展。2018~2020年，纪工委（监察办公室）专职人员中有且只有1人次在街道年度考核中被评为优秀。

（四）同级监督还需进一步破题

沙河源街道属于中心城区的涉农街道，建成区和待拆迁区并存，社会关系相对复杂。街道、社区的纪检监察干部和驻在单位同志的工作圈、生活圈、朋友圈等社交网络高度重叠，部分基层纪检人员怕监督过严、过细有伤和气，影响人际关系，常常会陷入"感情套"，一定程度上存在"多一事不如少一事"的心态。同级监督较软，上级监督较远，对"一把手"和同级的监督，有时会受人情、利益或亲情等因素影响，难以具体落实到位。2021年，社区"两委"换届选举后，社区党组织书记兼任居委会主任，权力更为集中，社区纪委如何加强对社区党组织书记、居委会主任"一肩挑"的有效监督，成为基层监督工作的一个难点，制约着监督效能的发挥。

四 意见和建议

针对街道纪检监察组织在"两化"建设中遇到的困难和问题，要始终坚持问题导向、目标导向和群众导向，边学习、边调研、边工作、边总结，做到因地制宜、分类施策、对症下药。

（一）推进制度建设，在"全"上下功夫

没有规矩，不成方圆。要坚持问题导向，针对街道纪工委（监察办公室）在实践中发现的问题，尽快补齐制度短板、堵塞漏洞。一方面，多渠道请示、汇报基层实践难题，以省纪委监委调研修订《四川省乡镇纪检监察工作规程（试行）》为契机，进一步完善街道纪检监察组织"两化"建设制度规范。另一方面，严格落实有关制度要求，在上位法律法规出台后，尽快制定出台街道相应的制度机制，推动执纪执法贯通，提高党风廉政建设和反腐败工作的法治化、规范化水平，在内部建立统一决策、一体运行的执纪执法工作机制。

（二）加强干部培训，在"专"上下功夫

一方面，注重全员全面，坚持统筹兼顾，切实提高监督执纪执法业务水平。要组织街道纪检干部学习新修订的党内法规和其他法律法规，分层分类推进干部培训。有针对性地制订派出干部素质能力的提升计划，适时开展"师傅传帮带"活动，注重在办案第一线培养干部，使其边学边干、边干边学、在学中干、在干中学，不断加大党纪、法律和调查取证等专业培训，加大以案代训、以借代训力度，持续深化队伍建设。另一方面，按照"缺什么补什么"的原则，落实"纪法双施双守"要求，紧扣集体"三资"管理、工程建设、城乡低保、征地拆迁等重点领域，开展专项学习培训，持续提高纪检干部的综合素质，做到说"内行话"、做"内行人"。

（三）鼓励担当作为，在"畅"上下功夫

一方面，认真贯彻落实《关于进一步加强和改进纪检监察干部队伍建设的若干意见》，积极争取、加强汇报，推动上级纪委监委把纪检干部按照年龄、学历、履历、专业等因素统筹整合起来。不断深化干部人事制度改革，按照"工作一盘棋、干部一家人"的要求，探索建立派出干部与街道其他干部双向挂职锻炼制度，将派出纪工委（监察办公室）设为锻炼干部的熔炉和干部成长的平台。另一方面，完善街道纪检干部发现和培养机制、定期交流任职机制，在严格管理的基础上强化综合考核和激励担当。对综合素质过硬、工作实绩突出的干部，要做好推荐、提拔、重用，激发他们的干事激情，鼓励他们认真履职尽责、敢于担当作为。

（四）破除人情影响，在"责"上下功夫

一方面，探索实行提级监督，进一步整合内部监督力量。区纪委监委统筹使用委机关、派驻纪检监察组、派出街道纪工委（监察办公室）、村（社区）纪检委员、监察工作信息员、廉情监督员的力量，按照地域相近、有利工作的原则，在重要专项工作、重要信访办理、重要线索处置以及重要案件立案审查调查等工作中开展片区、部门联动，实施交叉监督、统筹协作等做法，加强对基层重大、疑难、复杂问题线索的分析研判，层层压实工作责任。另一方面，认真贯彻执行《中共中央关于加强对"一把手"和领导班子监督的意见》，不断压紧压实街道三级监督机构的职责，严肃查处那些放弃党性当"老好人"、不讲原则、不论是非、不愿负责、不敢担当的纪检干部，以强有力的追责问责倒逼各类监督主体依法履职、勤勉尽责，有效解决基层监督"宽、松、软"等问题，以实现更好的治理效能。

荣县加强基层党风廉政建设助力
乡村振兴情况的调研报告

李俊良　　张兰芳[*]

摘　要：本文从组织体系、平台搭建、专项整治、基层基础、专题调研五个方面，系统回顾了自贡市荣县纪检监察工作的开展情况，深刻总结、分析了基层纪检监察工作开展中遇到的监督责任落实、巩固拓展脱贫攻坚成果同乡村振兴有效衔接方面存在的问题，并针对上述问题，提出统筹系统推进、突出监督主业、深化问题治理、注重因地制宜等实践性建议。

关键词：基层党风廉政建设　乡村振兴　调研

基层组织既同群众接触最紧密，又是党的路线、方针、政策的直接实施者。基层党员干部的一言一行直接代表着党和政府在群众中的形象，影响着党和政府在群众中的威信。加强基层党风廉政建设，是贯彻落实党的十九大精神和习近平新时代中国特色社会主义思想的基本要求，也是推进乡村振兴工作的重要保证。为进一步摸清荣县乡村振兴发展现状和存在的问题，纵深推进基层党风廉政建设，推动乡村振兴发展，近期中共荣县纪委监委围绕巩固拓展脱贫攻坚成果同乡村振兴有效衔接及基层党风廉政建设情况开展了工作调研，现将有关情况报告如下。

---

* 李俊良，荣县纪委常委；张兰芳，荣县纪委监委党风政风监督室副主任。

一 荣县纪检监察工作开展情况

（一）规范组织体系，选优配强基层纪检监察队伍

荣县各镇（街道）严格按要求加强和规范镇（街道）、村（社区）纪检监察组织建设。全县 21 个镇（街道）共有纪（工）委书记 21 名、副书记 19 名〔均按镇（街道）中层正职配备〕，纪检委员 61 名。同时，配强村级纪检监察力量，选拔思想政治素质较高、遵纪守法、公道正派、坚持原则、敢于担当、群众公认、熟悉村情的干部担任村（社区）监督委员会主任（纪检委员、监察信息员）。2022 年，全县 248 个村（社区）已配齐纪检委员 248 名，全部为常职干部，"三职合一"覆盖率达 100%，其中，由副书记兼任的有 205 名，占 82.7%；由常职党组织委员兼任纪检委员并担任村（社区）监督委员会主任的有 43 名，占 17.3%。荣县优化纪检监察队伍，进一步强化了村级监督职能，有效杜绝了监督力度层层递减的问题，为打通基层监督"最后一公里"奠定了坚实基础。

（二）搭建载体平台，扎实开展"清廉村居"创建活动

一是完善制度机制，推动责任落实。荣县印发《荣县纪委监委机关关于全域推进清廉村居建设的实施方案》（荣纪办发〔2021〕27 号），按照"以点带面、点线结合、分类推进、全面提高"的思路，在每个镇（街道）确定 2 个村（社区）作为"清廉村居"建设示范点，采取"边创建、边总结、边督导、边推进"的方式，探索推进"清廉村居"建设的好经验、好做法。分层分类制定镇级监督、村级监督履责清单，用"监督清单"校准"监督靶向"。2021 年以来，各镇（街道）纪（工）委聚焦中央重大决策部署落实情况，对村（社区）开展监督检查 152 次，督促整改问题 202 个。健全完善推动干部履职尽责及落实民生保障、惠民富民政策、集体"三资"管理等工作的制度规定。督促相关职能部门综合采取专项检查、重点抽查、工作调研等方式，深入基层一线，加强对行业领域突出问题重点治理，强化事前、事中、事后全方位监管。2021 年以来，县农业农村局、财政局、民政局聚焦村（社区）财务管理领域开展系统治理，排查并

完成整改 287 项，细化完善《关于进一步加强和规范村级财务管理工作的意见》等管理办法 5 个，查处突出问题 48 件，处理 81 人，其中给予党纪政务处分 11 人，主动说清问题 2 人。

二是强化监督检查，约束权力运行。建立完善村（社区）干部廉洁履职正负面清单，进一步完善村级党组织运行规则，全面落实"四议两公开"制度，配套印发村（社区）党组织书记、村（居）委会主任、村（社区）集体经济组织负责人"三职一肩挑"管理办法，强化党员群众的监督作用，把村级组织的各项权力置于阳光之下。督促县农业农村局等职能部门和镇（街道）全面梳理村（社区）负责的工程建设、"三资"管理、民生保障、惠民惠农政策落实等事项，常态开展村级公开专项监督。综合运用党委会会议内部通报、重大民生项目专题通报、镇村两级公示栏公开，以及"小喇叭""大广播""院坝会""微信群""点对点"公开等方式，推动公开延伸到镇村两级，落实到群众身边。2021 年以来，各镇（街道）纪（工）委共开展"三盯""四公开"监督检查 165 次，推动村组级事务唱票公开 2185 场次，接受村（居）民质询 302 轮次，晒出"明白账"304 本。严格执行"村级财务镇（街道）托管"制度，全县 248 个村（社区）的财务均由镇（街道）财务托管中心代管，由镇（街道）负责对村（社区）集体"三资"进行指导和管理。县纪委监委对新桥镇新屋坝村财务管理开展提级监督试点。

三是培育廉洁文化，营造良好氛围。充分发挥双石镇蔡家堰村、新桥镇赶场冲村等镇村廉政教育点的作用，常态化组织农村党员干部到现场参观学习，实现农村党员干部廉政教育阵地化和常态化。2021 年以来，镇村两级警示教育基地参观人数达 1500 余人。新建廉政文化长廊和廉政文化广场，展出《中国共产党纪律处分条例》以及"四议两公开一监督"等廉政漫画 100 余幅。将清廉家风建设纳入文明家庭、文明村镇创建活动，深度挖掘、推广一批弘扬法治、涵养德治、生动具体、务实管用的村规民约，挖掘、宣传一批许党许国、报党报国的家风故事，以良好的家风涵养党风、政风，带动社风、民风。2021 年以来，全县共举办家风漫画展 120 场次，累计组织县内 22 个单位的 1794 名党员干部到省级廉洁文化基地接受教育，参观吴玉章故居；举办家风故事分享会 1 次，评选出"最美家庭"5 个；双石镇蔡家堰村建成长达 1 公里的"家风长廊"。

（三）开展专项整治，着力解决群众身边的不正之风和腐败问题

一是开展侵害群众利益的"四风"问题专项整治。重点围绕扶贫领域不作为、慢作为等形式主义、官僚主义问题，违规吃喝等享乐主义、奢靡之风问题，脱贫攻坚与乡村振兴有效衔接问题，以及村（社区）财务管理、征地拆迁、工程招投标、惠民富民政策、生态环境保护等领域突出问题，定期开展专项排查整治，集中纠治和查处一批以权谋私、贪污挪用、吃拿卡要、优亲厚友、推诿扯皮等违规违纪违法和失职失责行为。2021年以来，全县各级纪检监察组织共查处群众身边不正之风和腐败问题257件，处理406人，给予党纪政务处分80人。

二是开展专项巡察。创新巡察村（社区）党组织的方法路径，根据村（社区）经济体量、信访反馈等情况，聚焦巩固拓展脱贫攻坚与乡村振兴有效衔接的重大政策落实、重要决策执行、重点项目建设等领域和环节，灵活运用"巡乡带村""直接巡村""专项巡""机动巡"等方式，突出重点人、重点事、重点问题，提升巡察村（社区）党组织的针对性和实效性。2021年以来，县委巡察机构对双古镇等12个镇开展换届风气专项巡察，督促整改问题83个。

三是举办专题问政节目。积极配合自贡市纪委监委举办"盐都问政——荣县专场"，督促全县各级各部门聚焦荣县民生领域突出问题，认真检视自身问题，并结合作风整顿专项行动，深入整治"不作为、乱作为、慢作为、假作为"四大作风顽疾。针对"盐都问政——荣县专场"曝光的荣县部分党员领导干部不担当不作为问题，追责问责党员干部22人。

四是开展常态化监督检查。制定《荣县纪委监委开展日常监督工作办法（试行）》，印发《日常监督检查工作记录簿》120本，绘制日常监督流程图1张，梳理日常监督重点工作6类28项，聚焦群众关注的焦点和党中央、省委、市委、县委的决策部署，突出问题导向，建立日常监督清单（20项），并整合纳入《日常监督检查工作记录簿》，推动日常监督工作制度化、规范化、精准化。打出"一月一调度"、"一季一总结"、"日常监督+专项监督"、"室组地"联动等系列组合拳，将镇（街道）纪（工）委日常监督情况纳入基层党风廉政建设责任制及纪检监察业务考核的重要内容，切实提升日常监督实效。2021年以来，各镇（街道）纪（工）委聚

焦脱贫攻坚、疫情防控、扫黑除恶等领域，有效开展监督检查，查处违规违纪问题 93 件 135 人，其中给予党纪政务处分 33 人，组织处理 101 人，同比上升 26.3%。

（四）夯实基层基础，着力提升基层治理能力

一是强化队伍建设。选优配强镇（街道）领导班子和村（社区）"两委"成员，镇（街道）35 岁以下党政正职、30 岁以下干部比例翻番，村、社区党组织书记平均年龄分别降至 44 岁、43 岁，大专及以上学历占比分别上升 27 个百分点和 34 个百分点。实施"能人治村"计划，对 248 名新一届村（社区）党组织书记进行全覆盖集中培训，通过以会代训全覆盖培训了 1322 名村（社区）干部。定期组织镇（街道）、村（社区）纪检监察干部参与省、市、县、镇（街道）纪检监察系统业务培训。选派镇（街道）纪检监察干部到省、市、县纪委跟班锻炼，由镇（街道）纪检监察干部带领村（社区）纪检监察干部开展村级监督，通过实战练兵、以干带训的方法，提高基层纪检监察干部监督执纪能力。

二是片区协作指导。整合基层监督力量，加强县、镇（街道）、村（社区）纵向联动，镇（街道）之间、村（社区）之间的横向协作。推行"县镇联动、片区协作"工作机制，根据地域相近、有利工作的原则，设立片区协作区，开展联合监督、交叉检查、异地办案等。开展村（社区）片区联动协作监督，将村（社区）划片归口，由镇（街道）纪检监察干部对口联系指导，开展联合、交叉监督检查。

三是坚持严管厚爱。始终坚持"严"字当头，严格落实纪检监察干部"十必须、十严禁"① 行为规范。强化自我监督，组织开展全县纪检监察系统内部调研，发现并整改问题 31 个。严格执行监督执纪工作规定，把监督"探头"架设到监督执纪各个环节，坚决防止和严查"灯下黑"。2021 年

---

① 自贡市纪检监察干部"十必须、十严禁"行为规范：必须政治坚定、对党忠诚，严禁阳奉阴违、言行不一；必须不忘初心、牢记使命，严禁淡忘宗旨、脱离群众；必须监督在前、挺纪在前，严禁熟视无睹、放任纵容；必须刚正不阿、攻坚克难，严禁不敢担当、不敢碰硬；必须依法履职、秉公用权，严禁执纪违纪、徇私枉法；必须严守纪律、保守秘密，严禁说情打听、跑风漏气；必须学思践悟、勇于创新，严禁消极懈怠、抱残守缺；必须实事求是、真抓实干，严禁不严不实、作风漂浮；必须接受监督、保持谦抑，严禁特权思想、盛气凌人；必须清正廉洁、情趣健康，严禁放松要求、律己不严。

以来，处理涉及纪检监察干部的问题线索 8 条，谈话函询 1 件，立案 2 件，给予党纪处分 2 人，组织处理 3 人。精准有效运用容错纠错、澄清正名、回访关爱等机制，充分调动和保护村（社区）干部干事创业的积极性。2021 年以来，共为 3 名干部澄清正名。

四是提高治理能力。督促整合公、检、法、司、信访、卫健系统力量和基层力量，构建"1+6+N"矛盾纠纷多元化解诉源治理体系。深入挖掘法治资源，推进法律服务平台建设，形成政法委员统筹治理、社会治理网格关口前移、法庭诉源走村入户、检民一路①提前介入、司法服务全面保障、公安执法综合兜底的多元治理体系，群众法治意识明显增强。依托"五老说事工作室"、"紫薇花婚姻家庭纠纷调解室"、行业性专业性人民调解委员会等，打造集政策宣传、民意收集、矛盾调解和心理疏导于一体的基层治理服务平台。

（五）开展专题调研，全面摸排乡村振兴领域的突出问题

一是督促开展县级部门大调研活动。督促县委农办牵头，组织县级有关部门立足职能职责，重点围绕"四个优先"落实、巩固拓展脱贫攻坚成果同乡村振兴有效衔接、产业发展、品牌培育、农业农村改革等方面开展专题调研，共形成调研报告 24 篇。从调研情况来看，荣县现阶段共有已脱贫村 32 个，已脱贫户 11863 户（32254 人），监测对象 367 户（944 人）。荣县持续巩固拓展脱贫攻坚成果，有效衔接乡村振兴，积极推进动态监测、产业增收、就业创收等帮扶政策落实。大力发展特色优势产业链，通过补助村集体修建厂房、冻库、养殖场等，以及引进企业合伙经营、入股

---

① 荣县完成建制村调整优化工作后，每个村（社区）均配备平安委员，每个镇（街道）配备政法委员，基层政法工作体系已基本完备。荣县检察院充分利用这些基层政法力量开展"检民一路"工作，旨在实现"检民同心、一路同行"，使检察服务直达基层。具体制度设计上，主打"360"体系："3"是组建三个团队，构建三级管理体系，建立三个保障机制；"6"是立足于检察职能开展"六个一"活动；"0"是服务群众"零公里"。三个团队包括：由 19 名检察官组成的"梧桐树"团队，指导检察联络员开展日常工作；将全县 248 名村（社区）平安委员聘任为检察联络员，组建检察联络员团队，当好案件线索收集员、法治宣传员、矛盾纠纷化解员、社会和谐促进员；另有社会力量团队，如以热心群众为主体的公益诉讼志愿服务队，以教师、家长为主体的"春天计划"法治教育志愿服务队，以退休检察官、法官、律师、干部、专家"五老"为主体的服务民营经济志愿服务队。三级管理体系，是指荣县检察院在 12309 检察服务中心下设立检察联络员管理中心，在镇街一级设检察联络员工作站，在村社一级设检察联络员工作室。

企业保底分红等方式带动地方经济发展，增加村集体收入，将更多困难群众捆绑在产业链上，持续增加务工、销售收入，充分发挥连锁效益，促进已脱贫户持续增收。目前，已通过"财政生产性项目资金（土地）量化参股""订单收购""合同保底+溢价收购""二次返利""寄养代养"等利益联结机制，将全县约9万户有发展能力的农户吸附在产业链上。

二是开展脱贫攻坚与乡村振兴有效衔接蹲点调研。2021年8月，县纪委监委组建蹲点调研督导组，对荣县旭阳镇徐家塘村和河街社区、双石镇平坦桥村和玉章社区、县农业农村局、县乡村振兴局进行蹲点调研。调研组聚焦"摘帽不摘责任、摘帽不摘政策、摘帽不摘帮扶、摘帽不摘监管"四个方面的内容，采取座谈交流、个别访谈、查阅资料、实地查看、入户走访等方式，广泛听取干部群众的意见和建议，着力发现问题和不足，深入了解荣县巩固拓展脱贫攻坚成果同乡村振兴有效衔接主要帮扶政策保持情况。共发放调查问卷50份，入户走访16户，个别访谈28人。

三是开展村级监督专题调研。为加强基层党风廉政建设和反腐败工作，进一步推动村级纪检监察工作规范化、法治化和正规化，2022年3月，县纪委监委组建调研督导组深入旭阳镇、留佳镇等6个镇（街道）24个村（社区），针对镇（街道）领导班子、村（社区）干部、村级监督员、普通村（居）民等群体分层分类开展调研工作，共发放调研问卷500余份。下一步，荣县将深入研究村级监督职责权限、履责方式等内容，起草编制村（社区）纪检监察组织履职规范化指导手册，全面推进村级监督规范化建设工作。

二　荣县纪检监察工作中存在的主要问题

（一）监督责任落实方面

一是监督意识不强，干部管理失之于软。由于镇（街道）纪（工）委干部的产生、考核均在镇（街道），个别纪检监察干部在日常监督中顾虑较多，监督"一把手"怕被"穿小鞋"，监督同级磨不开情面，监督下级怕不好开展工作，还可能影响自身目标考核，导致其在落实监督责任时只是被动地办好上级交办的事情和群众信访举报，对于日常监督中发现的小问题就"蜻蜓点水"轻轻放过，导致监督存在失之于宽、失之于软的情况。

二是监督力量不足，工作落实顾此失彼。由于大多数镇（街道）纪（工）委副书记和纪（工）委委员除纪检监察业务工作外还承担其他业务工作，同时部分基层业务骨干长期被抽调至省、市、县纪委监委配合办案，多数时候镇（街道）纪检监察工作成了纪（工）委书记一个人"单打独斗"。当监督检查事项较多时，往往顾此失彼，难以实现全覆盖监督。例如，2021年，根据工作要求，各镇（街道）纪（工）委需要对换届风气、疫情防控、脱贫攻坚与乡村振兴有效衔接等20余项重点工作开展专项监督。但从调研情况来看，各镇（街道）纪（工）委将监督重点主要放在疫情防控、换届风气、生态环保等工作上，而对养老保险、动物疫情防控、"窗口腐败"等工作监督检查较少。

三是监督方式不多，抓实抓细缺乏抓手。虽然近年来荣县对日常监督进行了一些探索，比如建立领导干部廉政档案、梳理日常监督清单、印发《日常监督工作记录簿》等，但部分镇（街道）纪（工）委仍然没有真正把监督融入日常工作生活中。特别是对哪些活动、哪些要素、哪些行为应纳入"八小时以外"监督范围，镇（街道）纪（工）委有效措施不够多。2021年以来，荣县有72名党员干部因"八小时以外"违规违纪违法问题受到党纪政务处分。

四是监督能力不足，监督成效事倍功半。纪检监察工作纪律性、独立性、保密性强，需要纪检监察干部具备较高的专业知识和技能。但由于镇（街道）人员少、工作量大等原因，大多数镇（街道）纪（工）委副书记、纪（工）委委员为兼职纪检监察干部，忙于镇（街道）其他业务工作的时候较多。虽然每年县纪委监委都开展全员培训，但由于兼职纪检监察干部平时工作重心不在纪检监察工作上，所以仍存在业务不熟、专业素养不高的问题。个别镇（街道）纪（工）委开展日常监督工作时，未与近期重点工作统筹结合，往往只监督检查某项工作；主动发现问题能力不足，开展监督检查多，发现问题少。

（二）脱贫攻坚与乡村振兴有效衔接方面

一是机制运行不畅。县乡村振兴局的主要职能职责尚未明确到具体业务开展环节，且与县扶贫开发服务中心、县乡村振兴促进中心之间的职能定位尚未完全理顺，存在业务交叉、分工不明、责任不清的问题。而且，县乡村振兴局是由原县扶贫开发局改组建立的，现编制数仅有 8 人，面临业务骨干流失、"青黄不接"等问题。

二是基础设施管护机制不健全。受农村地区特别是贫困地区基础设施建设水平总体不高、基础设施建设主体与受益主体分离等因素制约，农村贫困地区基础设施建设后的管护机制还未完全建立健全。突出表现在，农村通村公路、人畜安全饮水、水利灌溉、渠系配套等基础设施管理维护主体不明、责任不清，资金、人员保障不到位，重建设、轻管护、损毁快的现象还一定程度存在。

三是扶贫资产确权颁证还需要打通"最后一公里"。目前只进行了扶贫资产确权，还没有进行颁证，影响融资等工作的开展；衔接资金支持家庭农场等新型经营主体的相关后续工作需要进一步细化。

三 提升基层治理的对策建议

（一）统筹系统推进，提升基层治理水平

通过探索片区联动、交叉互检、提级监督、建立一线监察联络站等方式，有效促进监督检查、派驻、巡察等监督力量横向交叉，县、镇（街道）和村（社区）上下贯通联动，优化人员调配、强化人员协作，集中攻坚克难，推动监督系统集成、协同高效，做到优势互补、相融互动，切实推动制度优势转化为治理效能。

（二）突出监督主业，提增基层发展质效

加强对镇（街道）专职纪检干部队伍履职情况的管理和监督，进一步强化纪检干部队伍的政治意识、服务大局意识，通过组织专题培训、以干代训等方式，提升乡镇专职纪检干部的政治素质和业务水平。加强对村级纪检委员履职管理，督促镇（街道）纪（工）委加强对村级纪检工作的组织领导、工作指导以及对纪检委员队伍的管理；注重发挥村务监督委员会的作用，推动规范化建设，使之真正成为发现基层问题、遏制群众身边不

正之风和腐败问题的"探头"和"前哨"。

（三）深化问题治理，优化基层政治生态

紧盯巩固"四个不摘"政策成果，强化对保持现有帮扶政策总体稳定、产业可持续发展、扶贫项目资金管理和使用等情况的监督，推动巩固拓展脱贫攻坚成果同乡村振兴有效衔接；持续纠治教育医疗、就业创业、养老社保、安全生产、住房保障、营商环境、食品药品安全等领域的腐败和作风问题，坚决做到发现一起、查处一起，以强有力的监督执纪成效优化基层政治生态。

（四）注重因地制宜，用好基层资源禀赋

紧扣高质量发展主题，充分发挥监督检查的职能，压紧压实各级各部门责任，督促结合各自实际，因地制宜做好乡村规划，最大限度发挥资源禀赋优势。通过坚持抓日常监督、一线监督、精准监督，严肃整治"庸懒散浮拖"等不作为、慢作为、乱作为现象，促进各项工作落实落细。

雅安市名山区加强基层党风廉政建设
推动乡村振兴落地见效

摘　要： 全面推进乡村振兴落地见效，离不开基层党风廉政建设的坚强支持。雅安市名山区纪委监委紧盯目标、把握关键，重点围绕帮扶政策落实、基础设施建设以及推进农村产业发展等开展监督检查，以监督责任的履行推动主体责任落实，收到成效，但也存在诸多不足。本文指出，针对存在的问题，应加强分析研判，在组织、思想、机制等方面不断完善。

关键词： 基层党风廉政建设　乡村振兴　监督

2021年2月25日，习近平在全国脱贫攻坚总结表彰大会上庄严宣告，我国脱贫攻坚战取得了全面胜利。脱贫攻坚战取得胜利后，要全面推进乡村振兴，这是"三农"工作重心的历史性转移。全面推进乡村振兴落地见效，要加快发展乡村产业，加强社会主义精神文明建设，加强农村生态文明建设，深化农村改革，实施乡村建设，推动城乡融合发展见实效，加强和改进乡村治理。这些具体工作的推进，都离不开基层党风廉政建设的坚强支持。

一　加强基层党风廉政建设对推动乡村振兴意义重大

（一）推进乡村振兴，基层党风廉政建设是重中之重

实施乡村振兴战略，是党的十九大做出的重大决策部署，是新时代做

好"三农"工作的总抓手。当前，要从容应对百年变局和新冠疫情影响，推动经济社会平稳健康发展，必须着眼国家重大战略需要，稳住农业基本盘、做好"三农"工作，持续全面推进乡村振兴，确保农业稳产增产、农民稳步增收、农村稳定安宁。要充分发挥农村基层党组织的领导作用，扎实有序做好乡村发展、乡村建设、乡村治理等重点工作，推动乡村振兴取得新进展、农业农村现代化迈出新步伐。

乡村振兴是实现中华民族伟大复兴的一项重大任务。要立足新发展阶段、贯彻新发展理念、构建新发展格局，顺应新形势、新要求，坚持把解决好"三农"问题作为全党工作的重中之重。坚持农业农村优先发展，走中国特色社会主义乡村振兴道路，持续缩小城乡区域发展差距，使低收入人口和欠发达地区共享发展成果，在现代化进程中不掉队、赶上来。全面实施乡村振兴战略的深度、广度、难度都不亚于脱贫攻坚，要完善政策体系、工作体系、制度体系，以更有力的举措汇聚更强大的力量，加快农业农村现代化步伐，促进农业高质高效、乡村宜居宜业、农民富裕富足。

推进乡村振兴，基层党风廉政建设是重中之重。密切联系群众，贴近群众生活，让老百姓从中受益，基层党风廉政建设是必要之举。对群众反映的问题，从根源上解决，并且第一时间给予反馈，真正把基层党风廉政建设落到实处，为老百姓服务，才能不断增强群众的获得感、幸福感和安全感。

（二）农村基层党风廉政建设是党风廉政建设的基础部分

全面建设社会主义现代化国家，实现中华民族伟大复兴，最艰巨、最繁重的任务在农村，最广泛、最深厚的基础依然在农村。基础不牢，地动山摇。农村基层党风廉政建设是党风廉政建设的基础部分，也是农村党建的重要方面。农村党组织基数大，党员人数较多，既与群众接触紧密，又是党的路线方针政策的直接实施者，起到承上启下的作用。农村党员干部的一言一行直接代表着党和政府在群众中的形象，影响党和政府在群众中的威信。

加强农村基层党风廉政建设，关系到农村改革发展稳定的大局，关系到乡村振兴战略的顺利推进，关系到党在农村执政基础的巩固。做好农村党风廉政建设，对于改善党群、干群关系，维护党和政府在人民群众中的威信和形象，加强党的执政能力，提高党的执政地位，具有特别重要的意义。为适应新的形势和任务，我们必须以改革创新的精神扎实推进农村基层党风廉政建设，大力夯实党在农村基层各个方面的工作基础。

二 雅安市名山区通过基层党风廉政建设推动 乡村振兴的做法与成效

近年来，为巩固脱贫攻坚成果、助力乡村振兴，雅安市名山区纪委紧盯目标、把握关键，强化监督检查，以监督责任的履行推动主体责任的落实。重点围绕帮扶政策落实、基础设施建设以及推进农村产业发展等开展监督检查，进一步细化、实化监督重点，靠前监督、跟进监督。对各项惠民惠农政策落实、各类项目资金使用、民生实事项目实施以及干部担当作为等情况进行全程跟踪监督，聚焦抓巩固、促振兴，攻重点、破难点，推动脱贫攻坚和乡村振兴有效衔接，做好乡村振兴的护航者。

（一）因地制宜，助推农村产业发展

乡村要振兴，产业是关键。名山区纪委注重在工作中助力产业发展。如新店镇纪委强化监督，积极推进产业发展，确保群众收入稳定增长。2021年，占地100亩的蒙顶山茶中部（新店镇）加工示范园区投入使用。该园区总投资近2亿元，建设4.3万平方米标准化厂房。园区入驻茶企16家，预计2022年生产加工鲜叶超过8000吨，产值可达4亿元。

新店镇大同村、中坝村、白马村地处丘陵地带，土地多为林地和坡地，且大多数土地不适合茶叶种植。为解决群众增收难的问题，2018年，时任新店镇纪委书记柏云带领中坝村"两委"考察调研后决定，依托丰富的自然资源禀赋，立足"一村一品"，因地制宜大力发展林下种植，把群众持续增收的重心聚焦在生态产业上。通过壮大绿色生态产业，把荒芜的林下资源利用起来，发展林下草果、重楼种植，利用坡地发展柑橘、蔬菜种植，逐步探索并走出一条既要绿色生态又要百姓致富增收的新路子。

（二）夯实基础，不断完善提升人居环境

名山区纪委积极督促民生实事项目建设。场镇老街道路年久失修，道

路改造说了多年，但因为情况较为复杂，面临的各类矛盾和问题较多，一直未能启动。2020 年，镇纪委收到群众的意见建议后，督促镇村两级将该事项列为 2021 年民生实事票决项目，实施场镇老街及污水管网项目建设，以解决老街居民出行及生活污水排放问题，提升改善老街人居环境。新店镇纪委多次走访调研了解民意，新星村群众建议在场镇建设一个可供群众休闲娱乐的综合性广场。2021 年，新店镇投入资金 70 余万元建设新星村 1300 平方米便民服务广场，遮阳棚覆盖面积约 700 平方米，配置辅助功能用房 30 平方米，为群众提供了一个安全、舒适的文化娱乐场所，完善了公共服务设施，提升了群众的幸福感和获得感。

（三）创新模式，积极推进农村基层治理

名山区把监督"触角"延伸到基层，特别针对惠民富民政策以及促进乡村振兴政策的落实情况加强监督检查。新店镇纪委坚持绿色发展引领乡村治理的理念，积极推进基层治理。在中坝村试点搭建"生态超市"，大力推行农村环境治理和乡村文明建设，探索基层善治善为新路径。镇纪委指导中坝村纪检组织组建积分管理小组，坚持"制由民议、制由民定、制由民决"。实行积分季度、年度奖励制，提升村民的荣誉感与归属感。依托"生态超市"平台，村民逐渐养成"爱分类、爱回收"的环保习惯，文明意识持续提升。中坝村还引导村民积极地参与"美丽庭院、美丽村镇、美丽绿道、美丽田园、美丽河湖"建设，实现乡村治理与村级发展的互促共进。

三　雅安市名山区在加强基层党风廉政建设中存在的不足

乡村振兴涉及广大农民切身利益，离不开广大农民的参与和支持。但从目前的实际情况看，广大农民的积极性、主动性、创造性尚未被充分调动起来，乡村振兴内生动力不足，还存在"上热下冷""干部干、群众看"等现象。作为乡镇纪检监察组织，如何充分发挥职能护航乡村振兴也面临很多问题和不足。

（一）主体责任发挥不明显

在党风廉政建设责任制中，党委负主体责任。现实中，个别基层党组织尚未吃准吃透落实主体责任的内涵和实质，缺乏落实主体责任的具体办法和载体，对党员干部缺乏常态化教育、管理和监督。个别村级党组织民主管理质量不高，党内政治生活不严肃，党内监督不到位；个别村级党组织负责人家长习气在一定范围内还存在；个别党员干部顶风违纪，降低了群众对我们党狠抓作风建设的信任和支持。个别党组织将主要精力放在了经济社会发展上，对基层党风廉政建设责任制的主体责任认识不到位，对基层党风廉政建设工作没有较为全面的认识和掌握，导致在辖区内开展基层党风廉政建设工作时出现思路不广、方法不多、效果不明显等问题，工作主动性、创新性还不够。对基层党风廉政建设的宣传力度不够，在基层没有形成大力宣传廉政思想、廉政文化的氛围。基层党风廉政建设制度不完善，虽然结合自身实际制定了一些对干部日常规范管理的制度，但缺乏系统的科学性指导意见，村（社区）干部游离于监管之外的现象仍然存在。对村级事务行使监督不到位，虽然各村（社区）通过选举产生了村（居）务监督委员会，但由于缺乏业务指导、政策支持等，常有"形同虚设"之感。

（二）思想认识不到位

个别干部混淆了为民服务与谋取私利的界限，将落实政策、为民造福当成自己获取利益的手段和目的。特别是在工程项目建设领域，村级党组织负责人以权谋利问题突出，群众反映强烈。个别村级党组织负责人对现行权力清单制度执行不严格，甚至不了解权力运行的具体事项和流程，对什么该干、什么能干、该干什么理解、践行得不深不细，反映出当前农村基层党组织在完善权力管控方面的不足。跟踪式纪律教育不够，现实中党员干部更多是因违规违纪受到处理处分后才实现从"要我学"到"我要学"的转变，教训深刻。

少数党员干部错误地认为基层党风廉政建设会束缚党员干部的积极性，因此只把精力放在抓经济工作或其他业务工作上，将基层党风廉政建设与社会事业发展割裂开来。

少数乡镇党员干部对党风廉政建设的重要性认识不够深刻，认为相较于省、市、县领导干部，基层干部权力不大，腐败问题不容易产生，只要总体工作做得不错，就没有必要抓得这么紧。

（三）自律意识不强

少数乡镇党员干部认为廉洁自律主要针对县处级以上党员干部，自己处于基层岗位，没有多大权力，职位不高，工作范围小，廉洁自律无关紧要，因而忽视思想道德修养。有的乡镇党员干部在实际工作中碰到一些违规情况没有当场坚决抵制，警惕性和原则性不强。特别是年轻的党员干部，在应对社会上一些不良风气、错误思想时经验不足，有时难以抵抗风险诱惑的考验。

（四）干部素质参差不齐

村（社区）"两委"干部年龄结构不合理，35岁以下干部占比较低，面临老、中、青干部搭配比例失衡问题。村（社区）干部主动学习意识不强，部分"两委"干部不及时关注上级动态，对党的方针政策了解不深、不透，尤其对基层党风廉政建设工作缺乏常识。少数村（社区）干部工作方法简单，工作思路缺少创新，要么当"传声筒"，依葫芦画瓢，要么靠"土办法""凭经验"，甚至使用利诱威逼等粗暴手段。

（五）纪检监察力量不足

尽管各村（社区）按照要求配备了纪检监察人员，但存在文化水平不高和年龄结构不平衡的问题，导致履行职责力量不足。如茅河镇32名村级纪检监察人员中，初中及以下文化程度的有23人，占71.87%，多数人文化水平偏低，知识结构简单，没有经过系统的理论培训，岗位所需的相关知识欠缺；40岁以上的有26人，占81.25%；50岁以上的有18人，占56.25%；平均年龄54.3岁。部分人员因年龄较大，缺少干事的动力与闯劲儿，同时"与时俱进"的观念不强，因循守旧，不能适应新时期农村工作的要求。

（六）纪检监察组织建设存在不足

乡镇纪检监察组织在编人员少，工作事务繁杂。乡镇纪委书记分管包括纪检监察在内的多项工作，还要指导所联系村的工作开展，很难集中精力做好基层党风廉政建设工作。尽管配备了乡镇纪委副书记和纪委委员，但纪委副书记和纪委委员同样身兼多职，乡镇纪检监察工作更多还是纪委书记在做，导致工作开展力度不够。纪检监察工作对业务能力要求较高，但一些乡镇纪检干部平时查办的案件比较少，缺乏实践锻炼，存在业务不精的问题。加之乡镇干部流动性大，乡镇纪检干部经常更换，新任纪检干部在上岗前很少经过系统的业务培训，不能主动加强业务学习，从而影响乡镇基层党风廉政建设工作的开展。

村务监督委员会的非独立性，以及在农村相对封闭、狭小的环境中造就的人情、宗族关系，导致村级监督并未发挥应有的作用。个别村干部落实"四议两公开"制度不严格，群众的知情权、参与权、监督权得不到保障。镇村两级监察力量薄弱，被动接受群众信访举报多，主动深入一线审查调查少，党员干部存在侥幸心理，影响监察权威的树立。

四 加强基层党风廉政建设助力乡村振兴的建议

推进乡村全面振兴，必须以组织振兴引领乡村振兴。农村基层党组织必须以加强基层党风廉政建设的实际举措推进组织振兴，以组织振兴推进乡村全面振兴，坚定不移地把党的路线方针政策和党中央的决策部署落到实处。党的全部力量来自组织，基层党组织是农村各项工作的领导核心，是实施乡村振兴战略的"主心骨"。组织振兴与否，直接决定着乡村振兴各项工作的进展与成效，而加强基层党风廉政建设，则是推进组织振兴的重要手段。基层党组织的党风廉政建设是带动新时代乡村文明创建的主要力量，良好的党风、政风带动形成风清气正的社会风气。推进乡村振兴，必须带领广大群众破除陈规陋习，改进生产生活观念，扎实推进文明乡风建设。对此，基层党组织承担着带头践行社会主义核心价值观、带头涵养良好的社会风气、不断提高乡村文明程度的重要职责。

（一）持续强化基层党组织管党治党责任

要将基层党风廉政建设放在乡村振兴整体布局中考量，围绕乡村振兴各项决策部署落地生根，持续强化基层党组织管党治党责任，持续整顿软弱涣散的基层党组织，持续加强对党员干部的教育、管理和监督。要围绕乡村振兴项目的实施，创新组织设置和活动方式，保障群众的知情权、参与权、监督权；要围绕提升项目实施的规范性，完善负面准入机制，建议明确村级党组织负责人不得承揽本村工程项目建设等相关制度；要围绕提升群众的幸福指数，在镇（街道）党委考核村级党组织的基础上，将群众考评意见纳入整体考核，实现上级党委对下级党组织、村民对本村党组织的双重考核。

（二）聚焦深化改革各项政策的贯彻落实情况，开展常态化监督检查

要将日常监督和集中督查相结合。镇（街道）党委、纪委定期对村级党组织落实上级决策部署情况开展监督检查，或聘请第三方专业机构、审计机构开展监督检查，提高监督的针对性、实效性。重点围绕巩固拓展脱贫成果与乡村振兴有效衔接开展监督检查，集中发现、纠正、查处形式主义、官僚主义等突出问题，为乡村全面振兴提供坚强保障。要对乡村振兴各项决策部署进行跟踪式监督检查，或聚焦制度落实进行过程式监督检查，实现制度落实的规范性、工作落实的长效性。采取多项举措贯彻落实从严治党要求，将基层党风廉政建设工作与业务工作同安排、同部署、同落实，为推动乡村振兴提供有力的纪律保障。

（三）提升群众参与村级党员干部述责述廉监督的积极性

突出"责""廉"两大主题，推进村级党组织向群众述责述廉。责任述职重点放在落实管党治党责任，严肃党内政治生活，常态化加强对党员的教育、管理和监督方面；放在落实乡村振兴战略，推动发展特色产业，带领群众共同致富方面。廉洁述职重点放在集体"三资"管理方面，向村民报一报账、交一交底：今年村集体收益有多少，收益的项目和渠道是什么，支出的资金花到了哪里。村级党员干部通过向群众述责述廉，认真听取群众的意见，解决群众反映强烈的、关系群众切身利益的"微腐败"问题，进一步密切联系群众，以提高人民群众对基层党风廉政建设的满意度。

（四）强化镇村级党性党风教育的乡土特色

挖掘本土本乡各时期先进典型，集中展示、直观介绍"忠诚干净担当"的典型事例，引导广大党员干部结合"不忘初心、牢记使命"主题教育，把弘扬优秀地域文化融入理论学习、日常修养中。组织党员干部对照先进典型开展学习讨论、自我剖析、撰写心得，以常态化、制度化的教育实效推动党员干部学而信、学而用、学而行，真正实现"四讲四有"合格党员的目标。

推进清廉村居建设 为乡村振兴提供纪律作风保障

杜亚 甘科 兰洋 谢丹 邱万丽[*]

摘 要：推进清廉村居建设是持续深化农村基层党风廉政建设，推动全面从严治党向基层延伸，为乡村振兴战略实施提供坚强保障的重要抓手。本文总结提炼近年来自贡市自流井区在推进清廉村居建设中的好经验和好做法，并深刻分析基层纪检监察组织在组织保障、工作运行、廉洁文化氛围营造、监督机制建设等方面存在的问题和不足，有针对性地提出意见和建议。

关键词：清廉村居建设 乡村振兴 纪律作风

推进清廉村居建设，是巩固党的执政基础、推动全面从严治党向纵深发展的必然要求，是密切党群干群关系、维护农村基层社会和谐稳定的有效途径，是实施乡村振兴战略、推动农村改革发展的重要保障。近期，自贡市自流井区纪委监委通过入户走访、集中座谈、查阅资料等方式，围绕"推进清廉村居建设，为乡村振兴提供纪律作风保障"这一主题开展专题调研，结合实际，系统总结提炼自流井区推进清廉村居建设的好经验和好做法，深入分析其中存在的问题和不足，并就基层纪检组织如何助力乡村振兴提出针对性强的意见和建议。

---

* 杜亚，自贡市自流井区仲权镇纪委书记；甘科，自贡市自流井区飞龙峡镇纪委书记；兰洋，自贡市自流井区舒坪街道纪工委书记；谢丹，自贡市自流井区荣边镇纪委书记；邱万丽，自贡市自流井区纪委监委办公室主任。

一　自流井区推进清廉村居建设的经验

（一）强化组织建设，夯实基层队伍

1. 精准选，队伍稳定，结构更加优化

自流井区涉及乡村振兴工作的共有 3 个镇和 1 个街道。在纪检监察组织班子配备上，各镇（街道）均实现纪（工）委书记单列，不再由党（工）委副书记兼任，同时配备包括 1 名副书记在内的 3~5 名委员。其中，明确副书记为中层正职干部，人员力量得到夯实，纪（工）委书记"三转"更加彻底。各村（社区）当选的纪检委员全部为常职干部，推行纪检委员、监察工作信息员、村（居）务监督委员会主任"三职合一"的村（社区）占比为100%。各镇（街道）将退休的身体条件允许的且热心公益事业的老党员、老干部、老先进组织起来，通过"三会一课"、村（居）民大会、座谈会等契机，鼓励他们积极参与村（社区）事务，为村（社区）提意见、献良策，协助村（社区）干部向群众宣传乡村振兴、产业帮扶、就业增收等惠民、惠农政策，并积极参与调解矛盾纠纷。

2. 精准育，强化培训，素质更加提升

制订镇村两级纪检委员年度教育培训计划，创新开设"清风小课""动力微课堂"，分层分类培训镇村级纪检干部 6 期 340 人次，全面加强纪检监察干部的思想淬炼、政治历练、实践锻炼、专业训练。在部分镇试点村级纪检委员挂职锻炼制度，每年选取 1~2 名村级纪检委员到镇纪委跟班学习一年，专职从事基层党风廉政建设等工作，有效破解村级纪检干部"不会监督、不敢监督"的难题，切实保证乡村振兴安排部署到哪里，监督检查就跟进到哪里。

3. 发挥部门协同作用

立足解决基层力量不足、能力不足、联动不足等问题，自流井区结合实际，以"3 个镇+舒坪街道协作组"为依托，将区纪委监委机关纪检监察室与协作组"捆绑"运行，由区纪委监委领导班子成员和机关内设机构"一对一"联系指导，确保全区纪检监察工作"一盘棋"。同时，对于中心工作的开展和疑难信访案件的办理，区纪委监委通过"室、组、地"

联动和"大片区"推动,充分发挥系统优势,盘活力量、补齐短板,实现办案力量的统一、审查调查的联合、以案促改的深化,为监督执纪、审查调查工作提供坚强保障,打好乡村振兴专项监督检查和审查调查"协同战"。

(二)强化监督检查,助推乡村振兴

1. 坚持系统思维,统筹谋划抓主力

自流井区统筹考虑脱贫攻坚取得胜利后全面推进乡村振兴的现实需要,把巩固拓展脱贫攻坚成果同乡村振兴有效衔接专项监督纳入年度全面从严治党、党风廉政建设和反腐败工作意见以及纪检监察监督事项清单内容。结合本区实际制定《开展专项监督促进巩固拓展脱贫攻坚成果同乡村振兴有效衔接重点任务清单》,将9项监督重点任务细化为25项具体内容,进一步明确牵头单位、配合单位、完成时限,实现项目化、清单化、节点化管理。成立了以区纪委书记为组长的工作专班,再次明确分工、压实责任,采取"领导班子成员+纪检监察室+派驻纪检监察组织或镇(街道)纪(工)委"的方式,对10个区级部门、镇(街道)进行包片监督,最大限度整合力量、凝聚合力。

2. 强化常态跟进,全面摸清情况

自流井区纪委监委着力压实行业主管监管部门责任,主动对接区乡村振兴局,了解掌握脱贫攻坚与乡村振兴有效衔接过渡时期总体政策情况。截至 2020 年底,全区建档立卡贫困人口(1140 户 3260 人)全面脱贫。目前全区有脱贫人口 1130 户 3218 人,边缘易致贫人口 26 户 50 人,突发严重困难人口 1 户 4 人。2014~2020 年全区累计投入财政专项扶贫资金 6943 万元,不断完善农村基础设施和基层公共服务水平,全力改善农村人居环境,实现贫困群众"两不愁三保障"及饮水安全。贫困户人均纯收入由 2014 年的 2805 元增加到 2020 年的 10587 元。在巩固"两不愁三保障"成果方面,制定了《盘活用好镇村公有资产工作方案》,通过入股分红、联合经营、国企注入、工艺使用等多种形式确保资产保值增值。在易地扶贫搬迁后续扶持政策落实方面,全区各村集体依靠自身的资源禀赋,积极探索、拓展适合本地集体经济发展的途径,多形式发展村集体经济。在建立健全防止返贫的动态监测和响应机制方面,探索与金融机构合作建设农村

集体"三资"管理服务平台。自流井区与中国农业银行自贡盐都支行签订合作协议，由农业银行提供"三资"管理服务平台，将 26 个村的资金、资源、资产情况录入平台，做到实时监控、透明管理。在扶贫资产监管政策落实方面，印发《关于进一步强化措施建立完善村（社区）财务管理长效机制的通知》《自流井区农村集体资金资产资源管理制度》，制定自流井区村（社区）财务管理正面清单，实行村民委员会和村级集体经济组织账务分设、独立核算，进一步规范村级财务的民主决策和监督管理。

3. 做实"四个监督"，同向发力抓联动

一是发挥"探头"作用，做实"一线监督"。自流井区督促 17 个纪检监察组织聚焦重点任务清单履职尽责，充分发挥纪检监察组织的"探头"作用，通过随机抽查、延伸检查、实地走访等方式开展日常监督自查。发现并督促整改的问题有 17 个，其中涉及村（社区）财务管理的有 6 个。

二是紧盯关键环节，做实"专项监督"。自流井区围绕政策落实、责任落实、工作推进，紧盯资金发放、项目施工、产业发展，制订专项监督检查方案，对 8 个区级部门、2 个国有投资平台、3 个镇及 4 个行政村开展专项监督检查 3 轮次，发现并督促整改的问题有 15 个，发现问题线索 1 条，其中涉及村（社区）财务管理的 2 个。

三是注重同频共振，做实"联动监督"。自流井区纪委监委注重上下联动，及时向市纪委监委联系室报告本区针对脱贫攻坚同乡村振兴有效衔接的重点任务的专项监督检查情况，为上下联动督查提供基础；注重横向联动，加强与区委巡察办、区委目标绩效办协作联动，积极推进专项监督、目标督查、巡视巡察的有机衔接，加强信息互通、监督互动；注重域内互动，各镇采取村（社区）纪检委员交叉检查的方式"找问题""抓整改"，着力实现推动规范与提升能力"双促进"。

四是抓好结合，强化"科技监督"。自流井区在执纪监督大数据平台设置村（社区）《三资公开》栏目，督促各镇（街道）每季度定期公开村（社区）集体"三资"情况。基层群众可通过在各镇（街道）设置的终端查询平台以及手机微信公众号查询村（社区）"集体三资"情况，实时监督约束"微权力"。同时，区纪委监委根据平台提示以及不定期抽查，进一步加强了对村（社区）集体"三资"的提级监督。

（三）强化办案引领，抓好系统治理

1. 畅通信访渠道，强化公开公示

自流井区坚持底线思维，筑牢风险防控防线。持续保证来信、来访、网络举报渠道畅通，畅通"12380"信访举报电话，综合运用"网络哨兵""网络监督员"，全面收集线上线下舆情信息，落实快查快结机制，规范、妥善处置信访举报问题。利用"清风自流井"网站、微信公众号、发放宣传手册等方式广泛宣传纪检监察机关受理范围，公开信访举报方式。聚焦基层公示资料不完整、格式不规范、上墙不及时等问题，把村（社区）党务、村（居）务、财务公开纳入基层纪检监察组织日常监督检查的重要内容，着力推动村（社区）持续运用公开栏、小喇叭、大广播、院坝会等"土办法"，充分运用QQ群、微信群等"新渠道"公开。督促建立村（社区）财务公开制度，不断规范和强化基层信息公开的及时性和规范性，切实保障群众的知情权、参与权、监督权。2021年以来，全区共开展组级事务公开"唱票"380余场次，接受村（居）民质询60余轮次。特别是在镇领导班子换届期间，主动开展信访风险排查。

2. 坚决查处典型案例

自流井区始终围绕中心工作和重点工作查办案件，注重发挥办案工作的综合效应，突出执纪办案工作重点，充分发挥查办案件对预防和治理腐败的建设性作用。2021年以来，全区共查处10名村（社区）干部，其中涉及"4+2+2"重点行业领域系统治理，发现并查处人员4名。始终把查办案件放在基层党风廉政建设重要位置，以查办发生在人民群众身边的腐败案件为重点，实行办案目标责任管理，进一步夯实了办案的工作责任。切实加强对镇纪委办案工作的指导，实行纪委常委联镇包查案件制度，实现镇纪委办案效率和办案能力双提高。认真贯彻"惩戒与教育"相结合的原则，采取"帮困与教育"相结合的方式，对受处分的党员干部开展回访教育，全面、充分地变消极因素为积极因素，进一步强化对干部的教育、管理和监督，做实做细审查调查工作的"后半篇"。

3. 强力推进系统治理

2020年以来，区纪检监察部门牵头开展村（社区）财务管理系统治理，向区委、区政府分管乡村振兴的县级领导发放提示单4份，督促区农

业农村局、财政局、民政局建立村（社区）财务管理、集体"三资"管理、提级监管、阳光村居等 6 个小组，针对村（社区）财务管理、财务公开、集体"三资"管理等方面开展核查抽查 3 轮次，发现并督促整改问题 47 个。出台《进一步加强和规范村（社区）财务管理指导意见》《关于进一步加强村（社区）财务公开工作的通知》《关于进一步加强村（社区）印章印鉴管理工作的通知》等。2021 年以来，在村（社区）财务管理方面批评教育帮助和处理 7 人。出台《飞龙峡镇乡村振兴示范区建设预防廉政风险强化监督工作方案》，强化从源头预防腐败，切实加强对权力运行的制约与监督，督促项目管理职能部门依法施政，规范项目审批和建设流程，强化对项目过程的监督管理。

（四）强化氛围营造，培育廉洁文化

1. 落实"一岗双责"和廉洁自律工作

一是区委、区政府印发《关于做好乡镇行政区划和村级建制调整改革"后半篇"文章的实施方案》《自流井区两项改革"后半篇"文章 2021 年工作要点暨任务分工方案》，围绕优化资源配置、提升发展质量、增强服务能力、提高治理效能"四大任务"，以优布局、打基础、补短板、建机制为重点，助推乡村振兴、新型城镇化建设和县域经济高质量发展。二是镇（街道）党（工）委加强对村（社区）党组织和党员干部的教育和管理监督，通过专项监督、调研走访等方式加强对村（社区）的监督检查；制定《惩防体系建设"回头看"工作方案》，督促各镇（街道）指导各村（社区）开展廉政风险隐患"回头看"。把各村（社区）政治生态情况纳入镇（街道）政治生态评价体系中，把镇（街道）纪（工）委、村（社区）纪检委员列席会议监督纳入《自流井区各级纪检监察组织进一步加强对"一把手"和领导班子监督工作办法（试行）》中。三是充分运用"两个责任"录入系统，通过定期提醒、不定期抽查、年度考核等方式，督促全区各单位（部门）的领导班子成员严格履行"一岗双责"，进一步压紧压实全面从严治党"两个责任"，确保基层党风廉政建设责任落细、落实。

2. 完善以案促改工作

各镇（街道）纪（工）委对比近年来查处的典型案件，选择有代表性的个案进行深刻剖析，找出症结及监督管理漏洞，围绕问题多发、易发的岗位，查找案发的共性规律，研究防控对策，下大力气开展以案促改，强化监督制约。同时，从抓典型案例、警示教育入手，结合新一轮深化"三个以案"警示教育，区纪委向各镇（街道）发放 500 余本案例读本，教育引导党员干部持续在以案示警中受警醒、明法纪，在以案为戒中严对照、深检视，在以案促改中强整改、促提升。同时，对查出的违纪违法案件进行深入剖析，要求各镇（街道）向出现问题的单位和部门提出纪检监察建议，开列问题清单，督促有关单位和部门进一步完善制度、优化机制，切实做实做细审查调查"后半篇"文章，推动查处一案、警示一批、教育一片。

3. 创新阵地建设和平台打造工作

在全区 4 个镇（街道）各选取 1 个村（社区）打造各具特点的清廉村居示范点，拓展清廉村居建设的覆盖面、影响力，不断提升基层治理能力和群众满意度。例如，仲权镇竹元村依托以卢德铭故居修复及改扩建项目为主的红色资源、以尖山 4A 级风景区为主的绿色禀赋、以国家级彩灯小镇为主的彩色风情，大力实施文旅融合、农旅融合。舒坪街道舒家坰社区依托自流井区基层党员干部廉政教育基地，把清廉文化建设融入日常工作和群众生活中，注重廉政宣传教育，营造浓厚的崇廉尚廉氛围。

二　自流井区在为乡村振兴提供纪律作风保障中存在的不足

（一）助力乡村振兴保障方面

1. 基层纪检监察队伍建设较为薄弱

一是监察改革以来，全区各镇（街道）纪检监察组织按 3～5 名委员进行配备，但除书记外，配备的副书记、委员均为兼职，大部分还同时担任各镇（街道）机关部门负责人，承担较重的本职工作，无法做到专职专责。同时，镇（街道）纪（工）委还需担负宣传教育、正风肃纪、信访调查、执纪问责等工作，面对助力乡村振兴的繁重工作任务，镇（街道）纪（工）委显得力不从心。二是村（社区）换届选举后，全区各村（社区）

党组织按要求，已选配 1 名纪检委员并按常职化管理。但由于纪检监察工作的特殊性，对纪检监察干部队伍有较高的政治素养和业务水平的要求，纪检委员的能力和素质客观上还有待提高。纪检监察干部对全面从严治党向基层延伸、向纵深发展以及对党纪、法规的学习贯彻还存在认知不足甚至恐慌等情况。在村（社区）一线监督执纪工作中，助力乡村振兴工作的成效还不够显著。

2. 领导机制还需进一步完善

一是在对涉农政策、项目、资金监督常态化的情况下，纪检监察内部没有专门助力乡村振兴工作的部门或议事协调机构，监督工作针对性不强，把乡村振兴领域的监督工作等同于日常监督，对乡村振兴工作纪律保障作用的发挥缺少有效抓手。二是行业主管部门欠缺整体规划，有机融汇不够，没有形成有机整体，没有细化到镇（街道）、到村组（社区）、到产业、到项目、到措施，出现计划和实际"两张皮"的现象，缺乏具有可操作性的实施细则、任务清单，导致配套监督不完善。

（二）监督检查工作运行方面

1. 同级监督缺少抓手

在上级纪委和同级党（工）委的双重领导体制下，镇（街道）纪检监察组织一方面在区纪委的指导下开展助力乡村振兴的纪律保障工作，另一方面在组织人事、财物经费及各种事务上对同级党（工）委仍然有较强的依附性，存在监督主体依赖监督客体的问题。如何把握好履行同级监督职责与服从同级党（工）委领导的度，如何处理好受上级纪委和同级党（工）委双重领导的关系，如何充分发挥监督保障执行、促进完善发展的作用助力乡村振兴工作，是亟待解决的问题。

2. 监督精度还需加强

一是对监督理解不够精准。没有准确把握对纪检监察组织的监督是"监督的再监督"，基层监督工作中有时出现"眉毛胡子一把抓"的现象，结果是种了别人的田，荒了自己的地。二是监督抓不住重点。东一榔头西一棒槌，敲不到鼓心，找不到重点。对关键领域、重点环节的监督不够，对重点监督哪些环节、以什么形式发现问题、采用什么方法妥善处置等缺乏具体有效的措施。尤其是村（社区）纪检组织的"探头"作用发挥不充分，不能及时发现问题并有的放矢地提出意见。

3. 监督合力发挥不充分

一是党内监督不够有力，领导班子成员之间、成员与"一把手"之间缺乏强有力的内部监督约束，党内斗争精神有所淡化，批评和自我批评的氛围还不够浓厚。二是监督主动性不高。群众监督、民主监督、社会舆论监督有时流于形式，有的监督主体积极性不高，不同程度地存在不敢监督、不愿监督的现象。三是监督主体联动不足。在监督体系中不同监督主体缺乏有效的联结纽带，监督主体之间沟通协调不够，各自为战、力量较分散，未形成高效联动的全过程监督运行机制。

（三）营造廉洁文化氛围方面

1. 党建引领不足，人居环境整治整体效果不好

一是党建引领不足，廉政思想工作聚合力不强。镇党委以党建统领各项工作、灌输廉政思想的能力不足，常局限于开展宣传、会议传达，很少主动订计划、明责任、建机制，与具体中心工作和重大项目结合不好，基层党组织的战斗堡垒作用和广大党员的先锋模范作用发挥不明显，没有拧成一股绳、铆足一股劲儿。二是廉政文化成果未充分巩固，齐抓共管、建章立制有欠缺。廉政文化建设的成效没有得到全面巩固，对成果大多是集中式宣传和过程式案例通报，未做到入脑入心，没有系统的宣传体系，推动廉政文化深入人心的手段不多。将廉政思想建设纳入村（居）规民约的探索不够，在提高人文环境水平、增强群众满意度和幸福感方面还需要进一步努力。

2. 廉政文化宣传有待提高，乡风文明、廉政思想深入人心不够

一是宣传形式单一。目前廉政文化宣传多集中在会议传达和文件传达，没有形成全方位、多角度开展廉政文化宣传工作的格局。例如，对喷绘墙体宣传标语、"村村响"大喇叭、发放宣传单、入户走访、微信公众号发布、村级微信群转发等形式运用不充分，没有形成"人人知晓、人人行动"的良好氛围。要引导群众改变陈规陋习，积极参与，形成良好氛围。二是基层廉政文化建设效果不明显。存在"四多四少"现象，即：会上强调的多，会后抓落实的少；突击性开展工作的多，有计划、有组织开展工作的少；作为临时性工作的多，长期抓、抓长期的少；追求实用的多，真正占领阵地的少。基层廉政文化建设往往陷入"推一下才动一下"

的被动局面，很难在广大农村和社区营造一种廉洁氛围。在廉政文化内容的选择上也存在内容老化、理论和实际脱节等问题。

3. 廉政项目缺乏全局观，村民幸福生活形象工程需提升

一是谋划不够，没有用心打造廉政工程。从整个基层的工程项目来看，没有从全局谋划如何打造廉政工程、形象工程，更多的是就工程项目建设工程项目，和廉政文化结合不够紧密。二是意识淡薄，重大项目和廉政文化结合不够。一些基层党员干部和项目负责人片面认为抓党风廉政建设是党组织和纪委的事，自己只要抓好工程质量就行，对项目各环节的廉政宣传不到位，有的甚至错误地认为，项目的党风廉政建设工作抓得太紧会影响工程的推进速度。部分项目虽然开展了廉政风险排查，也强调了每个岗位的廉政风险防控要点，但并没有将党风廉政建设要求贯穿到项目的日常工作中。对村民代表参与项目廉政建设的认知不足，导致农村廉政文化项目缺少干部群众的有力支持。

（四）助力乡村振兴专项监督机制建设方面

1. 力量统筹整合不足，监督范围不全面

区纪检监察组织与各镇（街道）的联动机制不完善，多为由上至下的联动，上级抽调下级人员力量，镇（街道）的联动需求没有得到有效解决，平级联动运转不畅。

2. 制度建设力度不够，片区优势发挥不明显

每个片区整合力度不一，片区干部干事创业的积极性、主动性和创造性还要进一步增强，没有有效发挥出制度优势。

3. 创新工作不足，监督质效有待进一步提升

工作定位不准，重点工作不明确，对近期的大政方针和重点工作不明确，习惯了听从上级的安排指示。对中心工作思考不足造成纪检监督工作创新不足，执纪监督普通化、片面化，没有特色亮点。

4. 专项监督欠缺，监督质效不高

纪检监察干部对有关问题开展督导调查时，虽然能抓住作风不实、责任虚化、敷衍塞责、落实不力等突出问题，但从政治纪律方面查问题和不足的能力较弱，以重点带动一般、把专项监督作为监督检查的重点的效果不明显。

5. 容错、纠错机制还不够健全

一是宣传舆论不够，良好的容错纠错氛围没有形成。党员干部对容错纠错知晓率低，应科学界定"错"的内容和边界。70%的党员干部（其中包含不少纪检干部）对容错免责机制不够了解。他们很少学习相关的正式文件或宣传资料，只从电视或者网络上获取相关知识。二是纠错机制不完善，基层干部放不开手脚干事、办事。当前存在重视容错免责机制的建立、忽视纠错等配套机制建设的问题，容错和纠错不平衡，没有将容错和纠错有机统一起来。倘若工作中有失误，就会出现不断"交学费学习"的现象，不利于党员干部及时纠错、改错，也不利于促进干部成长和事业发展。问责主体主动认定机制没有形成。虽然关于被追责对象申请免责的流程明确具体，但对问责主体在案件调查中发现免责情形并没有做出明确规定。另外，在《中国共产党纪律检查机关监督执纪工作规则》中没有要求纪检监察机关主动认定免责情形的内容，造成只有追责对象提出申请才能进入免责调查程序，不利于激励和保护敢创敢试的干部。

三 推进清廉村居建设，为乡村振兴提供纪律作风保障的建议路径

（一）加强组织领导，强化基础力量保障

一是进一步规范领导机制。及时建立相应的组织机构，成立综合协调组、监督检查组、资料收集组等组室，确保对乡村振兴相关工作的监督，重点解决推进乡村振兴工作的问题。相关行业主管部门细化出台与乡村振兴工作有关的实施方案、实施意见等配套制度，定性定量，明确目标、任务、措施和保障，便于纪检监察组织能有效跟进监督，确保监督能贯穿到推进乡村振兴工作的各方面、全过程。二是补齐基层力量薄弱短板。"打铁还需自身硬"，要推动落实镇（街道）纪（工）委人员"两专三兼"①。并结合纪检监察工作需要，采取以案代训、上门送教等方式，分批次进行专门培训，既有政策理论课程，也要有业务知识解读，不断提高基层纪检

---

① "两专三兼"指乡镇、街道应配备 2 名专职纪检监察干部和 3 名兼职纪检监察干部。

监察干部的履职意愿和能力。探索纪检监察室、派驻（出）机构与乡镇（街道）纪（工）委的协力工作模式，充分整合力量，调动积极性，使各责任部门分工明确、各有侧重、凝聚合力。

（二）坚持系统思维，织密统筹联动监督网

在党内监督主导下做实专责监督、贯通各类监督，推动"两个责任"有机协同、一体落实。一是要积极探索开展异村互查。针对基层监督力量偏弱、业务不精等问题，要进一步加强组织领导，在镇（街道）纪（工）委的统筹下，整合各村（社区）纪检监察力量开展好专项监督检查。二是要积极探索开展各镇（街道）片区大联动。由各镇（街道）纪检监察力量组成专职监督检查队伍，对全区各镇（街道）统筹开展监督检查，打破"熟人社会""圈子文化"，同时防止多头重复检查、督导、考核，使基层干部从烦琐应酬、低效循环中解脱出来，把时间和精力用在"刀刃"上。三是要压实各级主体责任。各级纪委监委既要依据乡村振兴战略进行任务、责任分解，加强对本级责任落实的监督督促，又要下沉一线，从上往下抓，督促各级、各部门履好职。要牢牢抓住主体责任这个"牛鼻子"，通过约谈提醒、问题督办、调研督导、明察暗访等方式，督促相关职能部门切实履行巩固拓展脱贫攻坚成果同乡村振兴有效衔接的责任，结合职能、职责，切实担负起对相关政策落实、项目推进和措施实施的监管责任。要特别注重发挥基层党组织在乡村振兴中的战斗堡垒作用，以有力、有效的监督推动基层干部履职尽责。

（三）抓实廉洁教育，促进党风政风清朗

要实现产业兴旺、生态宜居、乡风文明、治理有效、生活富裕的乡村全面振兴，需要干群携手并肩奋斗，以优良的党风、政风、社风、民风全力助推乡村振兴发展。一是加强党建引领。各基层党组织要以强化党建为引领，夯实组织基础，积极履行基层党风廉政建设的主体责任，以"好班子+好作风+好制度"的"三好"模式，建立健全党员联系群众的网格治理体系，严格落实"四议两公开"制度，增强党支部的凝聚力和战斗力。二是强化廉洁宣传。在基层建设廉政讲堂、廉政文化广场等，着力在"务实、为民、担当"上下功夫、见成效，进一步消除廉政教育的末端"盲

点"。三是强化信息公开。向全区干部群众广泛宣传利用民生资金（项目）监管查询终端机、清风自流井网站、清风自流井微信平台查询村（社区）"三资"公开、民生资金领补等，延伸基层监督触角，打通监察监督向基层延伸的"最后一公里"，实现对公权力监督的全覆盖，真正把工作成果转化为推动乡村振兴、建设美丽乡村的动力。

（四）立足职能职责，聚焦关键重点发力

乡村振兴作为国家政策支持力度大、投资密集、资源集中的领域，涉及的政策多、资金多、项目多、环节多、部门多，是滋生腐败和不正之风的高风险领域。各级纪委监委要完善基层治理体系，坚持"书记抓、抓书记"，深化"抓系统、系统抓"，牢牢把握人、财、物等关键点，明确监督事项，跟进监督、全程监督、精准监督。一是要聚焦重点。紧盯政策落实、资金运转、项目落地，特别是要聚焦乡村振兴重点项目以及农业农村、民政、教育、住建、卫健等重点行业主管部门，精准发现乡村振兴资金发放和管理、农村基础设施建设、农村产业发展、民生保障等重点工作中的问题，既要坚决查处侵占、挪用等违纪违法行为，又要对一些腐败易发、多发领域开展专项整治，举一反三、推进改革、完善制度，形成"长久立"的机制。二是要强化关心关爱。要坚持严管和厚爱结合、约束和激励并重，既要对不正之风和腐败问题严肃查处、决不姑息，又要充分发挥监督执纪的正向效应，落实好"三个区分开来"①，精准运用容错纠错、回访教育、澄清事实、严惩诬告陷害等举措，为那些在乡村振兴中先行先试的干部负责、撑腰。三是要精准、深化运用监督执纪"四种形态"。尤其要深化运用"第一种形态"，对干部身上的苗头性、倾向性问题早发现、早教育、早纠正，旗帜鲜明地鼓励干部在乡村振兴工作中履职尽责，最大限度地激发推进乡村振兴的强大合力。

---

① 2016年1月，习近平在省部级主要领导干部学习贯彻党的十八届五中全会精神专题研讨班上提出："要把干部在推进改革中因缺乏经验、先行先试出现的失误和错误，同明知故犯的违纪违法行为区分开来；把上级尚无明确限制的探索性试验中的失误和错误，同上级明令禁止后依然我行我素的违纪违法行为区分开来；把为推动发展的无意过失，同为谋取私利的违纪违法行为区分开来，保护那些作风正派又敢作敢为、锐意进取的干部，最大限度调动广大干部的积极性、主动性、创造性，激励他们更好地带领群众干事创业，确保如期全面建成小康社会，不断开创社会主义现代化建设新局面。"

关于怀德镇乡村振兴与廉政建设工作的情况报告

曾 杰[*]

摘 要：乡村振兴是巩固脱贫攻坚成果、推动乡村持续健康发展的重要抓手和重大战略。党风廉政建设是推动乡村振兴战略顺利有序实施的重要保障。对于一个地区特别是农村地区来说，党风廉政建设水平的高低，政治生态的好坏，直接关系到国家全面实施乡村振兴战略的成效，关系到群众的根本利益和中华民族伟大复兴的成败，必须高度重视，慎重决策，大胆探索，小心求证，认真落实。怀德镇纪委针对怀德镇近年来党风廉政建设情况和乡村振兴工作发展情况，通过走访座谈、问卷调查、查阅资料等方式进行了调查研究，就其中存在的问题和工作举措等进行了思考探讨，并提出了相应的对策建议。

关键词：怀德镇 党风廉政建设 乡村振兴 全面从严治党

按照本次调研工作的要求，怀德镇纪委认真落实中央、省委和省纪委监委的决策部署，坚定不移地贯彻新发展理念，在做好监督执纪问责工作的同时，坚持实事求是和科学分析的原则，对全镇巩固脱贫攻坚成果同乡村振兴有效衔接工作情况和党风廉政建设情况开展了深入的调查研究，力求准确把握党风廉政建设和反腐败工作面临的新形势、新任务和新要求，努力提高自身的理论研究水平和解决实践问题的能力，为助力乡村全面振

---

* 曾杰，富顺县怀德镇纪委书记。

兴发展、推动治蜀兴川再上新台阶提供有力的理论支撑和智力服务。

一 怀德镇基本情况

（一）区位条件和人文情况

怀德镇地处自贡市富顺县境内南部边界，与泸州市潮河镇、海潮镇相邻。全镇面积 43.2 平方公里，是四川省小城镇综合改革试点镇。全镇现辖 8 个行政村及 2 个农村社区；有各类基层党组织 16 个，党员 932 名；总人口 3.76 万，其中城镇人口 1.06 万，农业人口 2.7 万。怀德镇政府现有内设机构 9 个，行政编制人员 33 人，事业编制人员 36 人。怀德镇因镇中心有一古牌坊，上刻"畏威怀德"而得名。另有宋末抗元遗址虎头城，为全国知名历史遗迹。

（二）基础条件和产业形态

1. 产业丰富，特色鲜明

怀德镇持续探索传统农业发展方式，致力于打造"一村一品、一镇多品"。主导产业基础扎实，镇里有全市最大的万亩桂圆基地，年产量可达 5000 吨；有标准化现代生猪养殖场 3 家、中型养殖场 2 家，年出栏生猪 2.5 万头；建成再生稻、再生高粱示范片区 1.2 万亩，连续四年获评全县粮食生产先进单位；有四川戎春酒业等白酒生产企业 5 家，年产量达 2.5 万吨，为全市最大酿酒基地。

2. 文化厚重，资源富集

怀德镇现存历史文化古迹 20 余处，有省级文物保护单位虎头城遗址、市级文物保护点宋代白塔，县级文物保护点古牌坊、明清风貌古街道等，素有"抗元名镇""孝子故里"的美誉。怀德鲊鱼、怀德大龙表演、戎春酒业酿造技术被纳入县级非物质文化遗产。

3. 区位特殊，优势明显

富泸路穿境而过，沱江流经镇域 14 公里。怀德镇距蓉遵高速泸县西出口 10 公里，距泸州云龙机场 42 公里。怀德大桥、高速连接线建成通车后，将加快接入川南立体交通网。怀德镇依托桂圆、红心柚等特色产业集中连片的基础和优势，深化与毗邻的潮河镇、海潮镇、长滩镇抱团发展，共同打造川南优质水果基地。

二　全镇党风廉政建设情况

近年来，怀德镇纪委认真落实监督责任，推动镇党委创新落实全面从严治党主体责任，不断提升全镇党风廉政建设和反腐败工作水平，形成风清气正的良好政治生态，人民群众的幸福感和满意度不断提升。2021 年，全镇党风廉政建设责任制考核在全县 20 个乡镇（街道）中排名第 4，比上年明显提升，成效显著。

（一）选优建强镇级纪检监察组织

1. 岗位设置情况

2021 年，怀德镇认真落实相关规定，设置纪委委员 5 名，其中含副科级领导专职纪委书记 1 名，以及 1 名专职纪委委员，其余人员兼职开展工作。

2. 人员设置情况

2021 年换届后，所有镇纪委委员均为中共党员、公务员身份，平均年龄为 29.2 岁，4 人为本科学历，1 人为研究生学历。镇纪委书记专责分管纪检监察工作，1 名纪委委员专职负责纪检工作，严格落实"三转"规定和"两专三兼"工作要求。纪检工作津贴全部落实。

3. 机构设置情况

怀德镇纪委办公室设在镇党建办。另设立怀德镇监察办公室，与怀德镇纪委合署办公，由镇纪委书记兼任办公室主任，镇纪委副书记兼任办公室副主任，负责对全镇监察对象的日常监督教育和监察调查等职能工作，实现对所有行使公权力的公职人员的全覆盖监察。

4. 落实保障情况

镇纪委认真贯彻落实乡镇纪委"十有"规范化建设要求，保障办公场地、设备等。怀德镇纪委目前有镇级纪检信访接待室 1 个、独立办公场所 2 个，基本能满足工作需要。

（二）培育优化村级纪检监察组织

1. 科学配备人员职数

全镇各村（社区）均已落实党组织副书记兼任纪检委员，各村（社区）监委会成员均落实为 3 人。

2. 优化人员结构

现有村级监委会成员 30 人，其中主任 10 人，副主任 8 人，一般成员 12 人。全镇村级监委会成员中男性 23 人，女性 7 人；50 岁及以下 19 人，51~60 岁 5 人，60 岁以上 6 人；小学文凭 1 人，初中文凭 11 人，高中文凭 8 人，中专文凭 1 人，大专文凭 9 人；除 1 名成员为群众身份外，其余均为中共党员。

3. 强化培训，锤炼纪检铁军

镇纪委多途径灵活培训、锤炼村级纪检监察干部的政治思想、服务意识、担当精神、业务知识和履职能力等，力求打造一支适应新时代基层乡村振兴工作需要的纪检铁军。

三 基层党风廉政建设助力乡村振兴发展情况

2021 年以来，镇纪委认真落实专项监督责任，在怀德镇乡村振兴发展工作中靠前监督，全程参与对各项重大决策部署会议、中心工作推进和重大项目实施的监督工作。为认真落实促进巩固脱贫攻坚成果同乡村振兴有效衔接，镇纪委牵头，推动镇党委研究出台了《怀德镇 2021 年促进巩固脱贫攻坚成果同乡村振兴有效衔接重点任务细化分解表》，对九大主要任务予以细化，明确责任领导、责任部门、责任人。镇党委每月定期研判分析，镇纪委全程跟踪督办。同时，镇纪委积极参加全镇乡村振兴发展工作领导小组，主动参与监督乡村振兴发展的各项工作，促进全镇乡村振兴工作有力有序、依法依规开展，收到了较好的监督成效。

（一）以政治监督推动责任落实

镇纪委找准监督定位，将巩固拓展脱贫攻坚成果与乡村振兴有效衔接作为政治任务，落实政治监督，以高度的政治责任感落实具体化、常态化、精准化监督。一是以日常监督夯实政治监督的基础，以政治监督引领落实全镇各级党组织在乡村振兴发展工作中的主体责任和各级纪检监察组织的监督责任。二是政治监督和日常监督相结合，着力发展和完善巩固拓展脱贫攻坚成果同乡村振兴有效衔接的长效机制，推动健全动态监测机制，落实过渡期内"四个不摘"，结合现有帮扶政策和资金支持，保持帮扶力量总体稳定。镇纪委全年牵头开展专项监督检查 28 次，随机走访脱贫人口 379 人次，了解政策和责任落实情况，发现并督促整改问题 62 个，有效巩固了脱贫攻坚成果。

（二）以"关键少数"引领全面发展

抓住"监督关键"，一是以镇党政班子成员为龙头，将全镇各级党组织和班子成员作为乡村振兴工作中监督的"关键少数"，以点带面，以"关键"引领"全面"。通过监督推动乡镇党政班子主体责任和监管责任的落实，落实好村（社区）党支部书记、村（居）委员会主任"一肩挑"后的"一把手"监督和同级监督，确保基层党组织政治监督常态化落地落实，乡村振兴发展工作有序推进。二是将项目资金和政策落实作为监督的重点，以重点带动整体。通过监督巩固脱贫衔接资金、乡村振兴发展资金的各阶段落实情况，推动乡村振兴工作进度。镇纪委结合驻点监督、扶贫产业现状调查、扶贫项目资金抽查、"基层听音，一走接访"和"为民办事实"一本台账登记活动等，对脱贫衔接资金和产业项目情况、工程施工质量等情况开展全方位的监督检查和走访调查，力求及时发现脱贫产业和资金使用中的风险和问题，第一时间反馈、整改，确保资金使用安全。

在镇纪委监督推动下，怀德镇党委、政府认真落实"四项举措"。一是整合上级资金，合理安排项目，实施特色种养业提升行动，已落实榨菜、蚕桑、大豆种植和肉牛养殖资金 25.5 万元；推行"公司+贫困户"、订单消费等扶贫模式，成功把 90%以上的贫困户聚集成产业链。二是鼓励、支持贫困人口务工，落实外出务工补助，提高收入水平。2021 年全镇贫困人口外出务工的有 761 人，其中省内务工 384 人，脱贫群众增收明显。三是鼓励、支持农户大力发展种养殖产业，因地制宜，组织实施了两批次共 50 余万元的种养殖到户项目，受益脱贫户达 630 户。四是整合全镇公益性岗位，落实脱贫户公益性岗位 67 个，为受益脱贫户增加收入约 60 万元。

（三） 以精准方式确保监督实效

镇纪委锚定监督方法，结合实际，灵活主动创新，力求监督收到实效。一是结合本镇实际探索同级监督联系服务机制，成立"怀德镇纪委乡村振兴工作联络服务小组"，让镇纪委委员定向联系、服务涉及乡村振兴工作的党政班子成员，镇纪委书记定向联系、服务党委书记、镇长，每月定期汇总和分析研判乡村振兴发展工作领域的监督重点和风险问题，镇纪委书记及时通报反馈，抓好政治监督、同级监督、日常监督的融会贯通与整合发力。二是坚持镇纪委书记与党政主要领导的"周汇报"和班子成员的"月沟通"工作机制，即纪委书记每周向镇党委书记专题汇报乡村振兴工作 1 次，每月与班子成员沟通交流乡村振兴工作 1 次。三是借助县、镇、村三级监督资源，灵活运用机制，整合力量、同向发力，找准"活"的方法。灵活运用"三老"监督小组、片区委员责任制、季度交叉检查等工作机制，分片包村联系指导，统筹整合，适时调整，收到了较好成效。如镇纪委委员罗××，在 2021 年第三季度巩固脱贫攻坚成果与乡村振兴有效衔接工作专项监督和交叉检查工作中，发现个别村存在村集体经济项目竞争力不强、村组干部报销不规范、个别党组织负责人统筹能力较弱、班子凝聚力不强等 13 个问题。镇纪委及时反馈给镇相关领导和村党组织负责人，督促限期整改，降低了风险，巩固了脱贫攻坚成果同乡村振兴的有效衔接，提高了乡村振兴的发展质量，取得了良好的工作成果。

四 存在的问题和原因分析

在走访调研过程中，怀德镇纪委发现全镇党风廉政建设和乡村振兴发展工作还存在一些明显的风险问题和发展短板，主要表现为以下几点。

（一） 基层人少水平低，日常监督力量较弱

村（社区）换届后，村（社区）党支部书记、村（居）委会主任"一肩挑"，并兼任集体经济组织法人代表，纪检委员由常职干部兼任，并通过选举产生监委会主任。对比上届，减少了村级监督力量，部分乡镇和村（社区）的纪检干部属于纪检新手，业务不熟、职责不清、文化水平

低。通过换届调整，一方面加强了基层党组织的领导核心作用，加强了党内监督力量；另一方面却削弱了基层总的监督力量，也对"一把手"、村（社区）纪检干部的政治品质和能力素质提出更高的要求。相对于当前乡村振兴发展的监督需求来说，基层监督力量较为薄弱。

（二）政策更新不及时，帮扶力量衔接不畅

随着 2020 年脱贫攻坚工作圆满结束，脱贫攻坚工作面临向乡村振兴工作的衔接转轨，各级相关部门和干部人事改革调整变化大，对前期脱贫攻坚工作成果的关注度有所减弱，对巩固拓展脱贫攻坚成果同乡村振兴有效衔接阶段的各项具体政策未及时明确。在 2021 年前期的脱贫攻坚帮扶工作中，人员变动大，帮扶意识、帮扶力度有所减弱。镇、村两级新换届调整的干部和帮扶力量轮换干部，对巩固拓展脱贫攻坚成果相关工作不熟悉、对政策不了解，对自己在巩固脱贫攻坚成果中应该承担的职责不明确，一定程度上产生了周期性"空窗"现象，造成不利影响。

（三）财务管理不规范，依法履职能力弱

镇纪委在监督检查中发现，部分村（社区）存在财务管理不规范的问题，比如有的将村级公共资金与村集体资金混在一起做账，有的报销凭证填报不规范，有的没有及时报销和登记入账，有的新入职村组人员能力水平低，缺乏基本的财务常识和规范管理使用资金的能力。乡镇财务专业人才紧缺，急需对相关人员进行专业培训，进一步加强监督管理。

（四）村集体经济薄弱，引领作用发挥不明显

调查发现，全镇党员干部群众对村集体经济的理解和认识总体情况良好。全镇有年收益 10 万元以上的村集体经济实体化产业项目 1 个，2 个农村社区没有集体经济实体化产业项目，除司湾村有 1 个农家乐项目外，各村的其他集体经济产业项目均为受上级财政或贴息贷款资金支持的小规模农业种养殖项目，规模小，资金、技术、人才缺乏，产品竞争力小，抗市场风险能力弱，专业水平低，精力分散，个别项目存在"流产"风险。村级集体经济在全镇经济总量和产业中占比较小，发挥的引领示范作用不大，很难主导带动所在区域的经济发展和群众增收致富。

（五）产业结构不优，经济效益不好

全镇以农业为主，农业特色化、规模化水平较低。新型农业经营主体数量少，总体规模小，产业链条短，农产品附加值不高，市场竞争力不强，辐射带动力不大，农业产业化进程仍需进一步加快。怀德镇拥有桂圆、红心柚等主导产业，种植规模大，品种多样，但品质参差不齐，没有实现产量向产质的有效转变。同时，产品销售方式单一，主要依靠传统的当季销售和线下销售，缺乏冷链物流、深加工等配套产业链。区域性品牌塑造不够，产品附加值不高，没有完全实现由产品向产值的有效转化。文旅农融合不紧密，资源变现能力弱。怀德镇拥有较多历史人文景点、悠久的历史文化和特色农产品资源，但缺乏深度挖掘、包装宣传和品牌打造，未能及时发展网红经济、物流经济、观光旅游等。农文旅融合方面缺乏有影响力、吸引力的业态支撑，除虎头城有一定知名度外，其他景点鲜有人知。因区位交通、地理因素和政策条件限制，全镇产业发展资金短缺问题突出。多数新型农业经营主体的项目因产业发展资金短缺难以扩大经营规模，抗风险能力弱。新型职业农民力量薄弱，总数少，稳定性差，针对新型职业农民队伍的培育培训力度不够，农民新时代乡村振兴的思维意识不强，发展意识不足。

（六）宣传效果不好，乡风文明有待提升

我们通过随机走访和调查发现，大部分群众不知晓乡村振兴的内涵、意义和目的，有的群众不关注甚至没有听说过乡村振兴战略，乡村振兴工作存在上热下冷、逐级递减的不良现象。在村集体经济发展、乡村振兴发展等工作中，存在干部卖力干、群众旁边看的"一厢情愿"现象。政府单方面的宣传氛围营造起来了，"村村响"广播放起来了，宣传标语上了电视、入了网、进了村，就是没有走进群众心中。当前农村地区留守老人、儿童的文化水平和对社会政策的关注度较低，外出务工的劳动力群体对国家政策关注较少，多数人忙完工作后很少看新闻，喜欢刷抖音、追剧、打牌或打游戏等休闲方式。怀德镇远离城区，部分村民的依法依规维权、理性表达诉求和自治共建的意识较差，自我管理能力不强，存在阻拦重大项目施工、信访诉求不合理等违法违规现象，没有形成良好的道德风气、家

风习俗。农村文化活动开展得较少，示范带动作用发挥得不充分，与广大人民群众的需求还有很大差距。

（七）民生保障不充分，影响群众的幸福感

怀德镇属县边界乡镇，距富顺县城 42 公里。近年来经济社会发展较慢，交通、水渠、电排、管网、污水处理、水电气等农业水利和民生保障基础设施落后，乡村（社区）文化功能场所和设施设备量少且陈旧，与当前乡村振兴发展工作的大势和群众的需求反差明显，群众反映较为强烈。全镇城乡一体化公共服务设施发展相对滞后，特别是自来水和天然气供给线路长，部分电力设施老化，设备陈旧，导致在节假日等高峰时段，水电气供应跟不上，影响群众的生产生活。

五　对乡村振兴专项监督工作的思考

要紧紧围绕"产业兴旺、生态宜居、乡风文明、治理有效、生活富裕"的乡村振兴发展工作总体目标，落实好镇纪委的监督责任，推动"五级书记抓乡村振兴"的责任落实。按照上级党委、政府的安排部署，结合镇的工作实际，怀德镇纪委应具体做好以下几个方面。

（一）加强政治监督，着力政策兜底保障

加强政治监督，确保镇党委对全镇乡村振兴发展工作的全面领导，确保党员干部履职尽责到位。强化政治宣传，推动党建引领，在党的领导下，动员社会力量参与。持续建立健全巩固拓展脱贫攻坚成果的长效机制，加大监督力度，督促各责任部门和帮扶联系人，常态化落实巩固政策并保持对返贫防控的摸排力度，督促相关职能部门及时对存在返贫风险的脱贫户、边缘易致贫户、突发严重困难户以及低保户、特殊困难户等实行教育、医疗救助、养老保险兜底政策，正确引导脱贫户自立自强，逐渐退出政策兜底。

（二）加强资源整合，监督保障产业做强

加大对"窗口腐败"的专项监督力度，持续改善全镇党风、政风、民

风，营造良好的营商环境，鼓励、引导本土产业做大、做强。一要优化配套服务，支持、引导本土的嘉乐公司、春辉公司等企业，立足本地资源、着眼市场需求，加强地方传统品种、特色优势品种的选育与开发，打造本土品牌，提升市场竞争力。二要加大政策扶持，支持、鼓励怀德建司、富凯公司等龙头企业跨区域发展，扩大企业规模，发挥产业示范带动作用，引领经济社会发展和群众增收致富。三要培育特色品牌，以消费工业为重点，建设白酒产业重镇。依托中国白酒金三角的核心地域优势和川酒"十二条"政策，坚持"基础+品牌"，培育壮大白酒产业，以白酒产业为主推动工业发展。

（三）创新监督机制，着力稳固农业基础

灵活做实日常监督，创新开展乡村振兴专项监督，确保各级各部门政策责任落实落地，持续巩固拓展脱贫攻坚成果同乡村振兴有效衔接。以乡村振兴为抓手，建设特色农业强镇。监督扶持奖补政策落实，鼓励、支持"传统+特色"农业模式，积极培育家庭农场，带动农业现代化。推动农业提质增效。常态化开展撂荒地治理，加快高标准农田和水利设施项目建设；坚守耕地红线，稳定粮食播种面积 5 万亩以上。同步发展生猪、黑山羊、肉牛、青蛙等特色养殖业，扩建嘉乐规模养殖场，确保兰猪稳产保供。探索发展"收贮运销"和深加工渠道，提高特色农产品的附加值，增强内生动力。推进"双桂"现代农业园区建设，大力提升桂圆、红心柚两大主导产品的品质，形成品牌效应，带动发展砂糖橘、枇杷、蓝莓、水蜜桃、葡萄等特色产业。拓宽收、贮、运、销和深加工渠道，积极鼓励特色水果"触网上线"，畅通线上线下联动销售，提高特色农产品的附加值。

（四）加强资源开发，监督推动文、农、旅融合

监督推动镇党委和政府围绕县委、县政府"一江、两河、三景区、四环线"的"1234"旅游发展战略，以多元融合为路径，建设文、农、旅融合名镇。监督推动全镇积极融入沱江两廊生态文旅产业带建设，以文兴旅、以农带旅，坚持"文化+旅游"，推动文、旅融合发展。一要挖掘怀德镇独具特色的文化资源。以"文化+"理念对虎头城、白塔等历史文化景点进行深度挖掘，并以此为核心激发文化活力，打造"千年古镇、抗元名

镇、孝子故里"等文化旅游名片。二要以怀德特色农业带动乡村旅游。抓好乡村旅游发展，编制旅游招商项目，依托桂圆、红心柚等特色产业，打造集观光采摘、休闲娱乐、乡村体验于一体的现代农业观光园区，建设双桂康养中心，新建康养休闲廊坊、活动中心、涂鸦民宿，打造沱江生态文旅走廊。

（五）加强短板补差，监督改善民生福祉

坚持以人民为中心，践行"国之大者"，全力解决群众急、难、愁、盼问题，加大力度补齐民生短板，坚持"治理+巩固"，增强群众的获得感、幸福感。围绕水、电、气、路、网等民生问题短板和群众就医、就学、就业等难题，监督推动全镇各级各部门持续加大力度投入，着力补齐民生问题短板，增进民生福祉。回应民生诉求，监督推动全面完成农村电网改造，加快实施司湾、界牌村自来水安装工程，力争自来水安装入户实现镇域全覆盖。监督推动农贸市场改造升级，引进集美食、购物、娱乐于一体的商贸综合体；建设镇级快递物流配送站，破解物流"最后一公里"难题；新建镇级公共文化服务中心；新建农耕博物馆，开启全民阅读新模式，不断丰富群众的精神文化生活，不断满足人民群众对美好生活的期待。

（六）营造廉洁环境，建设滨江宜居小镇

加大镇纪委监督执纪问责力度，积极营造廉洁干事的创业环境，鼓励、支持广大党员干部主动担当、敢于创新、勇于做事，强力推动镇村环境治理。深化"污水零直排"与"美丽河道"创建，推进河道综合整治，强化农业面源污染治理，严控"一江两河"水环境质量，积极推进垃圾分类收集与无害化处理，构建政府引领、群众广泛参与的生态保护长效机制。

（七）加强法治服务，监督巩固基层治理

加强监督执纪，推动全镇各级各部门依法履职、依法服务，持续巩固、发挥基层社会治理实效。监督推动基层党组织发挥引领作用，践行新时代"枫桥经验"，依法依规开展矛盾纠纷排查化解工作，确保"小事不出村,大事不出镇",杜绝"民转刑"案件发生。监督推动各职能部门、各级责任人履职尽责,持续防范、化解重大风险,严守社会稳定、安全生产、食药安全"三条底线",持续巩固和提升疫情防控成效,筑牢"外防输入、内防反弹"防线,常态化抓好疫情防控,保障人民群众的生命健康安全。

六 基层党风廉政建设工作建议

(一) 提高纪检干部的斗争本领

各级纪检组织要坚持把学深悟透关于推进乡村振兴发展工作的重要指示批示等一系列文件作为一项政治任务,突出抓好对党中央和省、市、县委关于乡村振兴重大决策部署的贯彻落实。要督促各级责任主体和责任人认真贯彻落实习近平总书记在全国脱贫攻坚总结表彰大会上的重要讲话精神,聚焦统筹推进巩固拓展脱贫攻坚成果同乡村振兴有效衔接的政策措施落实情况开展监督检查,推动上级各项决策部署落地见效。各级纪检监察组织要积极主动适应新形势、新要求,主动破除定式思维,转变思路,增强前瞻性和紧迫感,主动贴近中心、服务大局;要以新思想、新理念武装头脑,吃透乡村振兴帮扶政策,提高发现问题、解决问题的能力,增强政治监督本领,在乡村振兴的新征程上更好地发挥纪律保障作用。

(二) 增强镇村基层监督力量

各级纪检监察组织要主动争取上级纪委和同级党委支持,加大人、财、物统筹整合保障力度,紧跟时代发展形势和需要,加大培训培养力度,持续提升镇村纪检监察队伍的建设水平。要配强乡镇纪委书记、配足乡镇专职纪检工作人员,配优村务监督委员会,选好村委会(社区居委会)党支部纪检委员和监察工作信息员,为加强监督提供组织保障。要优化对基层纪检监察干部的考核激励机制,完善监督保障机制,确保监督的科学性和客观性。

(三) 强化基层执纪问责力度

各级纪检监察组织要树立正确的监督导向,严防监督工作中出现不严不实、以点代面、小题大做、做样子、走形式等形式主义、官僚主义问题。严肃查处巩固拓展脱贫攻坚成果同乡村振兴有效衔接中的严重违纪违法行为，坚持严管与厚爱结合，认真落实"三个区分开来"，精准运用监督执纪"四种形态"，实事求是查清问题、找准根源、认清本质。通过开展提醒教育、谈心谈话等方式，激发党员干部的创新力和执行力，旗帜鲜明地鼓励党员干部在推进乡村振兴中永葆"闯"的精神、"创"的劲头、"干"的作风，大胆探索、勤勉敬业，敢于担当、踏实做事。

（四）加强乡村振兴领域专项监督力度

各级纪检监察组织要常态化开展针对巩固拓展脱贫攻坚成果同乡村振兴有效衔接的专项监督工作，特别是针对村（社区）党组织书记、村（居）委会主任"一肩挑"后的"一把手"监督，乡村振兴产业和工程项目实施流程，产业扶持专项资金的使用情况，兜底政策落实情况，帮扶责任落实情况等，以及涉及的重点人员、重点领域、重点环节，要适时关注、靠前监督，因地制宜地创新监督办法，以常态化监督为实施乡村振兴发展工作提供坚强纪律保障。

（五）深化对基层干部的廉政教育力度

大抓基层党风廉政建设，加强基层新时代廉洁文化建设，把廉洁文化建设纳入基层党风廉政建设和反腐败工作"三不腐"（不敢腐、不能腐、不想腐）战略目标一体推进，"惩、治、防"统筹谋划。建立、完善协调机制，落实常态化建设办法，久久为功，推动新时代廉洁文化建设深入乡村振兴各领域，入脑入心，成为全社会的共识，形成有助于乡村振兴发展工作的良好政治生态。要正反双管齐下，把加强对先进典型的正面宣传与反面典型案例的警示教育相结合，通过发生在身边的人和事加强对基层干部的廉政教育，筑牢不想腐的思想堤坝，时刻紧绷廉洁弦。要加大投入，因地制宜地开展对基层干部的培训教育，帮助他们更好地懂规矩、知对错、明责任、守底线。凝聚乡村振兴发展工作中的廉洁力量，为乡村振兴发展工作保驾护航。

蓬溪县明月镇乡村振兴
与廉政建设工作情况调研报告

胡大为　　杜汶骏[*]

摘　要： 明月镇党委、纪委认真贯彻落实乡村振兴战略，深刻认识到丘陵地区人口流失严重、资源贫乏、经济发展严重滞后的问题，准确把握丘陵地区乡村振兴的发展规律，积极发挥监督保障执行的作用，深挖普遍共性问题。以白庙村为试点，在乡村振兴工作中闯新路、开新局，探索出一条适合丘陵地区的乡村振兴道路。

关键词： 丘陵地区　乡村振兴　三色预警机制

为深入了解明月镇乡村振兴与基层党风廉政建设工作情况，我们专门成立了调研小组，采取实地查看、入户走访、查阅资料和召开座谈会等形式，以实事求是的态度，客观公正地对明月镇当前乡村振兴与基层党风廉政建设工作情况进行了较为全面的了解。

一　工作背景

习近平总书记指出："民族要复兴，乡村必振兴。"[①] 党的十九大提出实施乡村振兴战略的重大历史任务，在"三农"发展进程中具有划时代的里程

＊　胡大为，蓬溪县明月镇党委书记；杜汶骏，蓬溪县明月镇纪委书记。

①　习近平：《论把握新发展阶段、贯彻新发展理念、构建新发展格局》，中央文献出版社，2021，第461页。

碑意义。实施乡村振兴战略，是以习近平同志为核心的党中央从党和国家事业的全局出发，着眼于实现"两个一百年"奋斗目标、实现全体人民共同富裕做出的重大战略决策部署。十九届中央纪委六次全会强调，要加强对乡村振兴重点项目推进情况的监督检查，推动"打伞破网"常态化。四川省委十一届三次全会提出，深刻把握新时代治蜀兴川的重中之重，大力实施乡村振兴战略，统筹推进乡村产业振兴、人才振兴、文化振兴、生态振兴、组织振兴，扎实抓好"美丽四川·宜居乡村"农村人居环境整治，打造幸福美丽新村升级版。持续巩固拓展脱贫攻坚成果，接续推进乡村全面振兴，成为实现中华民族伟大复兴的一项重大任务。省纪委十一届五次全会指出，要督促落实"四个不摘"要求，强化对各项惠民、富民和共同富裕政策措施落实情况的监督检查，推动巩固拓展脱贫攻坚成果同乡村振兴的有效衔接。省纪委十一届六次全会指出，坚持和深化"一年两例会""三盯、四公开"等有效做法，围绕促进巩固拓展脱贫攻坚成果同乡村振兴有效衔接开展乡村振兴专项监督。

二 明月镇基本情况

明月镇位于四川盆地西部丘陵地区，距离蓬溪县城 13 公里，与赤城、常乐、天福、宝梵、大石、槐花等乡镇毗邻，遂西高速、农环线、县域农旅环线穿境而过。辖 16 个村、2 个社区，户籍人口 3.8 万人，总面积 80.59 平方公里，有耕地 72068 亩。2021 年度财政预算收入完成 788.11 万元，拨付惠农、惠民资金 148.59 万元，固定资产投资入库 11737 万元，人民人均纯收入达到 17652 元。明月镇共有 2 个省定贫困村，白庙村（原中河咀村）于 2016 年底脱贫出列，元坝子村于 2017 年底脱贫出列。2020年，回水社区成功创建为省级乡村振兴示范村。2022 年，白庙村成功创建为乡村振兴培育村，并积极推进乡村振兴示范村建设。

三 明月镇推动乡村振兴和基层党风廉政建设工作情况

乡村振兴战略实施以来，明月镇党委、纪委认真贯彻落实党的十九大及十九届中央历次全会、十九届中央纪委历次全会精神，以及省委、省纪委历次全会精神，深刻认识到丘陵地区人口流失严重、资源贫乏、经济发展严重滞后的问题，准确把握要想实现丘陵地区乡村振兴，就得从丘陵地区的实际出发的发展规律。

（一）明月镇乡村振兴面临的主要困难

以明月镇白庙村为例。该村面积为 6.7 平方公里，其中耕地 2130 亩、林地 1320 亩。辖 6 个村民小组，现有 825 户 2082 人，其中党员 41 人，建档立卡贫困人口 142 户 257 人。白庙村属省级贫困村，2016 年底脱贫出列，2017 年实现贫困人口全面脱贫。全村农民以种植业、养殖业和外出务工为主要收入来源。我们经过前期调研，发现阻碍该村实施乡村振兴的主要有四大问题。

一是基础设施薄弱。该村基础设施建设基本由地方政府承担，地方政府经济实力相对较弱，筹资难度较大。农田水利等生产性基础设施普遍存在严重不足或年久失修、功能老化、损坏严重等问题，医疗卫生、文化娱乐等公共基础设施极度缺乏，与农民生产生活息息相关的饮水、电力、通信、道路、网络等基础设施建设明显滞后，难以满足乡村振兴的需求。

二是现代农业产业化发展难度大。该村受丘陵地区地形束缚，经济结构单一，无厂矿、无特色资源，基本不具备在农旅、康养等方面的发展潜力，主要以传统农业、种植业和畜牧业为主。居民多散居、独居、寡居，人口分布零散，劳作半径较小，土地耕种实行连耕化、机械化难度大，无法开展大规模现代农业生产。本地发展基础薄弱，招大引强难度大，企业扎根欲望低，项目开工落地差，带动当地老百姓增收不明显，且存在不可复制性。村集体产业各方面还不完善，产品缺乏统一的销售渠道，没有形成自己的品牌文化，产品竞争力不强，产业化服务体系不够健全，群众增收难度大。

三是非项目类资金严重缺乏。虽然政府每年给予一定资金支持该村基础设施建设，但该村非基础设施建设项目资金严重缺乏。而乡村振兴不仅仅是基础设施的改善，产业发展、文明建设、社会治理、生态环境保护、人居环境治理等方面的资金需求会越来越大，而相关财政资金支持不足，村级造血功能不强，极大地制约了乡村建设乃至乡村全面振兴。

四是人才缺失严重。随着城镇化、工业化的推进，农业产值低下，教育、医疗、交通等各方面发展不平衡，加剧了青壮年劳动力向城镇的迁徙，人员回流难，农村人口老龄化越发严重，技术型人才更是极度缺乏。"十三五"期间，该村常住人口减少 40%，常年务工人员占总人口的 78.9%，留守人员多为老人、妇女和儿童，受教育程度偏低，平均年龄超过 65 岁，导致"三农"缺乏活力。

（二）明月镇推动乡村振兴的主要路径

实现丘陵地区乡村振兴，不仅需要政府大力支持、干部主动作为，更需要农民群众通力配合和各方面力量积极参与。为此，在推进白庙村乡村振兴建设中，明月镇认真分析现实背景和条件，统筹利用好现有资源和潜在资源，探索推行"六共"模式，最大限度激发和汇聚强大合力，进而争取走出一条符合丘陵地区实际的可持续可复制的振兴路子，使"三农"长久增益。

一是组织共建。充分发挥党支部和党员的先锋引领作用，让支部及党员在乡村的组织建设、管理、发展中有身影、有声音、有作为。①"联支+支部"。以白庙村为中心，辐射周边 4 个村，成立乡村振兴联合党支部，通过大事联议、社会联治、矛盾联解、文明联创、文化联建、产业联促、基建联通、信息联享"八联机制"，促进资金、政策、人才、技术的进一步整合，以强村带动弱村，形成辐射带动、共同发展的乡村振兴组织新格局。②"支部+党员"。在建好支部堡垒的基础上，将每个党员户作为一个小阵地，建立党群联络站、宣传站、服务站，让服务快捷直达老百姓身边。③"党员+社会组织"。村"两委"成员及党员领办或直接参与村级群团、老年人协会、村规民约执约队、红白理事会、村民议事会、道德评议会、禁毒会等组织工作，形成党群联动的基层治理组织体系。

二是产业共耕。充分发挥村集体的带动引领作用，积极培育特色经济产业，广泛发动种养大户、普通农户全面参与产业发展，形成村集体、企业、群众合力，互助共赢。①村集体经济共耕。村集体通过自主经营、入股分红、盘活资产、组建施工队、农副产品营销、农机设备租赁等方式，增加集体收入。②经济组织共耕。进一步优化村级企业基础设施条件，大力引进、培育专业合作社、家庭农场和种养大户，做到全村统一规划、统一建园、统一品种、统一技术、统一人工、统一销售，树立村级产业品牌，实现产业效益最大化。③助力农户共耕。村集体与农户签订寄种养协议，由村集体统一供种、管理和销售，群众负责日常看管，让老弱病残也可以参与发展传统农业，逐步形成人人参与、人人出力的良好局面，实现农村生产力的自我发展和对外部资源的综合利用，为实现乡村振兴奠定坚实基础。

三是社会共治。充分发挥村"两委"的引领作用，发动党员、人才力量，激活群众自治力，积极构建法治、德治、自治"三治融合"的治理体系。①开展以法共治。村"两委"带头做好民主法治，将学法作为"三会一课"的重要内容，严格执行"四议两公开一监督"制度。②开展以德共治。通过开设德育课堂、参观红色文化基地、制作家风手抄报等形式，弘扬爱国主义、道德文明，提高村民的道德素质，提高全村的道德水平。③开展自治。修订完善"一约四会"①，设置"红黑榜"，让村规民约有效落实；在全县首创"乡约银行"，通过"七积"模式②，使村民自治的活力被有效激发；回引乡贤、汲取力量，持续开展新农民、新村民"两新"人才评选，创新选聘17名明月镇籍成功人士为"名誉村长"，作为村"两委"的参谋助手。

四是生活共居。提倡共居文化，倡导互帮互助、共建和谐。①倡导聚居点共居。建设新村聚居点3处，推动村民集中居住，实现聚居点共帮共助。②倡导院落共居。对传统院落进行风貌改造，建设文化大院，将传统院落打造成共居院落。③倡导家庭共居。提倡亲朋好友共建房屋、共同居住，既可以相互照顾，又使亲情更浓。④倡导托养托管共居。空巢老人、特困人员、留守儿童等重点群体，由亲属委托给近邻或村民志愿队照顾，

① "一约"是指细化村民爱国爱家、土地建房、安全生产、社会秩序、村容村貌、村风民俗、婚姻家庭、勤劳致富、执约机制等方面的规范，制定白庙村村规民约。"四会"是指红白理事会、道德评议会、村民议事会、禁毒禁赌会。
② "七积"模式是指，以家庭户为积分单位，每户设基础分100分，实行加、扣分制，积分周期为一年，从"孝、善、俭、勤、美、信、安"七个方面弘扬正能量。一是积"孝"，弘扬尊老爱亲、尊师重道、知恩感恩、敬老助老正能量；二是积"善"，弘扬博施济众、济弱扶倾、邻里相助、宽以待人正能量；三是积"俭"，弘扬勤俭持家、朴实无华、戒奢宁俭、克己奉公正能量；四是积"勤"，弘扬不等不靠、自力更生、敬业奉献、创业奋斗正能量；五是积"美"，弘扬勤于修身、洁身自好、爱护环境、热心公益正能量；六是积"信"，弘扬一诺千金、言而有信、襟怀坦荡、言行一致正能量；七是积"安"，弘扬团结一心、和谐共生、见义勇为、公平正义正能量。

营造事有人管、难有人帮、怨有人解的和谐氛围，构建温馨暖心"大家庭"。

五是文明共育。通过宣传引导、活动开展、评比表彰等形式培育文明典范，让典范人物言传身教，推动形成良性循环的文明共同体。①宣传共育文明意识。设置网格员，分片、分社做好公共环境卫生、森林防灭火等工作，引导村民养成打扫卫生的习惯，做到"六顺六净""日产日清"。②建立宣传志愿队伍，进社入户开展文明知识宣传，定期开办文明大讲堂，增强村民的文明意识，推动共育文明行为。③组建本土演出队，开展多形式的文娱活动，持续推进移风易俗；举办农民运动会、助农助耕等活动，凝聚人心，形成人人互助的良好局面。④开展共育文明评比。持续开展"两新"人才、道德之星、星级文明户、最美家庭等评比表彰活动，通过比学赶超，弘扬文明之风。

六是幸福共享。进一步激发村民自身的动力，推动事业共创、业绩共赢，共同创建幸福白庙村。①共享节日。每年农历腊月二十七约定俗成举办村级农民运动会，持续开展重阳节、儿童节、妇女节、七一建党节等节日活动。②共享爱心。建立村级公益基金会，由成功人士、乡贤等出资捐款，奖励考取大学的学生，资助贫困学生；关心关爱低保户、特困户、残疾人等特殊群体；定期免费为老人体检，为健康保驾护航。③共享成果。村"两委"带领全体村民共同努力，使村社道路硬化率达100%，村道连接路扩宽为4.5米；灌溉渠系完善，有电力提灌站2座、蓄水池3个；2022年白庙村成功创建为乡村振兴培育村，各类项目资金投入为村级产业发展注入活力，现已建成共耕产业园区、菌菇基地，村集体经济年均增收5万元，带动村民年均增收0.5万元，实现集体与农户"双增收"。

（三）明月镇推动基层党风廉政建设的主要探索

在推进乡村振兴的过程中，明月镇党委、纪委一直致力于基层党风廉政建设助力乡村振兴的同步探索和思考、同步安排部署、同步推进落实。事实证明，"六共"模式极大地发挥了村"两委"的引领作用，极大地调动了各方面的力量，让乡村振兴变得可持续，美丽乡村焕发勃勃生机。同时，镇纪委也清醒地看到权力集中、资金富集、制度机制不够完善的现实情况，认为持续推进基层党风廉政建设是乡村振兴不可或缺的重要保障。

为堵塞漏洞、防范风险，镇纪委积极发挥"促进完善发展"的作用，协助党委并督促村"两委"制定了一系列措施，有效预防"微腐败"，逐步降低廉政风险，促进产业扶贫项目规范建设和扶贫资产、资金安全使用。

一是强化思想政治教育。①借助党史学习教育的契机，开展专题学习30余次、培训10余次。精心组织开展"百本书籍送上门""百名人员献我爱""百场宣讲听我讲""百名党员助农耕"等10余项活动，用党史知识、红色传统武装干部头脑。②设立"正廉""反腐"两面廉政教育墙，使党员干部接受教育，受到警示。③组织观看《蒙尘的初心》《一念之误》《黑白人生》等基层党风廉政建设警示教育片，集中收看《阳光问廉》等电视节目，使村组干部深受震撼，大大提高其廉洁意识。

二是推动干部依岗履责。①制定村级主体责任清单、村级监督责任清单、村级负面清单三张清单，用"26+25+42"项条款明确村党支部、支部书记、支部委员的责任，明确村务监督委员会、村务监督委员会主任、村务监督委员会成员的责任，明确村级九大类禁止行为。②指导设立村务监督委员会监督村"两委"履职红黑榜，通过培训提能、完善机制、关心关怀，持续激励换届后村干部有担当、有作为，有力推动责任落实，防范廉政风险。③镇纪委重点聚焦村级"三重一大"集体决策事项、村级集体"三资"管理、"三务"公示公开等情况进行监督检查，确保工作落实，不走形式。

三是完善有效的监督机制。①创新制定廉情预警图，分别用红、黄、绿三种颜色标识各村（社区）廉情，做到有针对性的精准监督，早发现、早处理、早预防，有力、有效推进村级党风廉政建设。比如，2021年白庙村发生一起党员违纪事件，镇纪委立即将白庙村廉情由"绿色"调为"黄色"状态，并在白庙村开展警示教育2次、集中宣讲活动3次、阳光问权1次。②落实群众监督制度。在返乡人才、退休老干部、老党员、老教师、致富能手等人员中选聘5~8人为监督员，成立群众监督团。设团长1名。通过日常生产生活、走访了解开展廉情监督，及时收集整理群众意见，将工作关口前移，尽量将苗头性问题扼杀在初始状态。

四是紧盯资产资金监管。加强对扶贫项目资产管理的监督，督促制定《明月镇白庙村非经营性资产运行管护方案（试行）》《明月镇白庙村经营性资产收益分配方案（试行）》《明月镇白庙村经营性资产（产业发展资金）运营方案（试行）》等，严格落实扶贫资金专款专用。建立扶贫资产管理台账，落实管理责任人，对资产清理、运营、收益分配、处置等情况进行动态更新。充分发挥"四议两公开一监督"的作用，公开决议重大资产使用，定期公开公示资产管理和使用情况，助推资产、资金管理和使用的透明化、高效化。

五是规范财务管理行为。进一步巩固农村集体"三资"清产核资成果，不断完善农村集体"三资"管理台账登记、财务公开、年度核查等制度，督促制定村级财务管理规定和实施细则，深化"村财镇代管"机制，加强对村级财务的监督与管理，切实提升村集体经济发展的质效。引进第三方公司进行代理记账，严格按照相关制度对村级财务进行规范化管理。

六是做实"三务"公示公开。在重要路口或交通要道设置村（居）务公开栏，明确专人负责，按照统一模板公示相关内容。全面推广使用"遂宁惠民惠农一卡通"微信公众号，实现阳光审批、阳光发放，充分保障群众的知情权。整合"村村通"小广播，全面上线"廉洁广播"，各村（社区）定时对公开类事项进行播报，让群众不出家门也能"听收入"。引入信息化手段，对村（居）务事项进行网上公开，建立村级QQ群、微信群，逐步推进村（居）务公开"指尖化"，更方便接受群众监督。

七是挖掘本土廉洁文化。借着大抓基层党风廉政建设的时机，深挖白庙村革命烈士事迹、本村先贤优良的家风家训，宣传光荣事迹，传承优秀家风。以"家风家训"为引领，深度挖掘白庙村"家廉"文化元素，打造家廉小园，通过"廉洁承诺""清廉家书""孝廉传承""家风家训课""廉洁教育趣味运动会"等五项活动，营造男女老少、干部群众人人参与的"敬廉、倡廉、守廉、助廉"氛围，倡导以廉为荣、以贪为耻的社会风气。

四　在乡村振兴中加强基层党风廉政建设的工作建议

自推进乡村振兴战略以来，镇党委、纪委一直将农村党风廉政建设作为工作的重中之重，也采取了一些必要举措，进而在一些方面取得了良好进展。我们对当前乡村党风廉政建设整体状况分析后发现，以前存在的腐败风气得到有效改善。但是基层党风廉政建设工作中还存在很多问题需要及时解决，仍需通过不断提高基层党员干部的综合素质，使基层党风廉政建设走科学化发展道路。下面结合工作实际，对在推进乡村振兴中如何加强党风廉政建设提出三点意见和建议。

（一）更加突出乡村党风廉政建设的关键性，强化"不想腐"的自觉

要持之以恒地深化党史学习教育，把党纪党规、法律法规作为学习教育的重要内容，让农村党员干部了解如何预防廉政风险的发生，从而更好地强化政治纪律和组织纪律，带动廉洁纪律、群众纪律、工作纪律、生活纪律严起来。要丰富形式，用好廉政警示教育片，上好廉政党课，做好廉政宣传工作，让农村党员干部了解对"违纪、违法、犯罪"的规定以及它们之间的区别，使其知敬畏、存戒惧、守底线。

（二）更加完善乡村党风廉政建设的制度机制，扎牢"不能腐"的笼子

用制度约束，建制度护廉，着力把权力关进制度的"笼子"，促进反腐倡廉源头治理。要进一步健全和落实支部会议和村民代表会议制度，完善村民自治章程和村规民约，加强对农村干部的监督。管人要讲规则，坚持党管干部，在总结管理经验的基础上，营造干事创业的良好氛围。管事要讲规矩，以依法办事促高效廉洁办事，推进管事、办事制度具体化、规范化。资金项目要讲规范，建立乡村振兴发展专项资金管理办法，进一步修订完善项目管理制度，全面提高乡村振兴资金项目规范化建设水平。进一步健全和落实民主理财制度，切实加强对村集体财务活动的监督，让财政资金在阳光下运行。

（三）更加落实乡村党风廉政建设的重要措施，释放"不敢腐"的震慑

要持续深入推行"三务"公开。不断完善优化"遂宁惠民惠农一卡通"平台，依托该平台实现审批、发放全过程在横向、纵向上公开透明，保障老百姓的知情权，强化群众监督。要继续以"四议两公开"为抓手，强化民主决策，惠农补贴、低保五保、扶贫、集体经济等各项财政资金的办事流程、管理和使用情况要向村民全面公开。要更好地汇聚村纪检委员、监察工作信息员、村务监督委员会主任、党风政风监督员等监督力量，有效发挥其"前哨"作用，展现贴近监督、融入监督的优势。要继续推行村级"小微权力"清单制，让农村党员干部认识到"清单以外无权力"，对小微权力加大监督力度，助推清廉乡村建设，为实施乡村振兴战略提供坚强保障。

洪雅县乡村振兴与基层党风廉政建设调研报告

王许一[*]

摘　要： 眉山市洪雅县纪委监委对该县的乡村振兴与基层党风廉政建设工作开展情况进行了实地调研，较为深入地查找存在的问题，认为原因主要在于村级纪检组织作用发挥不充分、跨领域执纪执法难度大、各方合力尚未形成以及廉政文化建设滞后等。在此基础上，就下一步工作提出强化认识、锻造队伍、强化协作、加强廉政文化建设、惩贪治腐等具有针对性的工作建议。

关键词： 基层党风廉政建设　乡村振兴　惩贪治腐

近期，洪雅县纪委监委组织各镇和有关部门（单位），围绕"乡村振兴与廉政建设"主题，通过实地调查、当面访谈、召开座谈会等方式开展专题调研。调研发现，基层纪检监察组织在基层党风廉政建设中较好地履行了职责，为推动全面从严治党向基层延伸、护航乡村振兴起了积极作用，但也存在一些问题和短板。现就调研有关情况报告如下。

一　洪雅县基本情况

洪雅县地处四川盆地西南，属成都平原经济区，是成德眉资同城化发展辐射区。面积为 1896 平方公里，辖 12 镇，常住人口 29.6 万。全县森林面积 203 万亩，森林覆盖率超 71.4%，负氧离子平均浓度达到国家Ⅰ级标

---

*　王许一，洪雅县纪委常委。

准，全年空气优良天数超过 300 天，具有温度适合、高度适宜、纬度适中、绿化度高、洁净度好、负氧度浓、精气度足、优产度强的天然"八度优势"，被誉为"绿海明珠""天然氧吧"。县域主要河流青衣江常年保持 Ⅱ 类水质。洪雅县是国家生态县、国家生态文明建设示范县，荣获首届"中国生态文明奖"（全省唯一）。有机农业规模居全省前列：截至 2021 年底，茶叶面积 30.3 万亩，藤椒种植面积 3.8 万亩，奶牛存栏 1.2 万头；拥有中药材 2800 余种，生态蔬菜基地 3.5 万亩。无公害绿色有机农产品基地占耕地总面积的 65%，被认证为无公害、绿色、有机农产品的有 66 个，是国家农产品质量安全县、国家有机产品认证示范创建区、国家农业循环经济发展示范县，被省委、省政府评为农产品主产区县域经济发展先进县。

2021 年，洪雅县地区生产总值（GDP）完成 140.62 亿元，同比增长 8.6%，增速高于全国 0.5 个百分点，高于全省 0.4 个百分点，高于全市 0.2 个百分点，全市排名第 2。其中，第一产业增加值增速为 6.8%；规上工业增加值增速为 8.6%；建筑业总产值增速为 11.1%；第三产业增加值增速为 9.9%。三次产业结构调整为 16.1∶28.9∶55。社会消费品零售总额达到 50.53 亿元；城镇居民人均可支配收入为 40724 元，农村居民人均可支配收入为 22693 元；地方一般公共预算收入完成 11.22 亿元。

二　洪雅县基层党风廉政建设工作开展情况

（一）坚持常抓不懈，整饬工作作风

洪雅县纪委监委通过"系统治理+专项整治"，在系统治理中狠抓作风问题，使作风治理贯穿脱贫攻坚、扫黑除恶、治理基层"微腐败"等专项工作始终。注重发现不担当不作为、工作推动不力、作风不实、弄虚作假等问题，以优良作风为系统治理减阻力、添助力、聚合力。

一是开展"四风"顽疾专项整治。紧盯节假日等重要时间节点，发送廉政短信 8000 余条。针对"三公"经费管理不规范、违规发放津补贴、领导干部办公用房超标等方面问题，组织开展监督检查 4 次，发现相关问题 38 个。紧盯隐形变异、顶风违纪问题，严肃执纪问责。截至 2021 年，查处违反中央八项规定精神案件 17 起，处理 30 人，通报、曝光典型案例

5 件，处理 12 人。

二是开展"奇葩证明"专项清理工作。联合县司法局、民政局、行政审批局印发《洪雅县深入开展"减证便民"工作方案》，督促行业主管部门自查、清理证明事项。截至 2021 年底，收集证明事项 69 项，取消 38 项。

三是开展"窗口腐败"问题专项监督。成立专项监督工作领导小组，印发《开展"窗口腐败"问题专项监督工作方案》，进一步明确整治重点和工作任务。在"廉洁洪雅""康养洪雅"上公开发布《关于公开征集"窗口腐败"问题线索的公告》，进一步拓宽问题反映渠道，通过来电、来信、"监督一点通"平台广泛收集问题线索，督促各镇、相关部门开展自查自纠，整改问题 21 个，推动完善制度 25 项。

（二）坚持问题导向，紧扣民生民利

一是巩固拓展脱贫攻坚成果同乡村振兴有效衔接。印发《开展专项监督促进巩固拓展脱贫攻坚成果同乡村振兴有效衔接工作清单》，聚焦资金发放、产业发展、政策落实等重点内容开展明察暗访，督促整改问题 19 个。

二是大力整治民生领域突出问题。2021 年，持续推进"一卡通"审批平台建设，纳入管理项目 64 个，发放补贴资金 13580.42 万元，惠及群众 13.06 万人。

三是持续加强小微权力"监督一点通"平台建设。重点瞄准漠视和侵害群众利益、在乡村振兴（脱贫攻坚）中涉及基层小微权力运行的事务性问题，筛选、确定 32 项小微权力，制成清单上网公开。2021 年，共办结群众咨询和诉求 100 个，切实解决群众"急难愁盼"问题，提升了群众的满意度。

四是开播《阳光问廉》短片。以"作风真转变、服务零距离"为主题，围绕群众关心的民生热点开展线索收集，以"奇葩证明"屡禁不止、"农家书屋"管理不到位、电杆线隐患等 3 个影响群众获得感、幸福感、安全感的问题为切入点，深挖背后的干部不严不实问题线索，形成问廉短片 3 部。针对短片曝光的问题，提问相关镇、县级部门的负责人。

（三）坚持标本兼治，一体推进"三不腐"

党的十九大报告提出："强化不敢腐的震慑，扎牢不能腐的笼子，增强不想腐的自觉，通过不懈努力换来海晏河清、朗朗乾坤。"① 洪雅县正是运用一体推进"三不腐"的思路推动全面从严治党落地落实。

一是强惩处，推进不敢腐。紧盯乡村振兴领域腐败问题的新表现，加强对惠民富民、共同富裕政策落实情况的监督检查，严肃查处乡村振兴领域项目审批、工程建设、集体资产处置等环节的不正之风和腐败问题。2021 年，处置问题线索 169 条，立案 100 件，给予党纪政务处分 84 人。

二是建机制，推进不能腐。深入推进扫黑除恶专项斗争，畅通"来信、来电、来访、网络"四位一体举报渠道，严格落实"一线双核""一案三查"要求，深化线索双向移送机制。深挖、彻查党员干部涉黑涉恶腐败和"保护伞"问题，追责、问责 7 人。做实以案促改，制发纪检监察建议书 7 份，督促案发单位深挖问题根源，健全完善廉政风险防控机制 3 项。

三是抓教育，推进不想腐。开展以案促教，以身边事警醒身边人。编印警示教育读本 300 册，发放党纪法规知识辅导资料 500 册，播放警示教育片 90 场次，拍摄《春节廉洁提醒》小视频，不断增强落实中央八项规定精神的思想自觉、政治自觉、行动自觉，坚决抵制歪风邪气。

三　基层党风廉政建设中存在的问题及原因分析

（一）村级纪检组织作用发挥不充分

一是从干部角度看，岗位认识和能力不足制约监督成效。有的村级纪检干部对自身的岗位职责认识不足，缺乏身份认同感，不敢监督、不会监督、不善监督、不能监督，成为"局外人""稻草人"，影响并制约了纪检监察工作的质效。还有一部分村级纪检干部甚至认为监督就是"找麻烦"，怕影响群众基础和班子团结，存在严重的畏难情绪。同时，人员配备还不强，从总体文化程度上看，镇纪委班子、村级纪检干部中法学类、财经类

---

① 习近平：《决胜全面建成小康社会　夺取新时代中国特色社会主义伟大胜利》，《人民日报》2017 年 10 月 18 日。

专业人才占比低，大多数村级纪检干部是大专以下学历，对新知识的学习能力有待提高。如有些村级纪检干部由于专业知识匮乏，对相关法律法规不精通。

二是从监督受众看，熟人社会制约监督成效。有些村级纪检干部过不了"熟人关""亲友关""人情关"，磨不开情面、放不开手脚、迈不开步伐，有了问题就"捂着"或假装不知道。在工作中没有魄力，遇事没有主见，怕担风险，怕得罪人，遇到问题就回避，遇到困难就躲避，遇到风险就逃避。

三是从工作态度看，精力分散制约监督成效。大多数村级纪检干部身兼数职，把纪检工作当成"副业"，缺乏大局意识、忧患意识、责任意识，对一些已经发现的苗头性、倾向性问题不及时采取措施。还有的村级纪检干部对自己承担的相关工作奉行"事不关己，高高挂起"，既不担当，也不作为，更不监督，导致监督作用难以发挥。加之，激励机制不完善，基层纪检干部晋升空间受局限，多在纪检系统内部循环，这很大程度上制约了纪检干部的积极性，容易导致消极办案，甚至办"人情案"。

（二）跨领域执纪执法难度大

随着工作重心从脱贫攻坚向乡村振兴转移，涉农问题和矛盾不断涌现，各种问题交织，涉及住建、自然资源、国土、环保、检察等多部门，对基层干部"跨部门""跨领域"执纪执法的要求提高，这为基层纪检监察干部快速精准发现并查处相关问题线索带来一定困扰。

一是掌握跨领域专业知识的纪检监察人员较少。目前，基层纪检干部对建筑、环保、国土等部门的业务工作及所涉及的专业知识不完全精通，尤其是面对涉及相关领域的工作流程、法律法规、政策边界等问题线索时，很难做到精准发现问题、及时有效处置。

二是处理跨领域问题的调查手段有限。案件调查是纪检监察工作的重要环节，然而基层纪检干部在面对跨领域问题时能使用的调查手段较为单一，在信息有限的情况下容易缺乏同其他部门的沟通协调，在搜集相关违纪违法行为的证据以及认定违纪违法的后果方面工作效果受到影响，导致后续调查难以及时推进。

三是跨领域问题认定权限涉及多个主体。镇、村（社区）基层纪检监察组织调查违章建筑、破坏或占用土地等领域的违纪违规违法问题线索时，需要综合行政执法部门出具的违章建筑认定书、国土部门出具的勘测界定图和行政处罚决定书、法院判决书等，以此作为认定违纪违规违法的最终依据。如果相关部门没有及时做出调查结论或出具相关文书，纪检监察机关便难以量纪量法定性。

（三）各方合力尚未形成

一是协作机制不健全。从基层实际来看，镇党委认为，村级纪检干部作用的发挥不如村其他"两委"干部，未将村级纪检组织建设作为重要工作来抓，导致村级纪检干部履职干事动力不足。加之村级纪检干部对专业性问题不精通、对跨领域监督流程不熟悉，进而导致调查进展不顺利、调查手段不专业等情况较为普遍。本质原因是缺乏沟通协调的相关机制，基层纪检组织无法与有管辖权的职能部门有效组建联合调查组，而大多数情况下组建的联合调查组，在力量统筹、分工协作、同步调查等方面存在问题，无法开展互补性较强的执法、司法调查工作。

二是党员干部支持不够。即便有基层纪检监察机关强力推动，距离"衔接顺畅、运用精准"的要求也存在一定差距。部分党员干部对纪检监察工作的职能和作用了解不足，对是否能发挥作用持怀疑和观望态度。在督促落实问题整改上，不同部门的党员干部对责任单位的认识上也存在争议，尤其是在属地管理责任与行业主管责任相互重叠时，认为纪检干部"画蛇添足"，往往会出现相互推诿的情况。

三是群众参与度不高。洪雅地域小，人情关系复杂，一些村（社区）受文化、地域等因素影响，对党员违纪信息不肯主动汇报，存在"护短"心理。群众普遍存在"不敢"的顾虑，抱着"多一事不如少一事"的想法，怕主动举报或者配合调查会"引火上身"，对党员干部违纪行为不愿或不敢举报。

（四）廉政文化建设滞后

乡村振兴，必须廉洁先行。没有廉洁乡村，就没有美丽乡村。然而在调研中我们发现，洪雅县农村地区在廉洁文化建设上还行动迟缓。

一是廉政文化氛围不浓。调研发现，农村廉政文化意识不强，宣传力度不够，人员集中的地方，相关宣传载体较少，文艺表演活动也缺少廉洁文化内容，推动廉洁文化进农村的力度有待加强。

二是廉政教育未入脑入心。虽然各镇纪委定期开展廉政教育，聚焦廉政风险点讲廉政、上党课，但从调研情况来看，警示教育内容千篇一律、开展形式较为单一、活动特色亮点不足，与基层工作实际相对脱节。部分基层干部把别人的"事故"当"故事"看，在思想上易倦怠，在心灵上难受震撼，在行为上难以真正做到入脑入心。

三是对廉政文化挖掘不够。洪雅县廉政文化深厚，如止戈镇家风家训廉政教育基地、洪雅县廉政教育基地等，但在文化挖掘方面稍显滞后。需要以群众喜闻乐见的方式将本土勤廉人物身上的廉洁文化呈现出来，寓教于乐，加深群众对廉洁修身和清廉家风的理解。

（五）基层微腐败仍然滋生

近年来，洪雅县查处群众身边腐败干部200余人。从干部违纪违法的领域看，以惠民惠农、集体"三资"管理等领域的违纪违法行为居多。

一是侵占、挪用、私分集体资产。从近年来查处的案件来看，村（社区）干部侵占、挪用、私分集体资产和资金的问题虽逐年减少，但仍屡禁不绝。主要表现为，将集体资产视为私人领地，长期侵占集体资产，把公家的钱挪作私用，私分项目资金，甚至通过不正当手段将其变为私有财产等。

二是套取、骗取财政资金。一些基层干部利用职务之便钻监管漏洞，采取虚列支出、虚报指标的方式套取、骗取财政资金。

三是"吃、拿、卡、要"谋取利益。一些党员干部把手中为民服务的权力当成"摇钱树"，不给好处不办事，给了好处乱办事，深为群众诟病。有些村干部利用职权或者职务上的便利大操大办婚丧喜庆事宜，借机敛财，不但影响正常工作，在社会上也造成了较为恶劣的影响。

（六）群众满意度有待提高

党风廉政宣传工作是推进全面从严治党的基础性工程，是党的思想政治建设的"喉舌"，在一体推进不敢腐、不能腐、不想腐的体制机制中起着引导舆论、鞭挞腐恶和鼓舞人心的作用。目前，洪雅县对党风廉政建设的宣传氛围还需继续改善。

一是宣传合力略显薄弱。洪雅县虽然充分利用"康养洪雅"App、"廉洁洪雅"微信公众号等新媒体宣传较多，但通过洪雅电视台、宣传栏等其他渠道同步开展的宣传较少，未做到多角度、多平台、多层面宣传基层党风廉政建设和反腐败工作，宣传合力仍然有待提高。

二是整体联动有待加强。个别镇的党风廉政建设宣传工作缺乏积极性和主动性，热情不高，整体联动性不强。我们实地走访发现，虽然部分镇的党员干部知晓基层党风廉政建设工作成效，但是普通群众的知晓度不高，部分群众对党委、政府的工作了解不多，导致不能客观公正地做出评价。

三是案件震慑力还不足。调研发现，对群众关心关注的、损害群众合法权益的基层微腐败案件通报力度还不够大，以案示警、以案促改、以案促教作用的发挥还不明显，加上政策宣传、矛盾化解未及时跟进，群众满意度仍有待提升。

四是问题解决还有差距。在征地拆迁、医疗卫生等方面化解信访问题的能力尚有欠缺，群众关心关注的交通道路建设、环境卫生整治、乡村公共设施建设等民生问题解决不到位，离群众的期盼还有差距。

四 下一步工作建议

（一）强化认识转观念

一是提高政治站位。强化政治理论学习，不断提高村级纪检干部的政治理论素养，坚决捍卫"两个确立"，坚定"四个自信"，做到"两个维护"。增强村级纪检干部的身份认同感，使其时刻牢记纪检干部身份，正确认识纪检干部的职责使命，提高开展纪检工作的积极性和主动性，提升责任意识和履职能力，将监督触角延伸到"最后一公里"，切实发挥发现群众身边腐败问题和不正之风的"哨点"作用。

二是压实工作责任。镇党委、纪委要切实履行责任，为村级纪检组织开展工作创造良好条件。镇党委要积极落实主体责任，将强化农村基层党风廉政建设提上重要议事日程，认真落实村级纪检干部履行职责的工作条件，协调、理顺各方面关系，为村级纪检干部站台撑腰。镇纪委要加强对村级纪检干部工作的日常指导和监督管理，采取有效措施引导干部群众相信和支持村级纪检员工作，切实让村级纪检干部感受到这个身份有动力、有压力，使命光荣、责任重大。

三是明确职责定位。村级纪检干部尽可能地实现专职专责，负责村级党风廉政建设和监督工作。要鼓励其同时兼任村务监督委员会主任，监督村"两委"贯彻落实上级决策部署，监督本村党员遵守党规党纪，监督村级"三重一大"事项执行、农村"三资"管理及运转、征地拆迁、强农惠农等资金使用情况。实施村级纪检干部质询制度，根据村级纪检干部职责范围内的监督事项和群众意愿，在支部党日活动中群众可以对"两委"干部提出质询，"两委"成员要给予回复并整改。

（二）锻造队伍提能力

一是优化队伍结构。坚持严标准，把好村级纪检干部入口关，逐步建立村级纪检干部清退机制，对于素质低下、平时表现差、群众反映强烈的村级纪检干部，通过制定刚性政策条规，将其清除出纪检监察干部队伍。选优配强村级纪检干部，建立优秀村级纪检员选拔任用制度。

二是完善管理机制。围绕上级重大决策部署落实、村级"三重一大"事项决策、党务村务财务公开、村干部的作风纪律、党员干部队伍管理等方面，推动村级纪检干部的监督工作提质增效。镇纪委每月定期检查或适时抽查村级纪检员履职情况，每年对其履职情况进行量化考核，并将考核结果与工作报酬直接挂钩，作为评先、评优的重要依据。村级纪检干部年终向镇纪委述职述廉，接受镇纪委的考核评议，不断增强使命担当意识，要更加积极主动地履职。

三是加强业务培训。在常规培训的基础上，系统制定纪检监察干部教育培训总体规划，围绕日常监督、正风肃纪等重点工作，以线上线下相结合的方式持续加强业务培训，指导镇纪检监察干部、村级纪检干部聚焦惠农惠民各项政策落实、脱贫攻坚与乡村振兴有效衔接、基层小微权力运行、疫情防控、安全生产等重点领域，因地制宜地创新监督检查的方式方法，完善日常监督台账。

（三）强化协作聚合力

一是加强片区协作，变以往的"单兵作战"为"协同作战"。进一步明确片区内乡镇纪委协作的工作范围、工作程序、工作职责和工作要求，以深化"三转"为有力抓手，以提升纪检工作质效为努力方向，让力量调配、交叉检查、联合办案、调度推进等常态工作更加科学化，着力构建片区整体联合、高效协作的纪检工作运行格局。

二是强化部门统筹，整合专业力量。通过召开工作推进会等方式推动各镇、相关部门（单位）履职尽责，统筹发改、民政、农业农村、自然资源、交通运输、水利、城乡环境综合治理以及巡察、财政、审计等部门的力量开展联合监督，充分发挥各部门特长。

三是加强上下联动，开展提级监督试点。紧盯资金密集、资产富集、资源聚集的村（社区），结合群众信访举报多、问题矛盾突出等情况，开展对村（社区）集体"三资"管理、村级公开、养老服务机构管理、涉农产业和工程项目等领域突出问题的专项整治。通过巡察提级、监督提级、约谈提级、廉情提级、整改提级、查办提级，推动全县惠民富农政策全面落地落实。

（四）廉政文化造氛围

一是加强廉政教育。突出教育内容的针对性和鲜活性，充分利用本地资源拍摄警示教育片、编印警示教育读本、召开警示教育报告会等，增强廉政教育的震撼力，使党员干部受警醒、明底线、知敬畏。深入挖掘典型的本土案例，深刻剖析违法违纪问题的根源，切实开展以案促改、以案促教、以案促建，筑牢党员干部"不想腐"的思想防线。

二是开展廉政宣传。把廉政文化内容寓于文化活动中，渗透到各个环节，真正收到入眼、入耳、入心的效果，形成良好的社会氛围。开展廉政作品评选、党章条规知识竞赛、勤廉先进个人评选等活动。充分利用学校、集镇以及其他公共场所的醒目地段，集中制作图文并茂的廉政文化专栏，张贴廉政警句格言、漫画等宣传内容。宣传部门编排优秀的文艺节目，不定期组织文艺表演下乡、送廉政文化进村活动，使干部群众在欣赏文艺表演的同时，潜移默化地受到廉政文化的熏陶。

三是打造廉政品牌。梳理文化资源，挖掘本土特色，在提升廉政文化的引领力、渗透力等方面下足功夫，打造廉政文化精品，凸显"清廉洪雅"的品牌特色。例如，利用洪雅县中山镇种茶业发展的产业优势，精心打造具有地域特色的"茶廉"文化教育基地，将廉政文化建设与茶文化、旅游文化有机结合，以"雅连"道"雅廉"，拍摄廉政微视频，树立以"清苦、清廉"为核心的廉政文化品牌，拓展廉政文化的内涵，弘扬廉政文化的精髓，以茶明廉、以茶敬廉、以茶促廉。

（五）惩贪治腐得民心

一是发动群众参与。持续推广使用小微权力"监督一点通"平台，聚焦村（社区）集体"三资"管理、村级公开、养老服务机构管理、涉农产业和工程项目等四个领域的突出问题，在小微权力"监督一点通"平台宣传"四大强基行动"，做好乡村振兴专项监督投诉专栏，以线上线下相结合的方式广泛宣传。通过"康养洪雅"App、"廉洁洪雅"和"山水洪雅"微信公众号、县人民政府官网发布信息公告、公开二维码，在市民服务中心、村务公开栏张贴海报，发放宣传单，使用"村村通"循环播放广播，实现全县12个镇89个村（社区）全覆盖，充分调动群众的积极性，提高群众的参与度，引导群众积极参与监督。

二是抓实日常监督。整合镇纪委、派驻（出）的纪检监察机构和巡察力量，依托"四大强基行动""窗口腐败"问题专项监督、重点项目专项监督等工作，组织纪检监察干部每月全覆盖深入村（社区）、走出去办公、走下去调研。采取明察暗访、现场查看、走访群众等多种方式，实实在在地摸清一批问题、督促整改一批问题，跟进落实问题整改情况，切实提升监督质效。

三是加大查处力度。农村地区腐败虽看似微小，涉案金额不大，但实质却是"腐"。这种小贪小腐直接关系到基层群众的切身利益，损害基层群众的获得感，挥霍基层群众对党的信任。通过严查农村地区基础设施建设、惠民惠农政策落实等方面的腐败问题，督促相关责任单位做好查摆剖析、警示教育、问题整改、制度完善。同时用好案件资源，把以案促改现场搬到村公所、农家院子，让群众看到"打虎拍蝇"，真切感受到惩贪治腐的成效。

乡村振兴背景下纪检监察助力村级党组织建设

——以资阳市雁江区东峰镇为例

王　悦[*]

摘　要： 建强实施乡村振兴战略的主心骨，首要在于振兴农村基层党组织。调研发现，雁江区东峰镇农村基层党组织存在组织建设难以实现全覆盖、党员干部年龄偏大和学历层次较低、活动缺乏针对性、党建保障不足等问题。为此，应当发挥村级纪检监督作用以助力基层党组织建设。具体而言，需要完善村级纪检监督机制，建立村级"3本台账"，并以纪服人、团结群众。此外，还需要积极推进"互联网+"融合发展，并推动权限下沉。

关键词： 乡村振兴　基层党组织建设　纪检监察　监督机制

习近平总书记指出："乡村振兴是实现中华民族伟大复兴的一项重大任务。"[①] 当前，我国城市化建设已达到一定水平，最大的短板在农村。在统筹世界百年未有之大变局和中华民族伟大复兴战略全局背景下，6亿农民是拉动内需、实现国内大循环的主体。提高农民的组织化程度，建强实施乡村振兴战略的主心骨，首要在于振兴农村基层党组织。为此，在全面梳理乡村振兴战略的情况下，有必要结合雁江区东峰镇的实际情况，深入分析村级纪检监察过程中存在的问题和不足，并有针对性地提出具体建

　＊　王悦，资阳市雁江区东峰镇纪委书记。

　①　习近平：《在全国脱贫攻坚总结表彰大会上的讲话》，人民出版社，2021，第21页。

议，以助力基层党组织建设。

一 东峰镇农村基层党组织建设的现状及问题

东峰镇下辖 14 个村（社区），面积为 71.8 平方公里，总人口 38410 人，常住人口 13421 人，主要产业为果蔬种植、畜牧和天然气。"两项改革"以来，东峰镇坚持党建引领发展，推动中石化东峰天然气开采项目落地，建成大田村股份经济联合社水果加工厂和大腰机制砖瓦厂，吸纳专业合作社 43 家、家庭农场 29 家。成立 16 人青年党建帮扶小组，邀请支部书记交叉讲党课 300 余次。探索"农民夜校+"模式，培育、回引农民工 300 余人，发展党员 25 人。创新"党建引导+剪纸工作室+市场运作"非遗产业模式，推出东峰剪纸特色民俗文化类商品 30 余种，建成剪纸研发体验中心 3 个。基层党组织建设虽取得了一定成效，但由于形势发展、体制机制等原因，仍面临一些问题。

（一）基层党建难以实现全覆盖

在东峰镇下辖的 14 个村（社区）的党组织中，由于目标、利益、文化等多方面原因，党建主要覆盖政府或政府联系的企事业单位，对民间组织、民营企业、个体商户等延伸不到位，党组织对其他各类组织的领导力、掌控力不够。

（二）基层党员干部平均年龄偏大，学历层次较低

东峰镇现有村（社区）干部 59 人，其中男性 29 人，女性 30 人。从年龄结构上看，30 岁以下的 1 人，占 1.7%；30~45 岁的 36 人，占 61%；45 岁以上的 22 人，占 37.3%；平均年龄 43.1 岁。从文化结构上看，大专及以上文化程度的 17 人，占 30.5%；高中及中专文化程度的 24 人，占 40.7%；初中及以下文化程度的 18 人，占 30.5%。各村（社区）辖 9~14 个村小组不等，小组长平均年龄为 49.5 岁，大多为高中及以下学历。

（三）基层党组织活动缺乏针对性

"三会一课"走流程、传达书面精神现象时有发生，部分村小组干部

对自身的党员身份缺乏严肃性和使命感，党组织活动按部就班，未针对本村实际有效开展，难以吸引群众主动向党组织靠拢，基层党组织的领导力和凝聚力缺乏。

（四）基层党建保障不足

服务百姓需要人、财、物。目前，东峰镇所辖各村总人口多的约4000人，少的约2200人，常住人口约占总人口的1/3，大多为老人、妇女、儿童。每个村有村干部4~5人，村小组干部9~14人不等，党组织干部人数和辖区群众数量比约为1∶228，人员尤其是年轻人极度缺乏。同时，部分村级党组织办公场所存在漏雨、设施落后等问题，镇里因为自主发展和审批权力有限，对村级的财力支持显得捉襟见肘，无法解决村级党组织办公条件、活动场所和基础设施方面存在的问题。

二　纪检监察在东峰镇农村基层党组织建设中的作用及存在的问题

如果说党委是农村基层党组织建设的引领者，那么纪检监察组织则是保驾护航者，是协助基层党组织落实乡村振兴各项举措的重要保障。

（一）东峰镇纪检监察组织现状

东峰镇现有纪检监察干部3人，平均年龄30岁，其中本科及以上学历2人。镇纪委受区纪委监委和镇党委双重领导，工作经费由镇党委保障，书记、副书记按规定享受纪检津贴。下辖了14个村（社区），均配备了纪检委员，由党支部副书记兼任，并明确为监察工作信息员，平均年龄49岁，大专学历的仅4人。其职责按照区纪委监委规定执行，主要是对"三重一大"、三务公开、党员作风等10个方面进行监督，发现问题线索直接向镇纪委报告。

（二）当前东峰镇的主要做法及成效

一是规范工作运行。东峰镇对标《中国共产党纪律检查机关监督执纪工作规则》制定《东峰镇监督执纪细则》，"清单式"列明16项监督内容，按照"镇纪委月驻点、镇部门周走访、村纪检委员在身边"的模式开展项目化监督。《细则》出台以来，开展督查30余次，通报单位16个、干部14人（含班子成员2人），给予党纪政务处分5人、组织处理28人，对3名镇干部实行"一票否决"。

二是强化教育培训。重点围绕"三重一大"、脱贫攻坚、社会保障、"三资"管理、工程项目等方面，采取"季度定主题、月份定清单"的方式开展全覆盖培训，让镇村级纪检干部知道"干什么、怎么干"。以"问题+监督"两本台账为抓手，奖优惩劣，正反向调动纪检干部的积极性。2022年截至9月，组织村纪检委员参加区级轮训1次、信访攻坚月实战练兵1场、镇级业务培训3次。通报表扬纪检委员2名，约谈1名，给予警告处分1名。

三是引导群众监督。以联系、服务群众为抓手，通过大走访、制发宣传资料、公示举报电话等方式，广泛宣传信访举报知识和违规违纪行为的表现形式。2022年，累计走访12415人次，制发"纪委明信片"和《村级纪检委员的一封信》1万余张，设立接访点15个，收集问题1527个、信访举报26件，解决处置率达到100%。

（三）东峰镇村级纪检委员面临的问题

一是不利监督。东峰镇村级纪检委员、监察工作信息员基本由村党组织副书记兼任，同时履行多项职责。"两项改革"后，村的管辖范围和服务对象范围扩大，工作量也相应增加，纪检委员能力、精力不足，根本不利于开展监督工作。如前段时间开展疫情防控工作，某村的党支部副书记在负责疫苗接种人员稳控的同时，还要入户宣传。当问起是否完成日常监督台账和问题台账时，他只有打哈哈道："我今天晚上跟着就补起来。"

二是不善监督。部分村级纪检委员不知道监督的知识和方法，不知监督从何下手。笔者于2022年6月初任东峰镇纪委书记，由于经验、能力不足，面对14个新成立不久的村级纪检组织，同样感到无从下手。最初只组织他们学习《中国共产党纪律处分条例》、《农村基层干部廉洁履行职责若干规定（试行）》、《雁江区纪委监委关于推动村级纪检委员履行监督职责的通知》以及《雁江区纪委监委日常监督工作手册》等法规和文件，基本是区上安排做什么就做什么，依葫芦画瓢，就事论事，见子打子，工作没有计划性、前瞻性，缺乏系统性的规章制度来指导如何开展村级日常监督工作，村级纪检委员更是对自己具体要干什么无所适从。比如高石村纪检委员反映，以前她负责城乡环境治理工作，负责垃圾清运费收缴，但现在自己又是纪检委员了，同时要负责对这笔钱的监督工作。她知道这样不合规，想把收缴工作分出去，但其他村干部事情多，换人也不利于收缴。有的村干部就觉得她是借"纪检委员"之名摆脱工作。凡此种种，可见村级纪检委员开展工作中"绊脚石"不少。

三是不敢监督。村级纪检委员与被监督对象长期共事或生活，圈子小、熟人多，即便知道本村存在"微腐败"问题，碍于情面也不愿主动监督。比如金龙村纪检委员曾反映说："都是熟人熟事，老辈子，监督不好搞啊……"东峰村纪检委员反映，以前是党支部副书记，需要跟村上各类人员处好关系以便开展工作，现在同时拥有纪检干部的身份，就不能跟一些村民、干部走得太近。这种"矛盾"是大多数纪检委员内心所纠结的，他们想开展监督，但又怕出现乱监督的现象，不利于村"两委"工作的开展。

（四）纪检监察在基层党建中存在问题的原因

制度建设方面，党的制度是村（社区）"两委"实现自我管理、自我教育、自我服务的基本依据，纪检监察组织是确保党的各项制度常态有效运行的保障。东峰镇个别村（社区）存在制度"上墙多、落实少"的问题，其主要原因在于，村级纪检委员作用发挥不到位。

队伍建设方面，干部队伍是党的各项政策落实落地的基石。干部队伍纪律严明、务实担当，于工作则披荆斩棘、无往不胜；干部队伍钩心斗角、慵懒散慢，工作上就会忙于内耗、一团乱麻。纪检监察的核心是政治监督，应把握队伍思想动态，营造风清气正的团队氛围。东峰镇个别的村组干部存在工作方式简单粗暴等问题，其部分原因在于，镇村两级纪委日常谈心谈话和思想教育不到位。

阵地建设方面，党的阵地是加强党的文化建设，营造浓厚的党建氛围，化"虚"为"实"的重要抓手。廉洁阵地建设更是党展示公仆形象、服务百姓的重要方式。东峰镇个别村（社区）仍存在"三务"公开不及时、不到位问题，其根本原因在于，村（社区）"两委"未能深刻认识到群众真正关心的点是什么、在哪里。

活动建设方面，党的活动是服务和联系群众、增进党群鱼水关系的有力举措，更是纪检监察工作的重要内容。东峰镇个别村（社区）存在党组织生活不严肃，"走过场、捧捧场"现象，其部分原因在于，村级纪检委员履职尽责不够。

三　发挥村级纪检监督作用，助力基层党组织建设

绵阳市三台县三元镇推行的"431"村级纪检监督机制①值得借鉴，现结合东峰镇实际，就如何发挥村级纪检监督作用助力基层党组织建设谈几点思考。

（一）三台县三元镇"431"村级纪检监督机制

1. 建立背景

2020年，中央政策研究室《学习与研究》杂志第11期刊发了时任中共四川省委书记彭清华在三台县蹲点调研形成的"两项改革"调研报告《激活四川乡村治理"一池春水"》，报告正式提出了"加强村级纪检监督"的重要课题。三台县是彭清华书记在"两项改革"后亲自率队蹲点进行专题调研的主阵地，三台县委通过多次学习讨论，提出坚持问题导向、基层导向、利民导向、发展导向、目标导向、结果导向的工作思路，要求加强对乡镇、村（社区）的监督。县纪委常委会提出了建议和设想：制定一套标准程序，让村级纪检干部明白自己该干什么、该怎么干、如何干好，让新上任的干部也能"依葫芦画瓢"。

2. 建立过程

2021年2月，三台县纪委监委在立新镇高棚村开展村级监督初步试点，县纪委监委党风政风监督室会同立新镇纪委和高棚村纪委书记共同梳理涉及的村级事务事项，逐项梳理办事流程和廉政风险点，形成《村级纪检组织日常监督事项清单（初稿）》。经多方征求意见、修改完善，3月中旬，县纪委监委党风政风监督室会同立新镇各村（社区）纪检干部模拟

---

① "431"村级纪检监督机制，即4张清单、3本台账和1次交流评比。

开展了村级事务监督活动，实地听取群众意见，收集实际监督过程中发现的问题。通过第一次模拟，初步确立《村级纪检组织日常监督事项清单》，以及（村、社区）工作清单《日常监督台账》《问题整改台账》《社情民意收集台账》等 3 本台账，并召开 1 次"村级纪检组织日常监督工作评比交流会"。3 月 18 日，绵阳市纪委书记到立新镇高棚村调研村级监督工作，将《村级纪检组织日常监督事项清单》（村、社区）拓展延伸，设立《村级纪检组织日常监督事项清单》（村民小组、居民小组）4 张清单，并随机选取 5 个乡镇再次进行模拟监督。"431"村级纪检监督机制雏形初现。

3. 主要内容

"431"村级纪检监督机制包含村级权力运行流程图（3 类 9 方面 54 项内容）、村民小组权力运行流程图（2 类 4 方面 13 项内容），又根据社区实际，梳理出社区权力运行流程图（3 类 9 方面 41 项内容）、居民小组权力运行流程图（2 类 4 方面 9 项内容）。4 张清单解决"该干什么？"的问题，3 本台账明确"该怎么干？"的问题。

4. 运行成效

"431"村级纪检监督机制细化、规范了日常工作的办事流程和监督切入点，使虚无缥缈的村级监督变得实在。三元镇通过三个月的推广，创新搭建了"互联网+"监督平台，实现对村级"三务"阳光监督，构建基层社会治理新格局。镇村办事效率显著提升，廉洁意识更强，干群关系更加密切，监督末梢被全面激活，为进一步做好"两项改革"的"后半篇"文章，推动脱贫攻坚与乡村振兴有效衔接奠定了重要基础。

（二）以纪检监察助推基层党建的想法和打算

一是完善村级纪检监督机制。从党务、村务、财务三个层面的权力事项入手，将监督的范围圈牢、内容厘清，逐条逐款对应纪律要求。通过监督事项和监督方式的"清单化"，权力运行到哪里监督就跟进到哪里，避免监督的盲目性和随意性。如监督党组织生活，若村（社区）严格落实"三会一课"制度，可获得基础分，未落实则依照清单扣分；若结合本村（社区）特色，组织活动丰富多样，则依照清单加分。通过细化、量化，各村（社区）的党组织建设有章可循，监督工作也有据可依。

二是建立村级"3 本台账"。在机制完善的前提下，建立《日常监督台账》、《问题整改台账》和《社情民意收集台账》"3 本台账",村纪检委员日常监督能比照制度清单,实现工作表格化。如有的村有工程类项目,则比照清单事项中村务类工程建设方面的流程,对应其监督事项和方式,填报监督台账表格。有的村要召开党员大会,则比照清单事项中党务类党员大会流程,对大会召开前、中、后进行监督。通过台账表格形式,确保村(社区)纪检委员能"依葫芦画瓢",让各村(社区)的党组织建设规范化、标准化。

三是以纪服人,团结群众。基层党组织建设的最终目的是获得群众的支持和认可,这样才能有效带头引领。在农村工作中,往往一些民生事项未得到妥善处理,导致干群关系疏远。比如低保评定工作,有的百姓觉得该评,有的百姓觉得不该评。究其根本在于,上级评定机制是站在全省乃至全国的高度,较为宽泛,可操作性不强。若能结合镇村实际,用监督清单将其细化、量化,则能做到最大限度的公平公正。同时,村纪检委员对评定全过程进行实时公开,让社员随时参与、了解,则能很大程度上减少民事类纠纷矛盾,从而在一定程度上密切干群关系,让群众感受到党组织的服务就在身边。

四是"互联网+"事半功倍。党组织建设不仅仅体现在实际生活中,建强网络阵地同样重要。目前,部分村(社区)存在"三务"公开不及时的情况,一方面是因为村(社区)"两委"干部重视不够,一方面是因为传统的公示栏、宣传方式难以满足群众尤其是在外务工人员对本村信息更新的需求。可以按照三元镇的经验做法,结合镇村现状,开发一款微信小程序或指尖 App,模仿小区物业的方式,由专人专管,打造村级网络"党建平台""政务平台""监督平台""信息公开平台",结合一键查询、一键预约、一键参与、一键举报等功能,加强老百姓尤其是在外务工人员对村级事务的参与权、知情权和监督权,进一步推动基层党组织建设向纵深发展。

五是权限下沉,以点带面。通过细化权责事项,可尝试对群众办理最多、最为关心的政务事项实施镇权下村,让群众"身边就能咨询、出门就能办事"。比如崇州市白头镇下放权责事项到辖区五星村,设置村级初审服务窗口,服务内容涵盖残疾补贴、特困救助、就业直补、个体工商、医保社保等 40 项,为高龄老人、妇女儿童、行动不便人群提供家门口服务。

村级纪检监察针对办事流程、服务效率等方面进行驻点监督，确保了群众的满意度，进一步提升了基层党组织的影响力和战斗力。

（三）东峰镇仿照实施"431"村级纪检监督机制的优劣势

1. 优势

一是区纪委监委领导高度重视。东峰镇作为全区 22 个镇（街道）之一，在案件办理、党风政风、信访接待等工作方面，多次接受区纪委监委领导的现场指导。此次省内提级培训，东峰镇更是作为雁江区代表参加。上级领导的关心关怀，不仅坚定了东峰镇进一步做好基层党组织建设工作的信心和决心，而且成为仿照实施"431"村级纪检监督机制的重要前提。

二是镇党委班子主动作为。东峰镇党委主要领导都担任过纪检监察干部，自觉践行主体责任，能灵活运用监督执纪"四种形态"，把基层党风廉政建设和反腐败工作融入日常中心工作的方方面面，同部署、同落实、同检查。自 2022 年 6 月上任以来，党委书记大力支持纪检监察各项工作，有效实现党、政、纪同频共振，这是仿照实施"431"村级纪检监督机制的重要保障。

三是镇村干部有干事创业的热情。目前，东峰镇刚完成村"两委"班子换届，换届各项工作平稳有序。在乡村振兴战略实施的大背景下，刚上任的村干部"想干事、能干事"，也愿意成为助推乡村振兴的"全面手"。同时，东峰镇党委和政府长期以来挺纪在前、以身作则，通过"干部作风大转变""党务村务大公开""矛盾纠纷大调解""服务效能大提升"四项活动，树立了较好的干部守纪意识、营造了群众监督氛围，这是仿照实施"431"村级纪检监督机制的关键。

2. 劣势

一是人员数量不足。仿照实施"431"村级纪检监督机制的第一步是，针对村级党务、村务、财务等 3 类，政治思想、政策保障补贴、"三资"管理等 10 方面，"三重一大"事项、党费收缴管理等 60 个监督事项，结合镇村实际进行细化。在中心工作日益繁重的情况下，镇村纪检干部无论从能力还是精力两个层面看都难以完成，在一定程度上需要上级相关部门的大力支持和指导。

二是专业人才缺乏。"431"村级纪检监督机制的试行推广，一方面是用百姓喜闻乐见的形式，如相声、小品、漫画宣传单、作品展等进行宣传。东峰镇虽有东峰剪纸等特色艺术，但总体上文化艺术人才较为缺乏，宣传方式单一，入脑、入心效果不佳。另一方面，三台镇通过创建网站、微信小程序等方式搭建了"互联网＋"监督平台，需要专业人员专门进行后台维护，而东峰镇科技人才缺乏，难以开展实施。

三是资金严重不足。仿照实施"431"村级纪检监督机制，从最初讨论研究到示范点打造，以及后期维护运营，都需要采用专项资金方式。东峰镇本级财政能力有限，难以支撑示范项目的建立和运营。在有限的资金条件下，实行"431"村级纪检监督机制可能达不到预期效果。

四 建强基层党组织，引领乡村振兴战略落地生根

培训期间，省纪委监委组织全体参训人员参观了四川省乡村振兴示范村。五星村和竹艺村最初均是一穷二白的落后贫困村，通过建强基层党组织，以"红色引擎"引进高端人才，以人带产，才一步一步实现乡村脱贫和振兴。

（一）崇州市白头镇五星村

该村最初依靠单一、牢固的小农经济模式，基层组织建设薄弱，创新活力极度缺乏，村民主要收入来源依靠外出务工，村内空心化严重。留住青壮年劳动力，吸引人才，为村民提供创业、就业条件，是五星村实现发展的关键。面对日新月异的社会经济发展，2017年老支书亲自找到当时作为五星级酒店高层的高某某，请他回村引领五星村创富增收。后来成为五星村新任党支部书记的高某某，通过自身的能力和人脉，不断引进优秀人才加入五星村党支部，为"红色引擎"提供了不竭动力。"乡村振兴不能盲目发展，党建引领决定人心向背。"高书记组织专家对五星村地方特色、地理区位、民俗文化进行了深入分析，决定带领村民从自身老本行餐饮住宿入手，打造吃喝玩乐一体的乡村旅游产业。从2017年开始，五星村专门成立旅游合作社，集中规划种植"稳糖米"、油菜花，把田园变景区，把民房变民宿，把农产品变礼品，把村民都拉进乡村旅游发展中来。2019年，在旅游基础设施初步完善的前提下，在崇州市委组织部建立"微党

校"的推动下，以及村党员自身学习提升的需求下，五星村建成了党员教育学院。学院最初只面向白头镇，教学内容和形式单一。为实现农村三产多元化，高书记决定做大做强农村党员教育产业，于是花大力气聘请了省委党校等单位的名师专家，精编课程体系，丰富现场教学单元，单独设置乡村振兴板块。三年来，学院先后承接广东、山东、黑龙江等16个省以及省内18个市州的基层党员干部培训，营收达600多万元。在村集体经济极大好转的同时，五星村党组织通过特色组织生活会，指导党员投资兴业，吸纳创业老板入党，进一步加强村党支部的凝聚力和战斗力。目前，五星村凭借桤木河湿地公园成功获评4A级旅游村，并成为四川省乡村振兴示范村。集体年收入已达416万元，村民可支配年收入由最初的4800元增加到36500余元。当地"天府慢城"项目正开工投建，农、文、商、旅正深度融合，培训产业的影响力继续扩大。

同时，五星村以"纪检村报"预防基层"微腐败"。五星村是四川省乡村振兴示范村，党员教育学院、桤木河湿地公园、"天府慢城"等项目众多，村集体组织、社会资本参与情况复杂，各种专项资金的使用和集体事务的决策牵扯众多。为及时公开项目和资金情况，打消村民疑虑，白头镇创建了《五星月刊》村报，以每月一刊的形式定期公布集体资金支出明细，细致到一个扫把、一罐茶叶，把村"两委"涉及的权力事项和权力清单全部"晒"出来。同时，主动公布本村的发展规划、村级党务、村务、财务、社区保障资金的使用情况，本村重点项目的招投标等群众普遍关心的热点难点问题，使村里的大小事务都在阳光下运行。村报在内容上满足群众的阅读喜好和现实需求，将新发展理念、基层治理工作、微腐败案例、医保社保、低保扶贫等内容以图片、漫画的形式刊发，保证实效性。村民从此习惯有想要了解的事情"翻村报"，有想要反映的问题"翻村报"，有不明白、不清楚的问题"翻村报"。群众参与监督的主动性增强了，有效预防了不正之风和基层"微腐败"。

（二）崇州市道明镇竹艺村

竹艺村原名龙黄村，2016年以前只是成都西部众多川西林盘中一个不被人熟知的小村落。当时的龙黄村基础设施差，村里都是泥泞道路，空心化程度比较严重。村产业采用传统模式，通过竹编合作社把原料送到村民家里，留守村里的老人、妇女负责编竹编，编好后合作社上门回收。在这种模式下，竹编手艺人收入很低。道明镇自古是产竹之乡，从清朝初年就有平面竹编、瓷胎竹编，其产品也入选国家非物质文化遗产，获国家地理标志认证。2017年3月，为使道明镇的农、商、文、旅、体融合发展，把道明"品牌"推广出去，道明镇党委和政府通过深度调研后，决定以龙黄村为中心，在川西林盘的原貌上"生成"一个文艺范新型村落——竹艺村，让非遗文化之花在乡村振兴中绽放。在报请崇州党委和政府以及崇州文旅集团审批后，道明竹艺村按照梳、理、补、改、拆、通"六字诀"和原生态、原住民、原住房、原材料"四原则"，不大拆大建、不挖山填塘、不过度设计、不冒进求洋，邀请国内外知名设计机构设计旅游景观，建设有"国际范、天府味、竹编韵"的新中式川西林盘。同时，引入"三径书院""丁知竹""遵生小院""竹编博物馆"等文创项目，孵化农事体验、民风民俗、休闲养心、运动康养等新业态。"乡村振兴有两个重要标准——产业兴、留住人。这也是道明竹艺村一直在努力的方向。"道明村党支部书记任某介绍道。如今的竹艺村，吸引了很多创业青年回村创业，不断用市场化的眼光为传统竹编赋能，创新镂空竹灯，富有设计感的竹椅、竹凳，多层的竹制摆架等。据统计，竹艺村2016年第三产业产值为280.24万元，2019年为2309.75万元；人均可支配收入由2016年的15885元增长到2019年的32122元。青瓦白墙的民居，绿荫如海的竹林，清澈不竭的山泉，种满瓜果的菜畦，融入生活的竹编文化……竹艺村无时无刻不在传递着中国村落之美。

在竹艺村，推行"一核两会"提纲挈领式监管。竹艺村作为文艺范新型村落，家家户户体现出竹艺文化。该村上到房屋建筑，下到桌椅板凳，均依靠竹艺村党支部"一核"和竹艺村管委会、创新社区发展促进会"两会"统一，高度体现党组织领导和村民自治。"一核"负责监管，"两会"负责发展。如农户建设房屋，由农户提请，创新社区发展促进会负责设计，竹艺村管委会负责资金和修建，村党支部负责监管，采用多方联审的方式，确保屋顶、墙面、门窗、院墙均符合村集体发展的要求。"一核两会"下设林园盘落管委会，是村民推选成立的自治组织，主要负责卫生治安、文娱生活、矛盾疏解和产业资金发展。村党支部主要负责对"两会"的领导和整体框架的监管，包括项目进出、专项资金以及对专业公司合作事项的审批等。通过"还权于民"，竹艺村实现群众自我发展、自我管理、自我监督。

"村子富不富，关键看支部。"实现乡村振兴的核心在于基层党组织，而纪检监察组织着力挖掘基层党组织建设中领导核心作用不强、班子责任意识缺欠、干事创业激情不足、工作制度缺乏系统、组织活动活力不够、自我治理体系不完善等问题的根源，为同级党组织的建设出谋划策。通过解决根源问题，激活基层党组织的神经末梢，让其真正强起来、有力量，从而提升其在农民群众中的政治领导力、群众组织力和社会影响力，确保乡村振兴战略目标的落地实现。

眉山市天府新区强化廉政建设
护航乡村振兴

摘　要： 随着眉山市天府新区乡村振兴工作的持续推进，群众的法治意识有所增强，基层党风廉政建设和反腐败工作也取得了一定成效。但是，当前仍然存在监督力量不足、监督措施不到位、基层党风廉政建设氛围不浓、农村基层干部不作为等问题，不利于推动乡村振兴。今后应坚持抓好廉政思想教育，完善规范制度机制，加大监督监管力度，持续用力整治腐败。

关键词： 乡村振兴战略　基层党风廉政建设　思想教育

截至目前，全国已设立 19 个国家级新区，四川省也设立了 4 个省级新区。区别于经济技术开发区、高新技术开发区、工业园区等，大部分新区承担包括实施乡村振兴战略在内的各项社会事务，眉山天府新区也是如此。因此，如何强化新区党风廉政建设，为全面推进乡村振兴战略保驾护航，是天府新区绕不开的课题。

一　眉山市天府新区基本情况

（一）基本情况

眉山市天府新区（以下简称"新区"）是四川天府新区的重要组成部

＊　何通晓，眉山市天府新区纪委借调人员。

分，规划建设面积 697.51 平方公里，现统筹管理 2 街 5 镇（仁寿县视高街道、贵平镇、高家镇、龙马镇、北斗镇，彭山区青龙街道、锦江镇），户籍人口约 37 万。新区的乡村振兴管理机制是典型的随着不同发展阶段动态调整，管理的权限范围和空间范围不断调整完善。2015 年，设立四川天府新区眉山管理委员会，属于议事协调机构。2018 年 3 月，开始实体运行。2019 年 7 月，内设机构和下属事业单位正式运行，承接了市、县两级行政权力 5541 项，其中承接市级管理权限 168 项，并开始承接乡村振兴相关工作。2020 年 7 月，仁寿县龙马镇、北斗镇归眉山天府新区统筹管理。

（二）乡村振兴工作情况

2018 年 10 月，眉山天府新区乡村振兴局开始承接乡村振兴相关事项。此后，新区坚决打赢脱贫攻坚战，5921 户 16343 人如期脱贫，26 个市定贫困村稳定退出。"以工补农、创新扶贫车间"的做法被《人民日报》宣传报道。天府新区坚守粮食安全底线，全力遏制粮食生产功能区非农化、非粮化，推进利用 4150 亩"征而未用"土地开展农业种植。不断夯实农业基础设施建设，建成冷链库 23 座，冷链物流设施静态库容为 0.47 余万吨。完成高家镇 1 万亩、锦江镇 3000 亩高标准农田建设，启动龙马镇 1.5 万亩高标准农田建设。农村改革不断深入。新区颁发了全省首本农村宅基地资格权证，打通锦江镇锦江社区农村宅基地"三权分置"改革路径，配套政策完善，改革经验在全市推广。农村集体"三资"管理相关经验被四川省、眉山市媒体多次报道。新区成功获批全市唯一、全省第 5 个省级农业对外开放合作试验区。

二 基层党风廉政建设工作中存在的问题

从调研情况看，近几年，随着乡村振兴工作持续推进，群众的法治意识有所增强，基层党风廉政建设和反腐败工作也取得了一定成效。但是，仍然存在一些困难和问题，不利于推动乡村振兴。主要体现在以下几个方面。

（一）监督力量不足

各镇（街道）纪委均不同程度地存在纪检干部少、专业性不强等问题，村（社区）纪检干部也存在年龄偏大、工作积极性不强等问题。目前，眉山市天府新区的重点监督对象包括党组织 515 个，党员 12659 名，村（社区）84 个。但纪检监察工委仅有干部 14 名，各镇（街道）专职纪检干部仅 24 名，监管对象多，纪检干部少，基层党风廉政建设和反腐败工作压力较大。一方面，党工委管委会现有编制约 400 个，不到同等规模区县的 1/15，主要通过提高在编人员工作强度、增加临聘人员和委托国资平台公司履行部分职责推动日常工作，没有足够的人力投入对乡村振兴项目实施和资金使用等方面的监督管理，存在一定的风险。另一方面，由于体制机制等原因，尽管已有相关制度授权和政策支持，但镇（街道）纪（工）委在对同级党（工）委的监督上，依然存在监督执行困难、监督力度不够、监督成效不明显等问题。

（二）监督措施不到位

个别村在民主议事、民主理财、民主决策、民主监督等方面存在走形式、走过场现象，村级民主理财小组和村民议事会、理事会等机构的监督作用难以发挥，造成村务、财务公开不及时、不规范、不具体、不明晰、不翔实，公开成了一种摆设。

（三）基层党风廉政建设氛围不浓

一方面，农村基层对党风廉政建设工作重视程度不够，开展党风廉政建设往往只做规定动作、敷衍了事，没有做到入脑入心，导致基层党风廉政建设氛围不足，党员干部的理想信念不坚定，存在一定的风险。极个别党员干部在利益驱使下宗旨意识淡薄，置群众利益于不顾，用权力做人情，为自己谋私利。另一方面，个别村民为达到个人目的，通过贿赂、事后分成等方式联合镇村干部套取国家资金，助长了贪污腐败和违纪违法的不良风气。

（四）农村基层干部不作为

有的镇村干部作风不实，工作不积极、不主动、不扎实、不深入，没有牢固树立为民服务意识，存在不喜欢下基层、不愿下基层、不敢下基层的"三不"思想和怕苦、怕累、怕吃亏的"三怕"观念，认为帮普通群众办事费时费力不讨好，在其位不谋其政，工作不作为。

三　产生问题的原因

（一）监督机制不畅

一方面，镇（街道）纪检监察组织作为专门的监督机关，在同级党（工）委的领导下开展工作，且纪检干部的配备、任免、调动，都由同级党委会研究决定，人员编制、财政经费、工作和生活待遇等主要由同级党委、政府解决，客观上导致镇（街道）纪（工）委对同级党（工）委班子，特别是对党政主要领导的监督出现宽、松、软的问题。另一方面，镇（街道）、村（社区）纪检监察组织对村（社区）的日常监督管理不到位，监管机制运行不规范，对农村基层干部的廉政教育抓得不紧、管得不严，造成基层党风廉政建设工作出现缺位。对村干部暴露的苗头性问题重视程度不够，教育引导力度不够。未充分调动人民群众监督的积极性，多数群众有多一事不如少一事、事不关己高高挂起的心态，助长了歪风邪气。

（二）监督机构不全

一方面，眉山市天府新区的体制与区、县不同，无人大、政协等机构，缺乏人大和政协的监督。另一方面，新区各部门（单位）均为内设机构，不符合设立专门纪检岗位或机构的要求，每个部门（单位）仅有1名干部作为兼职纪检委员，协助本部门（单位）开展党风廉政建设工作，专业水平不高、管理难度大，难以发挥对部门（单位）党组织的监督作用。

（三）廉政意识不强

部分村社干部是高中及以下学历，自身掌握的知识量、能力水平有限，不主动学习党的路线、方针、政策和法律法规知识，对法律法规、党纪党规以及党的惠农惠民政策掌握不全、遵守不严、尽责不到，对廉洁从政、全心全意为人民服务认识不够。

（四）制度落实不严

在村级财务、政务等群众高度关注的重大事项方面，纪检监察组织仍缺乏规范、细致的操作制度和必要的制约手段。比如在执行村务公开制度时，个别村社就存在公开不及时、不全面和避重就轻等情况，不利于群众监督。职能部门和监管单位执行力度不够，更是造成一些制度只是发发文件、墙上挂挂、嘴上说说的重要原因。村（社区）在项目审核、资金拨付等方面把关不严，对农村集体资金、资产、资源等管理混乱，为一些干部的腐败行为提供了空间。

四 对策建议

农村基层党员干部是贯彻落实乡村振兴战略各项决策部署的主力军，承担着组织群众、联系群众和管理农村经济社会发展的重任。抓好农村基层党风廉政建设，能够有效发挥党员干部的模范带头作用，推动乡村振兴工作向纵深发展。

（一）抓好廉政思想教育

一是着力加强对镇村两级干部的思想教育，强化廉洁履职意识，引导农村基层干部牢固树立群众观点、坚持党的群众路线，形成主动学习的意识，使基层干部加强对法律法规、党纪党规和各项惠农惠民政策的学习。

二是结合新区镇村干部身上存在的突出问题，有针对性地开展党风廉政教育，通过组织观看廉政教育片、讲廉政党课、开展廉政培训等方式，教育引导党员和领导干部知责明责、知纪明纪、懂纪遵纪。

三是发挥典型案例的警示教育作用，用身边事教育身边人，实现查处一案、教育一片。加大对身边廉政先进典型的宣传力度，教育引导新区全体党员干部向模范、榜样学习。收集整理近几年镇村干部违纪违法案件，编制警示教育读本，下发给镇村两级组织学习，以案示警。

（二）完善规范制度机制

一是严格执行党员大会制度、村民代表大会制度、"三委会审"议事制度等，确保村级重大决策、重大事项和集体资金管理由集体讨论决定，从源头上杜绝腐败的发生。

二是探索和完善监督管理制度，推行村干部民主评议、廉政谈话、个人重大事项报告、任期经济审计等制度，及时掌握村干部的廉政情况，实行重点监管预防。

三是深化责任追究机制。切实按照基层党风廉政建设责任制和有关责任追究的规定，严格实施责任追究。

（三）加大监督监管力度

一是拓宽举报渠道，创造监督条件，扎实开展"四大强基行动"，做好乡村振兴专项监督。充分发挥眉山市天府新区微信公众号举报平台、12388网络举报平台的作用，鼓励群众积极加入纠正"四风"和揭批腐败问题的行列，做实群众监督；纪检干部要定期深入基层一线，开展民情直通车巡回下访，收集发生在群众身边的"四风"和腐败问题线索。

二是充分发挥镇（街道）和村（社区）纪检组织对农村基层干部的日常监督作用，督促镇（街道）、村（社区）持续开展针对损害群众利益行为的专项整治，定期对农村基层干部履职尽责和廉洁自律情况进行监督检查，使监督管理常态化。村（社区）纪检组织要加大对村（社区）干部履职、村级工程招投标、村级账目等的监管力度。

三是各行业主管部门要根据职能分工和承担的业务情况，对各镇（街道）和村（社区）推动乡村振兴各项惠农惠民政策落实情况、党工委管委会决策部署落实情况以及廉洁自律情况等进行督查，做到全过程监督、全流程监管。特别是要把群众反映强烈的村务公开、财务公开、政务公开、村财乡管、村级资产处置、议事规则等方面作为重点，确保各个环节监督到位、各项工作落到实处，促使农村基层干部廉洁从政。探索与彭山区、仁寿县协同开展人大、政协监督，解决新区缺乏人大、政协监督的短板问题。

（四）持续用力整治腐败

始终保持惩贪治腐的凌厉攻势，集中精力整顿发生在群众身边的"四风"和腐败问题，坚决查处党员干部中的违纪违法行为。特别是对违反中央八项规定精神、损害群众利益等问题，坚决做到发现一起、查处一起、通报曝光一起，不姑息、不迁就。定期对农村基层党风廉政建设工作进行研究，针对发生在群众身边的"四风"和腐败问题的新形式、新情况，以及群众反映问题集中的区域和方面，开展专项整治。重点整治征地拆迁、以工代赈项目、危房改造资金、退耕还林资金等惠农惠民政策和财政性补贴项目实施过程中存在的套取国家资金、虚构工程项目、随意扩大工程量等涉及群众利益的问题。纠正有令不行、有禁不止，不遵守规定、不执行制度等影响政令畅通的问题，坚决遏制不良风气蔓延。

乡村振兴战略背景下关于基层党风廉政建设和反腐败工作的一些思考

——以青神县的探索实践为例

贾雄翔[*]

摘　要： 加强农村基层党风廉政建设和反腐败工作，是反腐倡廉建设的重要组成部分，是巩固拓展脱贫攻坚成果、助推乡村振兴各项举措落实落地的重要政治保障。基层党风廉政建设和反腐败工作存在的问题主要表现在廉政文化建设不足、纪检监察力量薄弱以及农村系统治理效果不佳三大方面。本文从眉山市青神县的探索实践出发，认为纪检监察机关应当充分发挥监督保障执行、促进完善发展的作用，从全面推进从严治党、加强基层纪检监察组织的规范化建设等方面入手，夯实基层党风廉政建设和反腐败工作的基础，服务乡村振兴发展大局。

关键词： 乡村振兴　基层党风廉政建设　反腐败工作

一　乡村振兴战略背景下加强基层党风廉政建设的重要意义

党的十九大首次把乡村振兴上升为国家发展战略。2020 年 3 月 6 日，习近平总书记在决战决胜脱贫攻坚座谈会上提出："接续推进全面脱贫与

---

[*]　贾雄翔，青神县纪委监委案件审理室副主任。

乡村振兴有效衔接。……推动减贫战略和工作体系平稳转型，统筹纳入乡村振兴战略，建立长短结合、标本兼治的体制机制。"① 党的十九届五中全会审议通过的《中共中央关于制定国民经济和社会发展第十四个五年规划和二〇三五年远景目标的建议》，规划布局了"十四五"期间脱贫攻坚与乡村振兴有效衔接的大政方针，为防止贫困人口返贫复贫建起防护网。

习近平总书记强调："党的工作最坚实的力量支撑在基层，经济社会发展和民生最突出的矛盾和问题也在基层，必须把抓基层打基础作为长远之计和固本之策，丝毫不能放松。"② 强化基层公权力的运行和监督，推动全面从严治党向基层一线、向群众身边延伸，是做好基层基础工作的重要内容，是推进基层党风廉政建设和基层治理、推进国家治理体系和治理能力现代化的关键环节，直接关系到党的执政基础的巩固和党的事业的兴衰成败。因此，在实施乡村振兴战略的大背景下，加强基层党风廉政建设和反腐败工作意义重大。

二　乡村振兴战略背景下基层党风廉政建设和反腐败工作研究现状

目前，从宏观层面和微观层面研究基层党风廉政建设和廉洁文化的理论成果较多，但是结合乡村振兴战略，探索在乡村振兴背景和视角下如何开展基层反腐败工作和党风廉政建设的研究较少。一些研究者也进行了探索和研究，如汪俊玲提出农村基层党组织是乡村振兴战略能够得以顺利实施的重要平台保障，要充分发挥农村基层党组织的战斗堡垒作用。③ 宗成峰从农村基层党组织带头人队伍建设方面进行研究，重点论述加强基层干部能力建设的重要性，认为提升基层干部的能力素质是加强基层党风廉政建设的重要一环。④ 卜万红提出，必须用中国特色的廉政文化涵养廉

① 习近平：《在决战决胜脱贫攻坚座谈会上的讲话》，《人民日报》2020年3月7日。
② 《习近平关于全面从严治党论述摘编》，中央文献出版社，2016，第138页。
③ 汪俊玲：《乡村振兴离不开农村基层党组织的引领》，《红旗文稿》2018年第15期。
④ 宗成峰：《农村基层党组织带头人队伍建设路径研究》，《人民论坛》2019年第25期。

洁乡村建设，发挥中国传统文化在乡村基层党风廉政建设中的重要作用。①还有人提出构建多方联动、系统整合的稳定乡村政治生态，需要注重政治性。但遗憾的是，他们没有对基层党风廉政建设展开论述。

习近平总书记指出："脱贫摘帽不是终点，而是新生活、新奋斗的起点。"② 乡村振兴也是当前和今后一个阶段内党在农村基层的主要任务，在巩固拓展脱贫攻坚成果同乡村振兴有效衔接的过程中，基层党风廉政建设和反腐败工作也面临新形势、新任务和新要求。将农村基层党风廉政建设和反腐败工作纳入乡村振兴战略整体系统，进而形成一套实用理论体系指导实践工作尤为重要。各地区也应结合工作实际，因地制宜地开展富有特色的基层党风廉政建设和反腐败工作，助力乡村振兴战略的各项举措落地落实。

三　基层党风廉政建设和反腐败工作与乡村振兴之间的关系

习近平总书记指出："'微腐败'也可能成为'大祸害'，它损害的是老百姓切身利益，啃食的是群众的获得感，挥霍的是基层群众对党的信任。"③ 有学者认为："基层党风廉政建设不但能为基层党建工作提供指引，为乡村振兴注入强心剂，而且可以为党建文化和廉洁文化提供理论源泉。"④

（一）基层党风廉政建设为乡村振兴营造风清气正的政治生态

政治生态是一个复杂的系统性概念，包含体制、文化和过程等三要素。体制浸润在政治生态深层，对政治生态发挥根本意义上的规制作用；文化既型构着政治生态的基本内涵，也构成其外在表征；权力的行使过程

---

① 卜万红：《中国特色廉政文化是建设廉洁乡村的重要保障》，《廉政文化研究》2020年第3期。

② 习近平：《在全国脱贫攻坚总结表彰大会上的讲话》，《人民日报》2021年2月26日。

③ 习近平：《在第十八届中央纪律检查委员会第六次全体会议上的讲话》，《人民日报》2016年5月3日02版。

④ 李波、高靖添、高宇峰：《乡村振兴视阈下基层廉政建设问题与路径分析》，《农业农村农民》2021年第7期。

对政治生态的形成和运行及其绩效产生直接影响。因此，在乡村振兴大局中，必须用科学的原则和思维方法审视基层党风廉政建设，将系统性、整体性、关联性、协同性等生态法则运用于党的廉政建设实践。一个风清气正的基层政治生态，必然会对乡村治理机制、农村廉政文化以及基层治理过程产生促进作用。

（二）基层党风廉政建设为乡村振兴凝聚组织力量

乡村振兴既要经济振兴，又要组织振兴。在圆满完成脱贫攻坚任务后，"三农"工作重心逐渐向乡村振兴转移。一方面，实现乡村振兴，基层党建是关键。村民富不富，关键看支部；乡村强不强，重点在领头羊。基层党员干部扎根在人民群众之中，与人民群众关系最密切、最亲近，拥有最大的优势和条件。开展乡村振兴工作，是凝聚广大人民群众力量的"黏合剂"。只有建设一支经得起人民群众考验的基层领导力量，才能密切干群关系，巩固基层政权，服务于开启全面建设社会主义现代化国家的新征程。另一方面，乡村振兴的最终目标不仅仅是经济上富足，更包含政治上清明、精神上文明、邻里间融洽、生态上绿色。因此，只有创造清廉透明、公平公正、团结向上的基层政治生态环境，才能赢得村民的信赖，最终通过基层党建凝聚起乡村振兴的强大组织动员力量，实现乡村全面振兴、全方位振兴。

（三）基层党风廉政建设为乡村振兴优化人才队伍

人是生产力中最积极、最活跃的因素，清廉纯洁的基层政治生态同绿色美丽的村容村貌同等重要。优美的自然环境可以吸引动物栖息，廉洁的政治生态亦可筑巢引凤、汇聚英才。从某种意义上讲，乡村振兴也是人才振兴，乡村振兴不是一朝一夕可以实现的，而是需要源源不断的人才智力支持。目前，随着我国城市化步伐不断加快，大批农村青年离开家乡进城务工，大量"空心村""空巢村"出现，因此，基层和农村的人才显得尤为重要，乡村振兴和新农村建设都离不开人才的支撑。只有把基层党风廉政建设搞好了，才能吸引和招揽优秀人才扎根基层、奉献基层，才能增强基层领导干部干事创业的信心，练就他们的"金刚不坏之身"，同时也能激发广大基层人民群众共同参与乡村振兴的决心。

四 基层党风廉政建设和反腐败工作面临的新形势和新挑战

近年来，纪检监察机关加大了对村干部违纪违法案件的查办力度，有效推进了农村基层党风廉政建设，促进党风、政风和社会风气进一步好转，一定程度上密切了党群、干群关系，为乡村振兴战略的实施创造了良好的环境。随着脱贫攻坚的完成和全面建成小康社会，社会主义新农村建设取得了新成就，各级组织注重加强农村基层党风廉政建设和反腐败建设，村级事务管理制度不断完善，党务、政务、村务、财务公开等制度也日趋完善。但是，随着农村经济社会不断变革和快速发展，中央对农村基层各项支农惠农政策不断落实，乡村振兴战略不断推进，地区之间发展不平衡和不充分的问题仍然存在，在西部地区和乡村表现得尤为突出。在经济欠发达地区和传统的农业大县中，基层党风廉政建设和反腐败工作面临新形势和新挑战，主要表现在以下三方面。

（一）廉政文化建设不足，家风文化有待加强

农村基层廉政文化是整个政治生态廉政文化的基础部分，也是新时代农村精神文明建设的重要组成部分。一方面，优越的政治生态环境是廉政文化最终的发展归宿和结果；另一方面，廉政文化土壤又为优化政治生态环境提供可能。但由于受各种主客观因素的制约，农村基层廉政文化的表现形态还仅仅停留在村民对管理者的道德诉求和对腐败分子的简单指责上。群众并没有对廉政文化形成自觉意识，也少有群众利用互联网等新兴监督渠道对基层干部的违法违纪行为进行检举揭发，进而导致基层党风廉政建设的功能和作用不能有效发挥。

天下之本在国，国之本在家。家风是一个家族代代传承下来的体现精神风貌、道德品质、审美格调和整体气质的文化风格，家风对家族的传承、民族的发展都有重要影响。家风不仅对民风的形成有很大影响，而且对党风也有巨大作用力。习近平总书记强调："每一位领导干部都要把家风建设摆在重要位置，廉洁修身、廉洁齐家，在管好自己的同时，严格要

求配偶、子女和身边工作人员。"① 因此，提高当今国民的道德修养，加强党员干部的家风建设，引导基层人民群众的家风教育，具有十分重要的现实意义。

（二）纪检监察力量薄弱，监督存在"疲软弱"现象

监督是最好的防腐剂，村"两委"虽然权力小，但"微腐败"侵害的却是群众的大利益。《中国共产党农村工作条例》第十九条指出："健全村党组织领导下的议事决策机制、监督机制，建立健全村务监督委员会，村级重大事项决策实行'四议两公开'。"《中国共产党农村基层组织工作条例》也明确了全面推行村党组织书记、村委会主任"一肩挑"。但有些基层纪检监察组织力量薄弱，存在监督"疲软弱"的现象，纪检监察监督的触角延伸不够，导致个别村"两委"班子在集体事务决策、"三资"管理等工作中搞"一言堂"，回避村务公开。

（三）农村系统治理效果不佳，群众参与监督的意识不强

农村基层组织在整个社会发展系统中处于基础地位。对农村基层廉政文化的规范，不能仅仅靠制度运行，还应当考虑系统之间的整体性、关联性和共生性。党的十八大以来，网络媒体上时常有对基层官员（乡镇以下）庸政、懒政、怠政的报道。可见，基层是廉政问题高发的重灾区。当下，农村基层党风廉政建设仍缺乏一套行之有效的系统治理方案，人们对权力主体、廉政文化、制度建设之间的关系依然存在片面解读，没看到在乡村振兴大背景下基层党风廉政建设系统中各个要素之间的互动性和关联性。在对基层违纪违法案件查处的过程中，仅仅依靠上级纪委监委监督并不能从根本上杜绝贪污腐败现象，应该提高基层群众的政治参与意识，厚植基层廉政文化土壤，同时注重利用互联网、大数据等新兴技术手段对廉政问题形成立体化、全方位的监督监测。② 在群众参与基层社会治理的过程中仍然存在不少问题，主要表现为农村中青年人口少，参与村社治理和

① 中共中央宣传部、中央广播电视总台：《平"语"近人——习近平总书记用典》（第四集），人民出版社，2019。

② 李波、高靖添、高宇峰：《乡村振兴视阈下基层廉政建设问题与路径分析》，《农业农村农民》2021年第7期。

基层治理的意愿不强烈，对自身享有的参与基层治理的一些权利和义务还不是很明确，法治意识比较薄弱等。

五　乡村振兴战略背景下青神县对基层党风廉政建设和反腐败工作的探索

在基层党风廉政建设中，权力扮演着重要的角色，它来源于群众，又作用于群众。要把权力关进制度笼子，让权力在阳光下运行。阳光就是最好的防腐剂。归纳当前基层党风廉政建设和反腐败工作中出现的主要问题并分析其原因，是精准进行"靶向治疗"的基础。而在乡村振兴大背景下考量农村基层党风廉政建设，既需要着眼于规范各个要素，又必须把握好各个要素之间的联系，结合本地区实际，才能找准对策，精准发力。青神县纪委监委立足实际，从以下几个方面加强基层党风廉政建设和反腐败工作。

（一）全面推进从严治党，实施清廉工程

全面从严治党是党的十八大以来党中央做出的重大战略部署，是"四个全面"战略布局的重要组成部分。实施清廉工程，深入推进全面从严治党，是贯彻落实习近平新时代中国特色社会主义思想、推动全面从严治党向纵深发展的有力抓手；是坚持和完善中国特色社会主义制度、推进国家治理体系和治理能力现代化的重要内容；是勇敢面对"四大考验"、坚决战胜"四种危险"，建设坚强有力的党组织和党员干部队伍的具体行动；是持续深化不敢腐、不能腐、不想腐一体推进，营造风清气正的干事创业良好氛围的重要举措。

青神县纪委监委围绕全面从严治党向基层延伸、服务乡村振兴战略的总要求，全面促进廉洁思想、廉洁制度、廉洁纪律、廉洁文化一体净化、一体培育、一体建设。通过实施政治清明、政府清廉、干部清正、文化清朗、社会清和五项工程，以及"青廉机关""青廉企业""青廉村居"三大行动，打造独具青神县特色的"阳光纪检·青廉工程"廉政品牌。通过全县上下共同努力，到2025年，要实现：各级党组织管党治党的责任意识更加强化，党内政治生活更加规范，党内政治生态更加纯净；权力运行和

监督制约机制更加健全，反腐败斗争取得压倒性胜利并全面巩固；廉政教育体系构建完整，"三不腐"一体推进；党员干部的纪律意识明显强化，党风政风和社风民风相互浸润，人民群众对党的信心、信任和信赖不断增强。到 2035 年，要实现全县全面从严治党制度机制的细化完善，社会廉洁程度显著提升，权力运行规范有效，廉政文化更加深入人心，政治生态更加风清气正。

（二）开展三大"青廉行动"，深化乡风、民风、家风建设

2021 年以来，青神县立足"不想腐"的实际，深入挖掘廉洁文化教育资源，以"青廉"品牌为统揽，做实"竹廉"文章，推进"1+1+N"廉洁文化教育阵地建设，分层分类开展廉洁教育"三岗六进"教育活动，不断增强党员干部廉洁从政、廉洁用权、廉洁修身、廉洁齐家的思想自觉。

1. 开展三大"青廉行动"

一是开展"青廉机关"建设。严肃党内政治生活，严格干部日常管理，优化办事程序，开展廉政教育，建设政治素质好、纪律作风好、服务效能好、廉洁氛围好的"四好"机关。二是开展"青廉企业"建设。充分发挥党组织的核心引领作用，优化法人治理机构，引导企业诚实守信，夯实企业内控体系，打造廉洁文化教育阵地，加强廉洁从政教育，建设组织建设好、经营管理好、企业风气好、廉洁氛围好的"四好"企业。三是开展"青廉村居"建设。加强村"两委"班子建设，深化乡村人居环境整治，巩固拓展脱贫攻坚成果同乡村振兴有效衔接，严查群众身边的"微腐败"，注重清廉家风和廉洁文化建设，建设组织建设好、产业发展好、治理成效好、村风民风好的"四好"村居。

2. 建设县、乡、村三级阵地

一是挖掘、提炼竹的品质，提档升级竹廉教育基地。青神县提炼竹"高直、坚韧、中空、有节"的品质，依托国际竹编艺术博物馆和中国首个竹林湿地公园，将竹廉文化自然有机地融入其中。通过观竹、赏诗、学廉史，把竹之精神品质与青神县的历史文化名人紧密结合起来，丰富内容，让党员干部群众徜徉在竹的实物世界和文化氛围中，学习"虚心抱节、坚韧无私"的品质。截至目前，学习、参观人数已达 25 万人次。青神县还拍摄了全国首部以"竹廉"为主题的《青廉·竹语》公益形象宣传

片，在中央纪委国家监委网站、中央电视台《大美中国》栏目、学习强国、廉洁四川等平台转载播放，点击量超 100 万。围绕竹廉，配套设计开发了一套集实用性、美观性、教育性于一体的文创产品，做到以竹喻人、以竹育人。二是传承弘扬家风文化，建设苏母祠家风教育阵地。苏母祠家风教育阵地总建筑面积约 3886 平方米。祠内以"勉夫教子、底于光大"为主题，以司马光所作《武阳县君程氏墓志铭》记叙的内容为主线，以苏母成长的故事为脉络，情景还原苏母为女、为媳、为妻、为母的家教家风家训故事，挖掘其孝以侍亲、柔以睦族、劝夫以进、持家以智，力学显门、直道荣世的廉洁品质和文化内涵，引导党员干部、各界群众、在校学生学习、传承"立身、治家、传世"的深厚家风文化，牢固树立新时代家庭观，推动家庭家教家风建设高质量发展。三是厚植廉洁文化土壤，构建覆盖城乡的廉洁文化阵地。按照"一派驻一特色、一乡镇（街道）一主题"要求，各单位（部门）结合乡村振兴、基层治理、机关文化、生产经营等实际，创建一批廉洁文化示范点，就近就便引导党员干部、各界群众、在校学生接受廉洁教育。县纪委监委、县委宣传部按照以奖代补原则，鼓励先行先建，做到成熟一批、验收一批、奖励一批、命名一批。截至目前，先后建成"古韵廉镇""竹引清风""茶语廉香"等廉洁文化示范点 24 个，覆盖部门、乡镇、村（社区）、企业、学校、医院等领域。

3. 加强家庭家教家风建设

贯彻执行《关于进一步加强家庭家教家风建设的实施意见》，以培育和践行社会主义核心价值观为根本，以建设文明家庭、实施科学家教、传承优良家风为重点，强化党员和领导干部的家风建设，突出少年儿童品德教育的关键，推动家庭家教家风建设高质量发展。教育引导党员和领导干部坚决反对特权思想和特权行为，严格管好家属子女，家风家教严格。加强家风阵地建设，研究苏母家风，建设苏母祠；充分挖掘、弘扬优秀传统家规家训文化，强化榜样力量引领，评选一批最美家庭、廉洁家庭等。积极开展进校园、进社区等宣传教育系列活动，吸引群众走出"小"家、融入"大"家，积极参与和谐社区、美丽乡村等建设。到村（社区）播放《忠诚与背叛》等廉政公益电影，在传统春节到村（社区）送廉洁春联、廉政年画；组织周永开先进事迹学习分享会，开展"学党史·讲廉洁·守初心"主题党课等。此外，抓深警示教育，创新"两会一片一本"教育警示举措。"两会"即召开全县领导干部警示教育大会和案发地以案促改会，"一片一本"即编制村（社区）警示教育读本，拍摄《贪欲之祸》警示教育片；组织全县 58 个村（社区）的党组织书记旁听一些职务犯罪案件庭审，结合"三会一课"等，常态化、日常化开展警示教育工作。建成警示教育片资料库，收集整理涉及医疗卫生、征地拆迁、项目建设、涉农惠农、学校教育、国有企业、村（社区）干部、普通党员、年轻干部等的警示教育片 31 部，分层分类开展针对性警示教育。

4. 夯实廉洁文化基础

青神县纪委监委坚持整体推进和示范引领相结合，营造崇廉尚廉的文化氛围。提档升级市级廉洁文化教育基地，将竹文化与廉文化有机结合，展现竹"坚韧、高直、中空、有节"的廉洁文化主题，拍摄《青廉·竹语》宣传片，开发竹廉文创产品，让党员干部"见竹思廉"。目前，基地已接待 3 万余人次参观。引导广大党员干部不断增强"不想腐"的思想自觉，为全县基层党风廉政建设和反腐败斗争提供强有力思想保障。同时，着力构建城乡立体化廉洁文化阵地，组织各级各部门、企事业单位结合乡村振兴、基层治理等实际，开展行业系统廉洁文化阵地建设，建设完成 13 个廉洁文化阵地。

5. 立体化推进以优良家风促干部作风，解决"如何传承"问题

落实《关于进一步加强家庭家教家风建设的实施意见》，把家风建设作为党员和领导干部作风建设的重要内容，推进家风建设从"单位大院"到"家庭后院"。县纪委监委已经同县委宣传部、县妇联组织开展青神县"亮家风·倡廉洁"家风活动，编写了《青神家风》书籍；《浅析程夫人家风对东坡文化及现代家风建设影响》入选"好风传家"全国家风研讨会文集。此外，青神县组织开展"探寻家风底色"活动，邀请 35 名中小学生现场讲述亲属家风故事，邀请岷江文化研究协会到各级各部门开展苏母家风知识讲座。青神县将着力打造"青廉"品牌，实施政治清明、政府清廉、干部清正、文化清朗、社会清和五项工程及"青廉机关""青廉企业""青廉村居"三大行动，传承弘扬苏母文化，举办全国"好风传家"——苏母家教暨"三苏"家风研讨会等，着力构建各具特色的廉政教育体系，立体、全方位地营造"不想腐"的浓厚氛围，让廉洁之花开遍青神大地。

（三）加强基层纪检监察组织的规范化建设

青神县稳步做好"两项改革"的"后半篇"文章，开展乡村治理体系建设和乡村治理"片长制"两项试点。推进"医共体""校联体"试点，优化服务格局。实施新一轮党的基层组织建设三年行动计划，持续开展"五星级基层党组织"和基层十大亮点评选，不断提升基层党建标准化、规范化建设水平。深化"街道吹哨、部门报到"，用好"一站式"矛盾纠纷多元化解协调中心，提高精细化治理能力和水平。出台关于进一步加强全县村（社区）纪检监察组织规范化建设的实施意见。实施意见在规范组织设置、严格村干部选配、强化履职保障、明确职责权限、完善工作机制、加强管理考核等方面规范全县村（社区）的纪检监察组织建设。

乡村振兴视野下武胜县基层党风廉政建设初探

康智犹　黄露　杨洋　何余勤*

摘　要：随着乡村振兴战略的推进，大量资金和项目的实施，乡村廉政形势日趋严峻。多渠道加强基层党风廉政建设成为落实乡村振兴战略的现实需要。广安市武胜县的乡村基层党风廉政建设工作广泛开展，并取得了初步成效。但是一些影响乡村基层党风廉政建设的现实因素也确实存在，需要进一步改进和完善。本文认为，需要加强乡村廉洁教育，加大对"微腐败"的整治力度，引进外来人才破题，凸显文明乡风引领，创新廉洁传播载体，发展社会监督力量。

关键词：乡村振兴　基层廉政　廉洁教育　社会监督

党的十九大提出乡村振兴战略，对新时代乡村发展做出重大部署，将"产业兴旺、生态宜居、乡风文明、治理有效、生活富裕"作为乡村振兴战略的总要求，给乡村发展带来新机遇，注入新活力。随着投入乡村的资金增多，在乡村建设的项目增多，乡村廉政形势日趋严峻，给基层党风廉政建设提出新课题、新要求。多渠道加强基层党风廉政建设成为落实乡村振兴战略的现实需要，也是武胜县纪委监委护航乡村振兴的具体举措。本文结合近年来武胜县强化基层党风廉政建设的情况，探讨如何推动巩固拓展脱贫攻坚成果同乡村振兴有效衔接的工作有效落实。

---

* 康智犹，武胜县纪委副书记、监委副主任；黄露，武胜县监委委员；杨洋，武胜县纪委监委宣传部部长；何余勤，武胜县纪委监委宣传部工作人员。

一　近年来武胜县基层党风廉政建设的实践情况

近年来，武胜县纪委监委聚焦乡村振兴各个环节，不断加强基层党风廉政建设，净化基层政治生态，多措并举助力乡村振兴战略落实、落地、落细。

（一）监督基层运行

武胜县纪委监委紧盯乡村振兴重点环节，聚焦巩固脱贫攻坚成果同乡村振兴有效衔接重点工作，持续推动选好带头人、配强村（社区）工作力量、解难纾困等，为乡村振兴战略稳步有效推进提供坚强的纪律保障。

一是选好带头人。村（社区）"两委"肩负着带领村民发展致富的职责使命。乡村要振兴，选好、配好村（社区）"两委"班子是关键。村（社区）"两委"换届选举工作启动后，武胜县纪委监委对各村（社区）"两委"换届选举工作展开全面督查。为强化对换届风气的监督，县纪委监委联合组建了换届风气巡回督查组，小组成员每人分包一个片区，下沉一线，带着调查问卷、意向人选登记表等挨家逐户走访，与党员、村民、乡贤等开会，记录每个人的意见，掌握真实的基层情况，确保选出组织认可、群众满意的"带头人"。对村（社区）组织换届选举候选人的党风廉政情况进行逐一审核，并将廉政审查意见反馈给基层组织换届工作领导小组，坚决杜绝干部"带病上岗"的现象。2021年，共开展换届纪律谈话24场次，组织签订纪律承诺书1678份，选出群众认可、年富力强的村（社区）党组织负责人324人。其中高中以上文化程度的占比达70%以上，50岁以下的占比近60%。

二是配强监督人。乡村振兴涉及政策多、资金多、项目多、环节多、部门多，是滋生腐败和不正之风的高风险领域。因此，选好监督人至关重要。武胜县纪委监委充分利用换届年这一契机，推动23个乡镇全面完成"武胜县监察委员会派出乡镇监察办公室"更名工作，乡镇纪委书记同时担任派出乡镇监察办公室主任，全县23个乡镇纪委书记均由党委副书记兼任，提升了纪检监察的"话语权"。武胜县推行村（社区）纪检委员（纪委书记）由同级党组织副书记担任，依法推选为村（居）务监督委员会主任，并确定为监察工作信息员，实现"四职合一"。2021 年底，全县 324个村（社区）"四职合一"率为 99.1%，有效解决了"不敢监督、不愿监督、不能监督"的问题。

三是化解疑难问题。乡村振兴就是要不断提升群众的幸福感和获得感。武胜县纪委监委纵深推进"人民阅卷·广安行动"，持续深化"1+N"包联、"面对面"接访、"村（社区）问政坝坝会"三项机制落实，组织全县 8000 余名包联干部全覆盖结对包联 29 万余户群众，督促走访和电话联系群众 120 万余次，开展"面对面"接访 500 余场次，组织"村（社区）问政坝坝会"300 余场，做到简单问题当场解决，一般问题限期解决，复杂问题分期解决。同时，健全完善群众反馈问题台账，实行销号管理，确保问题收集有渠道、问题解决有效率。截至 2021 年底，共收集和解决乡村环境改善、乡村产业发展、乡村基础设施建设、惠民惠农政策落实、农业耕地保护等涉及乡村振兴的问题诉求 1.6 万余件。

（二）护航乡村振兴

武胜县纪委监委立足职能职责，牢牢把握乡村振兴这个战略机遇，围绕扶贫项目资产管理、规范村级财务等工作，扎实开展专项监督，助力乡村振兴。

一是监督"四个不摘"。聚焦乡村振兴资金发放、扶贫项目施工、产业发展等，精准监督存在的责任缺失、政策断档、政策空白等问题，助推资金落地、项目实施、产业发展，坚持"四个不摘"，巩固脱贫攻坚成果，助力乡村振兴。截至 2021 年底，全县完成 111 个脱贫村驻村帮扶力量轮换工作，每个脱贫村选派第一书记 1 名、工作队队员 2 名，为 28个乡村振兴重点帮扶村选派驻村工作队。争取到第一批中央财政衔接推进乡村振兴补助资金 4775 万元，主要安排产业发展项目和人居环境整治项目。统筹整合使用涉农资金 1.039 亿元，持续改善基础设施条件、提升产业发展等。

二是严格督查问责。整合财政、审计、巡察力量，紧盯乡村建设领域、民生领域的突出问题，聚焦资金使用、项目实施、资产管理等关键环节，扎实开展专项督查和重点核查，加强对"一卡通"发放系统中补贴资金发放情况的监督管理，严肃查处吃拿卡要、截留挪用、虚报冒领等侵害群众利益的问题，以及不作乱为、庸懒散浮拖、推诿扯皮等形式主义、官僚主义问题。以上问题一律点名通报曝光，以严肃问责推动巩固拓展脱贫攻坚成果同乡村振兴有效衔接工作的部署落实。截至 2021 年底，开展 2 次专项监督检查，查纠问题 17 个，查处扶贫领域腐败问题 6 个，处理 8 人，查处扶贫领域形式主义和官僚主义问题 5 个，处理 5 人，通报曝光典型案例 3 件，处理 3 人。

三是提升治理效能。乡村振兴的关键是保障基层治理有效，督促基层干部履职尽责，切实解决群众的急难愁盼问题，拉近干群关系。武胜县纪委监委探索试点小微权力"监督一点通"服务平台。利用"1+N"走访、发放宣传"明白纸"、张贴"二维码"，以及村微信群推送链接等多种方式对平台进行宣传；严格落实"1+5"模式，即 1 天内受理、5 天内办结，实现问题反映一键通达，过程可追踪、结果可查询，确保群众身边的问题在当地及时解决。先后印发宣传"明白纸"1 万余份，制作"码上监督"400 余幅，张贴在便民服务中心、村活动室；在"i 武胜"和"清廉武胜"微信公众号推送宣传文章 2 篇；收到群众举报 778 件，办结 738 件，全力督促解决群众诉求。

四是对集体"三资"① 提级监督。武胜县纪委监委对集体资产规模大、人口多、被信访举报多的两个村，以及权力集中、资金富集的民政所和乡村振兴办，开展农村集体"三资"提级监督，片区监督员、村纪检委员由县纪委纪检监察室统筹调度，每月开展专项检查，每季度汇总监督情况，及时发现问题，着力破解基层监督力量薄弱、"熟人社会"监督难等问题。

（三）注入清廉因子

实现乡村全面振兴，意味着要在移风易俗、以文化人等方面协调发展，改善乡村社会的风气。

一是建设清廉基地。县纪委监委坚持用好红色资源，将红色元素注入廉洁教育和党性教育中。在飞龙-白坪乡村振兴示范区引领建成武胜红色文化园，含"一场"（红岩广场）、"一区"（思想建设工作展示区）、"一馆"（初心馆，是集党史馆、廉史馆、先锋馆、同心馆、红岩英雄文化陈

---

① 集体"三资"即农村集体资产、农村集体资金、农村集体资源。

列馆于一体的纪念馆）、"一故居"（杨益言故居）。红色文化园以图文并茂、丰富翔实的资料，把武胜的革命斗争史与清廉文化结合起来，开展党性教育和警示教育，树好廉洁人物，讲好廉洁故事，以红色故事唤醒革命精神、传播廉政文化，让党员干部和群众潜移默化地接受教育洗礼，自觉传承红色基因，汲取清廉力量。

二是建设清廉村居。围绕乡村振兴战略的实施，聚焦"班子清廉、干部清正、村务清爽、民风清朗、干群清亲"的目标，率先在飞龙镇梅托村试点清廉村居建设，通过电视、手机端等新型方式公开"小微权力"清单，公开办事指南、规范办事流程。推行村党总支副书记、纪检委员、村务监督委员会主任、监察工作信息员"四岗合一"，通过村规民约、清廉三字经、清廉承诺等助力清廉乡村建设。选定鸣钟镇小寨村、三溪镇花岭村、街子镇九湾村、飞龙镇大石桥村、五家岩村、中心镇道马村、沿口镇金鸡岭社区、真静乡书岩村等村（社区），打造长滩寺河清廉建设示范带。

三是建设清廉院落。结合乡村文化振兴、乡风文明建设等工作，以及社会主义核心价值观宣传阵地建设，武胜县纪委监委因地制宜地创作了清廉故事、清廉美术作品和清廉漫画、俗语、格言、警句等，以宣传栏、文化墙、景观等形式，将清廉元素积极融入基层群众的文化艺术活动和村（居）民院落建设中，打造清廉文化院落。飞龙镇卢山村高家院子是经过精心打造的清廉院落之一，院子里每家每户都悬挂和展示着勤、廉、忠、孝等家规家训和乡规民约。同时，当地群众还自发组建文化演出队，创编排练扇子舞、手花舞、腰鼓舞、小品等 21 个清廉作品，充分展示川东北礼俗文化特色以及清廉故事。卢山村先后获"中国乡村旅游模范村""中国十大最美乡村""全省百强名村"等荣誉称号，绘就了一幅乡风文明的美丽乡村新图景，让基层党员干部群众在清廉文化氛围中接受熏陶。

（四）规范"小微权力"运行

推动巩固拓展脱贫攻坚成果同乡村振兴有效衔接工作中村级"小微权力"的规范运行，是武胜县纪委监委助力乡村振兴的宝贵经验之一。

一是制定"一张清单"。县纪委监委精心组织，有序统筹组织、民政、财政等部门，全面摸排村级行权和便民服务事项，结合实际梳理村级重大事项行权、农村集体资产管理、印章使用、财务收支及报账等 10 项村级行权事项，以及农村低保申办、特困供养、高龄补贴等 21 项便民服务事项，多渠道对这些事项进行公开公示和宣讲解读，方便群众查阅和监督。

二是实施"双向治理"。对上级有明文规定的行权事项，制定规范村级"小微权力"运行的制度汇编、31 项村级服务事项流程图、村党组织书记和村委会主任"一肩挑"监督管理办法等制度，把权力关进制度的"笼子"。对上级没有明文规定的行权事项，通过健全村务监督委员会、红白理事会、村民议事会等村民自治组织，搭建村民自我管理的有效平台。在流程制定、印章管理、红白喜事等方面，让村民选自己的人、管自己的事，提升村民的自治能力，让群众成为基层治理的参与者、受益者和评判者。

三是采取"三方监督"。乡镇纪委配备专职纪委副书记，落实 1 名专职纪检委员参与监督工作，通过压实监督职责、完善工作机制、强化能力培养、运用考核激励，发挥乡镇纪委的全域监督作用。片区纪检监督员分片区监督联系几个村或社区，履行"一查看、两参与、三调阅、四问询"工作职责。通过查看公开情况，参与项目监督和决策监督，调阅会议记录、便民记录、财务收支记录，问询群众满意度以及干部廉洁履职、业主服务保障、决策部署落实情况，分片负责、统筹协调村级事务监督工作。村纪检委员履行监督检查员、宣传教育员、信息收集员、矛盾化解员、决策参谋员"五员"职责，充分发挥驻点监督作用。2021 年以来，乡镇纪委共立案 139 件，受理信访举报 76 件，处理问题线索 150 条。片区纪检监督员开展监督检查 1041 次，入户走访 1266 次，移送有价值的问题线索 9 条，成案 2 件。村（社区）"两委"换届以来，村（社区）纪检委员开展监督检查 486 轮次，提出否决性意见 83 个，宣传疫苗接种、防汛减灾等政策 13479 次，化解矛盾 1810 起。

四是落实"四个公开"。坚持群众关心什么就公开什么，落实传统公开、网络公开、手机公开、电视公开四种公开方式，把公开和监督送到群众手中。整合 10 项村级权力清单、21 项便民服务事项、14 项扶贫政策、5 项惠民资金，以及 21 件被通报曝光的扶贫领域典型案例，制定脱贫攻坚"三盯""三公开"监督曝光样板，在全县进行推广。办好和用好"清廉武胜"网站、惠民惠农大数据监察平台等，整合信息公开、监督曝光、投诉举报等功能，突出网上服务和网络监督的作用，将群众关心关注的资金发放、政策落实等事项进行公开，方便群众随时随地了解情况、开展监督。试点运行小微权力"监督一点通"服务平台，全面公开村级行权、办事流程、惠民惠农资金补贴等事项，开设投诉举报栏目，使群众在手机上便可查询和举报，用信息化手段把公开和监督送到群众手中。平台已录入2200余项、10万余条数据。在广电网络探索建立"清廉村居"频道，设立办事流程、公开公示、宣传教育、政策法规、影像视频等栏目，将惠民政策、村级权力、办事指南、资金补贴、村级重大项目等21大项、100余小项内容在电视上进行公开，使群众足不出户便可对村级事务了然于胸。

二 当前乡村基层党风廉政建设面临的问题

在乡村振兴战略深入落实和全面从严治党向基层延伸的背景下，乡村基层党风廉政建设工作广泛开展并取得初步成效。但是一些影响乡村基层党风廉政建设的现实因素也确实存在，需要进一步改进和完善。

（一）干部廉洁履职意识还不够

约束基层干部廉洁履职的制度落实还不到位。抓"三资"管理还不够严格，村级财务管理和资金使用上存在不规范；村（社区）干部侵害群众利益的案件时有发生，存在私分土地征收补偿款的情况，群众对此反映强烈。村（社区）干部自身的工作存在问题，如工作作风不够踏实，为经济发展谋划还不够，导致村（社区）集体经济发展没多少起色；从事第二职业的比较多，我们根据群众举报核实后发现，个别社区干部利用上班时间做兼职；部分社区干部面对居民诉求时工作方式比较简单，交流沟通时缺少耐心，群众对此有意见。

（二）基层"微腐败"仍存在

乡村振兴带动农村产业发展，部分村庄从之前的无产业村、"空壳村"转变成产业村，村集体通过成立村合作社、办企业等形式增加集体收入。随着越来越多惠农政策的落地，村干部经手或支配的资金增多。虽然现在大部分资金的发放模式已从原来由村干部经手转为直接发放到村民银行账户，但是仍有部分惠农资金的发放是由村干部用现金支付给村民的。同时，惠农资金的申请审批大多需要经过村干部，村干部对相应政策和资金的分配权力依旧很大。

（三）乡村人情关系导致腐败

乡村振兴主体在乡村。乡村是熟人社会，人情因素会对各种工作带来干扰。在决定资源分配、政策倾斜的时候，一些村干部首先就会想到自己的亲朋好友，决策的过程和结果也会受到血缘远近、亲疏内外的影响。加上在信息获取、政策分配等方面有优势，有的村干部就会在惠农政策方面违规，为亲朋好友谋取私利，优亲厚友。

（四）乡村社会风气影响廉洁

尽管对"微腐败"的整治不断加强，成效显著，但群众身边的"微腐败"现象还未被根治，仍然易发、多发，老百姓的认识也需进一步提高。一些人认为，腐败在现实生活中是一种司空见惯的现象，社会是人与人的社会，要在这个社会中生存就要容忍腐败的存在。有些人认为，通过托关系、找门路、送票子可以解决实际问题也是挺划算的。这些必然会严重影响群众的道德评判，甚至败坏农村基层的社会风气。

（五）廉政文化载体建设滞后

近年来，乡村振兴战略大力实施，乡村文化建设如火如荼。但基层并没有把廉洁文化建设纳入乡村文化建设之中，致使廉洁文化教育方法单一、形式老套，内容缺乏新意。即使开展廉洁文化教育，往往也停留在口头和标语口号上，缺乏群众喜闻乐见、丰富多彩且入脑入心的廉洁文化作品。在农村基层的实际工作中，对待廉洁文化，很多人认为说起来重要，做起来不重要，大多时候都是应付了事。这就使廉洁文化教育多停留于做表面文章，即使开展廉洁文化教育，其针对性和实效性也不强，难以收到实质性效果。

三　基层党风廉政建设助力乡村振兴的对策建议

（一）加强乡村廉洁教育

乡村廉洁文化具有弘扬主旋律、倡导新风尚、激浊扬清、惩恶扬善的教化功能，能够表达广大群众的心声和愿望，有着较为深厚的群众基础。因此，要充分运用广播、电视、报纸等传统媒体和微信、微博、微视频等新媒体，丰富廉洁文化教育的内容和方式，逐步引导广大群众建立以廉为荣、以贪为耻的价值观念。与此同时，要按照教育对象的不同，有针对性地开展廉洁文化教育。对于乡村基层干部，教育的重点是开展廉政教育，帮助他们明职责、知敬畏、守底线，筑牢思想道德防线，从而以自身的廉洁行为影响和教育广大群众。对于广大群众，教育的重点是要培养他们对廉洁文化的正确认知，帮助他们树立廉洁、勤俭、诚信、守法等积极的思想观念，从而做到诚实守信、遵纪守法。

（二）加大对"微腐败"的整治力度

要创新组织方式，畅通村民诉求表达的通道，积极推行村务公开，广泛接受群众的监督。不断完善乡村基层各项工作制度，特别是建立和完善乡村"小微权力"约束机制，加大对违纪违法行为的查处和整治力度，坚持零容忍态度，对发生在乡村的各种形式的"微腐败"绝不姑息。在乡村振兴战略实施的关键时期，应充分发挥信息技术在监督管理中的作用，通过加快推进村级管理的信息化建设，构建乡村全覆盖的村务管理系统，实现对乡村基层党组织的全面监督管理。借助当前自媒体、多媒体、融媒体等的全面发展和广泛应用，创新监督方式，逐渐构建多方式、多渠道、多维度的监督体系，从而提高监督力度和监督效能。

（三）引进外来人才破题

乡村振兴最重要的是"带头人"一心一意谋发展，不断引进外来人才，让外来人才在乡村落地生根，树立榜样，改变乡村封闭的社会环境。一方面，选配合适的"第一书记"能够给乡村"两委"班子注入新的能量。选择经验丰富、年富力强、责任心强、有发展路子的党员干部担任"第一书记"，有助于改善乡村人情关系复杂的局面，长此以往可以削弱人情世故对村级事务的干扰。另一方面，要发挥返乡大学生的作用。通过提高优厚待遇、搭建成长平台等方式，吸引优秀的返乡大学生到乡村任职。要及时帮助他们解决工作、生活、学习中的各种困难，鼓励他们扎根基层，为乡村振兴注入活力。

（四）凸显文明乡风引领

加强优秀典型的引领示范作用，大力培树乡贤，对其先进事迹开展宣传，广泛组织文明村镇、"身边好人"、"美德少年"、"道德模范"等评选，全方位展示好家庭、宣传好家风，从而带动社风、民风好转。建设并利用好村级文化活动室主阵地，开展文化娱乐、教育教化、礼仪礼节等活动，持续推进全民阅读、全民学艺、全民善行活动，让群众身有所栖、心有所系。用好村规民约等教化资源，狠刹铺张攀比、厚葬薄养、诚信缺失等歪风邪气，推动移风易俗，树立文明新风。完善公共文化服务体系，不断加快乡村书屋、文化广场等公共文化设施建设。建立健全村（居）道德评议机制，积极开展群众素质教育，提升群众的精神文化风貌，进一步纯民风、正民风、优民风。

（五）创新廉洁传播载体

廉洁文化作为乡风文明建设的重要组成部分，理应受到重视，占据应有地位。乡村廉洁文化建设不能停留在简单的理论说教上，必须将抽象的崇廉、耻贪等道德价值观念寓于内容丰富、形式多样的具体活动之中，塑造群众的共同价值理念和廉洁道德观念，推动乡村精神文明建设，从而为乡村振兴提供强大的精神动力。比如，可以在公共休闲场所运用廉洁漫画和廉洁格言警句设置廉洁公益广告；利用乡村已有的"草根"表演队伍，编排以崇廉尚洁为主题的文艺节目；还可以建设供村民学习、培训、娱乐的廉洁文化大院，设置廉洁文化墙、廉洁书屋、多功能活动室等，着力将廉洁文化融入群众日常生活中。

（六）发展社会监督力量

成立村规民约监督执行委员会，切实发挥巡察发现、举报受理、调查核实、提交讨论、执行落实等工作职能。镇村两级党组织要加强对规范完善村规民约奖惩机制工作的组织领导和保障，协调解决重大疑难问题，对奖惩的执行和落实情况进行督促指导。建立科学合理的激励与惩处机制，严格落实奖惩，既要落实村规民约的有关奖励办法，又要对违反规定的行为严肃处理。建立完善的考核机制，对村规民约执行不到位、效果不明显的村（社区）要通报批评。

在乡村振兴背景下关于加强党风廉政建设的探索与思考

——以眉山市彭山区基层生态治理实践为例

马 强　舒 心　章 洁[*]

摘　要： 在全面推进乡村振兴的背景下，加强基层特别是农村基层党风廉政建设，不仅是全面从严治党的要求，而且可以提升基层治理水平，推动农村社会持续健康发展。这是实现农业稳产增产、农民稳步增收、农村稳定安宁的必要保障。本文针对十九大以来彭山区基层生态治理的成效和新态势以及当前基层党风廉政建设中存在的问题两方面进行实地调研分析，并对乡村振兴背景下推进基层党风廉政建设工作提出具体建议。

关键词： 基层党风廉政建设　乡村振兴　村级党组织

党的十九大报告中首次提出"乡村振兴战略"。2022 年中央一号文件明确要求："必须着眼国家重大战略需要，稳住农业基本盘、做好'三农'工作，接续全面推进乡村振兴，确保农业稳产增产、农民稳步增收、农村稳定安宁。"整治"群众身边腐败"是新时代全面从严治党的重要内容，是正风肃纪反腐的重要内容，也是党始终保持先进性和纯洁性、始终得到人民拥护的必然要求，更是乡村振兴战略实施的重要保障。

近年来，眉山市彭山区纪委监委持之以恒地正风肃纪，抓思想、强制度、实监督、严执纪，不断推动全面从严治党向乡村基层"神经末梢"延

---

* 马强，眉山市彭山区纪委常委、监委委员；舒心，眉山市彭山区纪委宣传部负责人；章洁，眉山市彭山区纪委电教中心主任。

伸，不断优化基层政治生态。彭山区坚持稳中求进的工作总基调，深化正风、肃纪、反腐，把"严"的主基调长期坚持下去，在"小微权力"监督中，进行了大量尝试和探索。从查处的基层干部违纪违法案件来看，"群众身边的腐败"仍时有发生，侵害群众利益的侥幸心理仍然存在，个别基层干部对全面从严治党认识不深、不透，固守老思维、老办法开展基层工作，导致触犯党纪法规的现象屡见不鲜。2021年，区纪委监委开展了一系列尝试和探索，其中村集体"三资"提级监督工作在全省交流经验，"监督一点通"平台试点、"三张清单"规范村级"小微权力"运行、基层党风廉政建设社会评价、重点领域系统治理等工作在全市作经验交流。

一 党的十九大以来彭山区基层生态治理的成效和新态势

彭山区努力营造风清气正的基层生态，既注重完善制度、系统推进，又注重监督保障层层压实。始终把政治建设摆在首位，全面玉实管党、治党的政治责任，打好基层政治根基，强化基层政治保障。始终保持惩治贪腐高压态势，锲而不舍地推进正风肃纪。始终坚持惩防并举，突出重点，抓住关键，厚植优良文化根基，积极探索建立源头防腐长效机制，风清气正的基层政治生态逐步形成。

（一）农村基层组织的健康水平得到根本性提升

2017~2021年，全区大力惩治发生在群众身边的腐败问题，共查办农村基层职务犯罪2人，给予党纪处分190人，批评教育、诫勉谈话等129人。违法犯罪五年查处总量仅为2016年查处数量的40%，呈现大幅度下降趋势，从严教育、抓早抓小的效果充分显现。

彭山区抓实基层党建，实现强基固本，战斗力整体提升。五年来，全区对基层党组织进行标准化、规范化、智慧化建设，整治提升18个软弱涣散的党组织。基层的政治生态根本好转，风清气正的社会风尚基本形成，农村经济社会呈现持续健康发展的态势，全区乡村振兴示范县建设成果丰硕。2021年，全区第一产业增加值实现18.38亿元，同比增长7.2%；农村居民可支配收入实现24259元，同比增长10.6%。农村基础设施覆盖率提升，新建和美化提级农村道路112.6公里，实现建制村全部通公交车。

农村天然气、自来水入户率分别达到 98%、91.7%，光纤宽带、4G 网络实现全覆盖，城乡电力、通信、安全饮水、交通出行初步实现同标同质。彭山区坚决落实"四个不摘"工作要求，将扶持对象扩大为"脱贫人口+边缘易致贫户"，确保做到不让一个人返贫。继续保持低保等兜底保障政策总体稳定，保障城乡低保户 5146 户，累计支出 2988.38 万元。教育、医疗、住房等普惠性政策不放松，持续投入资金 7002 万元，实施小额信贷贴息、"雨露计划"等 76 个乡村振兴衔接项目。规范资产管理，开展扶贫资产清产核资工作，清理扶贫项目 289 个，涉及资金 1.74 亿元。建立资产管理台账，分级确权到镇、村、户。健全扶贫资产经营使用、收益分配机制，加强规范管理，防止资产荒废和闲置，确保资产持续发挥效益。2021年，全区地区生产总值（GDP）实现 196.43 亿元，同比增长 8.0%，其中，第一产业同比增长 7.2%；第二产业同比增长 5.9%。全区巩固拓展脱贫攻坚成果同乡村振兴有效衔接，为实现农业高质高效、乡村宜居宜业、农民富裕富足，进行了有益探索，积累了经验。

彭山区在深化农业农村改革中大胆探索、统筹推进。在积极落实乡村振兴战略的同时，改革工作也取得了阶段性成果。基层干部、群众对改革的认同感和获得感显著提升，"有活力"的新乡村正逐渐建成。这些成果的取得，与基层党风廉政建设深入推进、农村基层党组织作用的充分发挥是密不可分的。全区通过放活土地经营权，推动农村金融制度改革，探索壮大农村集体经济，全面释放农村发展活力，有力地推动了现代农业"人、地、钱"等生产要素的回流，全面催生农业农村发展的新动能，村级集体经济组织蓬勃发展。实施"引雁还巢"工程，回引优秀农民工 97人，培养村级后备干部 391 名，农民工担任村干部、村支书的比例大幅提升。

（二）扛起党建"主体责任"，基层党组织活力尽显

区委主要从教育和管理两方面抓实管党、治党工作，大力整治庸懒散浮拖、推诿扯皮、吃拿卡要等群众身边的腐败问题。"两个责任"、"一岗双责"、"一案双查"和做实案件办理"后半篇"文章的要求，逐步扎根于党员干部的心中，自上而下的基层党风廉政建设和反腐败格局逐步形成。全区各级党组织落实主体责任的保障机制已建立并逐步完善，基层党

风廉政建设和反腐败工作责任体系的构建从责任内容细化、责任考核督察、责任追究入手,全面落实管党治党责任,并层层落实到村级党组织,初步形成了以区委为龙头、镇(街道)党委为关键、村级党组织为基础,区、镇、村落实全面从严治党主体责任的"三级联动",形成正风肃纪、从严治党的大环境、大气候。

1. 突出党建重点,抓实政治教育

2017 年以来,全区扎实开展"两学一做"学习教育活动和"不忘初心、牢记使命"主题教育活动,深入学习贯彻习近平新时代中国特色社会主义思想和党的十九大精神,广泛开展学习研讨。基层党支部举办"主题党日"活动近 2000 场次,深入一线蹲点调研、剖析问题 580 余个,解决民生难题 680 余个。党员干部在思想上受到洗礼,广大群众感受到主题教育带来的新变化。在党史学习教育中,全区把握重点内容,开展"大学习";突出生动、鲜活,办好"大讲堂";唱响红色旋律,营造"大声势";践行为民初心,狠抓"大实践";紧扣中心大局,确保"大转化"。彭山区 760 余个党组织、1.5 万余名党员全情投入、认真参与,把"学党史"与"悟思想"融会贯通,在"办实事"与"开新局"上同向发力,周密部署、精心组织,推动党史学习教育收到显著成效、达到预期目的。

2. 强化制度建设,扎牢权力"笼子"

彭山区制定村级"小微权力"运行"三张清单",包括一张村级权力运行清单、一张典型问题负面清单和一张监督责任清单,规范村组干部履职行权,为区、镇、村三级相关机构认真履职尽责提供了准绳。具体而言,健全 29 项权力运行流程,划出 30 条红线,细化 33 个监督任务,为村级党组织运行设底线。推行"三张清单"以来,针对全区各镇(街道)及村社干部开展村级财务管理、村级经济责任审计等专题培训,受训人数达到 510 余人次。开展脱贫攻坚、"三资"管理等专项督查,发现并整改问题 168 个,查处违规违纪 30 件,处理 51 人。

(三)统筹联动、同向发力,做实廉政教育

彭山区注重培植优良政治文化根基,深入挖掘和弘扬东坡廉洁文化,张纲、李密忠孝文化等优秀传统文化,以优良政治文化营造风清气正的政治生态。每年利用"一会一片一书两基地"① 对全区 4000 多名党员干部进行警示教育。深化德政修养建设，梳理 10 种政治表现负面情形作为干部民主测评的重要内容；挖掘本地红色文化、忠孝文化元素，打造廉洁文化基地 1 个、家风家训示范点 1 个，组织拍摄《除恶》等廉政微视频 4 部，创作、编排廉政小品《双面胶》，以文育人、以文化人；以文艺巡演、专题讲座、"彭山好家规"评选、"我的家风故事"征集、演讲比赛、寻找"最美家庭"、发送廉洁倡议书等活动为载体，开展"好风传家"系列活动。

（四）做实村级建制调整"后半篇"文章，提升基层工作质效

在村级建制调整中，彭山区村（社区）由 108 个调整为 65 个，减幅为 39.8%；直接管辖的村（社区）由 86 个调整为 51 个，减幅达 40.7%；村、社区平均人口增幅分别达到 48.9% 和 62.1%。村级党组织换届顺利完成，新一届村级党组织班子整体呈现学历层次提升、专业技能提升、人才数量提升、平均年龄下降的"三升一降"特点，村级党组织班子结构不断优化。其中，村（社区）党组织书记中高中以上学历占比达 100%，大专以上学历占 64.7%，平均年龄 47 岁。村（社区）党组织书记、村（居）委会主任、集体经济组织负责人"一肩挑"和纪委书记（纪检委员）、监察信息员、村（居）务监督委员会主任"一肩挑"占比实现 100%，"两委"交叉任职比例超过 80%。村（居）民小组党支部分类建设。全区行政村以治理相近、人脉相通为基本原则，划分、设置党支部 194 个。城市社区以小区（片区）为基本单位，覆盖居民小组、网格、楼栋院落等，划分、设置党支部 154 个。

建制调整后，通过精选村、社区干部，更新了人才，激发了活力，干部干事创业激情提升。例如，以柑橘产业为主导的黄丰镇团结村以村党员活动中心为依托，建成了网上直播间——凤姐直播间，保证每天 12 小时以上的直播时长。依托公义镇新桥村党组织阵地建立的网上直播间，负责直播带货的主播是公义场社区党委副书记。换届选举后，致富能人转型成致富带头人，干事创业有激情，村级党组织各项工作开展得有声有色。这些

---

① "一会一片一书两基地"指警示教育大会、警示教育片、警示教育读本、廉洁文化教育基地和警示教育基地。

新农人通过直播间帮助果农将手机变成新农具，将直播变为新农活，将数据变为新农资，助力乡村振兴。目前，全区已建立各类以村级党组织阵地为依托的水果直播间约 25 个，年销售水果 8 万~10 万斤，收益超百万元。

基层党组织的学习教育逐步实现制度化、常态化。尤其是新冠疫情暴发以来，基层党组织利用"不老彭山"App、"E 支部"App、微彭山公众号、微信群、视频号等网络平台，充分发挥组织、引导、教育广大党员和群众的作用，在疫情防控、社会治理、政策法规宣传等各方面取得了较大成绩。

（五）匡正基层选人用人导向，织密制度"笼子"，基层干部干事积极性被有效激发

2017 年以来，全区看重实效、注重基层、畅通渠道，从优秀党组织书记、"五类人员"中选拔 4 名敢于吃苦、业绩突出的人员进入公务员队伍，担任领导干部。2021 年，为谋划好村级建制调整"后半篇"文章，全区共选配 51 名政治过硬、能力突出的村级"一肩挑"干部，并出台了《村级闲置办公阵地处置有关规定》《彭山区村党组织书记监督管理办法（试行）》等 7 项制度规定。为强化村级党组织的同级监督，进一步激发监督活力，眉山市彭山区纪委监委充分发挥"贴身"监督的优势，指导村级纪检监察组织牢牢把握乡村振兴中"人、财、物"这三个关键点，把"监督哨"设到群众身边，切实巩固脱贫攻坚成果。全区选配 51 名村级纪委书记（纪检委员），并出台了《眉山市彭山区村级纪检组织管理暂行规定》，对村级纪检组织的职责、运行、管理、保障进行规范。

二 当前基层党风廉政建设存在的问题

新发展也面临新问题。镇村级纪检组织在规范化建设、充分履职等方面也存在一些问题。

一是管党、治党责任压力传导不够。部分部门（单位）的党委（党组）主体责任意识不强，管党、治党宽、松、软，依然存在"好人主义"、不愿管、不敢管等突出问题。

二是部分领域廉政风险依然突出。在"重大项目攻坚年"建设、征地拆迁等重点领域、关键环节，监管机制不健全，腐败问题仍然易发、多发。

三是少数党员干部底线意识不强，仍然存在惯性思维，不收敛、不收手。有些党员干部在落实中央八项规定精神方面仍存在侥幸心理，顶风违规违纪现象时有发生，"四风"问题禁而不绝。

四是党内监督不能有效开展。尤其是村一级，党员干部主动监督少，有些党员干部怕报复、怕伤和气，导致不敢监督、不愿监督、不会监督的情况还较为普遍地存在。党务、村务公开时有不够规范、不够及时的情况，一般党员和群众对一些重大、敏感问题了解少，想监督又缺乏有效途径。在对村社干部的管理上，乡镇存在重使用轻管理的现象，认为只要能完成工作任务就是好干部，往往对村干部出现的问题采取大事化小、小事化了的态度，惩戒不严、不及时，监督乏力，引发群众不满。

五是农村基层党组织党建工作不适应新时代的发展需要。基层党建推动发展意识不足，尤其是一些发展较为落后的村级党组织，党建工作相对薄弱，引领、带动村集体经济发展能力不强。同时，个别基层党组织服务意识不强，对解决群众所想、所需思虑不周，引导村民学习新技术、发展新产业的办法不多、能力不足。另外，个别基层党员干部在解决群众利益诉求、协调处理利益关系、化解矛盾纠纷方面能力不足、办法不多，村级基层党组织学习教育制度化、常态化水平还需要进一步提升。

三　乡村振兴背景下推进基层党风廉政建设工作的几点建议

党的十八大以来，以高压反腐为突破，全面从严治党工作取得阶段性成绩，给基层干部群众带来很大信心。看到成绩的同时，我们也要清醒地直面问题和挑战。2017~2021 年，彭山区共收到针对村级基层组织和干部的信访举报 213 件、投诉意见 17 件，其中主要的举报内容有：征地拆迁相关问题、村干部贪污受贿、村级集体资产分配不均、惠农惠民政策落实不到位、侵害群众利益、侵犯群众知情权、村干部优亲厚友等。

这一方面说明群众对基层党风廉政工作有了更高的要求，另一方面也说明基层党风廉政建设工作还有改善空间，需要坚持问题导向，不断推进基层党风廉政建设。

（一） 以学习教育为基础，深入推进基层党风廉政教育常态化

要坚持把对村级党员干部的党风廉政教育作为一项经常性、基础性工作来抓，不断强化党员干部和群众的廉洁自律意识，采取多样化的形式开展廉政教育。

一是加大对农村党员教育培训力度。落实党员教育培训的领导责任，主管部门要积极构建适合农村党员的培训体系。建立健全农村党员教育培训联席会议制度，定期研究和解决重大问题。

二是突出党校教育主阵地的作用。将农村基层党建课题纳入省、市、县党校干部培训的内容，加大对农村党员干部的培训力度，各级领导干部要重视和了解基层党建实际，使基层党员培训到位。

三是实现"互联网+远程教育"全覆盖。依托电视、广播、网络、手机、报刊等平台，多渠道、全方位地加强农村基层党员教育。

四是推行"菜单式"培训模式，让农村党员按需选择培训，增强教育培训的针对性。把党组织的要求与党员自身的需求有机结合起来，按需施教，做到"缺什么，补什么；用什么，学什么"。

（二） 进一步强化主体责任落实，抓实政治监督

习近平总书记在论述全面从严治党时多次强调，"全方位扎紧制度笼子"。依法依规推进全面从严治党，必须将法规制度摆在前面，提高执行力，将权力关进制度的"笼子"里。加强基层党风廉政建设，制度是关键。纪检监察机关要监督各级党委落实好主体责任，制定明确的执纪问责制度，加大对基层干部不作为、不愿为的惩处力度。充分发挥基层党员干部的模范带头作用，让群众切实感受到党员干部时时严于律己、处处以身作则、事事率先垂范的先锋作用。各级纪检监察机关要对农村基层党组织的建设工作和作用发挥情况进行定期检查、专项督察，对工作不到位、成效不明显的村级党组织下发催办或整改通知，督促抓好落实整改；对问题严重或不重视整改的村级党组织和支部书记进行诫勉谈话，并将督察情况在一定范围内通报，不断增强基层党组织抓党建工作的责任感和紧迫感。完善农村基层党建考核评价制度，科学设置考核内容、指标及程序，年度

考核和日常考核、综合考核相结合，奖惩有度，为想干事、能干事的基层干部提供干事创业的良好环境。

（三）探索新形势下抓实基层党建的新路径、新方法

为顺应经济社会发展变革带来的社会治理变革，应主动弄清新形势下基层党组织面临的新问题、新挑战，用新路径、新方法进一步提升凝聚力、向心力。对村务管理不规范、矛盾比较突出的村庄要加强管理；对干扰村务正常运行的宗族势力、黑恶势力，要依法严厉查处；对村级组织相对薄弱的村庄，要派专门工作组或"第一书记"进驻，帮助加强组织建设；加强农村基层法治宣传教育，加强群众的法治观念，鼓励群众主动参与对"村霸"、黑恶势力问题的治理。建立流动党员信息定期核查制度，根据情况变化定期调整、更新有关信息，及时了解流动党员的变化情况。加大非公有制经济组织党建工作力度，采取乡企联建、村企联建、企企联建等方式，成立企业联合党支部，管理分散于各个企业中的农村流动党员。在外出党员比较集中的地方，建立流动党小组。建立流动党员诫勉制度，对不履行党员义务、长期不参加党组织生活的流动党员进行诫勉谈话。建立定期巡访制度，党组织要定期派出党员干部进行巡访，及时了解和掌握农村党员的思想动态，为他们排忧解难，让他们充分感受到党组织的温暖。

（四）树立人才意识和品牌意识，扩大基层党组织的影响力

党员素质决定党组织的战斗力，直接影响乡村振兴战略的实施效果。

一是扩大农村党员人才队伍。侧重在致富能手、科技示范户、返乡成功人士、外出创业人员和退伍军人中发展党员。发展党员既要慎重，又要积极，严格按照党章规定的标准发展党员，真正把有能力、有办法、能带领村民致富的优秀村民吸收进党组织，为农村基层党组织补充新鲜健康的血液。

二是把"党员品牌"擦亮。比如，把党员培养成"种养能手""土专家""农村经纪人"等农业实用人才，带动群众共同致富，共创"党员品牌"。同时，采用"请进来""走出去""传帮带"等多种方法，提高农村致富带头人的内在素养和致富本领。

三是发挥优秀党员的示范带动作用，积极组织动员甘于奉献、先富起来的党员，深入开展"一帮一"结对子，帮助和带领贫困户发展种养殖业及设施农业等"短平快"项目，为贫困户提供技术、信息等方面的服务，使其尽快脱贫，并带领群众共同致富。

（五）以选好人、用好人为主导，激发农村基层党组织的活力

村干部是乡村振兴的实践者和推动者。乡村振兴战略能不能在广大农村得到全面贯彻落实，有没有一个好的思路，村干部起着举足轻重的作用。因此，加大力度培养村级后备干部，下大力气解决选人、用人问题，对培养一批素质高、能力强的村级干部至关重要。

一是选拔一批思想进步、有开拓精神的大学生担任村干部，为乡村振兴增添活力和动力。

二是从机关选派优秀干部任"第一书记"，解决农村党组织软弱涣散问题。"第一书记"作为村级党组织建设的组织者、群众脱贫致富奔小康的领路者、乡村振兴的推动者，必须要扛起责任、提起"精气神"，着力发挥"尖刀兵"的关键作用。

三是对储备干部实行动态管理。乡镇党委在考察后备干部的过程中，要充分听取群众意见，根据民主评议结果对后备干部实行科学化管理，及时发现有能力、善作为的后备干部。

四是着力解决偏远山区村干部平均年龄偏大问题，加大力度培养"80后""90后"农民党员干部。

（六）纪检监督向村级延伸，推动乡村"小微权力"规范运行

监察体制改革向基层延伸，实现对行使公权力的公职人员无死角监督和全覆盖，是打通党风廉政建设"最后一公里"、实现乡村振兴的重要保障。彭山区纪委监委在监督执纪问责过程中，把村级"小微权力"作为重要监督对象。

一是启动农村巡察工作，重点聚焦村级党组织以及村班子成员全面从严治党的情况，及时发现和查纠发生在群众身边的腐败问题和不正之风，解决群众反映强烈的相关问题。

二是制定基层"小微权力"三张清单，解决群众反映强烈的"微腐

败"问题。聚焦基层腐败易发、多发领域和扶贫攻坚政策落实的重点范围，厘清低保申办、危房改造、救灾救济、土地流转、集体"三资"管理等内容，列出权力运行依据、规范界限、办理主体、办理程序、办理时限以及廉政风险点等，让农村干部知道必须做什么、不能做什么、应该做什么，推动"小微权力"廉洁运行，提升人民群众的获得感。

三是构建自上而下的监督体系，开展提级监督，让权力监督无死角、无盲区。盯紧重要领域、关键环节、重点人群，形成压力传导，倒逼责任落实，使"小微权力"规范运行。加大对农村基层案件查办力度，查处涉农且影响恶劣的重大腐败案件，比如截留、挪用、侵占、贪污支农资金、征地补偿款、扶贫款等案件。

四是强化村级纪检组织建设。彭山区做实村级建制调整"后半篇"文章，全区各村（社区）均成立了纪检组织，选配纪委书记（纪检委员）负责党组织的纪检工作。全区共选配村级纪委书记51人，村级纪检委员92人。区纪委出台了《眉山市彭山区村级纪检组织运行规则（试行）》，对村级纪检组织的职责、运行、管理、考核进行明确，并构建了村级重大事务"三委会审"制度，即涉及村级重大资金、项目、事务时，召集村级党组织、村委会、村纪检组织共同商议决策。

五是坚持监督体系"一张网"，强化全程监管，不留盲区。突出日常监督，镇（街道）纪（工）委每月和村纪检组织交换意见，常态化督查"小微权力一点通"平台运行情况，及时处理投诉建议；每季度组织镇（街道）"三资"办和财政、民政部门的工作人员一起督查村务公开和集体"三资"方面内容，发现问题及时指出并责令整改；将村"两委"干部纳入廉政档案管理对象，动态更新并掌握其廉洁履职情况。突出专项监督，由区审计局牵头，对部分村社开展"三资"专项审计，聚焦经济责任落实等方面，对发现的问题建立清单，督促整改。突出群众监督，严格落实村务公开目录等有关规定，定期通过村务公开栏、微信群、公众号、大数据平台等渠道，对"三资"内容进行公示，主动接受村集体经济组织成员的检查和监督。

总之，扎实推进农村党风廉政建设，强化农村基层党组织的领导核心地位，无死角、全方位地监督农村"小微权力"，是治理"微腐败"、遏制群众身边的不正之风和腐败问题的重中之重，是不断增强群众幸福感和获得感、实施乡村振兴战略的重要保障。

大数据破解农村"三资"监管难题的实践探索

——以江安县"银村直连"助力乡村振兴为例

熊中海 郝敏 张礼 李璐*

摘 要： 近年来党中央出台了多项涉及"三资"（资金、资产、资源）的支农政策，江安县因地制宜，积极落实"三资"惠农政策，取得了一定成效，但也存在农村"三资"收支管理不够规范、流失严重、监督不力等问题。因此，江安县探索实施"银村直连"的"三资"管理模式，通过智能化、阳光化、聚焦化破解"三资"监管难题。

关键词： 大数据 "三资"监管 银村直连

我们党和国家一直高度重视"三农"问题，尤其是近年来，连续出台

---

* 熊中海，中共江安县县委常委、县纪委书记、县监委主任；郝敏、张礼、李璐，中共江安县纪委工作人员。

了多项支农政策措施，有效促进了农村经济社会发展。随着农村生产发展中的财富积累，"三资"管理工作逐渐成为农村各项工作的重中之重。"三资"管理既关系着农村经济社会的发展，也与群众利益密切相关，更是推动实现乡村振兴的重要物质基础。农村集体资金、资产是广大农民群众长期共同创造的物质财富，农村集体资源是国家赋予农民群众的最基本的生产资料。脱贫攻坚战以来，党的惠民惠农政策力度不断加大，尤其"两项改革"后，有的村（社区）形成了相当规模的集体资产。但由于管理不规范、制度不完善、监管不到位，个别村（社区）集体资金运行不善、资产处置随意、资源破坏浪费严重，甚至出现贪污侵占、谋取私利等腐败问题。这些问题直接影响农村集体经济的健康发展，影响农村社会的稳定。为推动解决农村集体"三资"管理中的突出问题，江安县认真贯彻落实中国共产党第十九届中央纪律检查委员会第五次全体会议提出的"指导开展农村集体'三资'提级监督试点"的要求，运用创新思维，探索建立村级财务"银村直连"管理新模式，实现"干部不经钱、会计不见钞、监督不见面"，为农村集体"三资"管理套上"紧箍咒"，助力乡村振兴战略全面推进实施。

一　江安县农村集体"三资"基本情况

江安县地处四川南缘，长江之滨，宜宾、自贡、泸州三市之交。历史悠久，文化深厚，是全国夏橙基地县、商品粮基地县、蚕桑生产县、瘦肉型生猪基地县，享有"中国橙竹之乡"和"万里长江第一县"的美誉。拥有夕佳山古民居、国立剧专旧址、江安竹工艺、江安奇石四大文化品牌，先后成为川南唯一的国家新型城镇化建设示范县、首批全国"四好农村路"示范县、全国信访工作"三无"县、全国文明城市提名城市、全国电子商务进农村综合示范县、国家卫生县城、全省县域经济发展进步县等。全县面积948平方公里，辖14个镇215个行政村（社区），有60万人口。2021年，全县地区生产总值为186.26亿元，一般公共预算收入达11.5亿元，工业总产值为162.1亿元，农业总产值为55.33亿元。截至2021年底，全县村（社区）集体资产总计9.26亿元。其中，货币资金6956.5万余元；农业资产合计493万余元；资源性资产总面积为137.5万余亩，其中农用耕地面积 62.9 万余亩,林地面积 43.2 万余亩。依托得天独厚的优势资源,江安县委、县政府坚持以高质量发展为主题,紧紧围绕从严管党治党主线,积极抢抓实施乡村振兴战略的契机,因地制宜地创新管理体制机制,有力有序推动农村集体经济发展壮大。

二 江安县农村集体"三资"监管中存在的问题

(一) 农村集体资产、资源管理不够完善

1. 农村集体"三资"家底不清

农村集体"三资"构成复杂,不仅有集体资金,还包括农业资产、固定资产、在建工程等集体资产,以及土地、林木、荒地、水面等集体资源。农村大部分"三资"管理较多关注资金,相对忽视对资产、资源的管理,相应的资产账或集体资源等方面的实物账不健全、不规范。目前,普遍存在对农村资源性资产的位置、类别、地籍类型、地力等级等情况登记不够规范的问题。长期以来,各村(社区)对"三资"缺少精细核算和定期盘点,许多村(社区)账实不相符,造成农村"三资"底数不清、底子不明、管理混乱,有的改变了性质,有的甚至长期被个人占用。部分被拖欠、侵占的村集体各种应收款和承包费未得到清理,村集体机动地、宅基地、四荒地等签订的合同条款不明等问题容易引发纠纷矛盾。

2. 农村集体"三资"流失严重

随着市场经济快速发展,通过土地承包、经营自留地、经营土地等多种方式,农村集体资产得到壮大。但是由于管理队伍不够专业、管理人员变动频繁等原因,部分村(社区)对集体资源、集体项目缺乏有效管理,处置随意性较大,往往由村(居)委会甚至是个别村(社区)干部直接决定对农村集体"三资"的处置,未严格按照民主程序进行公开公示,极易造成集体资产、资源流失。特别是 2014 年脱贫攻坚工作开展以来,国家在农村、农业上投入不断增多,扶贫产业留下的资金、资产等较多,因此对扶贫资产、项目的后续跟踪管理需要进一步加强。个别已建成的扶贫资产、扶贫项目被闲置浪费,有损毁、流失风险,无法在全面推进乡村振兴中收到应有的效益。

（二）农村集体资金支出不够规范

1. 会计基础工作薄弱

近年来，为了提高村级财务管理工作的科学化、规范化水平，江安县实行"村财镇管"制度，坚持村级所有、镇级服务、民主管理原则。在不改变农村集体所有权、经营权、分配权和财务支出权的基础上，由镇上统一聘请专业财务公司为村（社区）财务做账，镇农业服务中心对村（社区）所有资金进行管理和监督，村（社区）设立报账员负责日常财务管理工作。该制度对规范农村财务管理、发展农村经济、维护农村稳定发挥了积极作用。然而，村（社区）报账人员素质参差不齐，参与业务培训很少，普遍学历偏低、年龄偏大，基本没有财务专业知识，对会计业务不熟悉，法治意识薄弱，报销程序不规范，对财务制度执行不力，利用电子化办事操作存在一定困难，不能完全适应新的业务要求。再加上一些村（社区）干部财经法纪观念淡薄，对财务资料的收集、保存不够完善，许多村（社区）根本没有档案室，会计档案资料无法集中管理，会计资料长期放于出纳或会计家中，干部变动时不办理移交手续，各管各的"包包账"，账簿和凭证丢失、被虫蚀和霉烂现象时有发生。

2. 违规违纪问题突出

村（社区）干部长期生活、工作在基层，是掌握涉农资金项目使用和分配的关键环节，惠民惠农政策的执行都依赖村（社区）干部。但由于村（社区）财务管理人员缺乏、专业素质不高，容易滋生腐败问题。江安县通过监督检查、审计、巡察等发现，村（社区）在"三资"支出上的违规违纪问题较为突出，公款吃喝、滥发津补贴等问题多发，影响农村集体经济健康发展和社会稳定，更阻碍乡村振兴全面推进的步伐。2021年，江安县村（社区）干部受处理人数为146人，占全年查处贪污腐败人数的46%，查处集体"三资"管理问题22个，占全年查处案例数的10.3%。2021年，江安县在巩固拓展脱贫攻坚成果同乡村振兴有效衔接专项监督检查中发现：有的村（社区）干部以误工补助、目标考核等名义私设名目、滥发津贴，变相为干部职工发钱物；有的村（社区）干部长期以各种会议、工作名义组织违规吃喝、虚假报销；有的村（社区）干部利用申报惠民惠农资金项目的工作便利，虚报冒领、贪污侵占补助资金。以上问题涉及的相关人员均受到严肃处理。

3. 财经纪律执行松弛

目前，江安县对农村财务采取聘请第三方财务公司对村（社区）财务进行代理记账的方式，对于规范农村财务管理行为、维护村（居）民合法权益，保障村（社区）集体资产和资金安全，助力经济发展，减少腐败现象、促进基层党风廉政建设有积极作用。但随着农村经济的不断壮大，此模式在运行中也存在一些问题。代理记账公司虽对会计业务熟悉，但对政策规定却不了解；只管做账，对财务票据的合法性、合规性、时效性不进行审核；业务处理不精准、不及时；报销票据有的无经办人签字，有的无法人签字，有的签字金额大小写不一致；报账有的无税务发票，且存在大量使用"领款单""收条""自制报销单"等不合规票据报销入账的问题。村（社区）集体缺乏与财务公司对账的意识，造成账账不符、账款不符、账实不符、有账无证、有证无账现象；在审签时有超标准支出、开支范围不合规现象；大部分支出为现金支出，很少有转账支出，特别是一些经济状况较好的村（社区）；支出结构既不合理也不合法，很难发挥理财的作用。镇农业服务中心对村级资金管理时过多强调事后监管，存在重记账、轻监管的现象，资产处置、资源发包、集体资产资源入股、清产核资、土地确权等工作缺少专门业务平台，存在很大的风险。

（三）对农村集体"三资"监督不够到位

1. 上级监管还有疏漏

近年来，随着新农村建设、脱贫攻坚、乡村振兴战略、全面建成小康社会等政策措施的深入实施，国家对"三农"问题始终高度重视，各种财政优惠政策不断向农村基层倾斜。特别是在产权制度改革后，农村集体经济组织出现，对加快形成制度健全、产权明晰、权责明确、经营高效、管理民主、监督到位的农村集体"三资"监管体系提出了明确要求。农业行政主管部门和镇人民政府设立的镇级农业服务中心，在负责对农村集体"三资"管理的日常指导和监管工作时，更要在管理、改革、发展上下功夫。而由于农村基层地域偏远落后、产业发展不均衡等，一些工作人员把主要精力放在发展区域经济和促进农民增收上，身兼数职，时间和精力受到限制，放松了对农村集体"三资"的监督管理，导致出现"不好管、无法管"的现象。

2. 村级监督作用不显

村（居）务监督委员会负责村（居）民的民主理财，履行审核集体经济组织财务账目及相关的经济活动事项，审查集体经济组织开支并签字盖章，监督村级集体经济组织负责人和财务人员执行财经纪律情况等工作职责。目前，村（居）务监督委员会成员普遍缺乏必要的财务知识，对财经法规知之甚少，且年龄偏大，工作积极性不高，责任心不强。有的村（居）务监督委员会有名无实，对"四议两公开"制度执行不到位，对农村集体事务，往往该讨论的不讨论、该集体决策的不开会，村党支部书记和村委会主任说了算的现象仍然存在。虽然村级纪检委员被选配兼任村（居）务监督委员会主任，但是仍然难以破解"熟人社会"难题，监督失去独立性，造成不愿监督、不会监督、不敢监督。

3. 民主监督难以发挥

村（社区）"三务"公开工作制度是实现基层民主监督的有力抓手，也是遏制群众身边"微腐败"问题发生的重要途径。但是有的村（社区）干部没有认真对待"三务"公开工作，对集体"三资"的处置没有做到民主、公开。我们经专项监督发现，有的村（居）务公开事项存在不规范、不全面的问题，没有做到应公开尽公开，个别决策事务未被及时公开；有的村（社区）没有做到对重大决策事项以及其他重要临时性工作在7日内公开，公开频次不高，公开随意性大，缺乏时效性；有的村（社区）公示栏内容简单，未对村（居）务、财务、党务公开事项进行区分，公示张贴混乱。由于公开工作不到位，所以村（居）民对"三资"的总量、分布、经营状况等信息掌握有限，对"三资"管理缺乏主动性，不关心村（社区）集体的事务。再加上许多村（社区）的青壮年外出务工，留守在家的老人、妇女和小孩儿对村级事务的参与意识和监督意识不强，导致群众监督和社会监督的作用难以充分发挥，民主监督无法真正落实。

三　"三资"监管存在问题的原因分析

（一）思想认识有偏差

部分基层干部对农村集体"三资"管理的认识存在一定的偏差，认为随着乡村振兴战略的实施，集体经济呈现投资多、收益少、基础薄弱的特点，加上村财镇管、监督渠道畅通，基层干部根本无空子可钻，导致重视程度不够。部分基层干部还认为，实现村（居）民自治后，没有必要多管，从而忽视村级财务管理，一定程度上加剧了管理的混乱，并为部分干部违规违纪提供了方便。

（二）责任落实有差距

个别村（社区）的负责人主体责任意识不强，对抓好农村集体"三资"管理的重要性和紧迫性认识不足、重视不够，将农村工作的重心放在抓经济建设发展上，而忽略了对集体经济的管理和监督，存在重工作任务、轻监管的思想。尤其是实行"村财镇管"后，部分干部就更放松管理了。业务主管部门监管责任履行不力，以及镇农业技术服务中心人力不足、能力有限、履职尽责意识不强等，导致难以有效发挥对农村财务的管理、监督、指导职能。

（三）制度执行有弹性

农村集体"三资"管理不规范，制度不健全，且部分制度由于缺乏配套的监督措施，运作起来软弱无力，形同虚设。一些村（社区）干部纪律规矩意识差，法纪意识不强，对党纪法规学习得不够，宗旨意识淡薄，公仆意识不强，没有把解民忧、谋民利作为工作的出发点，甚至与民争利。一些干部对村（居）务公开工作抓得不实，致使村（居）务公开工作流于形式，无法充分发挥对农村集体"三资"民主监督的实效。

（四）日常监督有盲区

一是司法机关监督乏力。由于农村"三资"领域违规涉及金额较小，加上职能所限，司法机关一般不愿介入监督。二是行业主管部门监督乏力。个别行业主管部门对项目资金"重分配、轻监管"，在验收、审核等方面把关不严、监管乏力。三是基层监督乏力。个别基层单位对干部的管理监督失之"宽松软"，在了解和监管干部的思想、工作和生活情况方面缺乏有效手段。此外，村（居）务监督机制不健全，易流于形式。

四　江安县探索"银村直连"管理模式

　　针对以上问题和原因，江安县认真分析研判、积极探索创新，以基层党风廉政建设"四责联动"工作机制为抓手，按照"党委政府主导、牵头部门主责、纪委监委主推"的原则，联动纪委监委、农业农村、财政、审计、民政等主管监管部门，探索农村集体"三资""银村直连"管理模式。"银村直连"管理模式借助银行支付机制，以监管智能化、运行阳光化、问题解决有效化为目标，全面实行"村财镇管县监督"，对"三资"进行提级监管，对资金来源、流向、过程等进行全过程动态监督，有效提升了基层治理的现代化水平，全面形成百姓安居、产业兴旺、乡风文明的崭新面貌。目前，江安县 215 个村（社区）都已配备"银村直连"系统设备，规范支付资金 211.9 万余元，没有出现任何差错。

（一）三大功能让"三资"监管智能化

　　1. 依托"云服务"功能搭建网上平台

　　江安县以农村集体资产监督管理平台、江安农商行资金账户管理系统为基础，打造江安县村（社区）集体"三资"网上集中监管平台，破除银行交易与集体"三资"管理交易的壁垒。平台增设财务管理、资产管理、资源管理、合同管理等多项功能模块。财务人员在平台上进行会计核算，让数据"多跑路"、账户管理人员少跑腿，实现业务网上"一站式"办理；监管人员在平台上进行实时监控，实现干部不经钱、会计不见钞，在村（社区）干部与集体资金之间立起一道"防火墙"。

　　2. 依托"大数据"功能智能分析预警

　　江安县将农村集体"三资"管理、惠民惠农政策等纳入平台进行集中监管，设置审核支付员、后台监管员等系统身份，从镇村两级中遴选业务能力强、专业素质过硬的财务专业人员担任专职出纳和审核员。采取"人工+数据"双重审核步骤，经过镇专职出纳、镇审核员两道"人工关口"把关后再录入支付平台。平台对录入的账目自动进行核对，对异常账户、公款私存智能预警，智能筛选并拦截超范围拨付、虚假报销等不合规行为，并推送给后台监管员进行核查，规避不合理支出的风险。

3. 依托"金融+"功能畅通监管渠道

平台专线连通江安农商银行金融平台，固化支付结算流程，明确提交、审核、在线支付和入账确认四大程序，将所有村（社区）集体"三资"托管给银行支付，在系统内全过程留痕。同时，平台授权县纪委监委、农业农村局、财政局、审计局、民政局等部门登录监控终端，动态抽查银行支付的资金流和各类经费，对村（社区）"三资"进行在线监管。

（二）三廉一体让"三资"运行阳光化

1. 多条线管理，实现账"廉"付

江安县成立农村集体"三资"监督管理委员会，各镇相应成立"三资"管理领导小组，并组建镇级农村集体"三资"核算中心，全面推行平台支付线、镇级审核线、县级监管线"三条线"管理模式，增强提级监督的管控力。村（社区）"三资"集中托管给银行运行，按照"村（社区）申请—镇级审核—银行转账支付—结果公开公示—县级职能部门动态监管"的流程运作，变事后审为事前批，压缩"小微权力"的弹性空间，降低风险。

2. 多制度配套，实现账"廉"管

按照管理统一、人员统一、流程统一的"三统一"标准，配套规范的财务管理、财务人员配置、"三务"公开等多项制度机制，增强提级监督的牵引力。取消村（社区）备用金制度，设立1名村级报账员，实行一村（社区）一账户，负责资金收付工作。建立健全财务管理、资金运行、收支结算等工作规范，县里下发《关于规范村（社区）财务管理的意见》《江安县农村集体经济组织财务管理办法（试行）》《江安县规范村（社区）财政性资金管理的通知》《江安县村（社区）"三务"公开管理办法（试行）》等文件，明确纪委监委、农业农村、民政等部门的工作职责，推进村（社区）财务管理规范有序。

3. 多层次监督，实现账"廉"清

建立"镇+部门+群众"的实时监督体系，增强提级监督的约束力。各镇纪委、农服中心等定期对审批程序、支付票据、审核环节等进行日常联合检查，确保资金支出规范、资产摸排到位、资源盘活有效。县纪委监委充分发挥反腐败组织的协调职能，联合农业农村、财政、审计、民政等职能部门按照"数据采集—模型比对—线下核实—反馈整改"的流程实时监督，及时纠偏纠错。群众利用微信公众号查询本村（社区）的公开事项，有问题及时反馈，履行知情权、监督权，从而有效提升参与度、满意度。

（三）三个聚焦让"三资"管理难题得到有效解决

1. 聚焦解决农村集体"三资"管理体制不够完善的问题

江安县深化农村产权制度改革，全面实行"村申、镇审、银转全公开"运行方式，把所有"三资"收归镇级管理，统一建立村（社区）财务档案管理制度。镇上的专业财会人员对民主决策流程、各类票据进行审核把关。

2. 聚焦解决农村集体"三资"支出不够规范的问题

江安县严格执行收支两条线，强化分级分类报账制度。明确审批权限及流程，以专业软件为平台，以数据化调节为手段，实行"一村一账户"内网信息共享和账户之间结算，能在系统中对资金进行统计、汇总和比对，杜绝出现坐收坐支、报账堆票的现象，收紧村（居）务"钱袋子"。

3. 聚焦解决对农村集体"三资"管理监督不够到位的问题

江安县推行"线上+线下"双公开，系统连通"江安阳光村务"微信公众号，开通公示、查询等功能。村（居）民既可线下掌握所在集体的"三资"管理详情，又可线上实时查询、快捷掌握个人补贴兑现等情况。同时，以平台为载体，积极联动相关主管、监管部门的监督力量，对农村集体"三资"公开、支付流程等实时监督，有效避免多头监督、碎片监督、应急监督。

五　进一步完善农村"三资"管理的思考

"银村直连"管理模式能够有效解决农村集体"三资"管理中存在的问题，但还需在完善监督制约机制、加强队伍建设、规范管理体系等方面不断优化，建立统一、科学的农村集体"三资"管理体系，不断增强集体经济发展的活力和实力，切实提高基层治理能力，为全面实施乡村振兴战略打下坚实的基础。

（一）建立健全监督制约机制

严格执行各项管理制度，加强各部门协作配合，联合纪委监委、农业农村、财政、审计等部门，持续加大对"银村直连"推进工作的指导。定期、不定期对各村（社区）"三资"进行"线上＋线下"抽查，发现问题及时纠正。建立健全"三务"公开制度，畅通线下公开和智能线上公开渠道。线下按村（社区）规模的大小建立一个或几个固定公开栏，通过财务情况明白卡（纸）、会议、广播等多种形式，公开全面、真实的内容。线上多渠道宣传"江安阳光村务"微信公众号，鼓励群众通过手机银行实名登录，查询本村（社区）财务数据和工程、土地合同、收支凭证及原始票据图样等情况，提高村（居）务、财务公开的透明度和群众的满意度。

（二）加强财务人员队伍建设

在集体"三资"管理工作中，财务管理工作是重中之重，不管是清产核资还是资源盘活，都需要专业财务人员，所以财务人员队伍的稳定和专业十分重要。江安县将探索构建较为完善的岗位责任制，明确村（社区）财务人员的职责权限，经镇农业服务中心和镇财政所考察后，选优配齐村（社区）财务人员。同时，持续加强对村（社区）干部、报账员的宣传和培训，提高其财务管理水平和廉洁自律意识，并把村（社区）财务管理列为基层组织建设和制度建设的重要内容，从思想上增强村（社区）干部及报账员的拒腐防变能力，从源头上杜绝腐败。

（三）规范集体"三资"管理体系

深入推进农村财务核算中心建设，以江安县制定出台的《江安县农村集体经济组织财务管理办法（试行）》《江安县规范村（社区）财政性资金管理的通知》为基础，不断健全完善"三资"管理相关配套制度建设，依法为推进"银村直连"管理模式扫清制度障碍。对已核算的以及财务处理的、收支往来的票据设置科目账户等，严格按照我国制定的规范标准进行管理。行业主管、监管部门要加强对农村财务核算中心的指导、检查和审计，落实农村财务管理的各项制度，推广使用农村财务管理会计电算化记账，扎实推进江安县农村集体"三资"管理规范化，有力有序推进乡村振兴战略全面实施。

强化基层监督助力乡村产业振兴

——自贡市大安区关于纪检监察工作助力乡村产业振兴的实践与思考

李文霞*

摘　要： 在产业振兴过程中，如何发挥纪检监察的作用护航乡村产业振兴发展，是一个亟待解决的问题。自贡市大安区的主要做法包括：①通过强化政治监督，推动产业振兴主体责任落地落实；②聚焦关键环节，保障产业振兴重点项目顺利实施；③保持高压态势，严查产业振兴腐败和作风问题。以监督促规范、强保障、推落实，积极解决大安区乡村产业振兴发展中的痛点、难点问题。本文在强化基层监督方面提出四条针对性建议：①织密监督网络，不断规范权力运行；②聚焦重点监督，推动产业健康发展；③坚决惩治腐败，护航产业长远发展；④坚持纠树并举，营造良好乡风文明。

关键词： 基层监督　政治监督　乡村产业振兴

实施乡村振兴战略是以习近平同志为核心的党中央对"三农"工作做出的重大决策部署。乡村振兴是全面的振兴，包括产业振兴、组织振兴、文化振兴、生态振兴、人才振兴。其中，产业振兴是基础，一头连着农民群众的"钱袋子"，一头连着乡村振兴的动力和后劲。在此过程中，如何发挥纪检监察的作用，更好地实现监督护航乡村产业振兴发展，是一个亟待解决的问题。近年来，自贡市大安区坚决落实过渡期"四个不摘"要

---

* 李文霞，自贡市大安区纪委监委办公室主任。

求，狠抓责任落实、政策落实、工作落实和成果巩固，以监督促规范、强保障、推落实，积极解决大安区乡村产业振兴发展中的痛点、难点问题。

一 自贡市大安区的主要做法

（一）强化政治监督，推动产业振兴主体责任落地落实

1. 强化政治监督

大安区建立政治监督"小分队"工作机制，定期抽调镇街、纪检监察组、委机关干部专职开展政治监督。"小分队"按照上级有关巩固拓展脱贫攻坚成果同乡村振兴有效衔接、做好"两项改革"的"后半篇"文章等部署要求，开展清单式监督，推动政治监督更精准、质效提升。2021年以来，"小分队"已开展监督47次，发现问题217个，累计推动财政投入6692万元用于产业发展、公共基础设施改善等，涉及100余个项目的建设，新建交通道路44.6公里、便民道路25公里。

2. 细化、量化责任

因地制宜地制定巩固拓展脱贫攻坚成果同乡村振兴有效衔接的实施方案，逐一细化区级领导、区级部门、镇街的责任分工，确保工作推进方向准、任务清、责任明。区级部门、镇街全覆盖结对帮扶85个有巩固脱贫攻坚成果任务的村，抓巩固提升，确保脱贫不返贫、振兴不掉队。

3. 狠抓督察考核

细化乡村振兴战略实绩考核机制，实行村社、镇街指标主管部门、帮扶部门以及区级分管领导"同责同罚"。建立纪检监察、乡村振兴等部门联合督察机制，针对所发现的问题的整改情况开展常态"回头看"，推动政策、资金、帮扶力量等落实到位，各类问题全部"整改清零"。何市镇被农业农村部认定为全国乡村治理示范村镇，大安区肉鸡现代农业园区被评为四川省五星级现代农业园区。

（二）聚焦关键环节，保障产业振兴重点项目顺利实施

1. 深化专项监督

坚持以群众普遍关注、反映强烈和反复出现的问题为重点，采取"职

能部门自查、区纪委监委班子带队重点查、各镇纪委交叉查"的方式，紧盯乡村产业项目建设、民生领域重点问题、村级财务管理等方面，着力解决农民群众的"急难愁盼"问题。2021 年以来，大安区共发现问题 279 个，问责、处理 24 人，推动完善制度 77 项，挽回资金 416 万余元。

2. 开展提级监督

根据集体资产、债权债务规模和村（社区）"两委"班子、集体经济组织负责人的职能发挥等情况，对各级政府所认定的乡村振兴帮扶村，集体资源丰富、资产雄厚、资金富集的重点村（社区），党组织软弱涣散、群众信访举报多的村（社区），采取提级监督。2021 年以来，大安区共提级监督 19 个村（社区）。

3. 创新公开监督

坚持以公开促监督，推行组级事务唱票公开。采用院坝式、现场式、流动"小黑板+上门+网络"等方式，将产业项目、财务收支、集体"三资"使用、惠民惠农资金发放等情况逐项逐笔向群众公开，推动基层权力运行更加公开。2021 年以来，大安区开展组级事务唱票公开 2086 场次，收集、解决问题 1330 个。

（三）保持高压态势，严查产业振兴腐败和作风问题

1. 深化联合办案机制

健全"室组地"联合办案机制，由纪检监察室牵头，成立 4 个监督执纪执法工作片区，整合片区内派驻纪检监察组、镇街纪检监察组织的力量，统筹开展审查调查工作，实现力量配备、监督质效、办案效果三方面"优化"。针对村级监督，探索制定大安区村（社区）监督手册"一本通"，规范村（社区）监督工作流程，为监督力量开展工作提供指南，初步构建横向到边、竖向到底的联合办案网络。

2. 畅通举报渠道

畅通"信、访、网、电"举报渠道，采取开门接访、带案下访、干部走访、处理回访"四访"方式，广泛收集群众诉求，对侵害群众利益的不正之风和腐败问题快查快结，减少监督的盲区、死角。2021 年以来，大安区共受理检控类信访举报 62 件，开展信访公开答复 18 场次。

3. 从严查办案件

强化乡村振兴领域重点案件攻坚，明确提级办理和交办督办的工作原

则、具体情形、职责任务、包案领导、办理质量和时限要求，严肃查处了一批"职级小但影响较大、金额小但性质恶劣、事情小但反映强烈"的案件，收到良好的执纪效果。

4. 夯实廉洁根基

结合查办的乡村振兴领域典型案例拍摄、制作警示教育片，分层分类组织干部观看。举办"全面从严治党永远在路上"主题漫画展，引导党员干部树牢法纪红线意识。开展乡风文明建设，评选文明家庭，推动廉洁文化进乡村，让廉洁文化更加深入人心。

二 基层监督中发现的问题

（一）少数干部作风不实

一是中央八项规定精神落实不到位。部分干部在贯彻落实中央八项规定精神上打折扣、做选择、搞变通，上有政策、下有对策，隐形变通手段层出不穷，阻碍乡村发展。

二是形式主义和官僚主义问题禁而不绝。有的部门和镇村级干部在推动乡村发展的过程中"纸上谈兵"，工作不在状态、不下深水、不到现场。

三是干部违法乱纪行为仍然存在。有的干部虽然表面上有所收敛，但思想上的顽疾尚未根除，依旧我行我素、顶风违法违纪，一心只谋私利，置群众利益于不顾。

（二）产业发展能力不足

产业发展能力不足表现在：有的产业项目投入与效益不成正比，后续发展乏力；有的产业项目管理混乱，干部借机侵占项目资金；有的干部没有充分认识到合作社的重要性，突击成立合作社，虚报合作社人数规模，甚至只管办社、不管经营，导致部分合作社自成立起从未开展实质性生产经营活动，变成"空壳"。

（三）"微腐败"现象仍有发生

有的干部漠视群众，损害群众的合法利益；有的干部利用职务之便搞集体违纪，与民争利；有的基层干部虽然职位不高，但贪腐金额较大，败坏了党和政府在群众心中的形象。

（四）乡村廉政风险隐患突出

一是部分基层纪检监察组织对专项监督的认识和把握还不够精准。个别纪监组织依赖"点单式""派单式"监督，对重点领域和突出问题检查不够，发现问题不精准、不深入。

二是个别干部对村级监督工作缺乏基本认知。个别干部的思想观念、工作作风、能力素质不适应新形势、新要求，没有履职必备的政治素养和法律、财会、管理等专业知识，基层"末梢神经"作用发挥不明显。大安区63名镇街纪检干部中，具有法律、审计、财会专业背景的仅占19.05%；120名村（社区）纪检委员（纪委书记）中，高中及以下学历的占46.67%。加之受"熟人社会"影响，监督效果不佳。

三是村组财务管理制度落实不严格，廉政风险大。

四是集体经济组织监督管理机制还不健全。个别村（社区）集体经济组织议事决策程序不规范，管理松散，财政扶持资金、集体资金有"跑冒滴漏"的隐患，资金拨付主体与行业监管主体之间、村（居）民自治监督与行政监督之间还存在职责边界不清、权限不明的问题。

三　强化基层监督的对策建议

（一）织密监督网络，不断规范权力运行

1. 强化上级监督

要压紧、压实镇党委的主体责任和镇纪委的监督责任，持续深化提级监督、交叉检查等工作模式，权力集中、资源密集、资金富集的乡村重点领域、重点项目由区级纪委监委直接监督，强化监督效果。

2. 强化村级监督

区、镇两级纪委要加大日常培训、指导力度，围绕村（社区）党组织书记和村（居）委会主任"一肩挑"、集体"三资"管理等领域，梳理"小微权力"运行清单、重点环节监督事项清单，为村级监督提供工作指

南，解决村级干部不会监督的问题。

3. 强化群众监督

紧扣为民服务这个根本，全面引导群众参与，切实优化方式，深化运用唱票公开、低保挂牌等形式，将党务政务、惠民政策、重大资金、重点项目等情况一一公开，确保权力在阳光下运行。

（二）聚焦重点监督，推动产业健康发展

1. 政治监督具体化、常态化

围绕习近平总书记关于实施乡村振兴战略的重要论述、党中央和上级党委关于实施乡村振兴战略的重大决策部署，以及党的各项惠农惠民政策，制定政治监督清单，加强监督检查，坚决查处不作为、慢作为、中梗阻、不担当等问题，倒逼干部想干事、要干事。

2. 日常监督长效化

紧盯乡村产业振兴发展中的重点领域、重点项目、重点人员，聚焦群众身边的揪心事、烦心事、闹心事，常态化开展监督检查。经常性开展与村组干部谈心谈话，对苗头性、倾向性问题抓早抓小、防微杜渐。

3. 专项监督精准化

继续深入开展巩固脱贫攻坚成果同乡村振兴有效衔接专项监督，针对重点行业领域开展系统治理，针对民生领域突出问题开展专项整治，加强对项目建设、资金使用、后续帮扶政策落实等情况的监督检查，严厉打击监守自盗行为，铲除"微腐败"滋生的土壤，不断提升产业项目的续航能力。

（三）坚决惩治腐败，护航产业长远发展

1. 多渠道发现问题

开展纪检监察干部"清廉村居行"系列活动，配套"流动民情驿站""民情小管家""纪检干部赶场日""纪检干部走遍大安"等活动及载体，持续通过摆摊设点、走街串巷、进村入户等形式，主动上门问廉、进门接访，零距离收集民情民意，主动发现各类问题。

2. 硬态度整治问题

坚决减存量、重点遏增量，保持高压态势，严肃查处不收敛不收手、

借乡村振兴之机搞利益输送、截留挪用专项资金、吃拿卡要等腐败和作风问题，对群众反映强烈的案件挂牌督办，对查处不力、问题长期得不到解决的快查快办，切实维护群众利益。

3. 最大化警示效果

强化以案示警、以案促改，用好、用足反腐"活教材"，扎实开展案发地案情通报会、案发地组织生活会、违纪款现场清退会，用"身边事"警示"身边人"，发挥查处一案、警示一片、治理一域的综合效应，让廉洁纪律入脑入心。

（四）坚持纠树并举，营造良好乡风文明

1. 毫不松懈纠治"四风"

持之以恒落实中央八项规定精神，抓住重要时间节点，紧盯乡村振兴中的"四风"问题，综合运用专项检查、明察暗访、联合督察等方式开展监督，坚决防止隐形变异"四风"问题反弹回潮。

2. 驰而不息转作风

持之以恒加强自身作风建设，推动各级党组织对形式主义、官僚主义问题全面检视、靶向纠治，严肃查处"包装式""洒水式""打卡式"落实等问题，督促全区干部改进作风，提升履责质效，让"事事马上办、人人钉钉子、个个敢担当"成为党员干部的鲜明标识。

3. 积极引导树新风

围绕乡村振兴和美丽乡村建设，大力开展移风易俗，积极推进"好风传家"建设，修订完善村规民约，引导广大群众加强自我改造，培育良好家风，形成文明乡风，深化淳朴民风，带动乡风乡貌持续向好。

关于廉洁文化建设助力乡村振兴的思考

——以邻水县廉洁文化教育实践为例

孔　冬[*]

摘　要： 当前，乡村振兴建设如火如荼。加强基层廉洁文化建设、积极构建清廉文化阵地，对于营造风清气正的基层政治生态、优化基层人才队伍、凝聚组织力量、助力乡村振兴具有积极作用。广安市邻水县农村基层党员干部违纪违法比例较高，且共同特征明显，受重处分人数占比高，违纪行为种类较多。为此，加强农村基层廉洁文化建设刻不容缓、势在必行。应完善制度建设、规范权力运行，加强宣传教育、弘扬廉洁文化，紧盯关键少数、形成治理合力。

关键词： 廉洁文化建设　乡村振兴　政治生态

2017年10月18日，习近平总书记在党的十九大报告中首次提出"乡村振兴战略"，乡村发展被提到一个更高的高度。实施乡村振兴战略是关系全面建设社会主义现代化国家的全局性、历史性任务，是新时代"三农"工作的总抓手。实践表明，落实这一重大发展战略，必须要大抓基层廉洁文化建设，纵深推进全面从严治党，形成良好的社会风气。

---

* 孔冬，邻水县纪委监委工作人员。

一 基层廉洁文化建设对乡村振兴的意义

党中央高度重视廉洁文化建设。习近平总书记指出："'微腐败'也可能成为'大祸害'，它损害的是老百姓切身利益，啃食的是群众获得感，挥霍的是基层群众对党的信任。对基层贪腐以及执法不公等问题，要认真纠正和严肃查处，维护群众切身利益，让群众更多感受到反腐倡廉的实际成果。"① 基层廉洁文化建设是实施乡村振兴战略的重要基础和重要组成部分。加强基层党风廉政建设，对于巩固党在农村的执政根基，促进乡村振兴战略全面实施，实现农业高质高效、乡村宜居宜业、农民富裕富足具有十分重要的意义。

（一）加强基层廉洁文化建设，营造风清气正的政治生态

基层政治生态在整个政治生态系统中具有基础性地位，发挥着兜底功能。近年来，基层腐败现象时有发生、屡禁不绝、愈演愈烈，而且表现出"腐败内容更加多样、手段更加隐蔽、治理更加复杂"等诸多新特点。甚至部分村"两委"干部把村"两委"变成自己牟取利益的"平台"，村干部腐败现象的滋生蔓延严重污染基层政治生态。在全面推进乡村振兴的大局中，必须坚持鲜明的政治立场，以科学、客观、严谨的态度审视基层廉洁文化建设，涵养廉洁文化、厚培廉洁土壤，把加强廉洁文化建设作为一体推进不敢腐、不能腐、不想腐的基础性工程，以良好的政治文化涵养风清气正的基层政治生态。

（二）加强基层廉洁文化建设，优化基层人才队伍

习总书记指出："要坚持发展是第一要务、人才是第一资源、创新是第一动力。"② 实施乡村振兴战略，突破"瓶颈"制约，必须补齐人才短板、强化人才支撑。加强基层廉洁文化建设，有助于引领基层人才培养，加强农村专业人才队伍建设，发挥科技人才的支撑作用，创新乡村人才培

① 习近平：《在第十八届中央纪律检查委员会第六次全体会议上的讲话》，人民出版社，2016，第14页。
② 习近平：《在深圳经济特区建立40周年庆祝大会上的讲话》，人民出版社，2020，第7页。

养、引进、使用机制，推动农民成为有吸引力的职业。基层廉洁文化建设可以帮助涵养有文化、懂技术、爱农村、善经营、会创新的新型职业农民队伍，以振兴乡村产业促进农村人口劳动力转移就业、农民持续增收和农民共同富裕。

（三）加强基层廉洁文化建设，凝聚乡村振兴组织力量

乡村振兴不仅是经济发展的振兴，还是组织力量的振兴。乡村振兴的最终目标不仅仅是经济上的富足，更包括政治上的清明、精神上的文明、邻里间的融洽、生态上的绿色。推进乡村全面振兴，不仅需要政策扶持、资金投入和人才支撑，还需要坚强有力的基层党组织来保障，需要清正廉洁的基层党员干部来实践，需要清朗明净的基层文明乡风来滋养。因此，加强基层廉洁文化建设，有利于持续发挥基层党支部的"战斗堡垒"作用，为推进乡村全面振兴创造条件、开辟路径，让村民的幸福感持续攀升，营造崇德尚廉的氛围。

二　基层廉洁文化建设存在的问题及原因

当前，抓好基层廉洁文化建设，是实施乡村振兴战略的必然要求。但基层廉洁文化建设在制度运行、乡村治理体系和治理能力等方面还存在许多不足。

（一）基层廉洁文化建设存在的问题

1. 制度运行不规范

一是农村基层对廉洁文化建设重视不够。有的村干部缺乏足够认识，认为基层廉洁文化建设是"软指标"，没有摆到应有的位置，缺乏具体办法和有效措施。部分村干部没有把精力放在村务工作上，工作方法简单粗暴，不按章办事，对矛盾纠纷和群众关注的热点难点问题解决不及时，导致生冷硬推、庸懒散拖等现象时有发生。二是基层干部对党纪法规缺乏学习，法纪观念淡薄，违纪违法行为较严重。部分村支书（村委会主任）管钱管物一把抓，自批、自收、自支，严重违反党的纪律和国家的法律法规规定。三是基层民主监督作用发挥不明显。村"两委"作为最基层的权力

运行机构和执行者，仍是群众身边不正之风和腐败问题的易发、高发区。

2. 基层廉洁文化土壤贫瘠

基层廉洁文化建设的重点是用社会主义先进文化培育为政清廉、秉公用权的文化土壤，保护和传承农村优秀传统文化，加强农村公共文化建设，开展移风易俗，改善农民的精神面貌，提高乡村的文明程度。改革开放 40 多年来，随着中国社会经济的发展，一些农民物质上向"钱"看，精神上却不向前看，婚丧陋习、天价彩礼、孝道式微和老无所养、薄养厚葬等不良社会风气逐渐滋生。

3. 乡村治理体系不健全，治理能力发展不足

乡村治理是国家治理体系的重要组成部分，是最基层的社会治理，关系到党在农村的执政基础。当前，农村基层廉洁文化建设仍缺乏一套行之有效的系统方案，人们对权力主体、廉洁文化、制度建设之间的关系依然存在片面解读，没能理清在乡村振兴大背景下廉洁文化建设各个要素之间的互动性和关联性。一些基层党组织软弱涣散，干部队伍年龄结构不合理，带动农民共同发展的能力不强、手段不多；基层群众主动参与廉洁文化建设的意识淡薄，缺乏对村干部的有效监督，长此以往将严重影响党的群众基础，侵蚀党的执政根基。

（二）原因分析

1. 社会经济的发展为基层腐败提供温床

一方面，工作任务繁杂、工作时间长、工作收入不高，使部分村干部的价值观发生扭曲，有的一味追求经济利益最大化，把等价交换的原则引进党内生活。在利益驱使下，一些干部的自律意识明显下降。更有部分村干部服务观念淡薄，置大多数群众的利益于不顾，用权力做人情，为自己谋私利、博名声，基层廉洁文化建设对他们来说是一句空话。另一方面，部分群众为达到自己的目的不择手段，以通过不正当手段达到目的为荣，助长了贪污腐化、违法违纪的风气，影响农村基层廉洁文化建设工作的开展。

2. 廉洁文化建设水平亟待提升

乡村振兴除了要提升农民的经济收入，更要满足农民精神层面的追求。基层不仅是反腐败斗争的薄弱点，也在一定程度上表现为理论政策覆

盖的盲区，尤其是封建迷信、天价彩礼、大操大办这些不良风气依然没有从根本上消失。同时，部分村干部禁不住各种诱惑，思想上甘愿堕落，生活上骄奢腐化，没能真正成为群众利益的守护者，反倒成为群众利益的搜刮者。

3. 监督机制不够完善

在基层，有的监督机制停留在纸上，不能很好地解决"不敢腐"问题。有些党员、基层干部怕报复、怕伤和气、怕抓不准、怕被人说出风头、怕招来麻烦，使监督流于形式。对于一些应公开的"三务"工作以及一些敏感、重大问题，一般干部了解得少，群众更是雾里看花，以致一些村干部钻了空子，成了无人监督的"特殊干部"，工作中随心所欲、违法违纪，最终受到党纪国法的处理。

三　广安市邻水县的探索与实践

近年来，邻水县始终坚持不敢腐、不能腐、不想腐一体推进，大力助推廉洁文化建设，坚持以办案为引领，充分运用监督执纪"四种形态"，严肃查处农村党员干部违纪违法行为。2018~2020年，邻水县纪委监委累计立案查处农村党员干部违纪违法375人。其中，2018年立案查处农村党员干部127人，其中村支书及村委会主任86人，占67.72%，其他村组干部（村文书、小组长等）27人，占21.26%。开除党籍处分14人，其中村支书5人，村委会主任3人，合计占比57.14%。留党察看处分4人，全是村支书。撤销党内职务3人，全是村支书。2019年，立案查处农村党员干部118人，其中村支书及村委会主任49人，占41.53%，与2018年相比下降26.19个百分点；其他村组干部（村文书、小组长等）21人，占17.8%，与2018年相比，下降3.46个百分点。开除党籍处分8人，与2018年的14人相比，下降42.86%，其中村支书1人，村委会主任5人，占75%；留党察看处分4人，其中村支书1人，村委会主任2人。2020年，立案查处农村党员干部130人，与2019年相比上升10.17%。村支书及村委会主任48人，占36.92%，与2019年相比下降4.61个百分点；其他村组干部（村文书、小组长等）20人，占15.38%，与2019年相比下降2.42个百分点。总体来讲，村干部因违法违纪受到处分的所占比例呈下降趋势。开除党籍处分 26 人，与 2019 年的 8 人相比，上升 225%，其中村支书 1 人，占 3.85%。留党察看处分 1 人。撤销党内职务处分 2 人，全是村支书。

分析以上村组党员干部违纪违法数据，主要呈现以下几个特点。

一是村级"一把手"违纪违法占比较高。村党支部书记和村委会主任作为村"两委"的"一把手"，官职不大，权力不小，左右着村级公共事务决策和公共财物支配，容易利用手中权力谋取私利。村级"一把手"不仅发案率高，而且违纪违法的性质也往往比其他农村党员干部恶劣，侵害党和国家、集体、群众利益的情节也比其他农村党员干部严重。

二是违纪违法特征相似。村干部工作、生活经常在一起，对彼此的情况都比较了解，单独实施违纪违法行为很难隐瞒，出事的风险较大。如果相互串通、抱成一团，形成利益共同体，就可以筑成"保护圈"，造成"窝案""串案"，这成为违纪违法的常态。2018 年，县纪委监委查处村职干部"窝案""串案"4 件，处理 11 人，占村支书及村委会主任 86 人中的 12.79%。2019 年，县纪委监委查处村职干部"窝案""串案"6 件，处理 14 人，占村支书及村委会主任 49 人中的 28.57%。2020 年，县纪委监委查处村职干部"窝案""串案"9 件，处理 28 人，占村支书及村委会主任 48 人中的 58.33%。案件及人数呈上升趋势。这类案件内部人点不破、外人看不透、上级管不着，只要其内部分赃保持相对平衡，利益共同体没有崩溃，外人很难发现。一方面，腐败获利人人有份，很容易结盟。有的村主要干部通过与会计、出纳相互勾结，肆意侵吞、私分集体资金，一旦案发整个班子几乎被"全锅端"。另一方面，抱团作案内部有明确分工，相互配合。有的负责寻找项目，有的负责制作假账，有的负责转移资金，分工合作，配合默契。此外，成员之间存在比较严重的依附关系。一般村干部往往屈从于"一把手"，形成病态的依附关系和江湖哥儿们义气，做事不是对事业负责，而是对个人效忠。

三是受重处分人数占有较大比例。2018 年，开除党籍处分 14 人，留党察看处分 4 人，撤销党内职务 3 人，共有 21 人受到重处分，占农村党员干部受处分总人数（127 人）的 16.53%。2019 年，开除党籍处分 8 人，留党察看处分 4 人，共有 12 人受到重处分，占农村党员干部受处分总人数（118 人）的 10.17%。2020 年，开除党籍处分 26 人，留党察看处分 1 人，撤销党内职务 2 人，共有 29 受到重处分，占农村党员干部受处分总人数（130 人）的 22.31%。

四是受到重处分的人数中，村支书和村委会主任占比开始下降。2018 年受到撤职以上处分的 21 名农村党员干部中，村支书及村委会主任有 15 人，占 71.43%。2019 年受到撤职以上处分的 12 名农村党员干部中，村支书及村委会主任有 9 人，占 75%。2020 年受到撤职以上处分的 29 名农村党员干部中，村支书及村委会主任有 3 人，占 10.34%，下降幅度较大。

五是违纪行为种类较多。违纪行为有违反中央八项规定精神的，有违反廉洁纪律的，有违反群众纪律的，有违反工作纪律的等种类。

近年来，邻水县委、县政府结合国民经济和社会发展"十四五"规划和乡村振兴整体布局，科学确立了"1136"工作思路①、"1234"生产力空间布局②和"313"现代农业产业体系③。围绕"特色产业+脐橙"进行乡村振兴规划布局（县西北优质果蔬产业环线，县西南优质林果产业环线，县东北优质粮油产业环线，县东南优质生猪产业环线和优质稻鱼产业环线），为全面推进乡村振兴开好头、起好步。邻水县纪委监委坚持以习近平新时代中国特色社会主义思想为指导，树牢"四个意识"，坚定"四个自信"，坚决做到"两个维护"；坚持标本兼治、以案促改，用身边事教育警示身边人，持续强化纪律建设、作风建设；坚持问题导向、密切联系群众，以廉洁乡村建设保障乡村振兴战略、美丽乡村建设。

（一）强力反腐寸步不让，着力纠治群众身边的不正之风和腐败问题

2021 年，邻水县纪委监委准确把握腐败问题的本质和危害，强化办案

---

① 在"1136"工作思路中，第一个"1"即实现一大目标：推进高质量发展，全面建设社会主义现代化邻水。第二个"1"即激发一大动能：以县域集成改革试点激发高质量发展动能。"3"即构建三大体系：现代产业体系、新型城镇体系、基层治理体系。"6"即加快六大建设：跨省域一体化发展试验区、重庆远郊卫星城、西部装备制造基地、川渝知名康养旅游目的地、全省乡村振兴示范县、国家生态文明建设示范县。

② 在"1234"生产力空间布局中，"1"即"一核"：县城核心。"2"即"两极"：川渝高竹新区、广安高新区两大重要增长极。"3"即"三带"：华蓥山生态康养示范带、铜锣山乡村振兴示范带、明月山绿色发展示范带。"4"即"四区"：县西南产城景融合发展区、县东南农旅文融合发展区、县西北特色农业发展区、县东北乡村振兴发展区。

③ "313"现代农业产业体系，即突出发展粮油、生猪、蔬菜三大农业主导产业，全域发展优质脐橙特色产业，着力补齐现代农业种业、现代农业装备、现代农业烘干冷链物流三大先导型支撑产业的短板。

引领，保持反腐败高压态势，坚持有案必查、有腐必惩，以办案贯穿、联通"三不腐"一体推进，监督检查、专项治理都以案件"开道"。始终保持惩治腐败高压态势，全年立案 229 件，处分（处理）201 人，其中，立案查处乡科级以下干部 165 人。严肃查处发生在群众身边的不正之风和腐败问题 132 个，通报、曝光涉及村级工程项目问题 3 个，基层干部不作为、慢作为乱作为问题 10 个。

（二）标本兼治齐头并进，统筹推进系统治理工作

邻水县严格落实《四川省重大违纪违法典型案件以案促改工作办法（试行）》，同步开展案件处分决定宣布和警示教育，督促指导案发地开好专题民主生活会，做到查处一案、警示一片、治理一域。坚持边治边改边规范，"一领域双专班"推进十大重点行业领域系统治理，立案 95 件，给予党纪政务处分 50 人、留置 5 人、移送司法机关 3 人，收缴违纪违法款 6400 余万元，针对性完善制度机制 37 项。卫健领域系统治理及"以案促改"工作被中央纪委国家监委网站宣传，并在全省卫健系统总结推广。扎实开展回访教育，出台《受处分人员回访教育工作暂行办法》，对 101 名受处分人员进行跟踪回访，帮助其真正认识错误、积极纠错改非。

（三）家风建设夯基固本，筑牢廉洁教育反腐墙

邻水县在创新融合上下功夫，将党史学习教育与好风传家活动融合，运用党史中的"红色资源"，深挖本土优秀家风、家教、家规，高标准建成李准文化陈列馆，引导党员干部加强家风建设，带头抓好家风。编印并发放家风建设读本《悠悠家风传古今》3000 余套，开展读本学用活动，教育引导党员干部立家规、严家教、正家风。编印《党员干部纪法教育锦囊》，形成"日常+岗前+节点"的廉洁教育新常态。持续深化阳光问廉，开展阳光问廉进校园活动。按照县委的生产力空间布局和片区规划编制，发挥中心镇、中心村的作用，挖掘廉洁元素，打造廉洁文化体系，因地制宜地推进"清廉乡村"建设，构建以点带面、点面结合的全域廉洁体系。

（四）廉洁教育质效提升，打造分层分类宣传格局

邻水县强化廉洁文化建设，将廉洁文化建设作为一体推进"三不腐"

的基础性工程。构建"三新"（注重媒体融合发展，实现宣传工作新表达；构建"一片区一特色"廉洁文化新体系；实现"提醒式教育+嵌入式教育+敲打式教育"的廉政教育新路径）廉洁教育格局，注重媒体融合发展，打造"1+5"廉洁文化体系。持续开展"好风传家"系列活动，用好、用活廉洁小环线，编印《党员干部纪法教育锦囊》。持续深化阳光问廉、问政工作，利用"3+2"模式①广泛宣传，常态化通报违反中央八项规定精神的典型案例。每月拍摄1期邻水县本地农村干部警示教育视频，用身边事教育身边人。强化对农村普通党员的管理，出台农村普通党员约束激励机制，制发《关于进一步加强党风廉洁警示教育工作实施意见》。用制度刚性保障落实，实施警示教育常态化、精准化、刚性化"三化"工程，构建"五级九域"② 警示教育对象分层分类架构，建立典型案例资源库，分层施教、对症施教。

四　加强农村基层廉洁文化建设的几点思考与建议

加强农村基层廉洁文化建设是乡村振兴的重要组成部分，对于维护和促进农村改革发展稳定大局，巩固党在农村的执政基础，提高党的执政能力具有十分重要的意义。

一要强化政治理论学习。深入学习贯彻党的十九届六中全会精神，推进党史学习教育常态化，大力弘扬伟大建党精神，深入学习习近平新时代中国特色社会主义思想，深刻理解"两个确立"的决定性意义，把"两个确立"真正转化为做到"两个维护"的思想自觉、政治自觉、行动自觉。坚持自我革命，不断提高党内政治生活质量。围绕贯彻落实习近平新时代中国特色社会主义思想及习近平总书记系列重要指示批示精神，开展科级及以上党政领导干部讲党课活动，推进基层党员干部学深悟透习近平总书记关于全面从严治党、党风廉政建设和反腐败工作新思想新要求，不断提

---

① "3+2"模式包括：三类线上公开，即数字公开、"一村一微"微信群公开、电视公开；两类线下公开，即村务公开栏公开、面对面公开。

② "五级九域"："五级"是指"关键少数"、其他科级干部、股级干部、一般干部、村（社区）干部；"九域"是指政法领域、民生服务领域、财税金融领域、执法检查领域、医疗卫生领域、教育领域、工程建设领域、涉农领域、涉企领域。

高政治判断力、政治领悟力、政治执行力。牢固树立抓好党建是最大政绩的理念，常态化开展党性、纪律、法律、警示"四项教育"，增强党员干部的纪法意识，使党员干部树立正确的价值观，严于律己，不断提高拒腐防变能力，自觉抵制不良风气。加强党内政治生活制度化，进一步建立健全严格党内政治生活的相关制度，用制度管权、管事、管人。通过扎紧制度的"笼子"，使已经发生的突出矛盾和问题得到深入有效的解决，还要有效防范新的矛盾和问题滋生蔓延，使制度成为营造良好党内政治生态的基础和保障。

二要强化责任落实。严格落实《中共中央关于加强对"一把手"和领导班子监督的意见》，抓细抓实对基层党组织"一把手"的政治监督、日常监督，督促履行好主体责任。要强化同级监督，各级纪检监察组织要监督同级领导班子成员严格按照履职清单行权履责，加强对村（社区）"一肩挑"人员的监督。坚持管行业必须管行风，各级领导干部要切实做到"四个亲自"，带好班子、抓好队伍，强化教育监管，发挥示范作用，释放"头雁效应"，管住、带领"绝大多数"。各级纪检监察组织要履行好监督责任，履行好协助职责和监督专责，敢于开展监督，敢于坚持原则，敢于开展批评，发现问题及时提醒、纠正、处理，切不可掩盖问题、护短遮丑，切不可大事化小、小事化了，使不敢腐的震慑威力常在、不能腐的"笼子"越扎越牢、不想腐的堤坝更加坚固。切实增强责任意识，真正做到知责于心、担责于身、履责于行。

三要建强基层党组织。强化农村基层党支部建设，严把"进入关"，建立健全村级"两委"换届候选人县级联审机制，注重对候选人的政治素养、服务能力、群众认可度进行考察，按照"人尽其才、人尽其用、人岗相适"的原则把好进口。做实"提能"关，实施村支部班子"能力大提升"行动，强化业务培训，不断适应新形势、新要求。持续整顿软弱涣散的村级党组织，加强和改善村级党组织对村民委员会以及村务监督委员会、村集体经济组织、群团组织和其他经济组织、社会组织的领导，不断增强凝聚力和战斗力，推动农村发展，助推乡村振兴。推行村党组织书记和村民委员会主任"一肩挑"、村"两委"班子成员交叉任职等措施。

四要强化执纪为民。强化基层监督，鲜明大抓基层导向，擦亮"人民阅卷·广安行动"品牌。巩固拓展"我为群众办实事"的成果，持续深化

"人民阅卷·广安行动"。做深做实"1+N"分层分类包联，镇领导班子重点包联信访群众和重点人员，站所室负责人牵头包联脱贫户、低保户、监测户等特殊困难群体，一般干部重点包联外出务工人员，村组干部（社区网格员）重点包联普通人员。持续集中整治"群众最不满意的事"，在镇村按照分类甄别、全面评估、公开评议、集体研究、公开公示等程序，集中整治"群众最不满意的事"，真正解决好群众关心的痛点、难点、堵点问题。围绕脱贫攻坚同乡村振兴有效衔接，推动健全防止返贫动态监测和帮扶机制，持续巩固脱贫攻坚成果。全面推进乡村振兴专项监督，督促落实五级书记抓乡村振兴要求，聚焦乡村振兴项目建设、资金使用等关键环节，从严查处违规决策导致的国有资产流失、项目审批造假、土地出让监管缺失等问题，保障惠民富民各项政策落地落实。落实好《邻水县纪检监察初信初访办理实施办法（试行）》，及时回应群众关切，抓实做好接访、下访、回访"三访"工作。畅通信访举报渠道，确保民意掌握在一线、问题解决在一线、矛盾化解在一线、民心凝聚在一线。

五要加强基层廉洁文化建设。常态化开展基层廉洁文化教育，重点加强对基层干部的纪法教育和警示教育，防止贪腐基层化。强化廉洁文化建设，将廉洁文化建设作为一体推进"三不腐"的基础性工程，强化基层党员干部的家风教育，加大对高价彩礼、封建迷信、人情攀比、大操大办等不良风气的治理力度，持续推进农村移风易俗，培育文明乡风、良好家风、淳朴民风。通过开展专题巡回宣讲，举办村干部讲座，召开案件通报会，廉政谈话、廉政约谈，赠送党风廉政教育读本等形式，向农村基层干部宣传党纪政策和法规，不断丰富和创新教育方式，努力营造崇尚廉洁的良好氛围，筑牢干部的思想防线。

六要常态开展正风肃纪。紧盯"窗口腐败""窗口作风"问题，开展专项监督整治，切实解决基层群众反映强烈的"办事难""不便民"问题。用好"一卡通"监管平台和"大数据+阳光监督"平台，推动对惠农惠民财政资金从"审批"到"发放"的全链条、全过程监督。开展村（社区）集体"三资"提级监督，加快对接集体"三资"监管平台建设。统筹推进村级"3+2"模式的全覆盖、多维度公开体系建设，推行"打开电视看公开"，着力打造基层监督"阳光工程"。不断提高村民的参与意识，积极探索互联网、电视问政、电话热线、直接走访等村民喜闻乐见的监督方式，进一步拓宽监督渠道。

七要强化制度约束。狠抓建章立制与深化改革并举，形成从"亡羊补牢"到"未雨绸缪"的整改工作机制，严格落实针对重大违纪违法典型案件的"以案促改"工作办法。坚持边治边改边规范，针对性开展对基层党员干部违纪违法案例的剖析，指导推动同类问题防治。持续开展系统治理，督促主责部门排查风险、整改问题、建章立制，斩断利用监管空白或制度漏洞搞利益输送的链条。

加强基层党风廉政建设　助力乡村全面振兴

——丹棱县打造乡村振兴"红色引擎"

王依纳[*]

摘　要：本文以眉山市丹棱县为例，在实地调研其加强基层党风廉政建设助力乡村振兴的探索与实践成效的基础上，分析其在基层监督力量整合、作风整治、廉洁阵地作用发挥、村级纪检干部能力等方面存在的问题，并对加强基层党风廉政建设助推乡村振兴提出相应的意见建议，主要包括四个方面：①整合力量，不断提升基层监督的质效；②真抓实干，不断营造风清气正的政治生态；③创新载体，不断丰富农村廉洁文化的形式；④夯实根基，不断提升基层社会治理效能。

关键词：基层党风廉政建设　乡村全面振兴　基层社会治理

丹棱古称齐乐郡，隋开皇十三年（593）建县，因城北"红色有棱、状若飞旗"的赤岩山而得名。县城位于成都平原西南边缘，面积450平方公里，辖5个乡镇50个村（社区）。2021年底常住人口为14.93万，是全国首个农村生态文明家园建设试点县、国家可持续发展实验区、国家级生态示范区、全国农村创业创新典型县、全国农村人居环境整治成效明显的激励县、国家信访工作"三无"县、中国橘橙之乡、中国民间唢呐艺术之乡、全省首批实施乡村振兴战略先进县。

乡村振兴，廉洁先行。农村基层党员干部作为党和政府在农村各项方

＊　王依纳，丹棱县纪委监委工作人员。

针政策的主要贯彻者和实施者，承担着组织群众、联系群众和管理农村经济社会发展的重任，对农村社会改革发展稳定的作用不可小觑。2021年以来，随着村（社区）党组织书记、村（居）委会主任全部实现"一肩挑"，决策"一言堂"、用人"一句话"、支出"一支笔"的廉政风险更加凸显。为加强基层党风廉政建设，助力乡村全面振兴，丹棱县纪委监委聚焦政治建设、作风建设、思想建设和组织建设，不断加强和改进基层党风廉政建设和反腐败工作，着力打造乡村振兴"红色引擎"，切实为探索建设"城乡融合·共同富裕"先行示范区凝聚磅礴力量。

一 丹棱县加强基层党风廉政建设
助力乡村振兴的探索与实践

（一）聚焦政治建设，扛起乡村振兴责任

从脱贫攻坚到乡村振兴，工作重心从围绕建档立卡贫困户"两不愁三保障"的显性目标，转向以全面推进乡村产业、人才、文化、生态、组织振兴为目标的高质量发展。工作对象、工作重点有所不同，政策要求有所不同，要解决的主要矛盾也有所不同。丹棱县立足新形势、新任务，聚焦村级人、财、物，统筹各类监督力量，增强监督的针对性和有效性，找准为乡村振兴提供纪律保障的切入点，着力扫清乡村振兴道路上的绊脚石，助力全面推进乡村振兴，加快农业农村现代化。

1. 紧盯"关键人"，激发乡村发展内力

"一把手"是党的事业发展的领头雁，在增强"四个意识"、坚定"四个自信"、做到"两个维护"上必须作表率、打头阵。村级组织"一把手"作为村集体的"领头人"，是重点受监督的对象。丹棱县严格落实村级重大事项"四议两公开"① 和"四务公开"② 制度，让村党组织书记的履职过程处在党员和干部群众的监督之下。制定村党组织书记"三张清

---

① "四议两公开"，即农村所有村级重大事项都必须在村党组织领导下，按照"四议""两公开"的程序决策实施。"四议"指党支部会提议、"两委"会商议、党员大会审议、村民代表会议或村民会议决议；"两公开"指决议公开、实施结果公开。

② "四务公开"指社区党务公开、自治事务公开、财务公开和服务事务公开。

单"，即"权力清单"、"责任清单"和"负面清单"，使村党组织书记清楚岗位职责和工作要求。出台《村务监督委员会工作细则》《丹棱县村（社区）干部"八坚持、八严禁"行为规范》等制度，杜绝村党组织书记"一支笔"审批。同时，将群众意见大、矛盾问题突出的重点村（社区）纳入提级监督范围，由县纪委监委直接监督，使监督触角直达基层"神经末梢"。

2. 紧盯"关键财"，守护乡村发展动力

农村集体的资金、资产、资源是村集体发展的基础，关系到每个村民的切身利益。加强对农村集体"三资"的监督管理，是实施乡村振兴战略的基础性工作，也是促进农民增收、推动新农村建设的重要基础。近五年来，"三资"管理存在账目设置混乱、经费开支不明确、记流水账、打白条、弄虚作假套取资金等现象，暴露出当前农村"三资"监管是亟须齐心协力破解的难点问题。为此，丹棱县在坚持农村"三资"所有权、使用权不变的前提下，健全完善村级配套监管制度，从"严"字入手，立足于防，着眼于控，抓实村级"三资"监管。建立"巡审联动+巡纪衔接"模式，通过大数据分析、对账核实、走访了解、个别谈话等方式，对全县50个村（社区）的农村集体"三资"管理工作开展专项巡察和审计，发现问题183个，查处违规违纪问题5个，处理5人。针对村级财务管理混乱、大额财政资金未建账的问题，督促县财政局对"三资"银行账户中非"三资"财政资金进行全面清理，并统一由丹棱县票据服务中心管理。针对发现的部分村级项目转包、发包、招投标管理混乱等问题，研究制定村级政府性400万元以下投资项目相关操作办法，填补政策空白。针对"三资"管理方面的制度漏洞，督促健全完善《丹棱县农村集体"三资"管理实施细则》等全县性制度5个。同时，为健全农村集体"三资"日常监督管理机制，搭建、运行"三资"管理新平台，实行对"三资"的可视化监管。

3. 紧盯"关键物"，注入乡村发展活力

十九届中央纪委六次全会强调，加强对乡村振兴重点项目推进情况的监督检查，切实提高政治站位，加强政治监督，做好日常监督，持续开展乡村振兴专项监督，以强有力的监督推动巩固拓展脱贫攻坚成果同乡村振兴的有效衔接，确保党中央的决策部署落地落实。无论是过去的脱贫攻坚还是现在的乡村振兴，村（社区）都承担着大量项目，这些项目在给村（社区）带来人居环境改善、生活水平提高的同时，也容易使个别村（社区）干部触碰廉洁自律红线，走上违纪违法的道路。近五年来，丹棱县查处了 20 名在项目上动手脚的村干部，发现部分村干部的党性意识不足，村一级项目监督存在漏洞、监管不力等问题。2021 年以来，由县纪委监委、县委督查室、县发改局牵头，县委巡察组 3 名组长带队，从县委组织部、县政府督查室、县审计局、县统计局等部门抽调精干力量，组建了三个专项督查小组，对全县 61 个重点工作和 167 个重大项目开展监督检查。其中，涉及村级项目 82 个，发现并督促整改安全生产、生态环保等领域问题 111 个，确保项目阳光、公开，真正惠农惠民。

（二）聚焦作风建设，夯实乡村振兴发展根基

干部作风问题关乎人心向背，关乎党的生死存亡。农村基层干部作为实施乡村振兴战略的中坚力量，其作风是否过硬，直接关系到党中央决策部署在农村的贯彻执行和乡村振兴战略的实施成效。因此，要加强纪律作风建设，让村（社区）干部明底线、知戒惧，使各项利民惠民政策更好地在基层落地落实，为全面推进乡村振兴提供坚强作风保障。

1. 正风肃纪不停歇，推动政治生态向善向好

乡村振兴，纪律作风是保障。为有效整治群众身边的腐败和不正之风，督促和推动巩固拓展脱贫攻坚成果同乡村振兴有效衔接，丹棱县要求各乡镇规范值班制度，各村（社区）值班人员严格落实 24 小时值班制，确保通信畅通，严格执行交接班制度，对落实不到位的村（社区）进行通报批评。同时，充分利用主题党日活动集中组织学习《中国共产党纪律处分条例》《中华人民共和国监察法》等相关党纪法规，不断提升基层干部的纪律意识和法律素养，并结合通报曝光的典型违纪违法案件，召开"以案促改"警示教育会，促使广大党员干部深刻吸取教训，知敬畏、存戒惧、守底线。

2. 基层减负不走样，释放基层干部的干事热情

习近平总书记强调："要坚决杜绝形形色色的形式主义官僚主义，持

续为基层松绑减负，让干部有更多时间和精力抓落实。"① 我们在调研走访中了解到，丹棱县仅城西社区一个月就开出 200 多份"奇葩证明"。为了让基层干部从繁杂的工作中解脱出来，更好地实现乡村振兴发展蓝图，更好地为群众办事服务，丹棱县创新开展清理整治"奇葩证明"专项行动，制定了《清理村（社区）非必要证明的工作方案》。组织 15 个村（社区）的党组织书记召开"吐槽大会"，广泛听取"经办人"和"办证人"的真切感受，全面收集排查"奇葩证明"的类型、分布领域、主要用途及主张单位，最终形成《丹棱县证明材料负面清单》。通过整治，共清除"奇葩证明" 39 项，优化证明事项 19 项，取消非必要事项 3 项。同时，在全县范围内开展"三清"②"四巩固"③ 行动，要求村（社区）办公服务场所醒目位置悬挂"党群服务中心"标识，大门两侧只悬挂村（社区）党组织、村（居）民委员会和村（居）务监督委员会竖牌，去除一切传统隔离式便民服务柜台，实行"一对一"接待、"面对面"服务，打造开放、互动的窗口服务模式。经过清理，丹棱县共撤销 50 个村（社区）的主席台、便民服务台 50 个，清理非必要的组织机构 292 个，持续释放减轻基层负担的信号，为乡村振兴"蓄力加油"。

3. 专项监督不手软，倒逼基层干部履职尽责

严惩"微腐败"和管好"微权力"，是推进农村基层党风廉政建设、落实全面从严治党的重要任务，也是实施乡村振兴战略的重要基础。针对群众身边不正之风和腐败形式多样的现状，丹棱县纵深推进专项监督。一是紧盯"四个不摘"④ 开展精准监督，细化 9 项 18 条监督工作措施，及时制发纪律检查建议书、履责提示函，不断层层传导压力，督促举一反三整改问题 26 个。举办第八期"阳光问责"脱贫攻坚专场，现场问责脱贫攻坚中的形式主义、官僚主义问题，涉及村（社区）干部 5 人，推动解决扶贫领域问题 4 个。二是深化拓展对惠民惠农财政补贴资金"一卡通"的专

---

① 中共中央办公厅印发《关于持续解决困扰基层的形式主义问题为决胜全面建成小康社会提供坚强作风保证的通知》，见编写组《整治形式主义官僚主义教育读本》，中国方正出版社，2020，第 215 页。

② "三清"指：清主席台、便民服务台；清非必要组织机构；清非必要事务。

③ "四巩固"即：巩固精文简会成果；巩固公开栏、展板整治成果；巩固门牌、制度清理成果；巩固宣传标语散滥整治成果。

④ "四个不摘"指摘帽不摘责任、摘帽不摘政策、摘帽不摘帮扶和摘帽不摘监管。

项治理，制发《关于对"一卡通"专项治理中"限期主动说清问题"相关工作加强规范管理的通知》，分类处置问题线索 47 条，立案审查调查 4 件，给予党纪政务处分 4 人，谈话提醒 26 人，追缴资金 23.73 万元，实现对 22 个补贴项目从审批到发放全过程的监督。三是按照"一项权、一张表、一套流程"原则，全面梳理"三资"管理、工程项目等权力集中、资金密集的村级小微权力事项 30 项，搭建小微权力"监督一点通"服务平台，将群众身边的矛盾问题及时化解在属地最小网格内，给村级权力套上群众监督的"紧箍咒"。截至 2022 年 3 月，受理群众诉求 82 件，已办结 81 件。四是 2018 年以来，收集、处置村级涉黑涉恶问题线索 16 条，办结村级党员干部涉黑涉恶问题线索 10 条，处理 10 人，持续净化农村风气，加快农村发展，维护社会稳定。

（三）聚焦思想建设，凝聚乡村振兴思想共识

"小村官，大腐败"问题严重破坏农村稳定和发展，不仅侵害了农民群众的切身利益，而且损害了党和政府的形象。近五年来，丹棱县共立案查处农村基层党员干部违纪违法案件 94 件。由此可见，滋生腐败的土壤和条件依然存在，基层党员干部的廉洁意识和法纪意识还有待提升。因此，找准农村廉洁文化建设与乡村振兴的结合点和着力点，大力推进廉洁文化"进乡村"，全面构建农村廉洁文化建设新格局，有利于营造浓厚的廉洁氛围，为乡村振兴保驾护航。

1. 打造农村廉洁文化基地，让阵地建设多点开花

农村廉洁文化示范点作为反腐倡廉宣传教育的重要阵地，对筑牢农村党员干部拒腐防变思想防线，推动全社会形成健康向上的价值观具有重要意义。丹棱县充分挖掘历史文化、名人乡贤、村规民约中的廉洁文化资源，建成以作平文化大院、德祥文化大院等为代表的 82 个农村廉洁文化示范点，覆盖全县 5 个乡镇 50 个村（社区）。其中，张场镇德祥文化大院被省委宣传部推荐为第九届全国服务农民、服务基层文化建设先进集体，作平文化大院王作平被评为四川省首批乡村文化能人，廉洁文化点的示范引领作用进一步凸显。

2. 营造农村廉洁文化氛围，让清廉正气蔚然成风

丹棱县依托市级廉洁文化示范点作平文化大院，深挖具有本地特色的

民俗文化和传统文化资源，把无形的文化通过有形的载体表现出来。设置廉洁文化书屋及廉洁文化舞台，使本地特色廉文化资源与时代内涵融合，打造百姓家门口的"廉"场所。同时，丹棱县以雅正文化为核心，深入挖掘村镇文化资源，梳理历史文化遗迹、优秀传统家规家训和村规民约，以及廉政人物典范身上的廉洁元素，深入总结、提炼，丰富现有的廉洁文化点，重点打造淑乡长廊、家风墙、村史馆、新时代文明实践中心、道德超市等，充分发挥传统文化、民俗文化、红色文化和廉洁文化的作用，切实增强廉洁文化阵地的吸引力、感染力和渗透力。

3. 开展农村廉洁文化活动，让清廉思想入脑入心

紧盯传统节日、换届年等特殊节点，为新上任的村（社区）干部及其家属送上廉洁春联和廉洁家书，把严管厚爱送到家。依托"党群集中活动日"等载体，以文艺演出、书画展览、报告会、读书演讲、征文、知识竞赛、宣传橱窗、影视展播等形式，运用广播、电视、报刊、网络等传播手段，向基层党员干部群众广泛宣传和展示廉洁文化，充分发挥廉洁文化教育人、浸润人、感染人的作用，寓教于乐、润物无声，消除腐败滋生的土壤。2022 年以来，全县已集中举办农村廉洁文化活动 12 场次，受教育干部群众达 5000 余人次。

4. 成立农村廉洁文化宣讲团，让清风廉韵走进万家

为了让廉政思想更接地气、更深入人心，丹棱县创新组建农村文艺队，通过特约监察员的创作快板，将党史学习教育、政策法规、基层党风廉政建设和反腐败工作成果等内容改编成群众喜闻乐见的快板作品，并固定时间排练和表演，不断提升团队的表演能力和影响力，收到"组建一支、带动一片"的效果。目前，已经创作完成《党史学习育新人》《说说"监督一点通"》《乡风文明你我他》《换届工作五六九》等 100 余部快板作品，并在作平文化大院和其他村（社区）公开表演 600 余场次。

（四）聚焦组织建设，筑牢乡村振兴战斗堡垒

乡村要振兴，组织是保障。基层党组织处在扶贫、发展、综合治理、乡村振兴的第一线，是服务发展、服务民生、服务群众最贴心的"红旗手"，是党的全部工作的"发动机"，也是战斗力最强劲的"发动机"，更是党的路线、方针、各类政策的执行者。因此，村级纪检组织要充分发挥

监督"前哨"的作用，强化村级一线监督，为乡村振兴工作提供坚强保障。

1. 选优配强村级纪检委员，织牢基层党风廉政建设"第一防线"

为紧跟当前基层党风廉政建设和反腐败工作的实际，丹棱县5个乡镇均设立了纪检机构（纪律检查委员会）和监察机构（派出监察办公室），实行一套机构、两块牌子。配备纪检监察干部16名，其中纪委书记（监察办公室主任）5名，副书记（监察办公室副主任）5名，纪委委员6名。全县50个村（社区）均单独设立纪检委员（纪委书记），共配备村（社区）纪检干部106人，其中纪委书记29人，纪检委员21人，纪委委员56人。丹棱县按照《关于加强和规范乡镇（街道）村（社区）纪检监察组织建设的指导意见》的要求，规范村级纪检组织设置，制定村级纪检组织履职手册，试行《进一步加强村（社区）纪检组织建设的指导意见》《丹棱县村（社区）纪检组织工作制度》，明确村（社区）纪检组织的职责定位和履职方向。同时，要求各乡镇纪委每季度至少召开1次村（社区）纪检干部例会，重点传达、学习上级党委、纪委的重要文件和会议精神，分析研究基层党风廉政建设状况，针对存在的问题提出解决对策和措施，并安排部署下一步纪检工作。

2. 创新村级纪检监督机制，提升基层党风廉政建设的监督质效

一方面，全县按照"地域相近、有利工作"的原则，将村（社区）纪检组织划分片区，建立由乡镇纪委（监察办公室）统一领导，纪委书记（监察办公室主任）牵头负责，纪委副书记（监察办公室副主任）、纪委委员指导落实，各村（社区）纪检组织具体参与的片区协作工作机制。每个片区由乡镇纪委明确1名纪检干部担任联片领导，负责统筹指导信访处理、交叉监督等重点工作。乡镇纪委统筹做好片区日常管理、组织实施、力量调度、审核把关、工作考核，县纪委监委对口联系纪检监察室，做好片区督促指导工作。推行村级纪检员到乡镇纪委、乡镇纪委委员到县纪委跟班学习，整合运用监督力量，提升基层监督能力。2021年，聚焦疫情防控、生态环保、安全生产、重大工作、重点项目等上级重大决策部署，全县纪检组织主动开展监督检查50余批次，督促整改问题500余个。另一方面，根据查处的基层"微腐败"案例和监督检查、信访举报中群众反映强烈的问题，县纪委监委每月向基层派发监督检查任务清单。根据基层纪检组织

每月监督反馈的问题，县纪委监委综合运用"阳光问责""两书一函"等方式督促问题整改落实。截至 2022 年 3 月，开办"阳光问责"栏目九期，现场曝光问题 29 个，现场问责村组干部 11 人。

3. 加强对村级纪检干部培训，激活基层廉政监督"神经末梢"

村（社区）"两委"换届后，丹棱县通过前期走访调研，发现村（社区）纪检干部对如何履职不清楚，单纯按照乡镇纪委的安排开展工作，日常监督、主动监督较少，监督方式也停留在参会和签字等事务性工作上。为强化村级纪检监察组织规范化建设，着力解决基层纪检监察干部专业素质不高、业务能力不强、工作经验和方法匮乏等问题，村（社区）"两委"邀请县纪委监委纪检监察室、信访室等科室主任"面对面"讲政策、"手把手"教方法、"点对点"解难题，精准培训，提升村（社区）纪检干部的监督能力，为发挥"前哨"作用加足马力。针对村级建制调整改革后村级纪检干部兼任村务监督委员会主任这一情况，丹棱县为填补其知识"盲区"，邀请了本县村务和"三资"管理等相关领域专家，有针对性地对党务、村务、财务等专题业务开展教育培训，推进村（社区）监督工作规范化，促进村（社区）纪检干部履职尽责，做好监督的"一线哨兵"。同时，每半年至少组织开展 1 次村（社区）纪检干部教育培训活动，采取集中学习、专题培训等形式，提高村级纪检干部的履职能力。

二　丹棱县在基层党风廉政建设中遇到的问题与挑战

（一）多方监督力量有待整合

调研发现，党的十八大以来，丹棱县立案查处的村级"一把手"占各级"一把手"查处总数的 28.9%。原因在于，一是当前在对村（社区）"一把手"的监督上还存在短板和不足，上级监督太远、同级监督太软、下级监督太难等问题仍然突出，很多事项难以监管，甚至存在监管盲区。二是存在党内监督职能职责不清、监督手段不多、监督合力不强等堵点、难点问题，与新形势下全面从严治党要求还有差距。比如，有的基层纪检干部受制于"熟人社会"，监督的主动性不够；因监督对象面广量大，全覆盖有效监督力不从心，出现基层监督乏力的现象。

（二）基层作风整治有待用力

近五年来，丹棱县查处违反中央八项规定精神案件108件134人，其中涉及村级干部25人，占18.7%，反映出村级"四风"问题顽固复杂，"四风"隐形变异新动向还需时刻防范。一是作风问题具有顽固性和反复性特点。违反中央八项规定精神的问题在面上得到有效遏制，但是一些改头换面、变换手法的隐形变异问题依然存在，具体表现形式趋于隐蔽，查处难度越来越大。例如，针对公务用车、差旅费、"奇葩证明"等虽然均开展了专项治理，但公务用车不规范、差旅费重复报销、"奇葩证明"屡禁不止等问题依然存在，奢靡享乐的老问题病根仍在，"不想腐"的内在自觉尚未形成。二是个别党员干部对贯彻落实中央八项规定精神存在懈怠和侥幸心理，学习、实践"两张皮"，学用成果转化率低，结合重点工作和中心工作开展学习教育的力度还不够。仍然存在重业务、轻作风问题，在以理论联系实际推动各项工作完成方面做得不够好。

（三）廉洁阵地作用有待发挥

82个村级廉洁文化点修建完成后，接待县域内党员干部参观学习不到2000人次。原因在于，一是形式较为单一，缺乏活动载体。农村廉洁文化点的内容大多重复，氛围营造相似，很难引起群众的参观兴趣。设置廉洁文化点后举办活动的场次不够多，近五年仅举办过50余场大型活动，并且形式不够丰富多样。二是宣传平台较为狭窄，基地影响力不够，缺乏吸引力。农村廉洁文化点的知名度一般仅存在于当地村庄，对外宣传力度不够，群众覆盖面小，其他部门单位参与度较低。

（四）村级纪检干部能力有待提升

我们经调研了解到，村级纪检干部普遍存在工作经历单一、缺乏纪检工作经验的特点。一是自我学习能力有限。监督的方式方法不能紧跟新形势、新任务，停留在列席会议、签阅票据上，主动学习业务知识的意识和能力比较欠缺。二是面向纪检干部开展的培训针对性不够强。系统性、全面性培训安排较多，部门类、业务类培训计划较少，导致村级纪检干部业务知识储备还较为薄弱，未能在案件查办实战中提供有力的人才保障。三是监督执纪效果不佳。村级纪检干部绝大部分为本村（社区）的村（居）民，困于"人情社会"，有时存在"多一事不如少一事"的心理。

三　加强基层党风廉政建设助推乡村振兴的意见和建议

（一）整合力量，不断提升基层监督质效

一是围绕乡村振兴这个"国之大者"，紧盯农村领域基层治理突出问题，扎实开展"四大强基行动"，做好乡村振兴专项监督，收集村（社区）集体"三资"管理、村级公开、养老服务机构管理、涉农产业和工程项目等四大领域违纪违法问题线索，推动乡村振兴取得新进展、农业农村现代化迈出新步伐。

二是针对全县范围内村级工程项目多、上级补助资金数额大、村级集体经济发达或"三资"达到一定规模的重点村（社区），紧盯村（社区）党组织书记、"三资"管理、项目建设等关键人和事，开展"一对一"提级监督，打破监督壁垒，延伸监督触角，推动基层管理体制和运行机制再上新台阶。

三是全面整合运用监督力量。一方面要注重把纪律监督、监察监督、巡察监督、派驻（出）监督贯通融合，另一方面要加强村级纪委书记（纪检委员）、监委委员、村民代表、党员代表等监督力量的综合运用，最大限度地发挥同级监督的作用，进一步细化明确村级纪委书记（纪检委员）、监委委员的职能职责，加强对村级财务、涉农资金、产业项目、低保发放等重大事项的全程监督。

（二）真抓实干，不断营造风清气正的政治生态

一是加强监督执纪。把落实中央八项规定精神、纠正"四风"作为监督执纪问责的一项经常性工作，查找在落实中央八项规定精神中存在的突出问题，坚持抓早抓小，及时教育提醒，坚决防止"四风"问题反弹回潮。

二是突出问题导向。紧盯"四风"隐形变异问题，持续开展好干部办公用房、违规报销机票等专项整治行动，做好清理整治"奇葩证明"后半

篇文章，适时开展"回头看"监督检查，切实为基层减负。

三是不断加强对基层党员干部的警示教育。不断从思想上筑牢不敢腐、不想腐、不能腐的思想防线，强化对党政领导干部这个"关键少数"的日常监督，坚持以上率下，充分发挥示范引领作用。

（三）创新载体，不断丰富农村廉洁文化的形式

一是不断推进农村廉政文化体系建设。创新农村廉政文化活动载体，利用传统节气、节日等关键时间节点，举办形式多样的廉政相关活动，把传统民族民间文艺、休闲娱乐和廉洁文化教育有机结合起来，让群众在闲暇游玩中受到廉洁文化的熏陶引导，使廉洁观念、廉洁习惯在潜移默化中形成。同时，在村（社区）等群众密集的活动场所增加"廉洁书屋""廉洁广场"等元素，做到廉洁文化阵地向群众生活领域广延伸、全覆盖。

二是搭建农村廉洁文化宣传平台，帮助农村组建多个廉政宣讲团，带领团队和快板作品"走出去"。一方面，运用"互联网＋"将农村廉洁文化基地建设情况通过 VR 的形式在网络上进行传播，进一步构建农村廉洁文化建设新体系，打造寓教于乐、寓教于理、寓教于情的新格局。另一方面，调动多方力量，把纪检监察、组织以及宣传、教育等部门的力量整合起来，形成工作合力，建立农村廉洁文化建设分工合作责任机制、资金投入机制、文化创作机制等，充分发挥社会力量和群众力量，做到上下联动、齐抓共管、群策群力。

（四）夯实根基，不断提升基层社会治理效能

一是针对村级纪检组织"事多人少""地少人熟"的现状，结合最新县域片区划分方案，进一步完善片区协作工作机制，整合人员力量，构建县乡村纪检监察组织一体化协作网络。围绕疑难复杂问题线索、重要专项监督检查等，开展交叉检查、协作办案、交叉办案，着力补齐靠前监督"不力"、熟人监督"乏力"、监督缺少"合力"等监督"短板"。

二是聚焦当前队伍建设中的实际性"短板"，根据审查调查、案件审理工作需要，针对性制订案件查办提能专题培训计划，打破机关、乡镇、派驻（出）纪检监察机构壁垒，深化室组、室地、室巡联动，以机关纪检

监察室为枢纽，以实际需要为出发点，结合干部的经历经验，采取以老带新、机关加乡镇等不同方式组建审查调查工作组，在实战中进行梯次培养、力量统筹。

三是建立健全乡镇纪检监察机构与村级纪检干部考评体系，强化对村级纪检干部的日常管理和督促指导。

达州市精准监督护航乡村振兴的实践与探索

袁　洪[*]

摘　要： 实施乡村振兴战略是党的十九大做出的重大决策部署，是在全面建成小康社会的基础上全面建设社会主义现代化国家的重大历史任务。加强对乡村振兴各项工作的精准监督势在必行。本文通过介绍达州市在乡村振兴专项监督中的主要做法，梳理其取得的成效、存在的问题和不足，并进一步探讨了提升乡村振兴精准监督的改进措施，以期破解基层监督"最后一公里"难题。

关键词： 纪检监察　乡村振兴　精准监督

2022 年，《中共中央 国务院关于做好 2022 年全面推进乡村振兴重点工作的意见》公布，突出年度性任务、针对性举措、实效性导向，对全面推进乡村振兴重点工作做出全面部署。中央纪委国家监委专门印发指导意见，要求各级纪检监察机关立足职能职责，充分发挥监督保障执行、促进完善发展的作用，扎实开展专项监督，着力将党中央全面推进乡村振兴重点工作的部署要求落到实处。同时，中共四川省纪委十一届六次全会也提出"大抓基层党风廉政建设"理念，加强对乡村振兴重点项目推进情况的监督检查，从严查处违规决策导致国有资产流失、暗箱操作、权钱交易等问题。

---

* 袁洪，达州市市委常委、纪委书记、监委主任。

同时，我们从监督检查实际和脱贫攻坚工作经验判断，随着乡村振兴战略的深入推进，大量惠民政策、专项资金进入农村和农业领域，如果监管不及时跟进，就可能出现腐败和作风问题，影响乡村振兴战略在基层落地落实，严重损害党和政府在群众心中的形象，让党的惠农政策成为"空中楼阁"。由此可见，加强对乡村振兴各项工作的精准监督势在必行。

一 达州市开展乡村振兴专项监督的主要做法和成效

近年来，达州市坚持"首先从政治上看"，把乡村振兴这个"国之大者"放在重要位置来抓，充分发挥监督保障执行、促进完善发展的作用，深入实施人员配备好、保障落实好、能力提升好、制度健全好、工作推进好的"五好"乡镇（街道）纪检监察组织建设。建立提级审理机制，紧盯县里的"权"、乡村的"情"、村里的"点"，全面加强对乡村振兴重点项目推进情况的监督检查，做到监督下沉、监督落地，激活监督"神经末梢"，推动打通政策落实的"最后一公里"，切实解决群众身边的腐败和作风问题，有力保障党中央惠民利民、安民富民各项政策落实到一个个具体项目中，落实到千家万户。

（一）强化"三项举措"，赋能专项监督高点起步

1. 高位谋划把方向

达州市委高度重视专项监督工作，市委主要领导第一时间组织召开市委常委会议进行专题研究，明确全年监督的重点和方向；多次组织召开会议部署推进，始终确保工作强劲有力。市纪委监委强化主责担当，把专项监督纳入年度重点工作强力推进，定期召开会议，专门听取、研究、推动专项监督工作，并及时制发《关于2021年开展专项监督促进巩固拓展脱贫攻坚成果同乡村振兴有效衔接任务清单》，将全年工作细化分解为43项具体任务，实行台账式管理、清单式推进。

2. 专班推动聚合力

达州市坚持专项监督"专"起来抓，及时组建成立由市纪委监委领导任组长的工作专班，制发专项监督清单，抽调精兵强将推动专项监督工作。2021年，市本级先后开展乡村振兴专项监督5轮，发现并督促解决问

题 35 个，印发催办通知 5 份，发送工作提醒信息 98 条。同时，督促各县（市、区）纪委监委相应成立工作专班，实现全市上下"一盘棋"，汇聚成强大工作合力。

3. 健全机制促高效

始终把制度建设摆在突出位置，健全落实"半月一调度、一月一总结"的统筹调度机制，推动乡村振兴专项监督信息及时交换、工作压茬推进。健全落实"四不两直、访谈见面"的调研督导机制，指导、推动、督促相关问题解决到位。将乡村振兴专项监督工作纳入全市纪检监察组织年度目标任务，实行量化考核，倒逼工作落实。健全落实"室组地联动""乡镇片区协作""村级纪检员统派统管"等工作机制，科学统筹基层监督力量，实现监督质效全面提升。

（二）抓好"四个关键"，引领专项监督有力有序

1. 抓好蹲点调研

达州市聚焦过渡期政策断档、政策空白以及权责事项不清等基层反映强烈的问题，制发《巩固拓展脱贫攻坚成果同乡村振兴有效衔接专项调研方案》，由市、县两级纪委监委领导班子成员分别带队，深入基层一线，集中开展蹲点调研。2021 年，累计发现各类问题 110 余个，基本摸清过渡期有关问题的病灶症结，为开展专项监督提供了第一手资料。

2. 抓好一线监督

市纪委监委充分发挥群众的监督主体作用，持续深化"千名纪检监察干部进万家"活动，深入田间地头面对面收集群众诉求、征集群众意见建议，及时回应群众关切、解决群众诉求。2021 年，累计收集并解决群众反映的乡村振兴有关诉求 4000 余个。督促各县（市、区）纪委监委通过设立或整合举报电话、开设网页专栏等形式，进一步畅通群众投诉、举报渠道，让群众主动参与专项监督全过程。2021 年，全市共接到群众与乡村振兴有关的举报电话 73 个，查实问题 6 个，给予党纪政务处分 6 人。

3. 抓好专项检查

全市紧扣专项监督年度重点任务，采取"室组地联动"等有效模式，组建 5 个专项监督检查工作组，对各县（市、区）、市级有关部门开展 1 轮全覆盖专项监督检查，2021 年累计发现并督促整改问题 75 个。各县

（市、区）纪委监委有效整合监督力量，累计开展专项检查 23 次，发现并督促整改问题 500 余个。同时，注重举一反三，督促各地、各有关部门全面开展工作自查，及时弥补工作短板，实现从点位问题整改到面上工作全面推进。

4. 抓好警示教育

把警示教育贯穿专项监督全过程，选取扶贫领域违纪违法典型案件，通过编制警示教育读本、印发《工作通报》等形式，时刻警醒党员干部筑牢拒腐防变的思想防线，督促党员干部心无旁骛地推进乡村振兴。2021年，全市共编制警示教育读本 1.6 万余册，印发《工作通报》9 期。

（三）打好"五大战役"，护航专项监督走深走实

1. 打好政策落实战

达州市始终把督促过渡期政策部署落实放在专项监督的首要位置，紧盯巩固"四个不摘"① 政策成果，加强监督，督促出台《达州市巩固拓展脱贫攻坚成果同乡村振兴有效衔接实施方案》，配套制定 34 项衔接政策，督促成立由 10 名副县级以上领导干部组成的乡村振兴专项督导组，轮换、选派到位驻村"第一书记"及队员 2700 余名，实现帮扶总体稳定。紧盯健全防止返贫动态监测和帮扶机制，加强监督，督促建立防返贫基金 1850万元，设立防止返贫监测员 2283 名，新认定监测对象 1138 户 3395 人。加大对重点帮扶地区万源市的监督保障力度，印发《关于支持万源市经济社会高质量发展助推乡村全面振兴的若干措施督办任务的通知》，对 21 条具体支持措施进行全面跟踪督办，督促形成集中支持万源市的强大合力。紧盯易地扶贫搬迁，对后续帮扶加强监督，督促帮扶 9.62 万名易地扶贫搬迁群众通过劳务和产业实现稳定脱贫、2.94 万名集中安置群众开启新生活。

2. 打好"三资"监管战

达州市督促各地、各有关部门分年度、分项目建立到户资产、集体资产、国有资产"三本"台账，全面完成扶贫项目资产清产核资、登记造册工作，共确权登记扶贫资产项目 2.98 万个。印发《达州市村（社区）集体"三资"提级监督工作举措》，督促各地、各有关部门大力推进农村集

---

① "四个不摘"指，贫困县摘帽后，摘帽不摘责任、摘帽不摘政策、摘帽不摘帮扶、摘帽不摘监管。

体"三资"管理中心建设和农村集体"三资"提级监督试点，建成农村集体"三资"管理中心 37 个，提级监督试点站（所）20 个、村（社区）37 个。督促财政、农业农村等部门加快推进农村会计综合服务体系建设，全面推行村财乡代管机制，代理记账服务得到进一步规范。

3. 打好"微腐败"治理战

持续深化惠农惠民财政补贴资金"一卡通"管理问题专项治理，制发工作提示函、督办函 8 份，督促整改问题 57 个。推动将 65 个项目纳入"一卡通"阳光发放平台，累计发放资金 94 亿元，将 18 个项目纳入阳光审批平台，完成阳光审批 5.4 万人次，处理投诉、举报 73 件，拦截不合规资金 1.43 亿元。严查乡村建设领域腐败问题，持续深化"三盯""三公开"①，督促清理乡村工程 1747 个，发现问题 140 个，督促整改 108 个，移交问题线索 32 条。加大对国有投资平台公司的监督力度，查处国有投资平台公司问题 5 个，3 人受到党纪政务处分。扎实开展对违反中央八项规定精神的突出问题的专项整治，查处问题 218 个，给予党纪政务处分 226 人。对脱贫攻坚工作中积压的问题线索进行集中处置，处置问题线索 17 条，给予党纪政务处分 20 人，实现存量问题线索全部清零。

4. 打好基层减负战

全市聚焦基层反映强烈的"表山""会海"泛滥、打卡考核扎堆、权责事项不清等问题，印发《进一步解决形式主义问题做好 2021 年为基层减负工作职责表》，从下往上倒查责任和作风，严肃查处干部群众反映强烈的形式主义、官僚主义问题，保障基层干部把更多时间和精力放在抓乡村振兴上。2021 年，全市共查处形式主义、官僚主义问题线索 117 条，处理 257 人，给予党纪政务处分 120 人。

5. 打好移风易俗战

达州市督促民政部门、乡镇（街道）指导村（社区）制定完善村（居）民公约，引导群众自觉反对天价彩礼、大操大办宴席、铺张浪费、讲排场比阔气等陈规陋习，推动乡风文明持续向好。督促党员干部严格执行《关于领导干部操办婚丧喜庆等事宜的暂行规定》，切实规范党员干部行为，引导其发挥示范引领作用。2021 年，共查处党员干部违规操办婚丧

---

① "三盯""三公开"是指，针对扶贫领域的反腐败，要盯住县里的权、盯住乡里的情、盯住村里这个点，实现扶贫资金县、乡、村三级公开。

喜庆等问题 10 个，给予党纪政务处分 10 人。

二　乡村振兴专项监督中存在的主要问题和原因分析

通过开展日常监督、专项监督，达州市乡村振兴战略实施过程中的腐败和作风问题得到有效治理。但从调研情况看，还存在一些问题，主要表现在以下几个方面。

（一）主体责任落实还不到位

乡村振兴战略实施以来，尽管各地党组织和干部抓工作的政治自觉得到很大提升，但是在推动工作落实的过程中依然存在对新要求认识不清、对决策部署执行不力以及监督管理信心不足等问题，严重影响乡村振兴项目的顺利实施。

1. 对新要求认识不清，存在"埋头拉车"现象

一些基层党组织在主体责任落实上还有一定差距，政治敏锐性不强，对乡村振兴实施过程中发生的政策变化情况认识不清，对新发展理念、新工作要求掌握不够，重实干、轻学习，存在学习政策不系统、不全面、不精准、不牢固，落实政策缺乏思路和打算，对如何开展乡村振兴找不到方向、抓不住重点等问题。比如，从脱贫攻坚到乡村振兴，工作对象转变为整个农村地区和全体农民，工作标准也由"两不愁三保障"转变为"产业兴旺、生态宜居、乡风文明、治理有效、生活富裕"等方面。但部分干部仍然错误地认为，乡村振兴与脱贫攻坚任务一致，只是口号变了（图 1~3 是对 100 个样本的调查情况）。

2. 决策部署执行不力，存在"照猫画虎"现象

一些基层党组织对推进乡村振兴战略认识不到位，对待工作任务和安排只看到挑战和压力，习惯于对上级工作部署仅"下达"，重布置、轻落实，被动应对，不能抓住机遇谋发展。有的习惯于做表面文章，不敢较真碰硬，"口号喊得震天响，落实起来轻飘飘"。有的甚至拍脑袋乱决策，搞"政绩工程""面子工程"等，以致对乡村振兴决策部署的落实存在偏差。

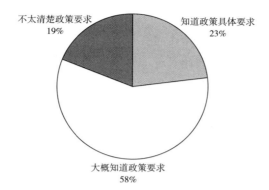

图 1 "第一书记"对乡村振兴战略相关政策的了解程度

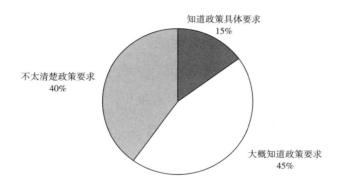

图 2 村（社区）干部对乡村振兴战略相关政策的了解程度

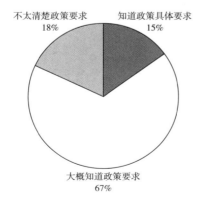

图 3 乡镇（街道）干部对乡村振兴战略相关政策的了解程度

3. 监督管理信心不足，存在"得过且过"现象

有的县乡领导班子对"两个责任"和"一岗双责"落实不到位，认为基层干部本身就很辛苦，因此对干部干事创业的标准要求不高，对干部要求不严格，对工作完成情况把关不严，得过且过，导致一些地方乡村振兴工作推进不力、进展缓慢。个别乡镇的纪委书记反映，对干部的查处，操作上必须得到乡镇主要领导的"首肯"和支持，而镇、村干部往往受"人情羁绊"，乡镇主要领导具有强烈的"保护动机"，往往"大事化小、小事化了"。加之，纪（工）委书记作为党（工）委班子成员，在人、财、物方面依附于党（工）委，纪（工）委书记专职专用后，仍然存在畏难情绪。我们调研走访发现，11 名乡镇纪委书记均担心领导不支持，更怕查出问题领导不满意，存在监督底气不足、力度不大的问题。

（二）腐败和作风问题依然存在

从脱贫攻坚工作经验和所查处案件来看，当前乡村振兴领域政策多、项目多、资金多，腐败和作风问题时有发生，特别是乡、村两级更为突出，主要表现在以权谋私、优亲厚友以及知纪违纪等方面，严重侵害了群众的权益。

1. 党员干部廉洁自律意识不强，存在以权谋私现象

有的基层党员干部对反腐严峻复杂的形势认识不足，对全面从严治党的氛围不敏感，对党纪国法不知敬畏，自律意识不强，利欲熏心、唯利是图，把乡村振兴项目当成自己的"自留地"，存在挤占、挪用和虚报冒领乡村振兴专用资金等问题。有的基层干部放松自我要求，违反廉洁纪律，利用职务之便谋取利益，吃、拿、卡、要以及侵占惠农资金等。

2. 乡风不纯、民风不正，存在优亲厚友现象

有的地方民风不正，攀比风、封建迷信之风盛行，部分群众以拥有低保、获得贫困户资格为荣，在乡村振兴项目推进过程中，为得到实惠，不择手段贿赂、拉拢当地干部以获得自身利益。还有一些地方，一旦有了惠农资金，老百姓争先恐后托关系，与基层领导套近乎，希望"照顾照顾"。而有的基层干部也乐意享受权力带来的"快感"，只要有人打招呼、说人情，便有求必应、乐此不疲，不能秉公办事，而是凭感情、靠关系办事，无规无矩，把党中央、国务院的关怀变成自己任性施舍的砝码，最终受到

严肃查处（见表1）。

表1　2019～2021年达州市查处有关案件涉及的人数

单位：人

县（市、区）	查处违规为他人办理低保、农保以及违规发放脱贫攻坚和乡村振兴有关资金的人数		
	2019年	2020年	2021年
通川区	8	3	1
达川区	1	1	5
万源市	29	10	12
宣汉县	18	6	2
大竹县	21	23	12
渠县	10	9	6
开江县	7	2	8

3. 违纪违法成本较低，存在知纪违纪现象

有的村干部工作年限长，认为乡村年轻干部少，村"两委"干部不好选、班子难配，即使违纪也无人可以代替自己的工作，组织还是会任用自己的，且违纪后也不会影响自己的收入，群众也不一定知晓具体情况，从而铤而走险。在乡村振兴项目实施过程中，利用手中掌握的资金和资源支配权，谋取不正当利益，甚至被查处后继续违纪违规。还有的村干部把自身利益放在第一位，认为自己不是在编国家干部，抱着违规违纪无所谓，即使受到处分最多就是不当村干部的心态，我行我素、破罐子破摔。

（三）监督执纪还存在薄弱环节

纪检监督在护航乡村振兴战略实施的过程中发挥着重要的纪律保障作用，但在开展监督的过程中还存在监督力量不足、纪检监察干部能力素质不高、监督方式单一等问题，导致监督工作质效不高。

1. 监督力量不足，存在监督乏力现象

乡村振兴战略实施后，纪检监督范围明显扩大，工作量明显增多，加之监察体制改革后，编制人员没有及时配备到位，致使监督力量更为弱

化。同时，纪检监察系统层层抽人，越到基层纪检监察力量越薄弱，人手不足成为基层纪检监察组织的普遍现象。另外，一些乡镇工作经费均由乡镇打捆使用，且乡镇纪检监察干部的工资福利、年度考核、干部考察、工作经费等均由乡镇负责，导致乡镇纪委经费保障不足现象普遍存在。特别是村级纪检组织无专门工作经费，纪检委员开展工作需要自费解决交通等保障问题，一定程度上影响了其工作积极性。比如，在调研中，部分同志反映，村（社区）纪检委员无专门待遇，按组织规定要求领取兼职党支部副书记的工作报酬（一般城市社区 2500 元/月，农村社区 2200 元/月，自然村 1713 元/月）；一些村（社区）纪检委员由非常职干部担任，每月仅能领取少量工作报酬（约 700 元/月）。

2. 能力素质不高，存在不会监督现象

基层纪检监察干部中，具有审计、财政、项目建设、医疗、金融等方面专业素养的人才偏少，在面对涉及乡村振兴相关领域的工作流程、法律法规、政策边界问题时，很难做到精准发现问题、及时有效处置。人才断档、青黄不接问题突出。有的地方纪检监察干部交流过快，导致其缺乏监督经验，在开展乡村振兴专项监督时难以"对症下药"。据统计，达州市县、乡两级纪检监察干部中，纪检监察工作经历在 2 年以下的占 38.3%，新手较多。乡镇纪检监察干部交流过于频繁，2018 年 1 月至 2021 年 12 月，乡镇纪委书记新进 449 人，交流到系统外的有 284 人，几乎轮换了两遍。调离人员任纪委书记的平均时长为 26 个月（其中通川区平均 18 个月），最短的仅 3 个月。能力不足也是制约基层纪检作用发挥的重要因素。

3. 监督方式单一，存在重形轻效现象

一些纪检监察干部习惯于凭经验、用老方法，开展监督工作更多停留在查阅资料、看台账、听汇报上，只注重监督形式，不注重是否取得成效，往往发现问题线索较少，成案率较低。尽管一些地方建立了片区协作机制、"室组地"联动监督机制，监督质效得到极大加强，但也存在机制运转虚化、监督作用发挥不明显的问题。加之在国家反腐政策高压之下，一些腐败和作风问题改头换面，违纪违法问题也由线下转到线上、由面上转入地下、由公开转入隐蔽。由于传统的监督方式与高科技、大数据等结合还不够，对某些特定领域在监督上存在漏洞，使一些具备"反监督"能力的腐败分子钻了空子，轻松规避监督。同时，"成本过高"与"收益过低"影响群众监督的积极性，助长了基层"微腐败"的发生。

三 关于提升乡村振兴精准监督质效的思考

乡村振兴不仅是农村地区经济的振兴，也是生态、社会、文化、教育、科技的振兴。其监督的深度、广度、难度都不亚于脱贫攻坚。监督保障乡村振兴，必须更加聚焦、更加精准，切实解决好"最后一公里"问题。

（一）强化"三项监督"，打通责任落实"最后一公里"

1. 强化"关键少数"监督

要立足"变"与"不变"的客观情形和形势任务，重点督促落实党中央关于强化五级书记抓乡村振兴责任的部署要求，加强对基层"一把手"特别是"一肩挑"后村党支部书记等"关键少数"的监督，以书记抓、抓书记的方式，构建以市带县、以县带乡、以乡带村的联动工作栋局，推动责任层层压实、工作层层落实。

2. 强化专项监督

坚持目标导向，推行"清单式"责任管理，逐级梳理完善市县有关部门、乡镇和村的责任清单，明确乡村振兴各项任务，逐项细化工作内容、标准、时效等，做到任务清、责任明。

3. 强化日常监督

坚持乡村振兴项目实施到哪里监督检查就跟进到哪里，聚焦作风不实、政绩观念偏差、搞"政绩工程"和"面子工程"等突出问题，综合运用约谈提醒、问题督办、调研督导、明察暗访、列席会议、听取汇报、情况通报等监督方式开展日常监督。加大对落实不到位不彻底、打折扣搞变通等问题的发现和查处力度，从具体业务、具体案例入手，给足监督压力，督促各级党组织加强领导、落实措施、务求实效，实现对乡村振兴的全程监督、跟进监督、精准监督。

（二）聚焦风腐一体，打通惩贪治腐"最后一公里"

1. 筑牢基层党员干部纪律防线

注重解决乡镇、村（社区）等基层干部的思想"总开关"问题，推进基层"两学一做"学习教育、"党史学习教育"常态化，注重发挥本地正反典型的教育警示作用，筑牢基层干部的思想防线，引导基层干部强化为民情怀。例如，达州市的《阳光问廉》直播节目，每期会播出一个正面典型案例，用身边可学可追的先进事迹激励党员干部担当作为；同时，突出曝光反面典型，基层党员干部中存在的问题，交由市"四大家"主要领导、本地媒体、干部群众进行现场质询，并通过电视直播、网络投票等方式充分曝光，事后坚决严肃问责，让基层党员干部受教训、知敬畏、守底线。

2. 聚焦重点领域、关键环节监督

突出"三盯""四公开"，针对乡村振兴过程中的项目推进、监理验收、资金拨付等重点环节，加强全过程监督。对一些腐败易发、多发领域开展专项整治，持续关注集体"三资"管理，举一反三、推进改革、完善制度，推动基层治理。坚决纠治漠视群众利益、忽视群众"急难愁盼怨"等问题，及时回应、解决、反馈，提升群众的获得感、满意度。要持续为基层减负，突出整治文山会海、过度留痕等问题，让党员干部有更多时间和精力投入乡村振兴各项工作中。

3. 立足纪检监察职能成风化俗

突出发挥纪检监察在督促引导乡风文明中的作用，广泛开展清廉文化建设，重点督促乡镇主抓、村社具体落实，不断修订完善村规民约，大力抵制陈规陋习，用"小村规"撬动基层大治理。要结合本地优良家风家训、群众身边的家风故事，制作微视频，用通俗易懂的语言讲好家风故事，传播家风、家教、家训"好声音"，让好家风走进千家万户，不断营造风清气正的乡土人文环境。

4. 严把乡村振兴带头人廉政"入口"

不断改革和完善乡镇领导班子、村"两委"成员等基层干部的选用任用制度，严格把好纪律审查关、廉政意见回复，探索"八小时之外"作风评价机制，注重吸收群众意见，真正做到选好人、用好人。要对存在违纪违法问题的干部坚决查处，该调整的坚决调整，坚决保障乡村振兴规范有序实施。

（三）注重提能强基，打通队伍建设"最后一公里"

1. 注重业务培训

要针对基层纪检监察人员监督能力不足、意愿不强等问题，加大提级培训、主业培训力度，提升基层纪检监察干部的综合能力。例如，达州市纪委正在推行提级培训模式，即市一级负责培训乡镇纪检干部，县一级负责培训村级纪检力量，强化培训的规范性、实效性。同时，采取实战练兵的方式，统筹安排纪检监察干部"以师带徒"、顶岗轮训、跟班学习等，提升基层纪检监察干部的实战能力。

2. 注重业务保障

县、乡、村级纪检监察力量作为乡村振兴战略实施的主要参与者和监督者，尤其要优先保障、全员配备。对于县级纪检监察力量的配备，要注重吸纳专业人才，选拔政治过硬，责任心强，熟悉法律、财会、审计等业务的优秀人才，解决以往"跨界问题"无法监督的难题；对于乡镇力量的配备，可以明确规定乡镇纪委委员的数量，并明确专、兼职人员，确保工作有人干；对村级力量的配备，可以从致富能手、外出务工和经商返乡人员、本乡本土大学毕业生、退役军人等群体中，培养、储备40岁以下的优秀青年人才作为村（社区）纪检委员的后备力量。另外，要切实保障必要的工作经费，设立专项经费，分别由市、县两级根据当地的经济状况每年定期预算一定资金，直接拨付到乡镇纪委，用于乡镇纪委监督检查、案件查办和对村（社区）纪检委员必要的工作保障等，并实行专账管理、独立核算、专款专用。从2022年起，达州市、县两级财政每年为每个乡镇预算8万元工作经费（其中市级财政保障3万元，县级财政保障5万元），推进乡镇纪委谈话室标准化建设，保障乡镇纪委工作运行。2022年1~6月，全市乡镇（街道）纪检监察组织处理问题线索581条，同比增长20.5%；立案364件，同比增长114.1%；给予党纪政务处分267人，同比增长40.5%。

3. 注重机制创新

用好科技，提升监督效能，大力推广"互联网+"监督模式，打造大数据监督平台，推动信息透明公开，实现"掌上监督"、实时监督。坚决整治村务公开有"形"无"肉"问题，让群众成为纪检监察监督力量的"同盟军"。大力推行联动监督"挖潜"，在"室组地"联合监督的基础上，进一步探索更为有效的监督检查方式，提升监督执纪的合力与活力。达州市将全市乡镇划分为 50 个协作片区，由县（市、区）纪委监委班子成员担任片区组长，构建"纪委（监委）机关+派驻（出）机构+协作区"的联动工作模式，实现基层纪检监察力量联合互补。各县（市、区）建立村级片区协作组织 498 个，通过"室组镇村"四级联动、"室组地"统筹联动、"村村协作"等方式，加强派驻机构与纪检监察室协调联动，推动县乡村三级纪检力量交叉整合，使基层形成合力、提高效率。

总之，乡村振兴战略的实施涵盖范围广、涉及人员多，除了以上指出的三个主要问题之外，还或多或少存在其他一些不同程度、不同影响的问题。但精准监督始终是治理乡村振兴腐败和作风问题的关键手段之一。各地纪检监察组织要立足职能职责，强化精准思维，找准监督切入口，以强有力的监督推动巩固拓展脱贫攻坚成果同乡村振兴有效衔接，确保党中央决策部署落地落实。

参考文献

[1] 贾海凡：《持续精准监督　护航乡村振兴》，《广元日报》2021 年 12 月 22 日。
[2] 陈莉：《强化监督巩固脱贫攻坚成果同乡村振兴有效衔接》，《乡村振兴》2022 年第 1 期。
[3] 张亮、李攀、贾海凡：《以高质量监督护航乡村振兴"共富路"》，《浙江日报》2022 年 3 月 8 日。

切实加强村级监督　构建基层治理新格局

——广安市广安区建设清廉乡村助推实施乡村振兴战略

广安市广安区纪委监委党风政风监督室

摘　　要： 加强村级监督是提升基层治理体系和治理能力的有效举措。广安区聚焦解决村级组织管理、内务制度运行和干部队伍建设当中的系列腐败和作风问题，结合做好村级建制调整改革"后半篇"文章，探索出以建设清廉乡村建设为抓手，以清廉制度、清廉队伍、清廉纪律、清廉文化为路径的基层治理新格局，推动全面从严治党向乡村基层延伸，不断提高乡村基层系统治理能力，助推实施乡村振兴战略。

关键词： 乡村振兴　清廉乡村　村级监督　基层治理

近年来，在实行乡村振兴和加强乡村治理的大背景下，加之村级建制调整改革，村级"一把手"的权力越发集中。村级事务如何透明公开，村级权力如何规范运行，群众监督如何开展，如何防范村级"微腐败"，成为当前进一步推进基层党风廉政建设和乡村振兴必须面对的重要课题。

2020年以来，广安区纪委监委着眼于乡村基层治理，以"建设清廉乡村助推实施乡村振兴战略"为主题，坚持把加强村级监督作为重要抓手，着力推动清廉乡村建设与乡村振兴战略统筹协调、贯通融合，探索出具有特色的清廉乡村建设模式，推动村级"微权力"从"有形监督"走向"有效监督"，攻坚村级事务管理的"痛点"，架起干群联系"连心桥"，不断规范乡村基层治理，提升村民的获得感和幸福感，切实营造风清气正的政治生态，将清廉乡村建设融入乡村振兴全过程。

一 目前乡村治理中普遍存在的问题及原因分析

（一）乡村治理中存在的问题

随着脱贫攻坚与乡村振兴有效衔接的加速，农村经济快速发展，村级事务已经越来越受到群众的关注。但是从近年来通过联动巡察、日常监督、信访举报、执纪审查等发现的问题来看，乡村治理还存在一些问题。

1. 群众身边的"微腐败"依然屡禁不止

从查处的村干部贪腐案件情况来看，基层违纪违法案件呈现出以下显著特点：一是案件类型多，主要包括违反中央八项规定精神、侵害群众利益、扶贫领域腐败、优亲厚友不正之风等；二是扶贫领域违纪违法问题较为突出，困难群众的危房补贴款和"救命钱"成为贪腐的"重灾区"，直接影响了村民的生产与生活；三是少数村干部社会习气重，行事、说话粗暴，大搞"一言堂"，独断专行、横行霸道，严重侵害人民群众的切身利益，群众反映强烈。

2. 村级事务公开不及时、不完全，较为随意

一是公开不及时。部分村（社区）的"三务公开栏"（党务、政务、财务）仅在上级定期检查、考核时才突击公示。有的仅在村（社区）服务中心的"三务公开栏"手动更换、张贴相关公示信息，个别村（社区）甚至缺少固定场所或"三务公开栏"位置偏，仅靠传统信息公开方式，难以满足村（居）民获取信息的需求。二是公开的内容不够完整。少数村（社区）对村级重要事务尤其是工程类、民生类、财务类的事务按结果公开，很多过程性资料没有要求公开就不公开，而这些不公开的内容往往成为村干部优亲厚友的"操作箱"。公开内容大多为党务、政务类文件，而对群众较为关心的村级固定资产、资产租赁、征地拆迁赔付等财务公开内容则采取覆盖性张贴、选择性张贴，甚至不张贴，存在"公开的群众不关注，群众关注的不公开"等问题。三是对公开资料的归档不够规范。很多公开的内容没有按照要求进行备份归档，有时仅有几张模糊的照片证明。公开的存档资料不是"缺胳膊"就是"少腿"，杂乱无章、连贯性不强。

3. 村级"三小"管理和监督体系不健全

村级"三小"具体是指村级"小微权力"、小型工程项目、小额资金

拨付。一是村级"小微权力"运行制度不健全，对村干部的各项小微权力缺乏明确的、操作性强的制度约束。二是个别村干部滥用手中权力，在村级集体资产资源发包、村级小型工程等重大事务管理方面大搞"一言堂""利己主义"，严重损害村集体和村民利益。三是对村级财务制度执行不严，存在报销发票明细不规范、支出附件不规范、白条入账、随意出账等现象。

4. 村级信访举报多且杂，群众反映诉求的渠道不畅通

一是信访情况日趋复杂。有的信访因干部不重视、不想为而久拖未决，逐渐变成"重点信访""越级信访"。二是针对干部作风的举报明显增多。从近年来信访情况来看，主要反映干部对待群众态度粗暴、不作为、慢作为、违反中央八项规定精神、乱发津补贴、处事不公等问题。三是群众对信访处置信任度不够高。一些信访群众不相信基层信访部门，认为只有多向几个机关举报、多找几位领导反映问题，才可能有好的处理结果。

5. 监督机制不健全，履行"两个责任"有弱化现象

在实际工作中，有的党组织负责人把基层党风廉政建设的责任传给"二传手"，"二传手"再传给"三甩手"，导致责任被逐级弱化。有的党组织负责人在贯彻落实上级精神和决策部署时"缺斤少两"，导致一些政策"下不了镇、进不了村、入不了户、到不了人"。甚至个别基层干部自以为"天高皇帝远"，有恃无恐，对上级三令五申的要求置若罔闻。

6. 对乡村廉洁文化建设重视不够

一是领导干部认识有偏差，认为廉洁文化建设不算硬性指标，抓经济、抓发展才是重心，从而忽视清廉文化软实力的助推作用。二是乡村清廉文化建设力度不够，缺少感染力、引导力和凝聚力等。三是现有的清廉文化建设教育面不广，平台较少，针对性不强，没有融入乡村自身特色，对群众吸引力不够，影响力不足。

（二）原因分析

1. 有效监督力量不足

一是基层纪检监察力量配置薄弱。村级纪检干部受限于人员配置和工作待遇，在知识体系、专业背景以及监督的专业性方面存在短板，对基层腐败或者隐藏的违法违规操作敏锐性和洞察力不够。二是村务监督委员会作用不明显。主要表现为成员年龄偏大、文化水平低、政策水平不高、对

业务不熟悉等，加之"一肩挑"改革后，村"一把手"权力更大，监督难度增加。此外，部分党员和村民代表外出务工，其监督职能不能正常有效发挥。三是群众监督热情不足。留在村里的村民大部分年纪偏大，文化水平不高，法律知识素养有待进一步提升。而有知识、有能力的年轻村民热衷于外出务工，不想也不愿参与村级事务。留守的村民迫于一些现实压力，看到一些违法违纪现象也不敢去监督。除了与自身利益相关的事，很多人对村里事务漠不关心，监督意识不强。

2. 监督方式创新不够

近年来，基层社会综合治理的制度机制处于健全完善中，对"微腐败"案件查处的震慑力不够，很多"微腐败"从原来的"台上"转移到"台下"，或多或少都披上了隐形外衣，隐蔽性更强。在基层"拔毛之手"层出不穷的各种"技巧"下，以常规的看报告、听汇报、谈话、实地检查等监督检查方式，不能挖掘事实、发现本质。

3. 抓廉政文化建设与服务群众未能有效结合

在乡村治理过程中，抓廉政文化建设与农村制度建设未能结合起来系统建章立制。同时，在廉政文化建设中，没有充分考虑与为农民办实事有效结合，没有把群众最关心、反映最强烈以及最容易引发矛盾和滋生腐败的热点问题作为工作重点，未能切实保障农民群众当家做主的各项民主权利。

4. 对廉政文化建设认识缺位

在新形势下，农村经济社会发展和维护稳定的任务极其繁重，村干部往往把主要精力放在抓新农村建设和信访维稳工作上，农村廉政文化建设没有被摆上应有位置。廉政文化建设往往只是写在纸上、说在嘴上，村干部被动应付，学习纪律意识淡薄，对党纪、政纪条规不够熟悉。群众对干部缺乏监督，导致村干部违纪违法行为多有发生，干群关系遭到破坏。

二 以龙安乡为例，看广安区通过基层党风廉政建设助推乡村振兴的具体做法

（一）龙安乡基本情况

龙安乡位于广安区西南部，距城区 14 公里，面积 17.2 平方公里。有

耕地 15809 亩（其中，田 10296 亩、土 5513 亩），退耕还林 3700 亩。辖 5个村、1 个社区，共 3562 户 11085 人。党员 373 人，其中，女党员 68 人，大专及以上学历党员 57 人。有脱贫户 253 户 698 人。龙安乡是国家地理标志产品龙安柚的原产地、中国特色农产品优势区、四川省实施乡村振兴战略先进乡镇。

该乡充分发挥龙安柚的产业优势，坚持"产村相融、农旅结合、全面发展"的思路，建基地、搞加工、创品牌，推进产业"接二连三"融合发展。截至目前，全乡建有占地 1 万余亩的龙安柚种植基地 1 个、占地 65 亩的龙安柚加工中心 1 个，建成智能化加工生产线 7 条。龙安乡依托大云山和龙安柚产业发展乡村旅游，打造以柚文化为主题的乡村旅游业和休闲观光农业，大云山农业公园已经成功创建为 AAA 级景区。

（二）龙安乡基层党风廉政建设的主要做法

1. 健全制度机制，强化权力监督

一是制定村级组织"小微权力"运行流程图。将涉及村级党务政务公开、村集体资源性资产处置、农村土地承包经营权流转、临时救助和医疗救助申请等 36 项事关群众切身利益的事项，逐一绘制成简单清晰的运行流程图，使村组干部一看就会、易于办理，广大群众一看就懂、便于监督，倒逼村组干部依法依规履职行权。

二是制定村级组织责任清单和村干部负面清单。对村党支部、支部书记和支部委员，村委会、村委会主任和村委会委员，村民小组长，村务监督委员会，片区监督员等，逐一拟定责任清单、明确责任事项，推动干部履职尽责。为避免村干部在履职尽责、服务群众过程中触碰底线、红线，列出 25 项"负面清单"，督促村组干部加强学习、对照检查，提醒在前、防患于未然。为了便于村干部和群众知晓、熟悉并掌握，乡里将"一图两清单"内容印制成册发放，还将相关内容绘制成漫画，通过公开栏、微信公众号等广泛宣传，同时将其作为村干部纪法和应知应会考试的重要内容。

三是建立村组干部享受惠民政策报告制度。龙安乡要求村组干部必须如实报告本人及其近亲属享受退耕还林补助、最低生活保障金等 11 项惠民政策情况，并由乡镇（街道）组织核查、区级相关部门进行复核，纪检监

察机关负责对报告内容以及核查、复核等情况进行监督，推动村组干部公平公正、廉洁履职。

四是严格落实村级档案管理制度。对村"两委"会议笔记本、财务票据、财务账目和原始凭证、村级工程项目建设材料、村级集体资产资源交易合同等档案资料进行规范化管理，对保存期限、保管职责、资料移交等内容进行细化，确保资料的完整，使监督、审计、巡察有迹可查，打消党员干部"微腐败"的侥幸心理。

2. 规范资金管理，强化财务监督

一是规范建立集体账户。以村（社区）为单位，统一在同一家银行开设村级集体账户，并在村级集体账户之下开设各组集体子账户。开设集体账户后，所有村组集体资金一律不准再存入村组干部私人账户；开设集体账户前已划入村组干部私人账户的集体资金，必须限期转入村组集体账户，实行统一规范管理。目前，全乡村（社区）和村（居）民小组全部开设了集体账户，规范管理村组集体资金达 2.6 亿元。

二是实施"村账乡镇管、组账村做"。将所有村（社区）集体账务资金交由乡镇代理服务机构进行会计核算与管理，所有小组集体账务交由村（社区）集体进行会计核算与管理，定期安排专业人员统一做账，实现"统一账簿设置、统一记账方法、统一银行账号、统一票据管理、统一记账时间、统一公布账目、统一资料归档"。落实村组财务三级同步公开工作机制，乡村两级每季度同步公开村级财务收支详细情况，村组两级每半年同步公开组级财务收支详细情况。

三是探索规范村级临时用人用工管理。建立健全村级组织临时用人用工登记、考勤、结算、监管等机制。

四是探索实行村集体资金收支非现金结算。村级资金存入村集体账户，组级资金存入组级账户，村组干部手中不能持有村组集体资金现金，村组集体资金收支全部实行非现金结算。在村集体资金收入上，上级补助、补偿款、专项资金、往来资金等，需通过银行转账结算；对其他收入和往来资金不能通过银行转账结算的，通过村集体基本账户开通的"二维码"，实时扫码入账。在村集体资金支出上，日常支出通过银行转账结算；其他零星支出，由村干部利用微信或支付宝支付的方式进行垫付，报账时附支付截图打印件。特殊情况需要现金支出的，需按程序审批，一事一审批。对收支情况实行实时监管，开通村组基本账目交易即时提醒短信，每笔交易发生时，提醒短信同步推送给村党支部书记、村监委会主任、报账员、驻村干部4人。

五是规范村集体资产和资源管理。建立村集体资产、资源台账，对资产、资源情况进行动态更新、长期公示。每年年初开展1次清产核资，对村集体资产、资源实行乡镇备案管理。村集体资产、资源交易需签订合法有效的合同，合同需经乡镇法律顾问审核后报乡镇备案。

六是规范村级票据管理。制定村级票据管理办法，加强对票据领取、使用、核销、结报的管理。

七是强化财务支出管理。严守村级财务支出标准和程序，实行层层审批、谁签字谁负责，着力规范支出。500元及以下，需村"两委"主要负责人同意，并经驻村干部签字后报销；500~1000元，需村"两委"主要负责人和驻村干部签字，并经驻片乡镇领导签字后报销；1000元以上，报乡镇党委会研究并经主要领导签字后报销。所有村账票据由片区监督员负责监督审核。

3. 延伸监督"触角"，强化三级监督

整合区、乡、村三级监督力量，进一步拓展监督网络、增强监督实效。

一是走访家门，开展联系监督。开展"清廉乡村行·纪检干部走访到家门"活动：1名纪检监察干部定点联系1个村，每2周进村入户开展1次走访，在村公布1块印有纪检监察干部姓名、职务、工作电话以及信访部门电话的公示牌。通过该活动，了解群众的意见建议，并协助解决信访问题。

二是明确职责，加强日常监督。按照"1名片区监督员负责对4个村进行巡访监督"的要求，乡镇纪委统筹选聘若干片区监督员，逐一明确所监督的村（社区）[原则上不监督本人户籍和居住地所在的村（社区）]。同时，制定工作职责清单，明确民情走访收集、政策宣传教育等工作内容，推动片区监督员规范履职。

三是整合力量，压实交叉监督。设立由"1名乡镇纪委委员+1名片区监督员"组成的片区监督组，由乡镇纪委根据当前重点工作和上级安排事项，组织片区监督组相互之间开展交叉检查。这样既有效整合监督力量，提高发现问题的精准度，又倒逼片区监督员履行职责，防止日常监督"走过场"。

四是派发任务，落实跟踪监督。由各乡镇纪委结合阶段工作要点，每月初向片区监督员派发工作任务，落实后上报完成清单。针对上级临时监督检查发现的问题或交办的工作，由乡镇纪委"点对点"反馈给片区监督员督促督办，监督村（社区）抓好执行落实。自设立片区监督员以来，累计开展监督检查 2000 余次，参与监督村级重大事项 981 次，协助办理信访 265 件。

4. 做实"阳光"公开，强化民主监督

一是实行"阳光晒政"。区级职能部门梳理群众关心的政策事项，安排主要负责人走进"直播间"，以"一问一答"的形式宣传介绍相关政策。区融媒体中心负责录制音视频，并借助"村村通"广播和电视等渠道宣传播放，提高群众对政策的知晓度。

二是开展"阳光问政进乡村"。围绕"聚焦民生、回应关切，转变作风、提升效能"的主题，重点乡镇高质量举办"阳光问政进乡村"系列活动。由乡镇政府主要负责人向群众"汇报工作"，分管领导面对面接受群众询问，党委书记向群众作"表态发言"，区级相关部门现场作"政策答疑"。

三是推动村级公开公示。统一设置村务公开栏，划分财务公开、帮扶救助、惠农富民政策、"一卡通"等板块，每月由乡镇纪委督促村（社区）更新公示内容并拍照上传监督平台，区纪委监委负责抽查。在公开栏公示村（社区）干部"5 个不"承诺，即村级工程不承揽、集体公款不私用、吃拿卡要不允许、群众利益不侵占、歪风邪气不沾染，并公开咨询电话和举报监督电话，便于群众反馈意见和监督。编制完善村级"三务"公开目录，进一步规范和细化公开的程序、内容、形式、场所、时限和监督等要素，确保群众喜欢看、看得到、看得懂、能监督、易参与。

四是推进"码上"全方位公开。在大数据监督平台、固定公开栏的基础上，针对村级建制调整后各村面积不同程度增加，公开栏离部分群众居住地和日常活动点较远，导致群众难以便捷、有效地了解公示公开情况，知晓率低、监督不方便等问题，优化惠民大数据平台，新建"一村一码"监督平台。群众通过扫码可直接浏览村情指南、服务流程、党务、村务、财务、村级监督、惠民资金、惠民政策八大块内容，突破时间和空间的限制，便于群众随时随地查看监督，提高群众的知晓度，实现村务彻底公开，让村级"小微权力"在阳光下运行。

5. 打造廉洁文化，强化风气监督

一是推进乡风文明。结合开展乡风文明"一榜两评"，弘扬社会主义核心价值观，传承传统美德，弘扬崇德向善、尊老爱幼、勤勉创业。用好道德讲堂等载体和阵地，传播清风好故事，弘扬社会新风尚。修订完善村规民约，推进移风易俗，塑造崇清尚俭、向上向善的乡风和民风。

二是将清廉文化内容融入村规民约。以社会主义核心价值观为引领，深入挖掘优秀传统文化中蕴含的积极向上的思想观念、人文精神、道德规范，倡导把清廉文化内容融入村规民约，不断赋予村规民约新的时代内涵。通过亮家规、评家风、树家德等形式，发挥村规民约在乡村振兴中秩序生成、道德培育和文化涵泳的功能，激发乡村自治效能，将这些村规民约转化为村民的情感认同和行为习惯，推动形成好家风、涵养好乡风。选树一批家规严、家风正的农家典型，营造重家庭、重家教、重家风的良好氛围，为乡村振兴打牢思想道德基础。

三是建设有本地特色的廉洁文化阵地。勇敢村打造"百姓清风大舞台"，舞台的整体设计融入百家姓的理念，舞台上展示的姓氏囊括了勇敢村村民的姓氏，象征着每位村民都能融入勇敢村繁荣、清廉发展的大舞台。舞台还可以用于村民的日常生活需要，如办坝坝宴、举行婚礼等，让村民真正得到实惠。村里还设置"民生长廊"，主要展示"人民阅卷·广安行动"工作以及村民们感兴趣的"一图两清单"，以便党员干部进一步联系、服务群众，密切党群干群关系。此外，还布局清风之路，在荷香盈盈的"半亩塘"设计清风步道，讲述一个个廉洁小故事，使村民们在休闲的时刻，在有趣的阅读中体会廉洁的真意。

三　广安区新时代清廉乡村建设的经验做法

近年来，广安区纪委监委聚焦村级治理过程中的矛盾和问题，建立"五位一体"监督网，强化对权力运行的制约和监督，充分发挥监督保障执行、促进完善发展的作用，构建基层社会治理新格局，形成三方面的经验。

（一）用好"微干部"的力量

一是当好"质检员"。严把选人用人关，按照"信念坚定、为民服务、勤政务实、敢于担当、清正廉洁"的好干部标准选拔村组干部，使选出的干部政治素质过硬、勤政为民、担当尽责、廉洁履职。进一步加强村（社区）班子的带头致富能力和水平，开展人才回引计划，搭建平台把优秀返乡大学生、致富能手、退伍军人以及技术骨干吸引到农村，增强基层队伍力量，特别是壮大带领农村致富发展的力量。

二是抓好"监督员"。村（社区）纪委书记、纪检委员是党内监督的最前沿哨兵，是协助村（社区）党组织特别是党组织书记落实全面从严治党要求的主力，也是推进村（社区）其他监督方式的组织者。广安区推动镇（街道）党委、纪委全力支持村（社区）纪委书记、纪检委员充分履职，定期到村（社区）检查指导，帮助其打消顾虑、主动作为。同时，配齐、用活党风政风监督员，打通监督全覆盖"最后一公里"。督促村（社区）党组织以党员大会、群众大会等形式明确纪委书记、纪检委员的职责职能，并将职责权力清单进行公示，为村（社区）纪委书记、纪检委员履职尽责营造良好环境。

三是培育"好干部"。着力加强对村组干部的日常教育和监督管理，针对当前村（社区）法治观念淡薄的现状，通过举办法制讲座、开设法制宣传栏等有效形式，大力培育农村党员干部依法办事、依法治村的能力，引导农村党员干部学法、知法、守法，增强遵纪守法意识，强化廉洁奉公观念。注重廉政教育内容的针对性和实效性，积极挖掘现实中的生活资源，把本土历史文化资源中的廉政故事提炼出来，根据农村基层党员干部所处的环境及其自身素质，创作一批内容贴近农村基层党员干部生活实际的廉政教育素材。联合纪检、组织、农业、财政、民政等职能部门，定期或不定期对村组干部进行"三资"管理的培训学习，提高村干部对"三资"管理制度的了解，使其认真执行农村集体"三资"管理的各项制度。

（二）扎紧"微权力"的"笼子"

一是完善"小微权力"清单。优化村级权力运行流程图，全过程公示流程图，向群众宣传村级"小微权力"清单和流程图，方便群众了解办事流程、提前准备办事所需资料，并主动接受群众监督。全面梳理清查不符合程序要求的村规民约，明确村级权力事项的名称、责任主体，权力事项的来由和依据，权力运行和公开公示操作流程，以及违反规定的追责办法，使村组干部明确哪些可为、哪些不可为，将村级"小微权力"关进"笼子"。

二是推行"阳光村务"常态化建设。加大党务、村务和财务"三公开"力度。结合实际，通过村务公开栏、LED显示屏、村干部入户以及微信公众号、漫画、书籍等多种途径和方式全方位宣传，使"小微权力"清单家喻户晓，让群众充分参与对"小微权力"的监督，使村组干部习惯在监督下开展工作。

三是用好"互联网+平台"。充分运用信息化技术，上线运行广安区惠民资金（项目）大数据监察平台。该平台集公开、监督、执纪、问责、决策于一体，采用"大数据+阳光监督"模式，将民生政策的执行、惠民资金的使用和民生项目的实施置于广大群众的监督之下，实现让群众少跑腿、让数据"多跑路"，请百姓"上台"监督干部。村民们日常可通过查询机对惠民项目和政策等信息进行查询、监督，使基层权力在阳光下运行，民生项目在网络中受监管，群众诉求在平台上得到解决，监督力量在系统中形成合力。

（三）严查"微腐败"行为

一是加强纪律监督。聚焦惠农资金、项目建设、资产发包、低保评定等重点领域，紧盯村级事项决策等重点环节和节假日等关键时间节点，统筹党内监督、群众监督、巡察监督等力量，监督"小微权力"是否按清单、按制度、按程序运行，及时发现侵害群众利益的突出问题。

二是强化制度执行。制度的生命力在于执行，因此要强化制度执行力，加强对制度执行的监督。推动清廉乡村风清气正，制度机制不能少，要真正实现用制度管人、管事。用"一图两清单"规范基层干部的权力运行，既要抓制度的制定和完善，又要注重抓制度的执行，使执行制度成为思想自觉和行动自觉，使制度真正转化为实实在在的治理成效。广安区纪委监委创新开展制度执行力评估检查，监督检查制度立项、执行情况、实际效果等方面，形成从制度制定、执行落实到跟踪问责的闭合链条。

三是紧盯问题苗头。广安区推行"模块化"监督检查和审查调查机制，坚持把纪律挺在前面，将关口前移，加大事前、事中监督，积极实践监督执行"四种形态"。紧盯在监督检查、信访举报中发现的基层党员干部违反中央八项规定精神等"四风"方面的苗头性、倾向性问题，及时谈话提醒，把问题消灭在萌芽状态。

四是重拳惩治腐败。全区强化责任追究，抓严抓实专项治理，集中整治群众反映强烈的突出问题，加大对扶贫、低保、危房改造等民生工程方面问题的查处力度。坚持有腐必反、有贪必肃，对民愤集中、性质恶劣的"蝇贪"问题，重点督办、限时办结，对失职失责的党组织实行"双问责"。坚决纠正有令不行、有禁不止等行为，始终坚持对"微腐败""零容忍"，持续强化"不敢腐"的震慑力。

综上，清廉乡村建设是振兴乡村的必经之路。通过清廉乡村建设，乡村治理能力明显增强，治理的内生力不断被激发，释放出新动能，为落实乡村振兴战略提供更强有力的纪律保障。

三台县"431" 村级纪检监督机制的运用与实践

张 津[*]

摘　要：一段时期以来，村级监督力量不足、监督手段有限、监督成效较差等问题普遍存在，严重影响了村级监督工作的有效开展。在"两项改革"后，三台县下辖的村（社区）虽然配齐了纪检组织和纪检干部，但仍然存在纪检干部不懂监督、不善监督、不敢监督等问题，与村级纪检监督从"有形覆盖"过渡到"有质覆盖"还有较大差距。乡镇纪检监察部门如何构建行之有效的村级纪检监督工作机制，大力提升监督工作质量，破解乡村"熟人社会"监督难题，扎实做好村级日常监督工作等，已经成为迫切需要解决的现实问题。为解决当前村级纪检监督难题，三台县探索形成了"431"村级纪检监督机制，并取得了初步成效。

关键词：基层纪检监察　"431"村级纪检监督机制　廉洁意识

2021年1月，时任四川省省委书记彭清华在《激活四川乡村治理"一池春水"》"两项改革"专题调研报告中指出，镇、村干部管理的范围变大、调动的资源增多，特别是"一肩挑"后村党组织书记的权力更为集中，如何加强监督需要系统思考，抓紧研究制定具体化、可操作的有效机制，扎紧基层权力监督的制度"笼子"。彭清华的调研报告为全省进一步

＊　张津，三台县县委常委、纪委书记、监委主任。

做好"两项改革"的"后半篇"指明了方向，同时也为我们提出"加强村级纪检监督"的重要课题。

面对新的监督课题，三台县纪委监委成立专题调研组，深入县纪委监委机关相关室（部）和三台县部分乡镇、村（社区），重点针对三元镇各村（社区），围绕"431"村级纪检监督机制的实践与运用开展专题调研，并结合实践对进一步做好村级纪检监督工作，推动新形势下基层纪检监察工作创新发展提出合理化建议。

一　三台县村级纪检监督工作存在的问题

通过"两项改革"，三台县乡镇、建制村分别减少 30 个、549 个，减幅达 47.6%、58.9%，镇村平均面积和户籍人口均实现"双倍增"。全面推行村（社区）党组织书记、村（居）委会主任、集体经济负责人"一肩挑"，"两委"交叉任职后，全县村级常职干部减少 1869 名，减幅达 49.9%。结合村（社区）"两委"换届，三台县进一步加强镇村级纪检组织建设，全县 33 个乡镇全部配备纪委书记 1 名、纪委副书记 1 名，共明确专职纪委委员 53 名，462 个村（社区）设纪委书记 240 名、纪检委员 222 名。

调研发现，虽然村级纪检组织建立了，人员配齐了，但是究竟如何开展日常纪检监督工作，大家仍然比较困惑。概括来看，村级纪检干部在日常监督工作中普遍存在以下三方面问题。

（一）因从未接触纪检业务而"不懂监督"

"两项改革"后，虽然村（社区）纪检组织得到健全和完善，但村级纪检干部不懂监督是一个较为普遍的现象。对于一些村级纪检干部来说，纪检业务是全新的，更是陌生的，政治性、政策性、法规性很强。部分纪检干部没有村（社区）工作经历，对纪检工作基本是一问三不知。以三元镇为例，全镇有 17 名村（社区）纪检干部，其中 6 名纪检干部没有村（社区）干部经历，2 名纪检干部学历在高中及以下，11 名纪检干部年龄在 45 岁以上。纵观全县，从纪检干部年龄结构来看，50 岁以上 172 人，占 37.2%；从学历层次来看，高中以下学历 155 人，占 33.5%。总体来看，村级纪检干部队伍年龄偏大、学历偏低，对纪检业务知识的学习理解能力较弱，这是推进村级纪检监督工作的最大障碍。

三元镇纪委书记说："在2021年全镇的低保评定工作开始前，我就向各村纪检干部强调一定要做好监督工作，防止评定过程中出现违规违纪情况。结果我在走访中发现，多数村纪委书记没有站在纪检干部角度开展监督，而是在做村上的其他业务工作，如帮助填写表册、打印图片，甚至有的在做其他无关事项。问起是否按照程序开展评定工作，是否入户开展核查，是否发现不符要求的问题，都摇头晃脑说不晓得。"

（二）因把握不好执纪标准而"不善监督"

调研发现，很多村级纪检干部也明白自己的"纪检干部"身份，也知道纪检干部主要从事监督工作，但对于如何开展村级纪检监督工作仍是一头雾水。有部分纪检干部认为发现一些"不合规矩"的事情后向领导和上级反映，会有一种在别人背后打"小报告"的感觉，担心久而久之影响班子团结。有部分纪检干部也表示，有些事情究竟违不违规、违不违纪他们自己也拿捏不准，这个分寸不好把握，感觉"深也深不得，浅也浅不得"。其实，这些现象折射出的正是村级纪检干部对当前加强村级监督、规范基层权力运行的重要性认识不足，对纪检工作的业务知识不够熟悉。

一位场镇社区纪委书记谈到自己刚开展监督工作时的纠结，仍然记忆犹新。他说："当初社区准备把场镇范围内的河道垃圾清理了，以免下大雨引起河道堵塞，河水漫街。以往，这些事情都是社区开会讨论后决定实施，由居民议事小组进行监督，现在我是纪委书记了，这种事情我到底应不应该参与其中进行监督呢？你说现在我们去监督，以前又没这么搞过，我怕别人觉得我在多管闲事。请人涉及资金支出，作为纪委书记还是应该管一管，不管的话，会不会又说我们不履职呢？真是左也不是，右也不是啊！"这位社区纪委书记的疑惑和纠结反映出不少村级纪检干部想管又不知如何下手，不管又担心失职失责的心理，很具有代表性。

（三）因害怕得罪人而"不敢监督"

乡村社会是一个"熟人社会"，村干部与村里的群众不同程度存在亲属关系，村级纪检干部也不例外。他们都是土生土长的本地人，特别是一些年轻的纪检干部，监督对象往往就是自己的长辈、其他亲戚，有的还是从小玩到大的朋友。因此，部分村级纪检干部在开展日常工作中存在监督磨不开情面、执纪放不开手脚、问责不敢得罪人等问题，总觉得监督了亲戚朋友要说"风凉话"，从而不敢监督，影响监督质效。

据三元镇纪委书记介绍，在 2021 年开展秸秆禁烧工作中，镇检查组在某村发现一个火点。由于当天村上是村纪委书记值班，检查组立即电话通知他核查火点情况并组织人手进行扑灭。该纪委书记来到现场后发现这是另一个组老赵的地，极有可能是老赵在焚烧秸秆。检查组立即让村纪委书记给老赵打电话，但村纪委书记却有点儿难为情的样子。在检查组的强烈要求下他才打通了电话，没有想到老赵接通电话就很不耐烦，气冲冲地说："二娃子，你娃娃现在还管起我来了，当了官都认不到老辈子了，我不来弄，要弄你自己弄。"说完就直接把电话挂了。最后还是检查组的人员给老赵打电话，讲明秸秆禁烧的政策要求和法律依据，老赵才赶过来进行处置并接受教育。事后才了解到，老赵与该纪委书记是家族关系，并且老赵是长辈。该村纪委书记说："我之前在外务工，随着年龄增长，也想回家发展。这次换届全村党员都信任我，把我选举为村党委副书记兼纪委书记，村里赵姓人好多都是我的长辈，你说要我去监督哪个，有时候还真有点为难。"

其实，像这样的遭遇并非个例。我们在调研中了解到，村纪检干部在日常监督中遭遇尴尬的情况比较普遍。由于大家缺乏工作经验，加之"熟人社会"本身就是监督难点，如果没有一套简便有效的村级纪检监督机制，村级纪检监督就很难落到实处。

二 "431"村级纪检监督机制的探索与实践

针对村级纪检监督运行中的现实问题，三台县纪委监委组织相关部门和部分乡镇纪委书记展开讨论，对加强村级监督，扎紧基层权力监督的制度"笼子"，更好地保障基层"小微权力"运行进行全方位研究。县纪委常委会提出了大胆的建议和设想：可否制定一套标准程序，让村级纪检干部明白自己"该干什么、该怎么干、如何干好"，让刚刚担任村级纪检干部的"新手"也能"依葫芦画瓢"？

为破解村级纪检监督难题，2021 年 2 月，三台县纪委监委在征询有关部门、乡镇的意见建议的基础上，以村级纪检监督清单的方式在立新镇高棚村进行试点。3 月中旬，县纪委监委党风政风监督室会同立新镇各村（社区）纪检干部模拟开展了村级事务监督，初步形成《村级纪检组织日常监督事项清单》（村、社区）"2 套清单"、《监督台账》《问题整改台账》《社情民意收集台账》"3 本台账"和"1 次评比"的村级纪检监督机制。3 月 18 日，绵阳市委常委、市纪委书记、市监委主任唐浪生到立新镇高棚村调研村级监督工作，充分肯定三台县在开展村级纪检监督机制方面的探索，强调村级监督要融合村民小组事项，发挥村民代表和群众代表的监督作用。随即，三台县纪委监委进一步将《村级纪检组织日常监督事项清单》（村、社区）拓展延伸，建立《村级纪检组织日常监督事项清单》（村民小组、居民小组），并随机选取 5 个乡镇再次进行模拟监督，得到基层纪检干部普遍认可。至此，"431"村级纪检监督机制基本成型，并在全县推广运用。

（一）4 套清单，让监督事项清清楚楚，解决了"干什么"的问题

4 套清单即《村级纪检组织日常监督清单》（村级事项、组级事项）、《社区纪检组织日常监督清单》（社区事项、组级事项）。4 套清单具体涵盖哪些方面，包括哪些内容？据三台县纪委监委党风政风监督室负责人介绍，4 套清单针对村（社区）和小组的监督梳理出村级党务、村务、财务等 3 类，政治思想、政策保障补贴、"三资"管理等 10 方面，有关学习讲话和会议精神、三重一大、党费收缴管理等 60 个监督事项，细化村民小组 2 类 5 方面 15 个监督事项；根据社区实际，单列社区 3 类 10 方面 47 个监督事项，并同步延伸 2 类 5 方面 11 个监督事项至居民小组。清单制的建立将监督工作进一步落细落实，使日常监督事项看得见、摸得着，大大减轻了纪检干部的工作负担。

"自从有了 4 套清单，监督有方向了，也更有底气了。"这是调研中我们听到纪检干部说得最多的一句话。塔山镇白龙村纪委书记说："有了 4 套清单，以后就知道哪些事情该我们监督了。如果哪个再说我们这也管那也管，我就把清单拿给他们看，他们也就晓得了。"的确，监督事项的清单化使监督更加有的放矢，既避免了监督的盲目性和随意性，也提高了监

督的针对性和实效性。

如某村干部的儿子在高考中取得了优异成绩，拿到大学录取通知书后，想举办酒席宴请亲戚朋友以示庆祝。以前，老百姓为子女办升学宴是常有的事。可如今村干部也是受监督对象，哪些事情可以办、哪些事情不能办是有明确规定的。在开展监督工作中，该村纪检干部就拿出监督清单，逐条逐款向该村干部讲清申报程序和纪律要求，提醒其不能宴请管理服务对象，不能违规收受红包、礼金等。由于事前提醒、事中监督、规范操办，该升学宴既办得喜庆，也没有违规违纪，这名村干部心里也很踏实。

（二）3 本台账，让问题整改明明白白，解决了"怎么干"的问题

3 本台账即《日常监督台账》《问题整改台账》《社情民意收集台账》。3 本台账如何操作，具体如何实施呢？据三台县纪委监委党风政风监督室负责人介绍，村（社区）纪检干部每月逐项对照日常监督清单，对当月实际发生事项进行监督，形成《日常监督台账》；将监督中发现的问题，每月向村（社区）"两委"反馈并报乡镇纪委，收集问题整改情况，形成《问题整改台账》；同时，走访、座谈党员代表、村（居）民代表等，收集他们对村（社区）、小组干部工作的意见建议，形成《社情民意收集台账》，将收集到的意见建议及时向村（社区）"两委"反馈，并跟踪办理结果。

《日常监督台账》以 4 套清单为主体，明确了需要监督的内容。纪检干部将监督情况和监督中发现的问题原原本本记录在监督台账上，动态反映日常监督工作情况。台账对每项工作都提出了相应的监督方式、监督重点、监督要求，使纪检干部知道每个阶段该监督什么事项，清楚应该怎样监督，使监督更方便、更高效。

三元镇龙吟村纪委书记介绍说，他在开展日常监督走访和社情民意收集过程中收到村民曾某、文某反映的情况：在修建提灌站引水渠过程中，他们发现施工方疑似用黄沙代替青沙，可能会导致工程质量问题。得知情况后，该村纪检组织立即组织人员实地查看，发现反映问题确实存在，随后上报村"两委"研究解决办法，村党总支书记及时与施工方联系，要求立即整改。后经村纪检干部全程监督推进，施工方将 400 多米的水渠全部

返工，返工费用近 5 万元。完工后，全部项目经村"两委"干部和党员群众代表集体验收合格，解决了 60 户 200 余人和 200 多亩土地的生产生活用水问题。事后，反映情况的村民专门找到他说："看来村上的纪检干部还是起作用啊，反映了问题很快就来督促解决，我们以后遇到啥子问题都要给你们反映。"

（三）1 次评比，让监督质量不断提升，解决了"怎么干好"的问题

1 次评比，即每月乡镇纪委组织召开村级纪检干部日常监督工作评比交流会，对上个月监督工作进行总结和交流展示，对下个月监督工作进行强调和安排，各村（社区）相互交流，取长补短，达到相互促进、共同提高的目的。乡镇通过"村（社区）纪检组织自评+交叉互评"的方式，随机对问题整改落实情况进行抽查，针对收集到的社情民意办理情况进行回访，对问题整改不落实、工作成效不明显的给予通报批评并扣减相应考核分，倒逼监督工作落地落实。

每月 1 次的交流评比活动，既是评比展示的过程，又是相互促进、相互提高的过程。调研发现，村级纪检干部对每月 1 次的交流评比活动十分重视。几位纪委书记讲，交流评比活动中"交流"的意义大于"评比"。大家工作中遇到的现实困难和问题基本一致，又都是刚走上村纪检干部这个岗位，因此，每次交流评比活动花在"交流"上的时间是最长的，大家受益也是最多的。

紫河镇何家沟村纪委书记说："每月 1 次交流评比，为我们提供了学习交流的机会，平时工作中我们发现的问题，可以通过交流讨论的方式相互出点子、共同想办法，棘手的问题也就迎刃而解了，对做好村上的监督工作也更有信心了。"

三　运用"431"村级纪检监督机制取得的成效

经过一段时间的试运行，现在"431"村级纪检监督机制已经在三台县各基层纪检组织得到广泛运用。北坝镇纪委书记说："如今，村纪检干部开展日常监督工作有抓手了，明显感觉到他们推进日常工作也更有章法了。"观桥镇万福村纪委书记表示："现在'431'村级纪检监督机制就是

我们开展日常监督工作的指南，就算以前再不会，现在'依葫芦画瓢'也差不到哪儿去。"可见，三台县实践运用"431"村级纪检监督机制，使村级监督更具针对性、操作性和规范性，促进村级监督质量明显提升。其主成效表现在以下几方面。

（一）纪检干部担当作为更加积极

"431"村级纪检监督机制出台前，村级纪检干部不清楚自己该干什么、不能干什么以及责任权力是什么。有村干部说："过去村里的工程项目、惠民政策、扶贫资金等，往往有亲戚朋友这个来找、那个来问，群众怀疑干部优亲厚友，干部有口难辩。""431"村级纪检监督机制出台后，办事流程更规范了，日常监督跟上了，村民对村级事务少了疑虑，村干部赢得了群众的信任与支持，服务群众也更有干劲、更加主动。

三元镇卢桥村纪委书记在走访中听群众反映家里的水管老是不出水，便把该情况登记在《社情民意收集台账》上，并组织村纪检组织开展调查。在卢桥村马家垭，他们发现倒虹管接口处发生渗漏，导致水压不足、水供不上去。倒虹管是20世纪90年代修建的，因年久失修才发生渗漏，不是工程质量问题。查实后，村纪检组织提出处理意见并向村"两委"汇报。后经村"两委"多方协调，争取到项目资金3.6万元，为村民更换了一批新的波纹管。村纪检组织依照村务类日常监督清单中对村级工程项目的监督内容，从立项、确定施工方、施工监管、验收、决算等环节对项目建设全过程进行监督。2021年7月，该工程圆满竣工并投入使用，解决了群众生活用水问题。

现在，像这样的村级纪检干部越来越多了。通过专题培训和业务指导，一批年轻的村级纪检干部能够比较熟练地运用"431"村级纪检监督机制开展日常监督工作，逐渐成长为基层监督"前哨"中的精兵强将。

（二）廉洁意识更加牢固

"431"村级纪检监督机制厘清了村（社区）干部的权力边界以及权力运行过程，增强了村（社区）干部遵纪守法和民主管理、民主决策的意识，促进规范履职，有效遏制了弄虚作假、优亲厚友、截留挪用、贪污私分等违纪违法行为发生。部分乡镇还借鉴《三台县村（社区）纪检组织履职一本通》的操作模式和相关内容，制定各办（站、所、中心）的监督清单或监督细则，进一步扎紧了基层权力运行的制度"笼子"，督促基层干部规范用权、廉洁用权。

（三）干群关系更加密切

"431"村级纪检监督机制充分保障了群众的监督权利，群众对村（社区）里的项目、资金使用和管理情况清楚明了，干群之间的信任感自然而然就增强了。据三台县纪委监委党风政风监督室负责人介绍，立新镇高棚村纪委书记在开展日常监督走访群众的过程中，收集到群众反映的诉求：随着蔬菜产业发展，蔬菜种植规模扩大，希望能修建一座冻库，既可以储存蔬菜，用于保鲜，也可以实现错峰销售以增加收入。村纪检组织将群众意见和建议及时反馈到村"两委"，经村"两委"商议后，积极向上争取并多方筹措资金 60 余万元，经村纪检组织积极跟进督促，蔬菜冷冻库很快就建成并投入使用，受到群众好评。

（四）监督效应更加突显

通过运用"431"村级纪检监督机制，有效整合村（社区）纪检组织、村（社区）监督委员会和村（居）民代表的监督力量，实现村级监督"四个转变"，即由过去"种别人田"向抓"主责主业"转变，由过去"不会作为"向积极"谋划创新"转变，由过去"不想为"向"我要为"转变，由过去履职"走过场"向"求实效"转变，解决了村（社区）干部分工不明确、业务不熟练、公章使用不规范、未严格执行值班值守制度、公示公开不及时等问题，大大提升了监督实效。

实施"431"村级纪检监督机制以来，三台县纪委监委收到信访举报 214 件（同比下降 59.85%），检举控告 143 件（同比下降 66.67%），实现信访举报、检举控告"双下降"。同时，给予 58 人党纪政纪处分。

四　从"431"村级纪检监督机制得到的启示

通过近一年的实践运用，我们总体感觉到，"431"村级纪检监督机制是"两项改革"后推动落实村级纪检监督，带动其他监督方式贯通融合，大力规范基层权力运行，有效提升基层监督质效的创新举措。"431"村级纪检监督机制全面落地见效，也为大力推动基层监督走深、走实并高质量发展提供了重要启示。

（一）营造良好的监督氛围是基础

当前，随着《监察法》的颁布和实施，基层群众性自治组织中从事管理的人员已被纳入监察对象，实现监察全覆盖。要不断加强基层党风廉政建设和反腐败工作，必须强化"有权必有责，用权受监督"的思想和行动自觉，大力宣传党的政策方针，特别是涉及群众切实利益的惠民富农政策，使村组干部自觉接受监督、主动支持监督，习惯在严格的监督大环境中谋划工作、推进工作、落实工作。

三台县纪委监委结合党史学习教育，组织各乡镇纪委以群众喜闻乐见的艺术形式精心编排廉政文艺节目。在村（社区）举办廉政书画摄影作品展，大力宣传基层党风廉政建设和反腐败成果，解读"431"村级纪检监督工作机制，营造崇廉尚实的社会氛围。针对个别村级党组织与纪检组织工作推进滞后的情况，乡镇纪委采取到村主持召开日常监督工作推进会、院落坝坝会等方式，宣讲开展日常监督的重要意义、工作方法、监督内容，明确要求村党组织书记必须支持村纪检组织的工作，组织村"两委"班子学习相关制度文件和法律法规，为村纪检组织营造良好的监督环境。

（二）提升纪检干部履职的能力和水平是重点

村（社区）纪检干部文化素质偏低、学习能力较弱、业务知识欠缺是一个普遍现象，因此必须加大培训指导和跟踪督导力度，采用"定单式""专题式"等方式开展纪检业务知识培训，不断提升纪检干部应对和处理复杂问题的能力，为开展日常纪检监督工作提供有力的基础保障。

三台县纪委监委在广泛调研的基础上，针对村级监督工作的短板与不足，根据村（社区）纪检干部所需、所盼，组织乡镇纪委、村（社区）纪检干部进行日常监督动员暨培训指导，逐一讲解村（社区）监督事项、组级监督事项，全面提升村（社区）纪检干部的履职能力。乡镇纪委组织对村（社区）"两委"干部全员培训和对纪检干部轮训，卸下了村（社区）"两委"干部害怕被监督、纪检干部不敢监督的思想包袱，激发其"宣传员""监督员""情报员"的作用。同时,制发《三台县村(社区)纪检组织学习制度》,激励村(社区)纪检干部主动学习新思想、新政策、新知识,练就村级监督的"火眼金睛"。

(三) 压紧压实监督职责是关键

纪检组织是党内专责的监督部门,纪检干部履行监督执纪问责、监督调查处置的工作职责。作为最基层的纪检组织和纪检干部,要明确自身的主责主业是什么,明白自己的监督对象有哪些,要搞清楚自身工作的着力点是什么。广大纪检干部要明白监督是本职,不监督或不认真监督是失职。

三台县纪委监委出台《三台县村(社区)纪检组织考核管理办法》,量化履行监督、协助、宣传、信息收集和年度述职评议等考核细则。建立"委领导、室联系、人共用、事协办"的协作指导督促机制,实行纪检监察室与乡镇纪委分区协作、对口联系、分片监督的工作机制。统一协调监督力量,每月定期对村(社区)纪检组织的监督情况开展"提级监督",压紧压实乡镇党委的主体责任、乡镇纪委的监督责任。各乡镇纪委在开展评比的基础上,探索"村(社区)纪检组织自评+交叉互评+镇纪委点评+量化打分"的方式,督促村(社区)纪检组织认真履行监督职责。

(四) 创新监督手段是灵魂

"互联网+监督"是充分发挥纪检部门监督保障执行、促进完善发展作用的创新举措,是让数据"多跑路",使监督更及时、更精准、更规范的有力助手。纪检监察和现代科技有机融合,变数据优势为监督效能,从而推动纪检监察工作高质量发展。

三台县纪委监委以开展"清风肃纪·正风护航"村级事务大公开专项行动为契机,完善党务、村务、财务"三公开"制度,全面实施村级事务"阳光工程"。在原有"阳光三台"微信小程序中增设"三台县阳光监督"模块,设置县纪委监督管理员和乡镇纪委管理员,由县纪委监督管理员指导并督促各乡镇纪委管理员每月将各村(社区)的《问题整改台账》《社情民意收集台账》录入"三台县阳光监督"平台,方便群众随时随地"掌上"查看本村(社区)情况。开通"一键举报""我要点评"等功能,使监督更便捷、更高效。

紫河镇红灯桥村几名务工返乡人员表示："以前，村上有多少资金、如何使用，我们只能去看公示栏。如果常年在外打工，很难知道这些情况。""现在只需一部手机，就可以通过微信小程序了解相关情况，就算远在千里也能一键查询，非常方便。""我前段时间向村纪委反映的问题，今天在手机上就看到了，反映的问题和办理结果与在手机上看到的一样，现在村上的干部办事让人放心，我很满意。"

加强村级监督是当前基层党风廉政建设和反腐败工作的重点任务，是防范和化解基层社会矛盾风险的第一道关口，是预防和打击职务违法犯罪的前沿阵地。当前，"两项改革"文章进入"后半篇"，脱贫攻坚后乡村振兴正有序推进，村（社区）资源更加集聚，权力更为集中。强化基层权力运行，始终扎紧监督基层权力的制度"笼子"，为推进基层治理和乡村振兴提供坚强纪律作风保障，需要基层纪检监察组织特别是基层广大纪检干部持续用力，久久为功。

乡村振兴视角下宜宾市翠屏区农村基层党风廉政建设探索

唐　焱[*]

摘　要： 乡村振兴战略是当前和今后一个时期基层农村的主要任务，基层党风廉政建设是助推乡村振兴战略各项措施落地落实的重要政治保障。为充分发挥监督保障执行、促进完善发展作用，宜宾市翠屏区纪委监委进行了一系列积极有益的探索，在李庄镇安石村、高桥村和牟坪镇龙兴村开展试点，通过完善制度机制、挖掘特色文化、优化监督路径等途径加强乡村廉政建设，助推乡村振兴。

关键词： 乡村振兴　农村基层　廉政建设　监督

党的十九大报告提出了乡村振兴战略，把其作为新时代"三农"工作总抓手。产业兴旺、生态宜居、乡风文明、治理有效、生活富裕是实现乡村振兴的总要求。其中，治理有效是实现乡村振兴的政治保障。它涉及治理主体、客体、手段以及治理环境之间的协同配合。故在乡村振兴的背景下考量其与基层党风廉政建设之间的关联，需要把政治、社会、经济、文化等因素纳入，找准基层党风廉政建设与乡村振兴之间的耦合点，精准施策。

＊　唐焱，宜宾市翠屏区委常委、区纪委书记、区监委主任。

一 乡村振兴战略下农村基层党风廉政建设的必要性

全面实施乡村振兴战略，必须实现巩固拓展脱贫攻坚成果同乡村振兴有效衔接，这是解决新时代我国社会主要矛盾的必然要求。乡村兴则国家兴，乡村衰则国家衰。要保障乡村振兴战略在农村的落地落实，各界学者提出了不同观点。汪俊玲提出基层党建是引领乡村振兴的重要政治基础[①]；宗成峰认为农村基层党组织是乡村振兴战略能够得以实施的重要平台保障[②]；卜万红提出要用中国特色廉政文化涵养廉洁乡村建设[③]；亓光、魏凌云指出构建多方联动、系统整合的稳定性乡村政治生态需要注重政治性[④]。但对于如何充分发挥基层廉政建设工作的保障促进作用以推动乡村振兴，这方面的研究成果不多。习近平总书记在第十八届中央纪律检查委员会第六次全体会议上指出，"'微腐败'也可能成为'大祸害'，它损害的是老百姓切身利益，啃食的是群众获得感，挥霍的是基层群众对党的信任"。[⑤]农村基层廉政建设不但能为基层党建工作提供指引，为乡村振兴注入强心剂，而且可以为党建文化提供理论源泉。因此，在乡村振兴战略背景下探索农村基层廉政建设十分必要。

随着乡村振兴战略的实施，农村得到补贴的种类和扶持的项目不断增加，农村集体经济不断壮大，但廉政风险点也不断增多，基层"微腐败"、侵占挪用、吃拿卡要等违纪违法问题易发多发，仅仅依靠县区、乡镇纪检监察组织的监督难以实现无死角全覆盖。因此，必须积极推进基层廉政建设，实现农村"小微权力"自我限制、村级党组织自我净化、村干部自我约束，才能形成基层风清气正良好生态，为乡村振兴战略落地助力。

---

① 汪俊玲：《乡村振兴离不开农村基层党组织的引领》，《红旗文稿》2018年第15期，第31~32页。

② 宗成峰：《农村基层党组织带头人队伍建设路径研究》，《人民论坛》2019年第25期，第46~47页。

③ 卜万红：《中国特色廉政文化是建设廉洁乡村的重要保障》，《廉政文化研究》2020年第3期，第67~72页。

④ 亓光、魏凌云：《整体视域下当代中国乡村政治生态的稳定性问题》，《齐鲁学刊》2020年第3期，第82~90页。

⑤ 习近平：《坚持全面从严治党依规治党 创新体制机制强化党内监督》，《中国党政干部论坛》2016年第2期，第1页。

（一）农村基层党风廉政建设为乡村振兴营造风清气正的政治生态

政治生态是一个复杂的系统性概念，包含体制、文化和权力过程等三维要素。体制浸润在政治生态深层，对政治生态发挥根本意义上的规制作用；文化既构成政治生态的基本内涵，也构成其外在表征；权力行使过程对政治生态的形成和运行及其绩效产生直接影响。目前，基层腐败现象时有发生、屡禁不绝，呈现出新特点，诸如内容更加多样、手段更加隐蔽、治理更加复杂等。近年来，随着乡村振兴战略的实施，国家对农村的投入不断增加，农村征地拆迁补偿、农业政策性补贴等各类资金逐年增加，而村干部对国家投入"三农"和民生领域的这些资金、项目拥有管理、分配权。一些村干部滥用权力、暗箱操作以谋取私利，严重污染基层政治生态。因此，在乡村振兴大局中，用科学原则和思维方法推进党的基层廉政建设，形成良好的乡风民风，净化基层政治生态，必然会对乡村治理机制、农村廉政文化以及基层治理过程产生促进作用。

（二）农村基层党风廉政建设为乡村振兴凝聚组织力量

乡村振兴既要经济振兴，又要组织振兴。一方面，实现乡村振兴，基层党建是关键。基层党建工作是联系党和人民的重要工作，是群众能够直观看到和享受到的，良好的基层党建工作是引领乡村振兴的重要政治基础。基层党员干部扎根于人民群众之中，与人民群众关系最密切、最亲近，拥有最大的优势和条件。另一方面，随着"老虎""苍蝇"一起打，以及"扫黑除恶"专项行动的全面实施，农村成为反贪反腐的重要战场。农村腐败呈现出数额小、人数多、关系复杂等"微腐败"特征，虽然看上去危害不大，但是事实上严重影响党组织的形象，阻碍了农村资源的充分利用和乡村振兴战略的全面贯彻实施。加强农村基层廉政建设，就是要打通监督向基层延伸的"最后一公里"，通过凝聚风清气正的基层政治生态环境，全面提高基层党组织的权威性和凝聚力，以确保基层党组织在乡村振兴中真正奋勇担当、奋力作为。

（三）农村基层党风廉政建设可以为乡村振兴优化人才队伍

清廉纯洁的基层政治生态与绿色美丽的村容村貌同等重要。乡村振兴不是一朝一夕可以实现的，需要源源不断的人才智力支持。从某种意义上讲，乡村振兴也是人才振兴。目前，随着我国城市化步伐不断加快，大批农村青年离开家乡进城务工，大量"空心村""空巢村"出现，人才显得尤为重要。因此，只有把基层廉政建设搞好了，才能吸引和招揽优秀人才扎根基层，奉献基层，才能增强基层领导干部干事创业的信心，练就他们的"金刚不坏之身"，同时也激发广大基层人民群众共同参与乡村振兴的决心。

二　宜宾市翠屏区农村基层党风廉政建设面临的困难

在乡村振兴战略推进实施背景下，加强农村基层廉政建设不仅是培育廉洁农村基层干部、增强农村基层干部领导力、为乡村振兴战略实施提供坚实廉政保障的现实需要，也是强化农村"小微权力"监督、优化农村政治生态的现实需要，还是减少党群干群矛盾、提升政府在农村的公信力、进一步增强党在农村领导力的现实需要。然而，翠屏区在农村基层党风廉政建设中却遭遇了不少现实困境，主要体现在以下几方面。

（一）农村权力制约监督机制并不完善

据统计，宜宾市翠屏区纪委监委 2016~2021 年共查处违反中央八项规定精神的 113 人，其中村（社区）干部占比 52.3%，且 64% 以上是违反廉洁纪律的。随着乡村振兴战略的不断落实，资金和项目大量流向农村，农村基层干部经手的资金和项目体量不断加大。与此同时，在市场经济冲击下，一些村干部的理想信念、职业规范与经济利益产生冲突，而村干部作为乡村基层组织的权力主体，掌握着管理、分配和处置乡村集体事务和集体资金的权力，在村里拥有至高话语权。现在对村干部权力的监督制约并未与时俱进，在村干部权力的监督制约机制上仍然存在空白，为农村腐败提供了空间。其次，农村基层干部有哪些权力、权力的限度和边界在哪里、具体如何分工、各项工作的规范程序与环节要求是什么，往往并不为群众所知晓。农村地区大量青年劳动力外流，空巢老人和留守儿童很难在乡村治理中发挥监督作用，而且多数农村地区群众对乡村治理参与深度也不够，权力信息不对称与基层民主发扬不够的问题，对农村基层权力制约和监督造成了负面影响，从而在某种程度上导致农村廉政建设现实困境复杂化。综合来看，受利益驱使，少数农村基层党员干部不注重自身思想锤炼和道德修养，导致世界观、人生观、价值观滑坡，个人私欲不受节制，从小贪小腐开始，逐渐变得为所欲为，最终走向违法乱纪的深渊，这就对基层廉政建设提出了挑战。

（二）廉政文化基础薄弱

农村廉政文化是整个政治生态廉政文化中的基础部分，也是新时代社会主义新农村精神文明建设的重要组成部分。农村良好的廉政文化建设可以为当地的政治生态环境优化提供土壤。但由于受各种主客观因素的制约，农村廉政文化的表现形态还很稚嫩，还停留在群众希望村干部能够廉洁用权、自觉遵守规章制度、公正公平为群众办事层面。一些群众认为，廉政文化建设是村干部的事情，与自己没有关系。也少有群众利用互联网等新兴监督渠道对基层干部违纪行为进行检举揭发，基层廉政建设的功能和价值难以有效发挥。据统计，2016~2021年，翠屏区共查处村（社区）干部335人，其中，涉贪腐问题、侵占挪用等微腐败问题的占63.9%。这些数字说明，仅仅依靠村（社区）干部自觉是完全不够的，而村（社区）贪腐问题正是阻碍乡村振兴战略推进的因素之一。

（三）农村基层党风廉政建设未形成整体合力

对农村基层廉政文化的规范，不能仅仅靠制度运行，还应当考虑系统施治。当下，我国部分地区仍然存在血缘秩序与村民自治相结合的基层治理独特模式，封建迷信、天价彩礼、大操大办等不良风气依然没有从根本上消失。农村基层廉政建设仍缺乏一套行之有效的系统方案，没能厘清在乡村振兴大背景下廉政建设系统中各个要素之间的职责与关系。在农村基层廉政建设过程中，仅仅依靠乡镇纪委和县（区）纪委监委的上级监督并不能从根本上解决困境，更应该注重各职能部门监督主体协同贯通，形成立体化、全方位监督监测。同时，要从顶层设计上加强基层廉政机制建设，提高基层群众监督参与意识、丰富群众监督途径，深入挖掘当地特色，厚植基层廉政建设土壤，形成良好的廉政环境。

（四）村干部理论素养欠缺

农村基层党组织建设的重点是村"两委"。调查发现，绝大多数村"两委"成员的学历层次以及理论学习能力都不高。以翠屏区为例，全区233个村（社区），"两委"干部有本科以上文化程度的不足40%。随着乡村振兴战略的实施，农村干部的工作任务日益繁重，虽然按照党内条例法规，实施了固定党日活动和"三会一课"活动，但大多停留在纸上和记录上，真正组织、参与的少，且参与人员文化水平参差不齐，实际效果大打折扣。从党员年龄结构上看，村"两委"成员平均年龄在44岁以上，暴露出基层党建人才队伍建设面临年龄偏大、创新学习能力不足的问题。部分村干部管理手段单一、机械，管理方式粗放，他们对项目、资金运行情况和方式了解不足，在项目和资金管理上存在很大漏洞。

三 宜宾市翠屏区推进农村基层党风廉政建设的探索

农村基层廉政建设的现实困境，在宜宾市翠屏区也或多或少存在。为有效克服各种现实困境、深化农村基层廉政建设工作，宜宾市翠屏区进行了一系列探索与实践。

（一）探索制定"小微权力"运行清单

在农村基层党风廉政建设当中，权力扮演着重要的角色，它来源于群众，又作用于群众。要把权力装进制度"笼子"，让权力在阳光下运行，让权力真正赋能乡村振兴战略。

首先，制定权力运行清单。2021~2022年，翠屏区纪委监委联合区委组织部、区民政局等职能部门，广泛深入群众调研，初步收集和汇总了60余项村级政权组织及村级干部权力事项。而后按照简政放权与便民利民原则消化清理和合并归纳，最终形成《翠屏区村干部权力清单》（共21项），其中包括农村"三资"管理事项、"三务"公开流程、资金审批、招投标以及困难补助申请等各个方面。同时，建立了农村"小微权力"运行规范流程，明确了每项权力事项的适用条件、办理程序、监管部门、对口指导单位及廉政风险点等，清晰划出"可为"范畴和"不可为"边界，让村干部能够"看图做事"、群众"看图办事",确保清单之外无权力。

其次,广泛宣传,促进形成行动自觉。督促各镇党委组织辖区内各村开展研讨交流,围绕"小微权力"事项及其运行规程,借助村"两委"联席会、村民代表大会等,组织村"两委"干部、村务监督委员会成员、党员和村民代表开展专题培训,切实提高村干部规范执行"小微权力"的能力和自觉。针对农村老弱病残等特殊人群对"小微权力"清单化管理工作知晓率和参与度不高的问题,通过组织镇、村两级干部上门入户宣传讲解、发放明白卡和清单一览表等形式,将清单内容"送"到每家每户,确保"小微权力"清单让群众看得懂、搞得清、会操作。

(二)规范村级纪检组织建设

为巩固脱贫攻坚成果与乡村振兴有效衔接,全面夯实乡村振兴产业基础,2020~2021年,四川开展了全省范围内的乡镇行政区划调整和村级建制调整两项改革工作。改革后,翠屏区实现村级党组织书记、村委会主任"一肩挑"全覆盖,权力更加集中,监管难度更大。要解决基层力量薄弱和熟人社会监督难题,打通全面从严治党"最后一公里",就要盯紧基层"小微权力"运行,做好对"一肩挑"后村级党组织书记的监督。为此,翠屏区探索推进了村级纪检组织规范化建设。

首先,把好人员"选配关"。统一设置村级纪检委员(纪委书记)岗位,纳入"两委"常职干部序列,将村级纪检委员优化配置作为建制调整的重要内容,在村级纪检委员规范任职上,明确必须由村级党组织副书记兼任纪检委员,或纪检委员兼任综合专干。进一步整合村级监督力量,在全区233个村(社区)全覆盖实现村级纪检委员、村级纪检监督小组组长和村(居)务监督委员会主任"一肩挑"。

其次,完善工作机制和规程。建立工作报告、定期督查、专项监督、片区协作交叉监督等制度,结合两项改革后翠屏区的实际情况,及时提出村级纪检委员不能从事项目、资金等方面的履职要求;探索建立"一月一清单"工作交办机制,由镇纪委按照区纪委监委工作重点,每月下发监督清单给村级纪检委员,让村级纪检监督有的放矢。

再次,强化上级监督促进履职。建立镇纪委"一单三定两追责"监督机制,即细化党务、村务、财务公开责任清单,定领导责任、定公开方式、定监督方式，对不履职和履职无效果的村级党组织责任主体严肃追责。推动村级"三务"公开，有效整合党内监督和群众监督力量，确保村级和小组事务真公开、常公开。党的十九届中央纪委五次全会指出，"完善民生领域损害群众利益问题治理机制，指导开展村（社区）集体'三资'提级监督试点"。① 为此，翠屏区纪委监委积极探索，创新建立"四定三查"提级监督机制，统筹纪检监督、民主监督、审计监督、财会监督、人事监督等多方监督力量，通过定机制、定清单、定点位，查集体"三资"管理、查镇（街道）日常监管情况、查村（社区）党组织负责人履职情况，全面梳理村级管理的薄弱环节和漏洞，推动解决村（社区）集体资金运行不善、资产流失、资源破坏浪费等问题。通过在辖区内 3 个村开展试点，进一步完善机制体制和监督清单，对监督发现的 23 个问题点对点进行反馈，并全部督促整改完毕。

最后，培训与保障并重，全面提升村级纪检委员的素质和能力。针对村级纪检委员可能存在的不敢履职、不想履职、不愿履职问题，翠屏区纪委监委通过集中培训、实战练兵、送教上门等多种方式对村级纪检委员开展培训，轮流抽调村级纪检干部参与监督查案等实战，提升村级纪检委员履职能力和水平；同时制定村级纪检委员履职指南和履职手册，为村级纪检委员履职提供依据，并落实纪检工作经费和场地，进一步发挥村（社区）纪检组织的职能，补齐村级监督短板。

（三）"一二三"监督模式推进基层廉政建设

翠屏区辖 12 个镇，有 233 个村（社区），各类惠农惠民政策以及各类资金项目大量流向农村，为规范农村三资管理，翠屏区纪委监委在南域的乡村振兴示范区探索试点了"一二三"监督模式，为乡村振兴战略顺利推进保驾护航。"一"是指"一看"。主要看集体资金收支、集体资产和集体资源管理中的账目、程序等面上的问题，按照当地产业特色和"三资"情况制定具体问题清单，村级纪检委员和镇（街道）纪检监察干部对照问题情况，通过查阅资料、账目等方式推动下沉式监督。"二"是"二核"。主

---

① 赵乐际：《推动新时代纪检监察工作高质量发展 以优异成绩庆祝中国共产党成立 100 周年——在中国共产党第十九届中央纪律检查委员会第五次全体会议上的工作报告》，2021 年 3 月 16 日。

要核集体资金收支、集体资产和集体资源管理中的廉政风险问题以及"三资"运行中存在的问题。村"两委"围绕村办企业、集体经济和重大项目风险点，明确集体资金使用范围清单，制定重大事项决策机制，定期公布经济收支情况，村级纪检委员根据公开内容适时厘清监督事项，对资金使用、采购、种植、出售、财务等经济组织运行环节和重大项目信息公开、资金发放等开展日常监督，通过精准监督保证集体经济组织运行顺畅、资金透明、项目推进有序。翠屏区纪检组织通过走访群众、个别访谈等方式对具体内容下深水开展调查核实，找准"三资"中的问题，切实堵住漏洞。"三"是三级联动监督共促集体经济发展。翠屏区制定完善《村支部书记党风廉政建设主体责任清单》和《村干部党风廉政建设责任清单》"两张清单"，把村"两委"的所有工作，始终置于村民民主监督、村级纪检委员监督、村务监督委员会监督以及镇纪委监督之下，将监督中发现的问题分为不规范类、违规违纪类、违法类三类进行分类处理。对不规范问题及时督促整改，并且督促堵塞制度机制漏洞，对违规违纪甚至违法问题严肃查处，且严格追责问责。通过上下三级联动监督，促进村级事务阳光透明，在强化干部廉洁自律的自觉性和主动性的同时，也进一步提高了村民对村"两委"的信任，收到了"1+1+1＞3"的效果。

（四）深化基层廉政文化建设工作

在乡村振兴战略背景下，需对思想政治教育的形式、内容等不断创新，以便通过党员干部素养能力的提升，实现基层党风廉政建设成效优化的目的。翠屏区不断探索廉洁文化建设工作方法，形成了区委统筹领导负总责，纪委牵头负专责，各部门和镇（街道）整体联动，齐抓共管、全域推进廉洁文化建设的工作格局。将新时代倡导的廉洁理念以"接地气"的语言进行传播，不断增强廉洁文化的渗透力。通过打造廉洁文化基地，形成廉洁文化品牌，提升廉洁文化品牌的影响力。

第一，因地制宜抓廉洁文化建设。按照片区划分和地域特色，在乡村振兴项目集中、发展迅速的南域片区集中创建"廉洁村庄"，规范权力运行、完善监督机制、挖掘特色文化，力促乡村振兴。在李庄依托其独特的传统文化、本地文化、长江风韵、抗战风骨、饮食文化等元素，提炼出"家国大义·千年李庄"特色主题，重点打造李庄廉洁文化教育基地，让廉洁元素浸润李庄古镇，实现廉洁与旅游的融合，引领游客在"走"，"品"与"忆"中去琢磨、体味每个点位蕴含的廉洁元素，以家国大义涵养党员干部许党许国大志。针对区位优势突出的岷江新区，立足为民服务宗旨，创建翠屏区廉洁细胞集成示范点，结合社区、机关、医院、学校、公园等多种载体集成创建廉洁细胞，以为民服务为出发点，通过潜移默化、润物无声的教化熏陶，引导区域内的干部和群众把崇德尚廉内化为精神追求、外化为自觉行动，按照以人为本的理念充分发挥各类主体为民服务的功能，以此凝聚人心，带动社风民风，推动形成崇廉拒腐的良好氛围。同时，加快赵一曼故居廉洁文化基地建设，实现馆居村一体，弘扬敢于牺牲、甘于奉献、成就事业的"一曼精神"，在红色文化的引领下积极培育良好民风，以良好民风涵养基层廉政建设。此外，通过学讲演"三联三促"持续培育校园廉洁文化，做到教育引领、育人育德。

第二，除集中打造外，还积极在各村营造浓厚的廉洁文化氛围。用好镇村"街、室、廊、院"以及群众休闲场所等阵地，挖掘中华优秀传统文化中的廉洁元素，打造"乡贤榜"、廉政文化宣传街等阵地。运用"互联网+"等现代信息技术拓宽传播范围，通过"坝坝电影"、"村村通"小喇叭、微信公众号推送等方式传播廉洁故事。推进群众性廉洁文化活动，采取多种方式提高群众的参与度，开展春节送"廉"、廉洁文化文艺活动、书画作品巡展评比等活动，增强宣传教育的效果。

通过一系列有益的探索，翠屏区在乡村振兴工作中取得了一系列成绩。2021 年翠屏区申报认定省级乡村振兴重点帮扶村 2 个，市级乡村振兴重点村 7 个，乡村振兴重点帮扶镇 3 个，除对原有的 16 个乡村振兴示范点不断提档升级外，又启动打造 11 个新的乡村示范点。2021 年创省级乡村振兴先进镇 1 个（李庄镇）、示范村 4 个、重点帮扶优秀村 1 个，高桥村成为全国乡村旅游重点村，龙兴村入选全国"一村一品"示范村。

结　语

加强农村基层党风廉政建设，可以春风化雨、润物无声般地净化社会风气，筑牢党员干部拒腐防变的思想道德防线。翠屏区纪委监委通过精准监督和机制完善，对基层权力充分制约，为乡村振兴的顺利实施充分保驾护航。

　　近年来，随着乡村振兴战略的提出和推进，农村基层廉政建设不断得到完善和发展，当前农村已形成了较为浓厚的干事创业氛围，基层群众也高度拥护乡村振兴各项政策。翠屏区在探索过程中取得了一系列成绩，但同时也要清醒地认识到现阶段某些地方对农村基层廉政建设还没有做到足够重视，存在诸多不足。各级纪检监察组织还应该立足于监督保障执行、促进完善发展的职能，通过制度完善、监督有力、文化挖掘等方式，以农村廉政建设充分保障乡村振兴战略扎实推进，确保农业高质高效、乡村宜居宜业、农民富裕富足。

自贡市沿滩区以有力有效监督保障乡村振兴工作不断推进

宋筱茜　彭君　邱菊*

摘　要：本文系统回顾了自贡市沿滩区纪委监委在实施乡村振兴战略，强化政治监督、做实日常监督中采用的主要做法，以及取得的显著成效。在深刻总结、分析阻碍基层党风廉政建设的问题和原因的基础上，提出包括创新监督方式、激发担当作为、强化监督能力在内的建设性意见，为巩固拓展脱贫攻坚成果同乡村振兴有效衔接，全面实施乡村振兴战略提供参考。

关键词：乡村振兴　政治监督　日常监督

脱贫摘帽不是终点，而是新生活、新奋斗的起点。全面实施乡村振兴战略，实现巩固拓展脱贫攻坚成果同乡村振兴有效衔接，是"十四五"规划和2035年远景目标纲要的重要内容。围绕实施乡村振兴战略强化政治监督、做实日常监督，是各级纪检监察机关继承党的优良传统、坚守人民情怀的必然要求。为促进巩固拓展脱贫攻坚成果同乡村振兴有效衔接，自贡市沿滩区纪委监委立足职能职责，聚焦实施乡村振兴的重点工作、目标任务，持续跟进监督不松劲，为全面实施乡村振兴战略提供坚强保障。

沿滩区位于自贡市南部，面积469平方公里，辖9镇、1乡、2街道，共92个村、21个社区，现有户籍人口39.25万，其中农业人口26.73万。全区现有脱贫村20个、脱贫户6621户（19191人）。2021年，实现农业增

---

*　宋筱茜，自贡市沿滩区委常委、区纪委书记、区监委主任；彭君，自贡市沿滩区纪委常委、区监委委员；邱菊，自贡市沿滩区纪委监委党风政风监督室工作人员。

加值 26.74 亿元，同比增长 7.2%，增速居全市并列第一；实现农村居民人均可支配收入 20475 元，同比增长 10.2%，增速居全市第二。黄市镇被评为全省"乡村振兴先进乡镇"，人民村和刘山村被评为全省"乡村振兴示范村"。

一 沿滩区强化基层监督助推乡村振兴的主要做法

（一）紧扣工作重点，进一步强化责任落实

一是压实主体责任。沿滩区及时调整、充实区委农村工作领导小组，坚持书记、区长任双组长制，构建责任清晰、执行有力的乡村振兴领导机制，推动由脱贫攻坚"集中式作战"向乡村振兴"常态化推进"转变。及时召开区委常委会议、区政府常务会议、领导小组会议，专门研究重点工作。先后编制《自贡市沿滩区乡村振兴战略规划（2018-2022）》《"中国彩灯之乡"乡村振兴示范片规划（2018-2022）》《自贡沿滩区现代农业园区建设总体规划（2019-2022）》《沿滩区"十四五"推进农业农村现代化规划（征求意见稿）》等专项规划和总体规划。建立"1+6"专项工作领导小组，形成"1+6+N"推进体系[①]。28 名县级领导分别联系 24 个脱贫村、乡村振兴重点村、集体经济薄弱村，所有部门负责人结对帮扶村（社区），实现全覆盖。推动出台有关巩固脱贫攻坚成果、推进农业现代化、建设宜居乡村等文件 30 余个，对重点工作、重点项目实行"日通报、周盘点、月调度"和"领导干部赛业绩"管理，对突出问题进行挂牌督导，确保工作推动有力。

二是盯紧部门责任。将推动脱贫攻坚成果同乡村振兴有效衔接作为全区 2021 年全面从严治党、基层党风廉政建设和反腐败工作重要内容，推动制定《沿滩区 2021 年度乡镇党政和区级部门（单位）领导班子领导干部推进乡村振兴战略实绩考核方案》，对 35 个相关区级部门和 12 个乡镇（街道）实行目标考核管理。建立"行业主管部门主动+派驻机构推动+联系纪检监察室促动"三方协同推进机制，加强对行业领域突出问题的治

---

① 在"1+6+N"推进体系中，"1"指 1 个领导小组，"6"指 6 个专项小组，"N"指 N 个行业部门专班。

理，强化事前、事中、事后全方位监管。

三是落实监督责任。结合沿滩区实际，制发《沿滩区 2021 年开展专项监督促进巩固拓展脱贫攻坚成果同乡村振兴有效衔接重点任务细化分解表》《关于进一步加强专项监督促进巩固拓展脱贫攻坚成果同乡村振兴有效衔接的通知》，细化工作任务，明确责任领导、牵头部门以及完成时限。成立专项监督工作专班，区委相关领导包片指导，"室组地"联动监督，采取"领导班子成员＋纪检监察室＋派驻纪检监察组＋乡镇（街道）纪（工）委"的模式，"台账式"推进监督重点任务的落实。

（二）紧握工作载体，监督实效进一步凸显

一是强化政治监督。把巩固拓展脱贫攻坚成果同乡村振兴有效衔接纳入政治监督重点内容，采取"纪检监察＋专项巡察＋目标督查"的模式，聚焦政策落实、责任落实、工作推进等方面，紧盯资金发放、项目施工、产业发展等重点任务，跟进监督、全程监督，督促推动过渡期内"四个不摘"要求的落实，确保过渡期内现有主要帮扶政策保持总体稳定，乡村振兴各项决策部署有力、有序推进。坚持党中央决策部署到哪里监督检查就跟进到哪里，确保党中央决策部署在沿滩区落地见效。

二是实施专项监督。坚持全面监督，突出监督重点，围绕扶贫领域项目资产管理、村级财务管理、乡村建设领域腐败、民生领域"微腐败"等重点内容开展专项监督，着力盯住"关键少数"，始终保持惩治腐败的高压态势，坚决纠治形式主义、官僚主义问题。根据资源丰富、资产雄厚、资金富集及信访矛盾突出等标准，全面梳理出提级监督重点村 5 个，列为区纪委监委日常监督、正风肃纪和专项监督的重要对象。巩固村（社区）财务突出问题系统治理成果，督促牵头单位紧盯农村集体"三资"、村级工程等方面，深入开展系统治理，制定风险大排查方案，全面排查存在的风险。2021 年，沿滩区发现并督促整改村（社区）财务相关问题 180 余个，受理问题线索 16 条，批评教育帮助和处理 34人。持续深化"三盯""三公开"，推行党务、村务、财务"土办法"公开。通过"院坝会"、村民代表大会等开展村级事务唱票公开 346 次，组级事务唱票公开 1135 场次，接受村（居）民质询 212 轮次，晒出"明白账" 934 本。扎实开展对"一卡通"、低保、危房改造、涉农权

证、涉农保险补贴等集中整治，统筹推进对"4+2+2"重点行业领域①突出问题、"窗口腐败"、粮食购销领域腐败问题等的专项治理，严肃查处群众身边的不正之风和腐败问题。

三是抓好日常监督。建立由138名村级党风政风监督员组成的监督队伍，充分发挥其"瞭望员""消息哨"的作用。坚守重要节点，常态化正风肃纪，持之以恒反"四风"、树新风。不断破除形式主义、官僚主义，集中整治作风不实、政绩观偏差、"政绩工程"和"面子工程"等突出问题。聚焦形式主义、官僚主义的突出问题，督促各级党委、政府对"包装式"落实、"洒水式"落实、"一刀切式"落实等全面检视、靶向纠治，力戒浮躁、浮夸现象，自觉树立正确的政绩观，切实抓好乡村振兴各项工作。聚焦"三资"管理、党务和政务公开、惠民惠农政策落实等重点工作，统筹基层监督力量，在常规性监督检查的基础上，采取参加会议、审核财务、收集意见、提出建议、监督落实、通报反馈等方式，开展常态化监督。2021年，组织开展监督检查40余次，发现并督促解决问题200余个。创新实行村（社区）干部"驾照式扣分"管理、"廉情快递"等制度，切实加强对基层权力运行的制约和监督。

（三）紧盯关键领域，政治生态进一步优化

一是注重宣传引导。通过群众喜闻乐见的形式宣传廉洁文化，结合地域实际，打造沿滩新城板仓社区廉洁文化广场、沿湖社区廉洁文化墙等阵地，在恒大社区举办廉洁文化展览，让廉洁文化"飞入寻常百姓家"。着力激活版画、雕刻、三句半等本地文化基因，创作家风成语故事版画、百家姓主题墙等一批通俗易懂、寓教于乐的廉洁文化作品。开展"全面从严治党永远在路上——学习习近平总书记关于全面从严治党重要论述"主题漫画展"七进"活动，组织全区机关事业单位1500余名干部职工到现场参观。

二是强化警示教育。在仙市镇建成全市首个家风馆——陈家祠堂家风馆，作为"自贡市廉洁文化基地"，使家风馆成为开展党性教育、廉洁教

---

① 在"4+2+2"重点行业领域中，"4+2"指工程招投标、住建、医疗卫生、人防以及征地拆迁和村（社区）财务管理6个领域；"2"指经信系统项目资金使用和管理及就业培训2个领域。

育、家风教育的重要阵地，向社会公众免费开放。开馆以来，组织开展党员干部党性党风教育、青少年思想品德教育、市民社会主义核心价值观教育等 200 余场次，参观人数达 4 万余人次。全区综合运用"滴灌式+亲情式+体验式"等形式，通过发廉政短信，组织观看警示教育片、参观陈家祠堂家风馆和市廉政教育中心等开展党风廉政教育和家风文化教育，筑牢党员干部的思想防线。

三是严肃执纪问责。组织业务骨干对 2021 年度受理的 67 件教育医疗、养老社保等领域的检举控告类信访举报，以及教育医疗、就业创业、养老社保等重点行业领域的 30 条问题线索进行"回头看""回头查"。采取区纪委监委班子成员分片联系协作、交叉办案、提级办案等模式，加大问题线索处置力度和案件查办力度，精准运用监督执纪"四种形态"处理"雁过拔毛"、截留挪用、虚报冒领、优亲厚友等违纪违法问题，对顶风违纪违法、不收敛不收手的，紧盯不放、严查快办，切实维护群众切身利益。2021 年，全区严肃查处违反中央八项规定精神的问题 35 个，处理 55 人，通报典型案例 8 件，处理 20 人；查处群众身边的腐败和作风问题 85 个，处理 139 人；对 90 余人次给予党纪政务处分并予以宣布。用身边事教育身边人，扎实做好案件查办"后半篇"文章。打好常态化组合拳，聚焦线索摸排、专项治理等方面，深挖彻查"微腐败"问题背后公职人员涉黑涉恶腐败及"保护伞"问题，常态化推进"打伞破网"，着力提升群众的满意度、获得感、安全感。2021 年，查处涉黑涉恶腐败和"保护伞"问题 11 个，处理 11 人，其中查处党员干部直接涉黑涉恶 3 人、充当"保护伞"1 人，因履职不力追责、问责 7 人。

（四）紧抓工作机制，监督基础进一步夯实

一是配齐配强监督力量。通过"对外公招+公开考调+区内选调+人才引进"等方式，不断优化干部队伍结构，加速系统内部"血液循环"。以乡、村两级换届工作为契机，通过严把人员"入口"关，选优配强纪检监察队伍。12 个乡镇（街道）的纪（工）委书记全部实现专职，实行乡镇（街道）纪（工）委书记靠前排名机制，即排名在党（工）委副书记之后、其他委员之前，着力提高其在党内的政治地位和发言权。乡镇（街道）纪检监察干部平均年龄 33.98 岁，较换届前下降 6.07 岁；本科及以上学历占比达 84%，较换届前提升 17 个百分点；具有法律、审计、财会专业背景的 18 人，占比达 40%。沿滩区在全市率先推行村级纪检委员、监察工作信息员、村（居）务监督委员会主任"三职合一"、常职管理，原则上由村（社区）党组织副书记兼任，配备率达 96.4%。村级纪检委员平均年龄较换届前下降 4.19 岁，其中大专及以上学历占比达 55.75%，较换届前提升 30.56 个百分点。

二是创新监督机制。拓宽主动发现问题线索的渠道，广泛接收群众所反映的问题，整合区、乡、村三级纪检监察组织力量，大力推行"码上举报·马上处置"，积极探索"流动接访"、"院坝问廉"、片区协同联动、群众监督等机制。大力开展"走遍沿滩"活动，探索实行变单打独斗为协同作战，有效破解村级监督力量薄弱、"熟人社会"监督难问题。积极推进"乡案县审"，把好基层案件质量关，不断提升乡镇（街道）纪（工）委的纪检监察工作水平。加强与组织、财政、统计、审计、信访等部门在乡村振兴方面的协作配合，使纪检监察监督与组织监督、审计监督、群众监督等贯通联动、相互结合，实现力量协同、优势互补，有效推动乡村振兴各项工作落实。灵活运用巡乡带村、直接巡村等方式，实现村（社区）巡察全覆盖，充分发挥巡察密切联系群众的纽带功能，助力基层治理体系提质增效。

三是规范工作流程。结合最新要求和沿滩实际修订完善《沿滩区监督执纪监察工作手册》《沿滩区乡镇（街道）纪检监察工作手册》，制定出台《沿滩区村（社区）纪检监察人员履职手册》《沿滩区监督检查指导手册》《沿滩区纪检监察组织政治监督清单》《沿滩区基层小微权力权责清单》"四册两单"，规范信访办理、线索处置、谈话函询、初步核实、监督检查、审查调查、案件审理、党风廉政意见回复等工作流程 15 项以及监督执纪执法文书 64 份，细化政治监督内容 48 项，为基层纪检监察干部开展工作提供有效指导，进一步强化制约监督，规范权力运行。综合采取"班上训、传帮带、实践练"等方式，实现培训全覆盖，不断提升党员干部的政治水平和业务能力。

二 沿滩区强化基层监督助推乡村振兴取得的成效

（一）脱贫成果全面巩固

沿滩区严格落实"四个不摘"要求，保持攻坚力度，构建以"村级排查—乡（镇）复核—部门比对—区级审定"四级联动监测防护网络，健全对低收入人口的风险预警、研判和处置机制。常态化开展"回头看""回头帮"，将85%以上的脱贫户聚集在产业链上，脱贫户人均年纯收入突破1.1万元，无一户一人返贫致贫。加大财政资金投入力度，2021年全区累计投入3.46亿元，占一般公共预算支出的18.09%。加大对上争取力度，争取到省财政衔接乡村振兴资金4793.38万元，新实施扶贫项目55个。

（二）现代农业提质增效

大力推动粮食、生猪稳产保供。全区完成3000亩撂荒地整治，完成高标准农田建设1.6万亩，粮食播栽面积达42.07万亩，总产量为16.98万吨；建成生猪养殖单元24个，年出栏生猪15.6万头，将德康农牧科技有限公司、邓尤家庭农场成功创建为省级标准化养殖场。巩固提升花椒、柑橘、稻鱼综合种养特色产业基地（2.5万亩），在永安金银湖花椒现代农业园区内建成3200平方米的综合服务中心，成功举办全省青花椒产业科技创新大会。推动农业"接二连三"发展，自贡食品产业园实现开园，举办"信步沿滩·美过周末"系列旅游活动15场次，实现旅游综合收入40.08亿元。仙市镇百胜村被评为首批天府旅游名村。

（三）人才支撑更加有力

挂牌成立乡村振兴局，组建区乡村振兴发展服务中心，各乡镇（街道）设立"一办一站一中心"，督促乡镇党委书记和村党支部书记担任"指挥长"和"施工员"。针对性选配熟悉"三农"工作的干部进入乡镇党政班子，乡镇领导班子中有涉农专业背景或相关工作背景的干部占比达74.25%，动态储备村级后备干部213名。择优选派25名"第一书记"、50名工作队员开展驻村帮扶工作，在沿滩镇试点乡村振兴人才"一村一专员"制度。组织开展村（社区）党组织书记、薪火工程递进培养对象"三农"工作专题培训。深化与中国农业科学院柑橘研究所、四川农业大学等科研院校合作，开展柑橘、花椒种植技术培训 51 次，覆盖 5000 余人。实施高素质农民培育计划，全年参与者达到 73 人。

（四）乡土文化持续传承

实施王家大院、陈家祠等重点文物保护性开发工程，持续推动太源井晒醋、刘山柳棍、徐氏雕刻等非遗保护项目传承，高标准打造詹井村村史馆，将詹井村创建为省、市级首批乡村文化振兴样板村。充分挖掘和拓展本地红色资源和历史文化资源，成功打造沿滩镇詹井村"奋斗新时代·詹井长征路"、仙市镇百胜村"党史知识长廊"等 4 个本土红色教育阵地。大力实施乡村文化振兴"百千万"工程，完成区图书馆主体建设和"农家书屋"数字化平台建设，常态化组织开展端午诗会、中秋诗会、建党节征文和文艺演出等活动。永安镇被省委宣传部评选为"四川省首届乡村文化振兴魅力乡镇"，被省文旅厅授予"四川省民间文化艺术之乡"称号。

（五）人居环境明显改善

坚决扛起生态环境保护责任，全面推进畜禽水产绿色养殖、化肥农药减量、禁渔禁钓、农业废弃物回收等农业环保工作，61 个中省环保督察反馈问题全部整改完成。深入实施农村人居环境整治"六大行动"，引进湖南仁仁洁、四川创兴田源环保等公司，实现生活垃圾、污水处理一体化管护。新建垃圾分类收集点 340 个，改造乡镇生活污水管网 10 公里，改造农村厕所 4839 个，坚持农村地区每月一次大扫除制度。新改建村组道路77.2 公里，使乡村客运"金通工程"覆盖所有乡镇和行政村。

（六）基层治理持续优化

全面实现一村一辅警、一村一治理委员、一村一法律顾问、一村一关工委，建立网格员"吹哨"、执法来"报到"工作机制，基层治理力量和治理能力显著增强。高质效完成镇村两级换届工作，村党支部书记、村委会主任"一肩挑"占比达 96.46%，乡镇领导班子平均年龄 35.9 岁。深化院落自治，完善村规民约、社会公约，创新打造金银湖社会治理中心，挂牌"法理情"工作站 21 个，建设农村"道德银行"23 个。黄市镇获评四川省乡村治理示范乡镇，人民村、云丰村获评四川省乡村治理示范村，詹井村获评全国乡村治理示范村。在畅通来信、来访、来电等常规信访渠道的基础上，大力推行纪民联查、异镇（村）互查工作法，定期举办"民情答复会"，通过"杀回马枪"式暗访、专项巡察、大数据比对等方式，着力提高查处问题线索的数量和质量。持续进行访民情、听民意、解民忧、祛民怨，群众满意度持续稳步上升。在全省基层党风廉政建设社会评价中，沿滩区的指数由 2020 年的 86.67 上升至 2021 年的 87.66。

（七）农村改革不断深入

做实"两项改革"的"后半篇"文章，制定落实"1+24+1"工作方案，① 探索经济区与行政区适度分离，启动"三大经济发展片区"规划编制。在黄市镇开展"数字乡村"建设试点，在金银湖片区启动编制"镇村合一"国土空间规划。加快推进农村集体产权制度改革国家级试点，打造集体经济发展示范村 9 个，全区村级集体经济收入达 2101.86 万元，同比增长 34.84%。在永安镇探索农村宅基地"三权分置"有效实现形式，形成建房承诺、超占处置、有序退出、盘活利用等实践经验。探索集体经济收益"54321"分配机制，即：分配模式 5 年不变，40%作为村集体经济发展的滚动资金，30%用于村民分红，20%用于"道德银行"积分管理，推进乡村治理和公益事业，10%用于对村干部创收奖励。通过这一机制，全面激发干部群众的积极性。

三 沿滩区基层监督中存在的问题

（一）工作推进还不平衡

一是"微腐败"仍有发生。沿滩区对群众反映的民生问题持续关注不够，对"小微权力"监督制约不到位，漠视侵害群众利益的问题尚未根治。2020 年和 2021 年沿滩区查处群众身边的腐败和作风问题分别为 62 个

---

① "1+24+1"工作方案指：1 个总方案，24 个专项方案，1 个监测评估体系。

（处理 137 人）和 85 个（处理 139 人），存量还未清底，增量仍有发生，"微腐败"仍然易发多发，"微生态"仍需有效涵养。

二是责任压实仍有欠缺。有的党委（党组）及主要负责同志对"主体责任内含监督责任"的认识不够，只想"栽花不栽刺"，在抓好主责监督、强化职能监督、落实行业监管上主动担当不足。派驻机构和基层纪检监察组织主动发现问题线索少、发现问题成案率低，审查调查"等、靠、要"思想依然存在。

三是队伍建设仍有差距。惠民惠农方面的政策多、业务专，而乡镇纪检监察干部多数是换届新上任的，对相关政策和业务并未做到"精"和"专"，能力不足、心理恐慌的问题比较突出，遇到问题时比较依赖业务部门。

（二）监督成效还不够好

一是监督方式单一。在违规违纪行为隐蔽化程度越来越高的趋势下，乡镇（街道）纪检监察组织开展的常规性监督检查针对性不够强，在监督方式上还是沿用传统的听汇报、看台账、搞测评等老办法，综合运用列席会议、听取汇报、建廉政档案、意见回复等方式不充分，创新力度不够，监督水平和发现问题的能力不足。

二是统筹联动不佳。村级"小微权力"运行还不够公开、透明，纪检监察组织对各方监督力量的整合还不够，引导群众参与监督的手段还有限，群众对监督的参与度还不够高。纪律监督、监察监督、派驻（出）监督、巡察监督相互之间信息共享、沟通协作机制还不完善，存在单打独斗、各自为战的情况，一定程度上影响监督质效。个别职能部门、业务股室依然有"家丑不可外扬"的观念，发现问题时还是倾向于"内部消化""点到为止"，很少主动与纪检监察组织对接、移送。

三是信息技术运用不足。目前，基层纪检监察组织在运用信息技术实现信息技术与监督工作有效融合方面还存在明显不足，信息化建设在形式和功能上比较单一，集成化程度不高，资源使用不够集约高效。此外，一些基层纪检监察组织与职能部门的信息平台尚未实现对接，自身也尚未建设专门用于监督检查的信息搜集系统和数据库，日常监督工作大多还停留在查资料、问情况等传统方式上，信息化发展明显滞后。

（三）监督力量仍不够强

一是思想认识不到位。个别基层纪检监察组织站位还不够高，对日常监督的认识把握还不够精准，在谋划工作时缺乏系统思维、全局观念，习惯于听安排、等部署，在主动探索监督工作措施方面还有欠缺。将日常监督片面理解为监督日常琐碎小事，对政治生态和班子整体情况把握不准，存在对本地区"了解局部、不了解全局"，对干部队伍"只见树木、不见森林"等问题。

二是工作力量不集中。沿滩区的乡镇（街道）纪检监察组织虽然按3~5人配备，但绝大多数为兼职。兼职人员在自身任务繁重时，无法投入太多精力兼顾监督工作。而专职人员承担的工作量增多，履行纪检监察职责的精力和时间不足，致使日常监督出现弱化、虚化等问题，在准确发现问题方面存在差距。

三是作用发挥不充分。近年来，区内纪检监察机关集中开展系列专项整治，成效是立竿见影的，但部分基层纪检监察组织在进行专项整治时所用的监督手段不够，日常监督工作缺乏关联度、延续性，基层"末梢神经"的作用发挥不明显。有的基层纪检监察干部在开展日常监督时难免遇到熟人，有的时候磨不开情面、放不开手脚。

四　思考和建议

（一）围绕"三个聚焦"，创新监督方式

一是聚焦重点突出，精准监督。监督保障、推进乡村振兴，既要坚持重点论和两点论相统一，又要抓住领导干部这个"关键少数"，紧盯关键节点、关键环节，找准工作结合点、着力点，做实做细监督工作。进一步压紧压实工作主体责任、行业部门监管责任以及监督责任，督促不断提高政治站位，以强烈的工作责任感和紧迫感主动担当作为，推动乡村振兴各项工作落实落地。加强对落实"四个不摘"政策要求、巩固拓展"两不愁三保障"成果、针对易地扶贫搬迁群体后续帮扶等情况的监督检查，精准发现问题。推行"群众出题、纪委点题、部门解题"整治模式，着力深化

对重点行业领域突出问题的系统治理，持续纠治教育医疗、养老社保、生态环保、安全生产、食品药品安全等领域群众反映强烈的问题，不断提高群众的获得感、幸福感、安全感。

二是聚焦方式升级，创新监督。当前，要紧跟形势发展，深入思考、探索监督的有效途径，坚持守正与创新相结合。发挥党内监督的政治引领作用，健全"室组"联动监督、"室组地"联合办案机制，完善不同监督主体信息互通、线索移送、措施配合、成果共享机制，促进党内监督与其他监督有机贯通、相互协调。强化互联网技术和信息化技术的运用，提高运用信息化技术、大数据等现代化手段开展监督的能力，高标准、高质量推进纪检监察系统信息化建设。探索制定监督检查工作指导手册，聚焦关键人、关键处、关键事、关键时，创新"清单式""点题式""闭环式"等监督方式，使监督更聚焦、更精准、更有力。按照"1+2+4"思路，选取1个派驻纪检监察组、2个乡镇和4个村（社区），实施区乡村纪检监察组织规范化建设示范点"三级联创"计划，以点带面全面提升基层纪检监察组织的规范化水平。

三是聚焦力量整合，共同监督。聚焦主责主业，统筹推进纪律监督、监察监督、派驻（出）监督、巡察监督全覆盖，全面提升监督质效。要加强对派驻机构的联系指导，派驻机构要进一步发挥"探头"作用。要强化与巡察机构的信息互通，根据日常监督情况提出重点巡察单位或开展专项巡察等建议，巡察机构要及时通报巡察工作安排和巡察中发现的相关问题。加强部门协作，增强监督整体效应，做到及早发现问题、及时处理问题。为乡镇（街道）纪（工）委配备专职纪委委员，推动"两专三兼"落实，从根本上、制度上解决乡镇（街道）纪检干部力量不足、不敢和不愿监督的问题，激发其干事创业的热情。统筹整合"区乡村""室组地"监督力量，根据地域就近、职能相近和人员情况精心绘制"片区作战图"，采取"双随机、一交叉"工作方法开展日常监督，破解力量分散薄弱、熟人社会监督难等问题。

（二）坚持严管厚爱，激发担当作为

一是精准问责，促干部担当。坚持惩前毖后、治病救人，用好监督执纪"四种形态"特别是第一、二种形态，对苗头性、倾向性问题及时"吹哨"提醒、拍打警醒。运用好"看违纪情节、看危害程度、看时间节点、看动机原因、看认错态度、看一贯表现、看群众口碑"的"七看"工作法，正确判断是非，准确定性量纪。

二是心理问诊，助卸干部包袱。坚持因人施策、对症下药，"一人一策"量身制定谈话函询、初步核实、审查调查三类回访计划，靶向"化瘀"，实现"回访一批、重塑一批"，推动回访教育常态化、规范化。强化回访教育成果综合运用，及时整理回访对象的思想状况、工作表现等信息，动态存入干部廉政档案，作为选拔任用、评先评优的重要依据。

三是严肃打击，为干部撑腰。完善纪检监察机关严肃查处诬告、陷害行为为干部澄清正名工作机制，进一步细化适用情形、办理程序、澄清方式、后续跟踪要求以及注意事项。坚持将信访举报内容和涉嫌诬告、陷害的行为并案调查、协同推进，建立健全与司法机关联动协作机制，实现信息互通、资源共享，形成打击合力。

（三）注重能力提升，强化监督能力

一是着力提高运用理论政策的本领。认真学习贯彻习近平新时代中国特色社会主义思想，善于用马克思辩证唯物主义和历史唯物主义原理想问题、做决策、干工作。准确把握党的政策和策略，对照党中央决策部署发现问题、查处问题、压实责任。

二是着力提高精准发现问题的本领。要强化精准思维，全面了解被监督单位和领域的权力运行特点、规律等，牢牢抓住存在的主要矛盾和矛盾的主要方面，精准把握普遍问题和重点领域，做到精准发现、精准施策、精准解决，不断增强监督工作的科学性和实效性。组织开展分类培训、跟班培训、提级培训，定期开展业绩"晾晒比拼"，营造创先争优的良好氛围。

三是着力提高依规、依纪、依法开展工作的本领。严格执行《监察法》《监察官法》《监察法实施条例》，持续提升纪检监察人员的纪法意识、培养其纪法思维、增强其纪法素养。坚持用法治思维和法治方式开展工作，严格依照党规党纪和国家法律界定监督对象、确定监督内容，熟练掌握党规党纪、国家法律法规的基础知识、基本原理，严格按照党的原则、纪律、规矩和法定权限、规则、程序办事。

四是着力提高拒腐防变和抵御风险的本领。要带头加强党的政治建设，坚守初心使命，坚定理想信念，切实筑牢思想政治根基。切实强化"监督者必受监督"的意识，严格执行监督执纪工作规则，健全内部监督制约机制，自觉规范监督行为，自觉接受党内监督和其他各方面监督，坚决防范被"围猎"，严防"灯下黑"，着力打造忠诚坚定、担当尽责、遵纪守法、清正廉洁的纪检监察铁军。

Ⅳ 典型案例篇

提高乡镇纪委监督水平 助力乡村全面振兴

——自贡市贡井区桥头镇创新"333"工作法凝聚监督合力

李天赐[*]

摘　要：本文回顾自贡市贡井区桥头镇纪委助力乡村全面振兴的工作情况，从组织体系、关键环境、重点任务三个方面进行总结。同时，深刻分析了目前基层纪委开展乡村振兴专项监督工作中面临的主要问题，包括力量不足、刚性不足和氛围不好等。立足当前工作现状和存在的问题，从监督格局、监督力量、监督活力以及监督水平几方面提出了针对性的对策建议。

关键词：乡村振兴　监督水平　基层纪委

习近平总书记强调："民族要复兴，乡村必振兴。"[①] 乡村振兴是党的十九大做出的重大决策，是做好"三农"工作、加快农业农村现代化的根

---

　*　李天赐，中共自贡市贡井区桥头镇党委委员、纪委书记。
　①　习近平：《论把握新发展阶段、贯彻新发展理念、构建新发展格局》，中央文献出版社，2021，第461页。

本路径。特别是脱贫攻坚战取得全面胜利后，"三农"工作重心发生历史性转移，如何更好地发挥监督保障执行、促进完善发展作用，推动巩固拓展脱贫攻坚成果同乡村振兴有效衔接，成为各级纪检监察组织新的时代课题。中央纪委国家监委准确把握当前基层党风廉政建设和反腐败工作面临的新形势、新任务和新要求，部署开展乡村振兴专项监督。中国共产党第十九届中央纪律检查委员会第六次全体会议公报强调，要"加强对乡村振兴重点项目推进情况监督检查"①。各省、区、市纪委监委将巩固拓展脱贫攻坚成果同乡村振兴有效衔接作为政治监督的重要内容，结合实际细化落实若干重点工作任务，为全面推进乡村振兴提供了有力支撑和监督保障。

为贯彻落实习近平总书记重要指示精神和上级纪委监委的决策部署，桥头镇纪委立足本地实际，围绕"乡村振兴与廉政建设"课题，采取查阅资料、实地走访等方式开展调研，全面梳理工作现状，客观分析存在的问题，为提高基层纪检监察组织助力乡村全面振兴的能力和水平、推进新时代基层纪检监察工作高质量发展提供对策和建议。

一　桥头镇基本情况

桥头镇地处自贡市贡井区中部，东邻建设镇，南接莲花镇和自流井区荣边镇、飞龙峡镇，西靠龙潭镇，S309 穿境而过，乐自高速贡井出口设在境内。全镇面积为 29.51 平方公里，辖桥头铺社区和白房、玉麒、永顺、增产、团结、跳磴 6 个村，总人口 14533 人，其中农村人口 13324 人。

桥头镇产业特色突出，是全市现代农业产业园区核心起步区。以万亩现代优质杂交柑橘示范园为代表的精品水果种植业和以水产、土鸡为代表的生态特色养殖产业发展迅速，机械制造、新型建材、酿造加工三大工业产业初具规模。以"桥头三嫩"为代表的地方特色餐饮远近驰名，现有规模以上工业企业 6 家，规模以上、限额以上商贸服务业企业 4 家。

近年来，桥头镇先后获评全省百镇建设行动试点镇、全市最佳文明乡镇、全市"三农"工作先进乡镇、全区乡村振兴先进镇，白房村获评省级

---

① 新华社：《中国共产党第十九届中央纪律检查委员会第六次全体会议公报》，《中国纪检监察》2022 年第 3 期。

乡村振兴示范村、省级乡村治理示范村、自贡市首批乡村文化振兴样板村，永顺村获评省级乡村振兴示范村、省级乡村治理示范村。

二 桥头镇纪委助力乡村全面振兴情况

桥头镇纪委始终坚持以习近平新时代中国特色社会主义思想为指导，全面贯彻上级纪委监委的决策部署，充分发挥监督保障执行、促进完善发展的作用，协助镇党委纵深推进本地区全面从严治党、基层党风廉政建设和反腐败斗争工作，创新"333"工作法，扎实开展巩固拓展脱贫攻坚成果同乡村振兴有效衔接专项监督，取得了一定成效。

（一）健全三级组织体系，壮大乡村振兴专项监督力量

桥头镇始终把壮大监督力量作为助力乡村全面振兴的基础性工程，不断健全"党委领导、纪委主抓、群众参与"的组织体系，凝聚最广泛的监督合力。

一是加强党委领导。桥头镇党委坚持把巩固拓展脱贫攻坚成果同乡村振兴有效衔接纳入经济社会发展和党的建设总体布局，围绕"打造新时代川南产城融合发展示范镇"的发展定位，谋划实施以乡村振兴为核心的城乡融合发展行动，并作为全镇"五大行动"之一，提出"优化资源配置、提升发展质量、增强服务能力、提高治理效能、加大投入力度、加强常态帮扶"六大重点，确保乡村振兴方向明确、重点突出。严格遵循自贡市落实全面从严治党主体责任"8+1"清单①、"一把手"和领导班子"1+3+6"监督体系②，把加强乡村振兴专项监督作为《推进全面从严治党、党风廉政建设和反腐败工作意见》的重要内容，定期听取镇纪委工作情况汇

---

① 自贡市以"8+1"形式，对市、区（县）党委，市、区（县）党委书记，市、区（县）党委领导班子其他成员，市、区（县）部门（系统）党委（党组），乡镇（街道）党（工）委，村（社区）党组织，国有企业党组织，事业单位党组织等落实全面从严治党主体责任进行了细化实化，为不担当、不履责行为划出"红线"。

② 自贡市出台《关于全面加强"一把手"和领导班子监督的若干意见》，配套建立市委常委带头示范的3个纪律规范，细化制定6个工作办法，构建起"1+3+6"监督体系，在加强对"一把手"和领导班子监督上再添"砝码"。

报，全面加强对镇纪委履职的领导。镇党委书记带头落实"四个亲自"①，通过主持召开基层党风廉政建设专题会、开展廉政提醒谈话、蹲点调研督导等方式，打好乡村振兴领域基层党风廉政建设和反腐败斗争"组合拳"，不断提升全镇各级党组织和广大党员干部全力推进乡村振兴、主动配合专项监督的思想自觉和行动自觉。

二是建强纪委队伍。镇纪委坚持在队伍建设上持续发力，严格落实"三转"要求，高标准完成镇纪委换届。选出镇纪委委员5名，其中：纪委书记1名，实现专职配备；纪委副书记1名，按中层正职配备；其余3名均为中层干部。5名委员中，新任的有4名，连任的有1名；平均年龄37岁，其中35岁以下的2名，占40%；女性1名，占20%；公务员4名，行政工勤1名；均具有大专以上文化程度。镇纪委积极顺应国家监察体制改革要求，设置区监委派出桥头镇监察办公室，与镇纪委合署办公。设主任1名，由镇纪委书记兼任；副主任1名，由镇纪委副书记兼任；主任、副主任平均年龄30.5岁，均为本科学历。镇纪委综合考虑兼职纪委委员的工作特点，合理安排人员分工，使纪委委员在开展业务工作时同步履行纪委监督专责，有效降低履职成本。

三是激活一线力量。桥头镇坚持任人唯贤，着力将政治素质高、群众口碑好、工作能力强的党员充实到基层纪检干部队伍中，7个村（社区）全部实现纪检委员常职化管理，以及纪检委员、监察工作信息员与监督委员会主任"三位一体"配备。建立《贡井区桥头镇村（居）务监督委员会"555"权责管理机制》，充分保障村级纪检监察组织知情、质询、审核、建议、民主评议五大权利，明确政策落实、村务决策、"三资"管理、项目建设、乡风文明五大监督板块，规范收集意见、上报请示、监督落实、提出建议、公开反馈五大工作步骤，为村（社区）开展监督工作提供行动指南。在7个村（社区）聘请7名党风政风廉情监督员，组建"三老"监督小组，选派65名老党员、老干部、老先进担任特邀监督员，常态化开展惠农政策宣传、社情民意收集、矛盾问题调解等工作，切实打通乡村振兴专项监督"最后一米"。

---

① "四个亲自"即重要工作亲自部署，重大问题亲自过问，重点环节亲自协调，重要案件亲自督办。

（二）紧盯三个关键环节，提升乡村振兴专项监督质效

桥头镇始终把提高监督质效作为助力乡村全面振兴的牵引性工程，坚持以维护群众利益为出发点和落脚点，聚焦事前、事中、事后三大环节精准施策，不断增强乡村振兴专项监督的张力。

一是加强事前监督，摸清"三个情况"。建立镇纪委委员包片联系村（社区）制度，成立纪委委员任组长、村（社区）纪检委员任成员的调研小组5个，深入服务阵地、项目现场、田间地头开展调研。采取座谈交流、个别访谈、查阅资料、实地查看、入户走访等方式，广泛听取基层干部群众的意见建议，主要摸清三个情况。①摸清班子建设情况，详细了解各村（社区）"两委"班子政治面貌、年龄构成、文化程度、任职经历等情况，指导"两委"班子及其成员围绕政治、思想、组织、作风、能力五大方面开展廉政风险大排查，分级评定风险点42个，完善内控机制，做到防患于未然。②摸清工作落实情况，详细了解各村（社区）产业发展、群众收入、村（居）容村（居）貌、乡风文明、基层治理等发展变化情况，重点关注脱贫攻坚"四个不摘"① 要求落实情况，靠前规范基层权力运行，推广组级事务唱票公开、村（居）民质询、晒"明白账"等村（居）"四务"② 公开新办法。③摸清群众评价情况，深入开展"万名党员干部下基层""纪委书记面对面"活动，在各村（社区）醒目位置设置"民意回音壁""民情代办点"，听民声、察民情、解民忧。2021年以来，累计走访群众5045人次，收集问题428个，解决问题408个，同步做好信访举报受理处置和社会评价反馈意见办理，不断提升群众满意度。

二是加强事中监督，抓住"四大重点"。对照《贡井区2021年开展专项监督促进巩固拓展脱贫攻坚成果同乡村振兴有效衔接重点任务分解表》明确的12项工作任务，细化制定桥头镇纪委四大监督重点，深化政治监督，督促镇党委、政府落实主体责任，第一时间学习习近平总书记关于乡村振兴的重要论述和上级重要文件精神。落实上级有关巩固拓展脱贫攻坚成果同乡村振兴有效衔接、做好"两项改革""后半篇"等重点工作时，严格执行意见征求、社会稳定风险评估、合法性审查、集体讨论决定等机

---

① "四个不摘"指摘帽不摘责任、摘帽不摘政策、摘帽不摘帮扶和摘帽不摘监管。

② "四务"指党务、村（居）务和财务、服务。

制，确保决策科学、规范。深化扶贫监督，结合动态防返贫致贫监测、巩固脱贫攻坚成果"回头看"等工作，围绕全镇脱贫户（351 户 1001 人）衔接资金使用、惠民政策落实、帮扶力量保障、"一超六有"① 情况等开展联合监督、交叉监督，发现并及时督促整改问题 11 个。深化"三资"监督，重点关注资金使用、资源流转、资产运营等关键环节，组织开展村级财务管理专题培训，严肃查处白条入账、坐收坐支等财务不规范问题。2021 年以来，协助处置"三资"问题线索 2 条，组织处理 5 人，给予党纪处分 3 人。深化作风监督，常态化开展对落实中央八项规定精神、上下班纪律、会风会纪等的监督检查，扎实推进对年轻干部"涉网"腐败、"窗口"腐败等专项监督，大力整治"四风"特别是形式主义、官僚主义。2021 年以来，查处群众身边不正之风和腐败问题 7 个，组织处理 6 人，给予党纪处分 1 人。

三是加强事后监督，推广"五星评价"。坚持把群众作为监督的主体，全域推行"五星评价法"，由镇党政成员、村（社区）党代表和居民代表对村（社区）"两委"班子及成员围绕"遵规守纪、公正公开、带动发展、为民服务、作风建设"五个方面进行评价，对村（居）民小组长围绕"遵规守纪、公正公开、诚实守信、为民服务、作风建设"五个方面进行评价。将评价的每个方面的分值确定在 0~5 颗星范围内，满分为 25 颗星，将得分情况向广大党员群众及时公示，并作为年度考核的重要内容。2021 年，镇纪委对得分靠前的 3 个村和 10 名村组干部进行了通报表扬。

（三）做好三项重点任务，巩固乡村振兴专项监督成果

桥头镇始终把巩固监督成果作为助力乡村全面振兴的决定性工程，坚持当下改、长久立有机结合，坚持促发展、优生态协同推进，为全面推进乡村振兴树立良好党风、政风、社风。

一是一体推进"三不腐"机制。坚持惩治腐败无禁区、全覆盖、零容忍，重遏制、强高压、长震慑，严守审查调查安全规定，深化运用监督执纪"四种形态"。2021 年以来，立案查办农村党员 6 人，给予党纪处分 5

---

① "一超六有"中，"一超"是指贫困户年人均纯收入超过国家、省确定的扶贫标准；"六有"是指义务教育有保障、基本医疗有保障、住房安全有保障、有安全饮水、有广播电视、有生活用电。

人，挽回经济损失 12640 元，切实强化不敢腐的震慑力。更新完善《桥头镇党员干部负面言行清单》，明确 5 方面 36 项负面言行。绘制《桥头镇农村低保审核程序流程图》等职权流程图 39 张，针对巡察、审计等工作中反馈的问题建立完善制度 12 项，切实扎紧不能腐的"笼子"。坚持教育挽救干部和保护激励担当并行，准确定性量纪，践行容错纠错，建立面对面座谈、电话访谈、信函约谈、听取身边人意见等"三谈一听"回访教育机制。每逢春节、中秋等节点召开警示教育大会、廉政提醒谈话会，通报乡村振兴领域的典型案例，定期组织党员干部参观廉政教育基地、观看警示教育片、签订承诺书，切实增强其不想腐的自觉。

二是全域建设清廉村居。紧紧围绕"五个规范化"①的要求和"班子清廉、干部清正、村务清爽、民风清朗、政风清新"的目标，全域推进清廉村居建设。综合考虑各村（社区）发展现状、工作特点和村（居）民意愿，确定桥头铺社区和白房村为桥头镇清廉村居建设试点单位。在桥头铺社区开展"快板讲廉、五星议廉、一线访廉"三大行动。开展"快板讲廉"行动，用好、用活特色民俗资源，邀请民间能人刘某某积极创作廉洁文化作品，《人人都说桥头好、桥头才能真的好》廉洁文化快板书在全镇推广；开展"五星议廉"行动，推行"五星评价法"，由镇党政成员、社区党代表、居民代表对社区"两委"班子及成员、居民小组长围绕五个方面评价，作为年度考核的重要内容；开展"一线访廉"行动，组建 3 支党员志愿服务队，深入群众开展基层党风廉政建设宣传、民意收集、矛盾调解和舆论引导，让基层党风廉政建设成果惠及每一位居民。2021 年，桥头铺社区累计收集群众诉求 26 件，均予以办结。在白房村实施"新居强廉、新风倡廉、新业促廉"三大工程。实施"新居强廉"工程，新建白房村区域化党群服务中心，建立以村党支部为核心，村民议事会、村民委员会和村务监督委员会等 3 个村民自治组织为基础，村集体经济合作社为支撑，红白理事会、联建委员会、"红袖标"志愿巡逻队等民间组织为保障的"1313"基层组织体系，推行民情收集、分类汇总、集体协商、限期反馈、跟踪回访等"五步工作法"，以组织建设规范保障权力运行规范；实施"新风倡廉"工程，完善村规民约，依托白房村新时代文明实践站，结

---

① "五个规范化"指镇纪检监察基本组织设置、基本队伍建设、基本权责事项、基本制度运行、基本保障配套等五方面的规范化建设。

合传统狮灯文化，采用演、看、读、讲、唱、诵等群众喜闻乐见的方式，深入开展理论宣讲、科普宣传等五大活动；实施"新业促廉"工程，将"老实做人、踏实做事"的廉政文化理念融入产业发展，发挥白房村的地理位置和资源禀赋优势，打造"农旅观光+特色餐饮+生态养殖"的特色效益农业体系，加快创建万亩现代优质杂交柑橘示范园、自贡盐帮菜体验季、生态休闲垂钓渔家乐基地等。2021年，白房村集体经济组织净收入达7万余元，使清廉村居建设成果转化为实实在在的发展成效。

三是严格管理干部队伍。严守中央"十严禁"、省委"四必须"和市委"二十个决不允许"等换届纪律要求，全面加强换届风气监督，高质量完成村（社区）集中换届。选举产生新一届村（社区）"两委"成员36名，全部实现"一肩挑"。新任"两委"干部平均年龄43岁，与上届相比年轻9岁；大专以上学历占55.6%，比上届提高4.1个百分点。加强村（社区）任职资格联审，严把干部选拔任用和职级晋升监督关。2021年以来，规范出具党风廉政意见38个。建立"半年廉政专题会+镇纪委月例会+村监委季例会"制度，动员纪检干部用好"学习强国"等载体，积极参与"公井大学堂"学习，学深悟透纪检人员应知应会知识和乡村振兴领域政策文件，不断提升业务水平。对各村（社区）纪检委员实行垂直管理，镇纪委经常带领纪检委员共同开展日常监督、问题线索核实等工作，使纪检委员在实践锻炼中增强处理实际问题的能力。积极响应区纪委监委号召，选派纪检干部跟班学习、顶岗锻炼。严格落实系统内部全面从严治党主体责任，巩固拓展"三亮三醒"行动成果，督促纪检干部自觉接受最严格的约束和监督。2021年以来，给予1名村（社区）纪检委员党内警告处分。

三　桥头镇纪委开展乡村振兴专项监督面临的主要问题

（一）力量不足是制约乡村振兴专项监督的最大短板

一是监督队伍不专。从镇纪委来看，除纪委书记、副书记外，纪委委员均为兼职，是经发办、行政审批办等重要部门的负责人，日常主责主业已很繁重，无法投入太多精力开展监督工作。从各村（社区）来看，纪检委员同时也是村（社区）"两委"成员，需要承担部分事务性工作。从群众来看，部分基层群众对纪委监督工作认识有偏差，党风政风廉情监督员、"三老"监督小组开展监督工作的主动性仍不强。

二是监督能力不强。随着全面推进乡村振兴政策体系不断完善，落实到基层的具体工作呈现出面越来越广、事越来越多、专业性越来越强的趋势，而纪委人员很难对各个领域的专业知识都做到足够精通。在开展监督时就容易浮于表面，更倾向于发现逻辑简单的、指向明确的、当前热点的问题线索。对一些政策性强、时间久远、脉络模糊的工作，发现问题线索的能力仍有不足。2021年以来，桥头镇纪委自办案件超过半数都是农村党员干部违反明确法律法规（如赌博、酒驾等）这样的简单案件。

三是监督机制不全。一方面，镇纪委对开展日常监督的步骤、方式、范围以及问题线索甄别标准等缺乏明确的制度性规定，监督工作有时存在"见子打子"现象，未能做到体系化、机制化推进。另一方面，上级纪委对下级纪委领导的力度还需加强，专门针对纪检干部的考核机制还不够健全，镇纪委书记、副书记还是参加全镇统一考核，监督特别是同级监督的权威性、独立性难以保证。

（二）刚性不足是制约乡村振兴专项监督的关键桎梏

一是"熟人社会"影响。镇纪委虽采取交叉监督、提级监督等方式力图破解"熟人社会"监督难问题，但仍无法根治。在基层实践中，面对每天低头不见抬头见的同事、朋友，监督人员要想通过日常监督发现问题线索就需要很大的决心和勇气。特别是作为村（社区）纪检委员这样土生土长的监督工作者，在执行监督任务时必然会考虑一些工作外的因素，而不敢把一些问题挖得太透彻。同时，个别单位和人员也可能运用各类人情网、关系网向监督人员私下打听情况、说明原因、请求谅解，让敢于发现问题的监督人员卸下工作压力，却又背上人情包袱。

二是工作导向制约。对于基层镇（街道）而言，维持稳定是最关键的任务，这可能导致个别监督人员以维稳心态看待日常监督工作，认为"多一事不如少一事"，只要能解决问题、化解矛盾就行。一些本来可以作为问题线索的，被作为普通问题简单提醒就了事；纪检委员对一些问题线索的处置也容易就事论事，缺少对其背后所反映的普遍性问题的深挖彻查。

三是压力传导不够。虽然镇纪委也经常对基层党组织落实主体责任情况开展监督检查，但存在问题提得多、办法想得少，监督整改一时热、常态长效难坚持的问题，基层党组织和党员干部违纪违法行为仍时有发生，特别是对村（社区）"一肩挑"党支部书记的教育管理还不到位。2021年以来，镇纪委已问责14名农村党员，其中某村党支部书记被给予党内警告3次。

（三）氛围不好是制约乡村振兴专项监督的根本问题

一是监督执纪不系统。镇纪委在开展监督时，更关注某一事项的实施程序和结果，倾向于从既定事实中去发现问题、处置问题，通过追责问责、督促整改体现监督效果。注重事后惩戒，而对重点工作、重大项目实施前的风险防控和监督检查还不到位。同时，对一些复杂问题督促推动整改的办法不多，效率较低、成效较差，监督"后半篇"文章没有完全做好。

二是廉政教育不深入。一方面，对内开展廉政教育的深度不够、形式单一，更多还是通过讲专题党课、观看警示教育片、集体谈心谈话等老办法，走出去开展廉政教育的时候较少；另一方面，对外面向全社会的清廉文化建设和氛围营造做得还不到位，导致个别群众对纪委工作仍心存疑虑，不愿意主动向纪委反映问题线索，也不愿主动配合纪委工作。

三是清廉村居建设缺亮点。桥头镇确定桥头铺社区和白房村进行清廉村居建设试点，对这两个点位的建设，多在整合已有工作的基础上提特色、提做法，更重视软件建设，真正落实到实际的新增清廉村居要素还不多。截至2022年3月，在硬件建设方面，仅在桥头铺社区制作了两块清廉村居展板，在白房村制作了一面清廉文化宣传墙，"插花式"建设多、系统性建设少，与其他优秀的清廉村居品牌相比还有很大差距。

四　乡镇纪委助力乡村全面振兴的对策建议

（一）明确责任体系，形成齐抓共管的监督格局

乡镇党委要认真落实市委全面从严治党主体责任"8+1"清单、"一把

手"和领导班子"1+3+6"监督体系，履行全面从严治党主体责任，进一步加强对本地区基层党风廉政建设和反腐败工作的领导。加快把党委主体责任、党委书记第一责任人责任、领导班子"一岗双责"和纪委监委监督责任的横向协同协作与纵向压力传导进一步结合起来，形成责任互联互通、压力传导通畅、大家齐抓共管的工作格局，为纪委履职创造良好条件。纪委要正确把握"两个责任"的关系，进一步明确纪委监督专责这个职能定位，牢固树立"抓好监督是本职，抓不好监督是失职"的理念。根据上级纪委开展乡村振兴专项监督工作的要求，协助同级党委制定、实施本地区的监督制度、计划和方案，推动全面从严治党主体责任高效落实。

（二）落实"两个为主"，保障纪委专责监督力量

坚持"查办腐败案件以上级纪委领导为主，线索处置和案件查办在向同级党委报告的同时必须向上级纪委报告"。上级纪委要从制度设计层面加大对下级纪委的工作指导力度，对照《四川省乡镇纪检监察工作规程（试行）》要求，进一步明确乡镇纪委及其人员的岗位职责，在监督检查、案件查办、信访办理等方面提出规范化操作指南。对于基层纪检组织能够承担的监督事项，持续压紧压实责任，加强"监督再监督"；对于基层纪检组织不能独立实施的监督事项，持续深化片区协作，开展联合监督、提级监督、交叉监督。要坚持"各级纪委书记、副书记的提名和考察，以上级纪委会同组织部门为主"，建立完善提名考察办法，落实"两个责任"分类考核办法。加强对"两专三兼"①"三转"落实情况的监督检查，确保乡镇纪委书记只分管纪检工作，纪委副书记只干纪检工作，从与纪检无关的行政性事务中剥离，使乡村振兴专项监督真正做到客观独立、无后顾之忧。

（三）创新方式方法，释放多元一体监督活力

整合监督主体，发挥中国特色社会主义集中力量办大事的制度优势，对内推进纪律监督、监察监督、派驻（出）监督、巡视监督"四项监督"统筹衔接，对外促进党内监督与人大监督、民主监督、行政监督、司法监

---

① "两专三兼"指每个乡镇（街道）纪（工）委至少配备1名专职纪（工）委书记、1名专职纪（工）委副书记，配备3名兼职纪（工）委委员。

督、审计监督、财会监督、统计监督、群众监督协调贯通。用好新兴技术，发挥好信息化、智能化技术优势，建立监管对象基本信息数据库、个人资产数据库、监督举报数据库、岗位风险数据库等，便于全面分析、研判、预警违纪违法行为和点位。严肃执纪问责，对典型问题采取发函督办的方式督促查结销号，对有关问题线索坚持严查快办，对涉腐问题依规依纪依法从严从重查处，对疑难复杂的重大案件采取提级办理、挂牌督办、领导包案等方式推进，对涉嫌犯罪的及时移送司法机关依法处理。强化系统治理，持续加强对监督检查中所发现问题的跟踪督办，深挖问题所反映的思想观念、体系建设等方面存在的漏洞，健全常态长效制度机制，杜绝问题反弹。及时组织开展以案促改和警示教育活动，加大容错纠错和关爱回访力度，使纪检工作惩前毖后、治病救人的作用得到充分发挥。

（四）强化教育管理，提高纪检干部的监督水平

要抓思想教育，巩固拓展党史学习教育的成果，组织纪检干部进一步加强对习近平新时代中国特色社会主义思想、习近平总书记系列重要讲话精神、党的路线方针政策和上级重要决策部署的学习，切实增强做好乡村振兴专项监督的责任感和使命感。要抓人才引进，建立完善基层纪检干部人才数据库，将更多财会、项目管理、刑侦等专业人才引入纪检干部队伍中来。要抓学习培训，继续用好"青年理论学习小组""公井大学堂"等载体，综合运用集中培训、上挂锻炼、以考促学等形式，加强对乡村振兴相关政策和法规的学习。要抓内控管理，健全内部监督制约机制，加强对纪检干部特别是年轻干部的教育、管理、监督，坚决查处纪检干部违纪违法案件，严防"灯下黑"。要抓氛围营造，加强对乡村振兴专项监督工作经验做法的总结提炼和宣传推广，讲好监督执纪"桥头故事"。立足本地资源禀赋，构建清廉文化意象，全力建设清廉村居，培育一批清廉文化基地和清廉文化示范点，在全社会营造乡村振兴专项监督人人支持、人人参与、人人受益的浓厚氛围。

纪检监察促进巩固拓展脱贫攻坚成果同乡村振兴有效衔接工作研究

——以石棉县美罗镇为例

杨春蕾[*]

摘　要： 为服务好乡村振兴战略实施，基层纪检监察组织应为乡村振兴提供良好的政治生态环境和纪律秩序保障。石棉县美罗镇纪委就当前镇纪检监察组织促进巩固拓展脱贫攻坚成果同乡村振兴有效衔接进行了深入调查研究，针对职责定位不够明确，抓早、抓小机制不够健全，干部作风建设不够扎实，监督质效不够明显等问题，提出了改进性建议：①压实主体责任，强化监督检查；②加强教育引导，提升素质能力；③坚持严管厚爱，严格容错免责；④健全监督机制，加大查处力度；⑤加强队伍建设，提升监督实效。

关键词： 纪检监察　脱贫攻坚　乡村振兴　政治生态　纪律秩序

持续推进脱贫攻坚和乡村振兴的有效衔接，是脱贫攻坚与乡村振兴过渡时期的一项重大战略任务，直接关系到"三农"领域的稳定、全面小康的成色和社会主义现代化的进程。党的十九届五中全会明确提出，优先发展农业农村，全面推进乡村振兴，实现巩固拓展脱贫攻坚成果同乡村振兴

---

* 杨春蕾，中共石棉县美罗镇党委委员、纪委书记。

有效衔接。为服务好乡村振兴战略实施，推动全面从严治党向基层延伸，基层纪检监察组织应为乡村振兴提供良好的政治生态环境和纪律秩序保障。为此，石棉县美罗镇纪委就当前镇纪检监察组织促进巩固拓展脱贫攻坚成果同乡村振兴有效衔接进行了深入调查研究。

一 美罗镇做好脱贫攻坚向乡村振兴过渡衔接

（一）美罗镇基本情况

根据四川省乡镇行政区划调整改革和村级建制调整要求，2019 年 12 月 18 日，撤销石棉县美罗乡、宰羊乡，新设立石棉县美罗镇。全镇面积为 74.14 平方公里，辖方元村、三明村、狮子村、坪阳村、碾子村、山泉村 6 个村，42 个村民小组，共有 4833 户 15162 人。原有 2 个贫困村，其中牟家村于 2017 年摘帽退出，马富村于 2016 年摘帽退出。全镇已脱贫 295 户 938 人，其中山泉村 91 户 284 人，方元村 40 户 113 人，狮子村 21 户 71 人，碾子村 29 户 94 人，三明村 48 户 163 人，坪阳村 66 户 213 人。石棉县美罗镇作为雅安市重点支持和打造的农业乡镇之一，农业优势更加突出，资源更加聚集，有枇杷 13334 亩、石棉黄果柑 12583 亩。枇杷和石棉黄果柑分别获得"国家农产品地理标志保护"登记、"农产品地理标志（原产地）证明商标"以及"中华名果"等称号，老鹰茶获得"国家农产品地理标志产品"等称号。2020 年 5 月，美罗镇被农业农村部、财政部确定为农业产业强镇（全省共 18 个，雅安市唯一）。2022 年 1 月，美罗镇获评 2021 年度四川省乡村振兴先进乡镇，美罗镇山泉村获评四川省乡村振兴示范村。

（二）乡村振兴工作推进情况

美罗镇按照巩固拓展脱贫攻坚成果同乡村振兴有效衔接的整体工作思路，聚焦"脱贫不脱钩"，全力落实后续帮扶措施，精准施策、精准发力。

1. 强化领导，推行县、镇、村、组四级管理模式

在县委、县政府领导下，调整、充实巩固拓展脱贫攻坚同乡村振兴有效衔接工作领导小组的力量，由镇党委书记牵头总抓，党委分管领导具体

抓落实，各班子成员分头具体负责联系村。同时，抽调精干力量充实到脱贫工作中，落实干部联系贫困户责任制度，形成一级抓一级、层层抓落实的工作格局，确保巩固拓展脱贫攻坚成果同乡村振兴有效衔接工作有序推进。

2. 聚焦民生，强力推进基础设施建设

按照"激发内力、增强合力、先急后缓、不等不靠"的原则，稳步推进基础设施建设，先后完成美罗镇高标准农田建设项目，马富三组山坪塘建设项目，马富一组蓄水池建设项目，山泉村太阳能杀虫灯项目、"果色渔村"旅游项目、高效节水灌溉项目、老鹰茶基地扩建项目等13个项目。因汛期灾害，启动并完成坪阳村、碾子村、三明村水毁灾害恢复项目，完成20户水毁农房建设。全力推进"厕所革命"、无害化厕所改造，"厕所革命"走在全县前列。强力推进垃圾分类工作开展，全镇实现垃圾分类全覆盖，巩固惠民兴村根基。

3. 因地制宜，巩固提升产业发展水平

按照"强产业、促发展"的思路，长短结合，强化产业扶持力度，大力提高群众致富增收的能力。截至2021年底，帮扶发展晚熟枇杷13000余亩，黄果柑12000余亩，猕猴桃1500余亩，茶叶1400余亩，有力巩固特色支柱产业发展。

4. 落实政策，全面推进社会事业发展

畅通渠道，加大对教育、卫生、医疗、信贷、社会救助等领域国家政策的宣传普及力度，提高干部群众自觉执行国家政策的意识水平。强化政策执行力度，大力推动就业、教育、民政、医疗、帮扶等惠民政策实施。2021年，全镇享受低保人数达到416户516人，其中脱贫户145户204人；受到住院医疗救助的有8人次，扶贫救助基金"一站式"结算救助的有379人次；开展电工、焊工、厨师、护理人员等中级职业技能培训5班次，涉及300余人；通过农民夜校、院坝会等开展枇杷管理、茶叶制作、黄果柑管理等培训60余次，共有4800余人次参加。争取公益性岗位33个，帮助落实就业岗位240余个，实现社会事业全面保障。

5. 培育新风，提升精神文化生活水平

通过加强文化阵地建设，强化村级文化队伍建设，不断提高群众的生活质量。结合庆"七一"、九九重阳节等开展大型活动4次，在三明村开展移风易俗试点，逐步引导形成社会新风尚，精神文化生活水平明显提升。

二 纪检监察组织开展专项监督工作情况

（一）抓教育管理，营造良好氛围

美罗镇纪委充分认识抓干部教育的基础性作用，结合镇、村干部会和日常工作，经常性组织开展党纪条例学习、身边典型事例学习，观看廉政教育片，进一步筑牢拒腐防变思想防线。坚持主题教育重点抓、常规教育经常抓、正反典型教育及时抓，根据镇、村实际情况，因材施教，创新教育形式。开展党委书记上党课、纪委书记上廉政党课等，形成内容丰富、形式新颖、方式灵活、效果显著的多元化格局。严格落实习近平总书记提出的"三个区分开来"，精确掌握、科学处置，全面提升干部创新的精气神，着力培育干部创新的良好氛围，坚持为担当者担当。认真落实《雅安市纪委监委率先解放思想激励担当作为十条措施》，严肃查处诬告陷害行为，落实容错免责机制，使敢破敢立、敢闯敢试的镇村干部抛开思想包袱、轻装上阵，心无旁骛地抓改革、谋发展、促稳定。坚持把纪律挺在前面，把加强纪律建设作为治本之策，摆在更加重要的位置。督促基层党员干部认真贯彻《农村基层干部廉洁履行职责若干规定（试行）》，自觉讲规矩、守纪律。常态化开展对规章制度执行情况的监督检查，及时发现失职渎职、贪污贿赂、吃拿卡要等违反纪律和法律规定的行为和倾向，督促纠正整改，把问题解决在萌芽状态。坚持抓早抓小，建立对基层党员干部的廉政谈话提醒机制，对苗头性、倾向性问题及时约谈提醒，做到早发现、早提醒、早纠正。立足思想教育预防，通过深入剖析各种严重违纪违法案件开展警示教育工作，筑牢广大党员的拒腐思想防线。

（二）抓监督执纪，全力保障乡村振兴战略的实施推进

充分发挥基层纪检监察组织的职能作用，紧紧围绕省纪委监委《关于2021年开展专项监督促进巩固拓展脱贫攻坚成果同乡村振兴有效衔接的通

知》的文件要求，加强对基层组织执行党的路线方针政策、基层干部树立"四个意识"等政治立场、政治方向情况的监督检查。加强对扶贫项目资金管理、村级财务管理、推动移风易俗及铲除民生领域腐败问题滋生土壤等方面问题开展监督检查，2021年美罗镇纪检监察组织共开展监督检查110余次，发现并督促整改问题53个。督促基层组织和基层干部把握政治方向、提高政治站位，在思想上、行动上与党中央保持一致，推动中央决策部署落地生根，自觉主动投身到巩固拓展脱贫攻坚成果同乡村振兴有效衔接工作之中。

1. 在产业提质增效上监督

近年来，美罗镇依托丰富的自然资源条件，把群众持续增收的重心和聚焦在生态产业上，做精做优金果产业，打造以枇杷、黄果柑为主，猕猴桃等其他水果、茶叶、蔬菜等为有益补充的农业产业体系，让当地群众实现脱贫致富。美罗镇纪检监察组织将乡村产业发展、惠民富民政策落实作为强化政治监督的重要内容，持续跟进监督、精准监督，确保乡村振兴相关政策落地落细，切实保障农民收益，加快推动产业高质高效发展，为乡村振兴保驾护航。

2. 在解决群众家门口的"急难愁盼"问题上监督

依据2021年"万名群众评作风"活动反馈的59个问题，美罗镇党委、政府深入群众听取意见，将群众所思所盼项目化，根据轻重缓急建立美罗镇民生实事项目库。自石棉县第十五届党代会召开以来，积极向上级部门争取资金360余万元，统筹资金50余万元，实施民生实事项目9个。镇纪委通过看项目现场，询问责任领导、责任站（所、室）开展工作情况，查看责任领导、站（所、室）负责人的工作笔记，查看项目推进是否有记录，采取限期督办、定期通报等方式，开展定期和不定期督查。对没有完成节点任务的、项目推进缓慢的及时启动问责机制，严肃追究相关责任人的责任。

3. 在维护社会公平正义上监督

为进一步加强对惠民惠农财政补贴资金"一卡通"管理，美罗镇纪检监察组织对镇农业综合服务中心、应急办、民政办等10个相关站（所、室）展开监督检查。聚焦民政、农业、应急、残联四方面，通过核查资金发放金额及渠道、项目审批流程等，为惠民惠农财政补贴资金"接好诊、把好脉"。走村入户，实地探访资金申领资格认定是否公平、群众对政策是否知晓、补贴是否按时足额发放等情况，以达到通过排查一批问题线索，查办一批典型案件、追缴一批民生资金、处理一批违纪人员、出台一批制度规范，确保惠民惠农财政补贴资金及时、足额、安全发放到人民群众手中。

4. 在干部作风建设上监督

美罗镇纪检监察组织充分发挥监督执纪的职能，把加强对纪律作风建设的监督检查作为一项经常性工作来抓，建立监督检查长效机制。定期对便民服务中心进行监督检查，及时跟踪各窗口办件情况；定期开展谈心谈话，着力整治党员干部"庸懒散浮拖"等作风问题；大力整治"责任心不强、纪律意识不够、办事效率不足"等问题；定期开展"回头看"，看整改是否落实，看效果是否明显。动员千遍不如问责一次，美罗镇纪检监察组织按照精准运用监督执纪"四种形态"的要求，抓早抓小，对发现的问题通过提醒、通报、检讨、约谈等方式进行督责问效，对情节严重的依规依纪采取问责措施，以纪律的严肃性确保工作的成效。

（三）抓制度执行，加强农村"三资"管理

美罗镇纪检监察组织围绕农村"三资"管理问题，督促推进对农村集体经济资金、资产、资源的清查，落实好村账镇管、组账村代管制度，督促建立完善农村财务管理制度，使农村基层"三资"管理水平进一步提高，构筑农村党员干部预防腐败的平台，使违纪违法问题从源头上得到有效遏制。准确把握监督执纪方式，正确运用监督执纪"四种形态"科学处置在巩固拓展脱贫攻坚同乡村振兴有效衔接中出现的基层干部履职问题，既坚守基本原则、依纪依法，又注意进行教育引领，抓早抓小、防患于未然，将监督关口前移，使红脸出汗成为常态。同时，准确运用第二、第三、第四种形态，用纪律的尺子衡量党员干部的行为。

（四）抓线索处置，进一步提升办案的综合效果

美罗镇纪检监察组织立足监督责任，严肃查处和惩治侵害群众利益的不正之风和腐败问题，加大对扶贫领域问题的专项治理力度。以认真查处

发生在群众身边的"四风"和腐败问题为重点，大力推进"1+1+X"① 片区协作机制，对重点问题线索逐条明确责任，设立销号台账，严格落实追踪督办的管理制度，实现件件有声音、事事有结论，产生持续震慑。进行典型案例分析，对执纪办案中出现的监督管理和工作机制等方面的问题举一反三，有针对性地建章立制、堵住漏洞，构建有效管理机制。经常性开展对作风建设及有关规章制度落实情况的监督检查工作，对违反规章制度的情况快查快办，点名道姓公开通报，促进制度的刚性落实。

（五）抓队伍建设，配强配齐基层监督力量

"打铁还需自身硬。"纪检监察干部只有自身过硬，练好监督执纪的本领，才能履行好监督执纪问责的职责。美罗镇纪检监察组织切实加强纪检监察干部队伍建设，不断提高履职尽责能力，深入推进基层党风廉政建设和反腐败斗争。

1. 进一步加强纪检监察组织办案的能力

使纪检监察干部系统掌握纪检监察基础理论和纪检监察工作专业知识，全面熟悉党纪国法，严格按程序办案，切实增强依纪依法查处案件的能力，形成党委统一领导、纪委组织协调、广泛依靠群众支持和参与的反腐败机制。加强有关法律、财务、金融等相关知识的专题培训学习，拓宽纪检监察干部的思路和视野，防止外行查内行。

2. 开拓创新思维

要使纪检监察干部勇于创新、改造旧观念，勇于冲破传统观念习惯和主观认识偏差的禁锢，围绕坚决惩治腐败、有效防治腐败，发扬与时俱进的时代精神，秉持求真务实的科学态度，用改革发展的思路提出新观点、找出新办法、探索新路子、解决新问题，推进纪检监察工作不断创新。

3. 带头改进作风

纪检监察机关的专责是监督执纪，转变作风尤为重要。纪检监察干部

---

① "1+1+X"片区协作机制指，根据石棉县纪委监委授权，由 1 名纪委领导牵头任组长，1 名纪检监察室负责人担任具体联系并担任副组长，每个协作组由 1 名纪检监察组组长担任轮值副组长，具体负责组内统筹和综合协调，协作组内实现监督检查、审查调查和审理等全面统筹协作。牵头领导、纪检监察室负责人和轮值副组长定期召开会议，集体研究组内分工，落实协作组内人员统筹，强化协作质效。

要带头纠正"四风",形成严、实、深、细的工作作风,做到情况明、数字准、责任清、作风正、工作实。求真务实,解决工作发散有余、聚焦不足问题,实现内涵与外延的统一,防止出现越位、缺位、错位现象。

4. 提高自我约束意识

自觉接受内外部监督,不断提高纪检监察干部队伍的整体素质,塑造良好形象,为公正履行职责提供有力保障。

5. 严防"灯下黑"

加强对纪检监察干部的教育、管理和监督,坚定理想信念,增强干部的党性观念,使其严格遵守工作纪律。依靠铁的纪律建设一支政治能力强、业务精、政治作风硬的队伍,进一步明确职责权限,增强基层监督的力量。

三 开展专项监督工作中存在的问题

(一) 职责定位不够明确

美罗镇纪检监察组织自身对巩固拓展脱贫攻坚成果同乡村振兴有效衔接的关联性、重要性认识不足,工作职责定位还不够明晰,对巩固拓展脱贫攻坚成果同乡村振兴有效衔接工作过程中存在的问题研究还不深、不细,对镇、村党员干部在工作过程中的督促、教育、指导仍不够精准。

(二) 抓早、抓小机制不够健全

"党内关系要正常化,批评和自我批评要经常开展,让咬耳扯袖、红脸出汗成为常态"是监督执纪"四种形态"中的第一种形态,是最能防微杜渐、管住大多数党员干部的第一道防线,也是目前最薄弱、最易于被忽略的第一个关口。美罗镇纪检监察组织在健全抓早、抓小机制,针对苗头性、倾向性问题展开适时谈话提醒方面做得还不到位,在"让咬耳扯袖、红脸出汗成为常态"方面做得还不到位,监督执纪中对"第一种形态"的运用还不够精准。

(三) 干部作风建设不够扎实

个别基层干部还不能很好地适应新形势和新任务的要求,在具体工作推动与落实过程中仍然存在错位、越位和不到位的现象，通常是盲目、被动应付，缺少主动性、创新性和创造性，畏首畏尾、怕担责任。在工作上只求过得去、不求过得硬，缺乏责任意识、担当意识和开拓创新意识。在推动全县重点工作方面不作为、慢作为、乱作为，存在能力不足不会为、动力不足不愿为、担当缺失不敢为的问题，在工作上敷衍了事、被动应对。

（四）监督质效不够明显

美罗镇的纪检监察力量不足，表面虽"满载满员"，实则"单打独斗"。镇纪委班子成员共计5名，其中纪委书记、纪委副书记均为专职，1名纪委委员由有纪检工作经验的镇党委委员、组织委员兼任，2名纪委委员由镇业务骨干兼任，且有1名纪委委员被长期抽调到县级部门。

四 促进巩固拓展脱贫攻坚成果同乡村振兴有效衔接的对策建议

（一）压实主体责任，强化监督检查

要严格督促镇党委落实主体责任，强化党委书记的主体意识。进一步完善责任机制建设，构建清单明责、照单履责、依单追责的责任体系。坚持监督关口前移，积极开展廉政谈话，加强思想沟通和交流，推动主体责任落实。进一步理顺体制机制，加强对各村党支部的监督检查，定期了解工作进展，严格业务考核，确保把力量和精力集中到监督执纪问责一线。

（二）加强教育引导，提升素质能力

应强化思想政治教育，组织镇、村干部深入学习习近平新时代中国特色社会主义思想、各级党委农村工作会议精神，引导镇、村干部进一步强化宗旨意识，夯实农村干部廉洁从政的思想基础。加强纪法教育，组织镇、村干部学习《农村基层干部廉洁履行职责若干规定》等有关基层组织建设、"三资"管理、廉洁自律等方面的法律法规，进一步增强党员干部依法治村、依法办事的能力。同时强化警示教育，通过组织参观廉政教育基地、进行案例剖析、召开廉政警示教育大会等方式，进一步激发警示教

育的震慑力，积极营造守纪律、讲规矩的浓厚氛围。

（三）坚持严管厚爱，严格容错免责

坚持依规依纪和"惩前毖后、治病救人"，正确处理好"树木"和"森林"的关系，使第一种形态成为常态，第二种形态（党纪轻处分和组织处理）占大多数，第三种形态（严重违纪处分、重大职务调整）要少数，第四种形态（存在严重违纪、涉嫌违法立案审查的）应是极少数。坚持为担当者担当，对于发现的问题线索妥善处置，用好、用活提醒、谈话和函询，对举报不实的及时予以澄清，让敢于担当的干部全身心投入工作，切实体现对干部的严管厚爱。严格落实好容错纠错机制，坚持"四看"标准，即：看动机，是客观条件所致，还是主观故意；看程序，是经过调研论证、风险评估、科学民主决策，还是不听劝告、独断专行、盲目拍板、蛮干乱干；看纪法，是否有法律明令禁止，是否符合改革发展方向；看后果，有没有造成不可挽回的严重后果。

（四）健全监督机制，加大查处力度

着重围绕巩固拓展脱贫攻坚成果同乡村振兴有效衔接工作中涉及的各级惠民惠农政策落实、扶贫项目资金管理和使用、社会救济救助、工程项目建设、"一事一议"资金使用等，发挥纪委的再监督作用，健全关键工作和关键风险点分析排查工作机制，防患于未然，筑牢"防火墙"。坚持重遏制、强高压、长震慑，加大对基层腐败问题的查处力度，切实解决群众身边的腐败问题和不正之风，努力营造风清气正的良好政治生态，增强群众的获得感、幸福感、安全感。

（五）加强队伍建设，提升监督实效

加强对镇、村纪检干部队伍履职情况的管理和监督，进一步提高纪检队伍的政治意识、服务大局意识，通过组织专题培训、以干代训等方式，提升镇、村纪检干部的政治素质和业务素质。进一步提高镇纪检监察组织围绕中心、服务大局的能力。加强对村级纪检工作的组织领导、工作指导，规范村级监督队伍履职。注重发挥村务监督委员会的作用，推动规范化建设，激发其活力，使其真正成为发现基层问题、遏制群众身边不正之风和腐败问题的"前哨"。

凝聚纪检力量　护航乡村振兴

——汉源县九襄镇纪委提升监督质效的实践与思考

李　豪*

摘　要：汉源县九襄镇坚持聚焦乡村振兴重要任务，严格落实上级纪委关于开展专项监督促进巩固拓展脱贫攻坚成果同乡村振兴有效衔接的安排部署，以铁的纪律为乡村振兴保驾护航。一是抓实干部作风建设，促进乡村振兴顺利开展；二是紧盯产业项目监督，护航乡村振兴建设；三是紧抓基层监督，保障乡村振兴战略实施；四是强化巡察整改督导，助力乡村振兴持续发展。但目前仍存在基层纪检干部队伍能力素质有待提高、职责不精准、日常监管不到位等问题。未来应坚持以问题为导向，紧扣"有效衔接"这个关键，进一步提升基层监督质效，为全面推进乡村振兴、加快农业农村现代化提供坚强纪律保障。

关键词：乡村振兴　干部作风建设　基层治理　巡察整改

建设美丽宜居新农村，是实施乡村振兴战略的一项重要任务，也是关系广大人民群众切身利益的重大民生工程。在巩固拓展脱贫攻坚成果同乡村振兴有效衔接工作中，基层党员干部起着关键作用，纪检监察组织的有效监督是重要保障。近期，雅安市汉源县九襄镇围绕"凝聚纪检力量，护航乡村振兴"进行深入调研，现将调研情况报告如下。

---

*　李豪，汉源县九襄镇纪委书记。

一　九襄镇总体情况

九襄镇位于四川省西南大渡河流域汉源县北部，地处攀西阳光门户地带。全镇面积 176 平方公里，辖 17 个村（社区）、151 个村（居）民小组，常住人口 12.6 万，有脱贫户 904 户（2859 人），2021 年新纳入监测的有 9 户 23 人。近年来，在各级领导的关心关怀下，九襄镇树立乡村振兴走在全省前列、建设"阳光花海、康养圣地"幸福九襄的奋斗目标，对全面打赢脱贫攻坚战、接续实现乡村振兴做了一系列探索。九襄镇经济社会发展迅猛，先后获评全国重点建设镇、国家 4A 旅游景区、全省经济发达镇行政管理体制改革试点镇、第一批全省"百镇建设试点行动"省级经济强镇、四川省商贸型重点镇、四川省乡村治理示范乡镇、全省乡村振兴先进乡镇、全省城乡基层治理试点镇、全省乡镇治理现代化试点示范镇、四川省乡村旅游示范镇、全国最美森林小镇、四川省乡村振兴示范镇等。

二　九襄镇凝聚纪检力量助力乡村振兴的探索实践

九襄镇坚持乡村振兴，强化政治监督，严格落实上级纪委关于开展专项监督，促进巩固拓展脱贫攻坚成果同乡村振兴有效衔接的安排部署，以铁的纪律为乡村振兴保驾护航。主要有以下做法。

（一）抓实干部作风建设，促进乡村振兴顺利开展

巩固拓展脱贫攻坚成果，全面推进乡村振兴，干部队伍作风建设是关键。九襄镇纪委以基层党风廉政建设和反腐败工作、"115"工作思路[①]为抓手，抓班子、带队伍、办实事、开好局，以"干在前、走在前"为工作

---

① "115"工作思路即以"党要管党，全面从严治党"为工作主线；以实现"不敢腐、不能腐、不想腐"一体推进为工作思想；始终坚持加强作风建设，以钉钉子精神贯彻中央八项规定精神及其实施细则、廉洁从政行为规范，始终坚持完善监督制度，把权力关进制度的"笼子"，始终坚持民生优先，解决群众"急难愁盼"的烦心事，始终坚持动真碰硬，坚决纠正群众身边的"微腐败"，始终坚持容错纠错，鼓励干部担当作为，建立健全容错纠错机制。

基调，以"讲规矩、顺民意、守底线"为工作要求，内转作风，外塑形象，忠诚团结，克难奋进，深入开展"转作风、树新风、作表率、抓落实"专项行动。重点解决思想不解放、作风不转变、能力不提升、担当不主动、工作不落实、实事不解决、争创不积极等问题。从领导干部做起，从小事小节着手，简化工作流程，提升素质能力，引导广大党员干部始终保持积极向上的精神面貌和苦干实干的竞进态势，把目标定在群众满意上，把心思用在推动振兴发展上，把精力放在狠抓落实上，为奋力建设"阳光花海、康养圣地"提供坚强保障。

九襄镇坚持用制度管人管事，细化完善各项制度，推动干部作风持续好转。健全《村（社区）干部轮流坐班制度》《便民服务中心预约制度》《村（社区）便民服务代办点工作制度》《人大代表接访下访制度》《信访精准分流制度》等便民服务制度，着力实现干部管理有章可循、服务群众标准明确。制定《班子成员"蜗牛奖"实施办法》《村（社区）党组织执行力考核制度》，健全《班子成员年终绩效考核办法》《干部职工工作绩效考核办法》《村（社区）干部年终综合目标绩效考核办法》《村党组织量化考评制度》等，使做好做差有考核，将干部职工的工作业绩与年终绩效挂钩，用考核指挥棒助推全镇干部干事创业。通过不断完善制度，使干部作风大转变，干部关系进一步紧密，经济发展更加迅速，用实际行动诠释"敢于硬碰、善于破难、勇于担当、必争第一"的九襄精神。

九襄镇聚焦乡村建设、人居环境整治、基层项目建设等重点工作，坚决防止和纠正形式主义、官僚主义问题，督促党员干部坚决扛起责任。督促镇乡村振兴办改进工作方式，深入研究解决群众反映的突出问题，持续推动巩固拓展脱贫攻坚成果同乡村振兴有效衔接各项措施落实到位，努力通过监督增进群众的获得感。

（二）紧盯产业项目监督，护航乡村振兴建设

九襄镇是雅安市重点建设镇。近年来，依托特色小镇、中心镇、天府旅游名城、乡村振兴示范镇等系列创建活动，坚持以项目建设为引领，开展乡村振兴建设。镇纪委在工程项目中紧盯"重点环节、重要事项、重要人员"，建立项目抽查机制，不定期、不定时对乡村振兴产业项目进行抽查，落实全过程跟踪式督查，保障权力廉洁高效运行，做到乡村振兴项目实施到哪里监督检查就跟进到哪里。

一是紧盯重点环节，规范操作流程。项目实施前，镇纪委多次参与专题会议，了解项目的实施背景、计划方案等内容，提出严格按照程序规范操作的总要求。在招投标环节，镇纪委对施工招标、评标及监理单位单一来源采购、合同签订等过程实施监督。在施工环节，通过参加班子会议、前往工地检查、翻阅财务资料等了解工作纪律执行、工程实施进度、资金支付情况。在竣工验收环节，通过查阅审计报告、消防验收报告等台账资料，对工程质量、质保金留存情况等进行监督，确保乡村振兴项目在镇纪委的监督下有序推进。

二是紧盯重要事项，全程跟进监督。镇纪委对党委、政府安排的重点工作，涉及民生民利的具体工作等全程跟进监督，确保党委、政府的安排部署和各项惠民惠农政策落实到位。其中，针对梨坪村七组道路硬化项目工期延长的问题及时查明情况；针对天气影响施工、材料涨价、机械设备损坏等造成的工期延长的具体情况及时督促、加强协调，加快项目推进，提高合同履约率。在项目实施过程中，督促监管人员与施工方严格履行工程项目变更申报审批程序，严防廉政风险，有力保障乡村振兴项目落到实处。

三是紧盯重要人员，加强纪律教育。项目开工前，镇纪委组织建设单位、施工单位、监理单位和审计单位召开专题会议，分别对四个单位提出廉洁纪律要求，亮明纪律红线。项目建设过程中，推动项目分管领导深化岗位廉政风险，进一步明确领导干部与管理服务对象的关系，利用微信工作群等途径宣传党纪法规，开展警示教育，筑牢廉政思想防线。

（三）紧抓基层监督，保障乡村振兴战略实施

做好基层治理是乡村振兴的根基，为巩固拓展脱贫攻坚成果同乡村振兴有效衔接，就要做好基层干部管理，明确专人专抓专管。九襄镇纪委监委探索创新"3141"村级纪检监督机制，会同镇乡村振兴办公室开展监督，以制度规范工作程序，密切联系群众，助推乡村振兴。

以宣传员、监督员、信息员"三大员"为基础，结合县、镇、村各级重点工作和中心工作，推动"三大员"大胆履职、大胆管理，从根本上改变工作作风，提升工作能力，提高工作效率，促进工作落实。

以"一清单"为统领，根据前期走访调研，结合基层工作实际，依托《村级纪检监察组织履职工作手册》编制《九襄镇村（社区）日常监督清单》（分 4 类 26 项），对监督内容进行细化和量化，明确监督事项、监督内容、监督主体，有力约束干部不作为、乱作为，促进监督工作更加规范、精准。

以"四台账"作抓手，建好社情民意收银台台账、社情民意回音壁台账、日常监督检查台账、问题线索收集台账，听民声、察民情、解民忧、惠民意，为建设"阳光花海、康养圣地"的幸福九襄肃清障碍。

以"一评比"促提升，通过每季度一次评比，对工作开展较好的进行表扬，对工作开展较差的进行通报，通过榜样的力量激励先进、鞭策后进。每季度组织一次座谈交流，共同交流研讨工作开展过程中遇到的问题和困难，分享有效的做法和经验，总结工作教训，推动村级纪检组织履职尽责。鼓励村级纪检组织充分发挥作用，将基层纪检监察延伸到"最后一米"。同时，培养农村致富带头人，鼓励外出务工人员返乡创业，壮大本土帮带力量，打造一支"不走的乡村振兴工作队"。

（四）强化巡察、整改、督导，助力乡村振兴持续发展

对市、县巡察中反馈的问题，镇纪委组织专题研究，细化分工，严格对标进行整改，保障整改工作高效完成。一是在镇党委主要负责人和班子成员调整过后，第一时间对整改工作领导小组成员进行调整，对整改分工台账进行调整，确保整改工作常态化坚持。二是制定《九襄镇党委巡察整改工作日常监督流程图》，按照流程图挂图作战，主动公开整改结果，确保整改过程阳光透明。三是多次组织专题会议研究巡察整改工作以及整改后续推动工作，压实主体责任，督促各班子成员、办公室（中心）开展巡察整改后续相关工作，每季度跟踪督促巡察整改后续工作的推进情况。四是对县纪委巡察中反馈的问题的整改情况开展专项检查，督促镇党委和各村（社区）党组织认真整改问题，确保取得实效。五是按照"双公开"要求，对巡察整改情况进行党内公开和社会公开，将相关整改情况报告报送至县委巡察办、县委组织部，并在九襄镇人民政府进行公示。开展整改情况"回头看"，持续巩固整改成效，助力乡村振兴有序推进。镇纪委以"忠诚团结，克难奋进"的九襄精神为引领，进一步把纪检监察工作贯穿

到践行新发展理念、推动高质量发展的全过程、各方面。统筹推进全省百强中心镇创建等中心工作，开展"内转作风，外塑形象"专项整治，全力抓好疫情防控、森林防灭火、项目建设、乡村振兴等重点工作，为建设"阳光康养城、宜居新汉源"贡献九襄力量，为全面建设"阳光花海、康养圣地的幸福九襄提供坚强纪律保障。

三　九襄镇基层监督工作中存在的问题及原因分析

（一）存在的问题

1. 职责定位不精准

纪检干部对廉洁乡村建设与实施乡村振兴战略的重要性、关联性认识不足，职责定位不精准，对乡村振兴领域存在的问题研究不深、不细，对镇村两级党员干部在实施乡村振兴战略过程中的宣传、教育、提醒不够精准。

2. 日常监管不到位

纪检部门对党员干部的日常监督管理不到位，对苗头性、倾向性问题发现不够及时，对工作提出批评指正和教育的多，对党员干部生活方面的提醒和约束少。部分党员干部法纪意识淡薄，自我管理约束不严，存在侥幸心理，对纪律规定执行不严格，因此会出现违纪违法行为。

3. 干部作风转变不彻底

个别村级干部利用职务便利，在脱贫攻坚、粮食直补、惠民资金补助、农村低保等方面为亲属谋取利益。个别干部在工作中存在不作为、慢作为、乱作为、不敢为等问题，工作上敷衍了事、被动应付、不愿作为。

4. 纪检干部能力素质有待提高

纪检干部在一定程度上对乡村振兴战略有关知识了解得不够深入，对建设廉洁乡村助力乡村振兴战略作用的认识不够深刻，对乡村振兴战略的实施存在不善监督、不会监督等问题。

5. "三转"推进慢，监督存在错位

近年来，九襄镇纪委在落实"三转"上基本做到与上级同步，纪委书记专职从事纪检工作。但因乡镇人员少、工作任务重，党委和政府涉及脱贫攻坚、项目建设等中心工作时仍会安排纪检监察组织或者纪检监察干部介入，从事部分职责外的工作。

（二）原因分析

1. 能力素质和监督理念不匹配

纪检监察干部的政治素养和业务能力与当前的形势要求不相适应。一是监督意识不强，不会监督。在监察体制与乡村振兴结合的大环境下，一些干部在按照《监察法》要求和监督执纪"四种形态"标准，对成倍增加的监察对象开展日常监督时显得力不从心。二是思维模式固化，不想监督。一些纪检干部局限于"安排什么干什么""看好自己的一亩三分地"，对日常监督、派驻（出）监督抓什么、怎么抓、如何抓考虑得不深、不细。三是担当意识缺乏，不敢监督。受"熟人社会"影响，一些纪检干部在开展监督工作中拉不下脸、下不了手，弱化了监督工作的严肃性，无法形成有力监督。

2. 职责权限和监督格局不匹配

一是组织架构上，没有形成完善的领导机构，监督缺少研判和规划统筹，导致各监督主体各说各的、各干各的，无法同向发力。二是职责定位上，监督职责、监督领域有交叉，也有留白，出现重复监督或无人监督的困境和尴尬。三是人员力量上，各村（社区）纪检监察力量不足，除保障日常工作外，很难有精力开展专项监督工作。

3. 制度体系和监督模式不匹配

目前，乡村振兴专项监督工作尚处于探索阶段，镇纪委还没有对乡村振兴工作形成可以"照单"监督的制度体系。一是在监督重点上，还未明确主攻方向和侧重点，信息共享、沟通协作机制还不完善。二是在监督程序上，除了巡察监督比较规范外，对日常监督中村（社区）纪委书记、委员如何请示报告、如何发现线索、如何整改落实均没有形成制度规范。三是在监督方式上，习惯于按老套路、老办法开展工作，不善于抓早抓小，特别是利用互联网、大数据监督的手段不多。四是在监督对象上，镇村两级日常监督的对象基本相同，对各自的监督层级和监督重点没有明确区分，影响监督效果。

4. 考核方式和监督实效不匹配

镇纪委尽管对各办公室、各村（社区）进行考核，但是考核管理不精细，与乡村振兴工作有关的考核方案不细致，致使监督工作没有动力和活力。一是在考核导向上，以问题数量论英雄，导致一些纪检干部"出力不讨好"，从而在主观上丧失了对监督工作的积极性。二是在考核方式上，指标设置不科学，考核失掉严谨性，监督工作形式化、表面化。三是在考核结果上，由于监督工作"一体两面"的特殊性，既要防止数量化，以发现问题的数量论英雄，又要防止形式化，以监督工作的资料称豪杰，而是需要注重工作实绩，进一步建立科学公正的考核体系。

四　下一步工作举措

九襄镇纪委坚持以问题为导向，紧扣有效衔接这个关键，进一步提升基层监督质效，为全面推进乡村振兴、加快农业农村现代化提供坚强纪律保障。未来将重点做好以下几方面的工作。

（一）紧盯"关键少数"，压实工作责任

人人肩上有担子，个个身上有压力。为确保各项工作落到实处，镇纪委带头解决实际问题，带头推动具体工作。督促领导班子必须正视自己的主体责任，亲自抓、亲自管，统筹抓好巩固拓展脱贫攻坚成果同乡村振兴有效衔接各项工作，抓好具体指导，确保"两率一度"全面提升；督促分管领导找问题、抓落实、抓整改、抓推进，乡镇其他干部分工负责、分片包干、分头落实。村（社区）"两委"切实负起直接责任，既要对接好上级帮扶，又要把本村（社区）的脱贫人口及困难人口基本情况摸清吃透，还要积极帮助脱贫对象协调做好项目申报、组织实施、争取信贷等具体工作，确保各项政策精准落实到户、到人。镇纪委深入调研、具体研究、安排部署，全力保障对接帮扶的人力、物力、财力，全面掌握九襄镇政策实施情况，在项目审核、项目推进、项目验收、项目归档、资金审核、资金下拨等环节严把监督关。严格督促落实定点帮扶工作要求，深入开展走访、入户调查、政策宣传，开好帮扶对象家庭会议，与脱贫户一起制订具体的脱贫计划。

（二）明确监督职责，突出监督重点

镇纪委同镇乡村振兴办公室共同制定《关于开展巩固拓展脱贫攻坚成果同乡村振兴有效衔接专项监督的实施方案》，明确监督重点、监督措施。重点对 17 个行政村（社区）的集体"三资"管理实行全面监督，进一步明确整治的重点和措施，切实纠正农村集体"三资"管理领域的不正之风和腐败问题。为保障脱贫攻坚过渡期各类帮扶政策措施落地落实，同时落实"四个不摘"，镇纪委要建立与乡村振兴、农业农村、发改、财政等部门信息共享互通、协同联动的工作格局，跟踪监测各项惠民富民政策措施实施，督促各级党员干部切实履行责任。

（三）整合监督力量，配强基层组织

镇纪委要指导村（社区）选优配强纪检组织人员力量，加强村（居）务监督委员会建设，推动监督下沉，试点建设村（社区）勤廉监督室，有效整合村级各种监督力量。要联合乡村振兴办公室对各村（社区）纪委书记、纪检委员进行业务培训，提高村（居）监会成员的理论水平和业务能力，指导村（居）监会开展监督工作，使监督触角不断向基层延伸。全力配合县纪委做好标准化村级纪检组织建设工作，派出第一纪委书记，推动实施"十个一"工程，对上级决策部署落实、"三重一大"制度执行、"三资"管理和使用等村级事务进行公示公开，接受干部群众监督，及时收集并解决民生诉求，主动回应群众关切。

（四）创新监督方式，增强监督质效

要以"3141"监督联动机制为基础，建立横向到边、纵向到底的监督网络，确保民生实事项目有监督。强化对村级"两委"班子的监督监管，实现对乡村干部监督监管全覆盖。针对"四风"隐形变异问题，对本镇查处的涉农扶贫领域腐败、"四风"等问题进行统计梳理，建立季度分析研判机制，将突出问题作为重点整治内容，细化措施，责任到人，抓好整改。以清单式、销号式工作方法解决问题，为乡村振兴各方面工作落实、落地、落细提供坚强保障。

（五）深化标本兼治，筑牢思想防线

开展廉政警示教育，突出以案说纪、以案说法，用身边事教育身边人，增强基层党员干部的风险意识和底线意识。教育引导村（社区）"两委"干部树立"让权力在阳光下运行"的理念，避免产生思想误区，真正做到思想上理解、工作上支持、行动上配合。基层纪检委员要切实增强责任意识和担当意识，做到敢于监督、愿意监督，把村务公开、财务公开、决策公开、过程公开和结果公开贯穿各项工作始终，做到参与不干预、献策不决策、做事不多事、监督不越位。结合"联村工作组干部见面会"开展领导干部廉政警示教育活动，推动基层党风廉政建设常态化。

（六）完善监督机制，当好参谋助手

习近平总书记指出："改革开放 40 年的实践启示我们：制度是关系党和国家事业发展的根本性、全局性、稳定性、长期性问题。"① 基层工作有其特殊的一面，需要机动灵活地处理面上的一系列问题。正因如此，基层纪检监察组织更要积极主动为党委主体作用的发挥当好参谋助手，持续深化"三不腐"体制机制建设一体推进，惩治震慑、制度约束、提高觉悟一体发力，帮助干部时时刻刻把底线思维和红线意识牢牢记在心里。总之，既要坚决把纪律挺在前面，勇于对群众身边的不正之风和腐败问题亮剑，又要坚持"三个区分开来"，充分运用好监督执纪"四种形态"，落实容错纠错机制，为好干部撑腰鼓劲。

（七）落实监督任务，强化纪律保障

一要深入了解群众的所需所盼。习近平总书记强调："一分部署，九分落实。"② 在乡村振兴战略实施过程中，落实好决策部署是关键。身为纪检监察干部，除了要学好业务知识，学习好上级政策，还要深入基层了解社情民意，不能闭门造车，这样才能对资金和项目的安排、流程、管理和使用等各方面开展有效监督，要保证工作安排确实是群众所需要的、是符合当地实际的，这样也便于掌握相关问题的真实情况。同时，要有效发挥

① 习近平：《在庆祝改革开放 40 周年大会上的讲话》，人民出版社，2018，第 28~29 页。
② 习近平：《在全国脱贫攻坚总结表彰大会上的讲话》，人民出版社，2021，第 19 页。

村民自治的作用，通过引导制定村规民约、召开村民议事会等方式，把群众监督有机融入基层纪检监察工作，把群众参与和党委、政府引导有机结合，使各项工作安排得到广大农民群众的拥护和支持，真正落到实处、取得实效。

二要坚持镇村两级联合开展监督。镇纪委同镇乡村振兴办公室共同开展监督检查，明确工作重点、工作标准，认真履行工作职责，把监督"触角"延伸到基层。坚决杜绝落实责任不力、推诿扯皮、失职渎职现象发生，压紧压实全面从严治党主体责任。镇乡村振兴办与镇纪委一同密切联系群众，倾听百姓的声音，加大走访调研力度，与村（社区）干部、帮扶责任人不定期、不定时开展座谈交流，认真剖析了解脱贫攻坚工作的经验做法、存在的问题，并对巩固提升脱贫攻坚成果进行展望。通过调研详细了解如何通过产业带动农民脱贫致富，推动乡村振兴发展。

三要联动群众进行监督。针对实施乡村振兴战略点多面广的情况，整合各村（社区）的优势力量，通过村（居）务公开栏、微信工作群、微信公众号等载体带动群众切实参与到对乡村振兴工作的监督检查中，尤其要对群众反映集中的和社会关注度高的工作实行重点监督、重点督查。加强对群众诉求收集，问需于民、问计于民，监督政策的制定要与群众的需求相结合，与各村（社区）的产业实际情况相结合。利用大数据因地制宜、科学规划，优化农村治理体系，促进农村产业兴旺发展，提高农民生活水平，以产业振兴带动乡村振兴。

强化监督　助力乡村全面振兴

——关于宝兴县灵关镇开展专项监督情况的调研报告

韩世康　余昌明　贺春花　吴　海

杨双珑　刘　刚*

摘　要： 宝兴县灵关镇纪检监察机构通过调研深刻总结、分析阻碍基层党风廉政建设的问题和原因，充分运用全面从严治党在基层党风廉政建设方面的成果，立足乡村振兴当前的现状，通过防腐败、抓作风、压责任三步走，扎实开展巩固拓展脱贫攻坚成果同乡村振兴有效衔接专项监督，有效应对乡村振兴对纪检监察工作提出的新挑战。同时，为进一步提升专项监督实效，有针对性地提出意见建议。

关键词： 乡村振兴　基层党风廉政建设　专项监督

实施乡村振兴战略，是党的十九大做出的重大决策部署，是全面建设社会主义现代化国家的重大历史任务，是做好新时代"三农"工作的总抓手。习近平总书记指出："脱贫摘帽不是终点，而是新生活、新奋斗的起点。"[1] 因此，抓住脱贫摘帽新契机，全面推进乡村振兴至关重要。当前正处于巩固拓展脱贫攻坚成果同乡村振兴有效衔接的关键时期，宝兴县委、县政府高度重视农业农村工作，认真贯彻落实中央、四川省委、雅安市委

---

* 韩世康，宝兴县县委常委、纪委书记、监委主任；余昌明，宝兴县纪委副书记、监委副主任；贺春花，宝兴县纪委常委；吴海，宝兴县纪委监委机关党风政风监督室主任；杨双珑，宝兴县纪委监委机关党风政风监督室工作人员；刘刚，宝兴县灵关镇纪委书记。

① 习近平：《在全国脱贫攻坚总结表彰大会上的讲话》，人民出版社，2021，第20页。

有关乡村振兴的重要决策部署，以实现高质量发展为主线，以增加农民收入为核心，以壮大村级集体经济为突破口，以推进农村环境综合整治为着力点，以深化农村综合改革为根本动力，全面推进实施乡村振兴战略，推动农业提质增效、农村山清水秀、农民增收致富。

灵关镇作为宝兴县的农业大镇，耕地面积最广，人口基数最大，在宝兴县具有工业、农业和商贸投资的区位优势。为此，我们特围绕灵关镇纪委助推乡村振兴工作开展此次专题调研。

一　灵关镇基本概况

灵关镇地处宝兴县东南部，东南与芦山县毗邻，西与天全县接壤，为宝兴县、芦山县、天全县的接合部。镇人民政府距成都市区 180 公里、距雅安市区 47 公里、距宝兴县城 18 公里，国道 351、省道 308 和 431 贯穿全境。青衣江穿镇而过，境内河道长约 26 公里，年平均流量约为 101.6 立方米／秒。全镇面积 235.75 平方公里，建成面积 5.22 平方公里，耕地面积约 181590 亩，林地面积约 8000 亩，镇区道路总长 55 公里，城镇道路硬化率达 100%。灵关镇是全国重点镇、四川省百镇建设行动试点镇、中国汉白玉特色小镇、四川省安全社区、省级生态乡镇、省级中小企业创业示范基地、雅安市社会治安综合治理模范镇，2011 年被文化部评为"中国民间艺术之乡（石雕之乡）"。

二　灵关镇乡村振兴战略实施情况

（一）以产业兴旺为重点，提升特色现代农业发展水平

灵关镇积极发展现代农业，大力推进"三产融合"①，促进经济增收。通过优化布局、调结构、转方式、强基础、增活力，推动农业布局科学化、经营规模化、生产标准化、发展产业化，促进农村经济高质高效发

---

① "三产融合"指的就是，在保留第一产业的基础上，大力发展第二、第三产业，使乡村的经济发展迈向新纪元，从而改善农民的生活条件。

展。2021年，灵关镇以绿色生态发展为保障，以产品质量安全为目标，不断优化产业结构，壮大特色优势产业发展。积极争取项目和资金，打造新场村老川茶产业基地；盘活闲置土地和库房，打造大渔村洋合种植示范基地；依托中省专项扶贫资金，打造大沟村集体经济产业园。

（二）以生态宜居为关键，促进人与自然和谐共处

一是坚持规划先行，突出示范引领。扎实开展国家卫生乡镇创建，着力打造3个乡村振兴示范村，以点带线、以线带面，推进乡村全面振兴。

二是持续推进农村垃圾治理。灵关镇深入推动农村垃圾治理常态化，创新工作模式，推动农村垃圾分类，8个行政村的生活垃圾全部实现分类处置。

三是完善基础设施建设。继续加大农村基础设施建设力度，2021年投资150余万元对部分村实施通组道路修复。

四是因地制宜，稳步推进农村"厕所革命"。灵关镇把改厕工作作为推动乡村振兴、改善农村人居环境的重要抓手，大力推进户厕改造。建立周例会制度，定期报送工作情况，动态掌握改厕进展。细化任务分工，建立工作台账，压紧压实工作责任，确保各项任务精确到村、落实到人，全面推动农村厕所大换血，圆满完成灵关镇3098户的改厕任务。

五是全面落实长江流域十年禁渔政策。设立禁渔宣告牌8个，张贴禁渔公告20余份，推送、播放禁渔退捕信息5000余次，发放宣传资料1000余份。全力抓好农村水源污染防治。

（三）以乡风文明为保障，凝聚乡村振兴正能量

一是突出抓好农村思想道德建设。深入开展"五星级文明户"评选和孝善敬老活动，弘扬中华传统美德，助力农村移风易俗。引导广大农民群众积极参与，实现自我管理、自我教育、自我提高，不断提升农村的文明程度，加快推进美丽乡村建设。连续三年开展"五星级文明户"评选活动，村民文明素质显著提升。

二是扎实开展文明村镇创建工作。按照年度工作安排，对照文明村镇创评标准，积极开展文明乡村创建工作。目前全镇共创建省级文明村

2个，市级文明村3个，县级文明村8个，大力提升乡风文明建设水平。

三是扎实推动移风易俗。深入开展移风易俗工作，坚决遏制农村婚丧喜庆事宜大操大办、铺张浪费、盲目攀比等不良风气，坚决破除封建迷信、黄赌毒等影响社会稳定的歪风陋习，促进农村精神文明建设蓬勃发展，推动社会主义核心价值观在农村落细、落实。

四是深入实施乡村文化科技惠民工程。积极开展"文化下乡"等活动，培育和践行社会主义核心价值观，传播正能量、弘扬主旋律，丰富群众文化生活，为乡村振兴营造浓厚的文化氛围，提振必胜信心，通过农村精神文明建设促进乡村振兴、和谐发展。

（四）以治理有效为基础，推动乡村和谐发展

一是加强农村基层党组织建设。以加强村级党组织、村民委员会和党员队伍建设为重点，扎实推进抓党建促乡村振兴工作，推动农村基层党建工作全面提升。充分发挥基层党组织的战斗堡垒作用和党员的先锋模范作用，组织112名村组干部到宝兴县夹金山干部学院开展党史学习教育，切实提升广大党员干部的政治理论水平。

二是创新基层干部管理机制。完善"村官代办制"、"一站式"服务等乡村便民服务体制，进一步解决基层群众办事"来回跑、成本高"等突出问题。

三是建立健全基层司法调解等纠纷调处机制，顺利通过"省级安全社区"复评，积极探索基层治理新模式，帮助引导灵关镇钟灵社区创建"省级基层治理示范社区"。充分发挥组织调解作用，积极开展矛盾纠纷排查化解，确保社会大局和谐稳定。2021年，累计推送风险点位21个，排查新增矛盾纠纷16起，化解16起。

四是建设平安和谐乡村。大力推进"雪亮工程"建设，实现空中有监控、地面有巡逻的防控网络；深入开展扫黑除恶专项斗争，严厉打击农村黑恶势力、宗族恶势力，严肃惩处黄、赌、毒、盗、拐、骗等违法犯罪行为，形成强有力的政治威慑，推动治安环境持续向好，民族宗教工作和谐稳定。

（五）以生活富裕为根本，提高乡村民生保障水平

一是大力促进农民增收。坚持把就业创业作为农民增收的主渠道，努

力开创农民工返乡创业新局面。2021 年，灵关镇农村居民人年均可支配收入达到 1.7 万元，新增转移农村劳动力 900 人，110 人参加农村劳动力技能培训，30 人参加返乡农民工创业培训。

二是积极推进创业服务平台建设，依托"互联网+"就业创业系统以及县、镇人社部门，为农民工返乡创业提供项目注册登记、培训、招聘、政策咨询、社会保障等"一站式"服务。

三是大力推进农民工转移就业。积极组织"春风行动"招聘会，汇集百余家用人单位，招聘岗位包括护工、运输工、普工、纺织工、制衣工、服务员、技工等 20 余个工种，累计提供就业岗位 40000 余个，1500 余人参加应聘，充分展现农民工返乡创业就业的可行性、可靠性。

四是开展农民工返乡创业实名制信息采集及台账建立工作。2021 年，灵关镇有 13 名农民工返乡创业，身份及创业项目信息核实登记工作全部落实。

五是优先发展农村教育事业。加快义务教育均衡发展，全面统筹城乡义务教育资源配置，强化乡镇学校统筹协调和指导作用，推动教育力量由基本均衡向优质均衡发展。

六是加强农村社会保障体系建设。积极完善城乡居民基本养老保险制度，严格按照文件要求，提高基层养老金待遇水平。统筹推进城乡社会救助体系建设，加快农村低保与扶贫开发政策接轨，做到对农村贫困人群应采尽采、应保尽保、应兜尽兜。

三　灵关镇纪委立足乡村振兴的工作亮点

（一）以政治建设为统领，深化全面从严治党，为实施乡村振兴战略提供坚强保障

始终坚持把落实全面从严治党、基层党风廉政建设和反腐败工作纳入领导班子日常议程，与经济社会发展工作同谋划、同部署、同落实、同检查、同考核，自觉做到"两个维护"，全局谋划、整体推进，切实种好"责任田"。把监督责任切实融入各项工作中，把基层党风廉政建设和反腐败工作与业务工作同部署、同检查，做到业务工作干到哪里，党风廉政建

设和反腐败工作就深入到哪里。对工作执行情况逐项逐点开展监督检查，通过领导班子谈心谈话、组织生活点评、定期约谈等方式，督促领导干部廉洁从政、认真履行"一岗双责"，对违反基层党风廉政建设有关规定的人员严格追责问责。领导班子其他成员切实抓好各领域基层党风廉政建设和反腐败工作，真正做到守土有责、守土尽责，为全面推进乡村振兴提供强有力的组织保障。

（二）加强乡村振兴领域的政策宣传和典型案例学习，增强防腐防变的意识能力

一是督促办公室和各村（社区）切实利用好政务和村（居）务宣传栏、门户网站、微信公众号、宣传手册等传播渠道和阵地，及时向广大村组干部和村民宣传并解读乡村振兴的内容和意义，及时宣传贯彻省、市、县乡村振兴工作精神，使村民充分认识到乡村振兴是一项利民战略，关系到自己的切身利益，从而积极主动参与配合。

二是每月至少开展1次乡村振兴领域违规违纪典型案例学习，集中观看乡村领域警示教育片，组织学习反腐倡廉知识和"打虎""拍蝇""猎狐"等典型案例，坚决筑牢干部反腐拒变的思想防线。结合工作实际，加强对《中国共产党廉洁自律准则》和《中国共产党纪律处分条例》的宣传讲解，要求全镇党员干部牢记并严守各项廉洁自律规范和党的纪律要求，真正把党规党纪的权威立起来。

（三）狠抓乡村振兴领域工作作风，落实监督检查责任

坚持把乡村振兴领域的作风问题作为整治群众身边腐败和作风问题、深入纠治"四风"的重点内容，深入推进正风肃纪。重点解决基层干部吃拿卡要、推诿扯皮、以权谋私等问题，进一步强化责任追究，做到发现问题线索从快从严查处，确保监督执纪问责融入乡村振兴工作各个方面。定期或不定期深入各村（社区）开展乡村振兴专项督查，进一步明确驻村帮扶干部的工作纪律，坚决杜绝迟到早退、上班状态懒散等违反工作纪律的行为，使干部作风得到显著改进。加强对党员干部日常纪律教育，做实做细监督检查常态化，统筹推进党内监督、干部监督等，有效形成监督合力。紧盯节假日等重要时间节点，做到常提醒、常排查，持续整治形式主义、官僚主义问题，持之以恒落实中央八项规定精神，以良好作风保障乡村振兴工作稳步推进。

四　灵关镇纪委强化监督助推乡村振兴的具体举措

（一）开展乡村工程项目建设专项监督

2021年，灵关镇共开展5个乡村振兴工程项目，涉及资金约553万元，分别是河口村通组道路修复、云茶村水毁道路恢复重建、云茶村万亩人工林产业桥梁重建、双坝村汽车服务中心建设、钟灵村小渔沟小流域治理项目。作为全年跟踪督查的重点，灵关镇纪委机关不定时对工程进度实施监督检查，及时协调解决工程项目建设中存在的重点、难点问题，督促项目主管部门对项目实施开展动态监管，协调财政部门对项目资金管理和使用进行监管，督促项目承建单位认真收集整理工程建设资料，定期向灵关镇纪委报送项目实施、检查情况。在监督检查中观现场、看资料、审资金，做到监督检查不留一个死角，规定程序不少一个环节，发现问题不漏一个疑点。

（二）加强对扶贫项目资产管理的督查督导

对2014年以来各类扶贫资金投入项目及资产进行全面核查，按照镇村两级和公益性、经营性、到户性三大类，对照批复文件和拨款明细逐一登记造册，做到分级分类、应纳尽纳，形成扶贫资产管理台账。共计清查、公示资产218笔，完善了29项集体资产的管理工作，涉及资金45笔，合计1319.08万元。

（三）监督巩固拓展脱贫攻坚成果同乡村振兴有效衔接工作部署的落实

一是全覆盖做好防止返贫动态监测，建立健全帮扶机制。严格按照相关文件要求，监督健全防止返贫动态监测机制，督促各村及时进行政策宣传，每月针对部门反馈的风险人员、群众反映的困难人员以及其他从各种渠道收集的困难人员信息进行过会讨论。同时，督促包村干部、村支"两委"、驻村工作队，按照各村（社区）辖区分组进行入户走访，在县级各职能部门的帮助指导下，圆满完成对灵关镇4568户16267人的排查工作，将辖区内7户32人纳入防止返贫动态监测范围，一户一册制定帮扶措施，保证帮扶措施有效到位，保障监测户收入水平稳步提升。

二是积极协调，做好稳岗就业工作。面对疫情期间就业困难问题，严格按照上级要求，主动担当作为，迅速对辖区范围内就业及农产品销售情况进行全覆盖走访摸排，统计出适龄劳动力650人。通过公益性岗位安置、企业吸纳就业、就业扶贫培训、产业扶持、就业扶贫等帮扶措施，加大对普通劳力、技术劳工、有务工意愿人员的就业创业指导支持力度，及时向待业人群提供务工信息，引导帮助其就业。2021年，全镇外出务工就业399人，公益性岗位就业37人，临时性岗位就业8人。

（四）督促规范村级财务管理

进一步推动规范村级财务管理，切实提高村级财务工作人员的业务水平，多举措抓严抓实村级财务管理。

一是加强廉洁教育，提高干部的思想认识水平。做到逢会必讲廉洁，在村（社区）干部会议上抓住时机开展廉政教育，通报财务领域违纪违法案例，要求以案为镜、引以为戒，严守财经纪律，从思想上认识村级财务管理的重要性，增强村（社区）干部的财务规范管理意识和廉洁自律意识。

二是落实村级纪检监察职能，做到财务透明。紧盯村党支部书记、村委会主任及其他村"两委"干部，切实履行对村务、财务管理等情况的有效监督。把村级开支列为村务监督、村务公开的重点内容，督促落实村级财务开支公示公开，促进干部廉洁自律。

三是成立村级财务规范化管理督查小组，通过听取汇报、查阅资料、现场走访等方式，对财务开支报账资料是否齐全、原始凭证是否合规、村级工程项目资金报账是否规范、农村集体"三资"① 管理是否严格按照要求等村级财务情况进行监督检查，广泛收集干部群众对村级财务管理的意见建议等，进一步督促各村（社区）规范村级财务管理。

---

① "三资"指资产、资源、资金。

（五）坚决铲除民生领域腐败问题滋生的土壤

一是始终坚持把民生领域监督检查作为"护民生、促发展"的重要抓手，深入开展对民生领域腐败和作风问题的专项整治，持续加大对惠民惠农资金、政策、措施等落实情况的监督检查力度。对社保基金管理、低保申请、残疾人等级评定、"一卡通"资金发放、农村饮水安全问题、"厕所革命"、城乡环境综合治理、教育、医疗救助审批、公益性岗位等12项民生项目落实情况开展专项督查，为基本民生底线提供坚强保障。

二是持续深挖涉"黑"腐败和黑恶势力"保护伞"，坚决清除包庇、纵容黑恶势力的腐败分子，严肃查处党员干部和公职人员助长黑恶势力坐大成势、干预和阻挠案件调查处理等问题。严肃查处村霸、矿霸、宗族恶势力和"黄赌毒"等行为，坚持打防并举、标本兼治，铲除基层腐败和黑恶势力滋生的土壤。

（六）推进移风易俗，为乡村振兴注入正能量

紧盯"关键节点"，狠抓"关键少数"，用党风、政风带动社风、民风。"人情风"从表面上看问题在民间，但源头却在党员干部。只有严管党员干部队伍，才能堵住风源风口。灵关镇纪委紧抓"关键少数"，组织签订移风易俗承诺书，严格规范党员干部婚丧喜庆操办等事宜，实行红白事事前报告、事后报备。针对节假日及其他重要时间节点大操大办的现象，深入辖区内酒店、饭店开展监督检查，发现党员干部大操大办的问题线索立即查处。严禁违规举办升学宴、谢师宴，或变相举办老人寿宴、婴儿百日宴，以及以其他各种名义借机敛财的行为，使崇廉尚俭的新风全面吹开、浸润人心。

（七）全程监督换届工作，为乡村振兴注入新活力

做好村（社区）"两委"换届选举，是推进农村民主政治建设的重要实践。只有抓实村（社区）"两委"换届，选强班子、选好干部，才能让群众满意、让党委和政府放心，切实把那些政治素质高、文化水平高、群众威信高和发展能力强、服务能力强、协调能力强的优秀人才选拔进基层班子，让他们更好地发挥才能，助力乡村振兴。

一是教育宣传全到位。通过微信公众号、户外 LED 屏、"村村响"大喇叭等多种形式，使载有"十严禁"①"四必须"② 等内容的换届纪律明白卡进机关、进村组、进社区，使广大党员干部知晓换届的纪律要求，带头遵规守纪，带头抵制不正之风。组织机关干部、村组干部、人大代表多次观看换届警示教育片《镜鉴》《警钟长鸣》，增强干部换届的纪律意识，确保换届环境风清气正。

二是监督管理全覆盖。成立换届风气督查督导组，深入村（社区）全覆盖开展督查，对换届工作开展、换届纪律宣传、换届风气等重点程序和节点进行督查督导，切实做好监督。

三是信访举报全在线。积极畅通来信、来访、电话等举报渠道，实行对换届纪律问题快接、快查、快处制度，对有关违反换届纪律问题的信访举报重点关注，做到及时受理、优先办理、跟踪督办，使换届换出正能量、换出新风尚、换出乡村振兴新气象。

五　灵关镇纪检监察工作存在的问题

（一）监督手段不够丰富

从目前灵关镇纪委工作开展的情况来看，监督方式过于单一，主要以听汇报、看报告、实地走访、谈话等常规方式监督检查，未能有效探寻到问题本身；存在个别纪检干部不会监督、不懂监督、不敢监督的现象，导致监督底气不足、监督力度不大；乡村"微腐败"因"小"和"微"或多或少披上了隐形外衣，隐蔽性强，纪委工作对此类案件的震慑力不够。

---

① "十严禁"的内容包括：一是严禁结党营私；二是严禁拉票贿选；三是严禁买官卖官；四是严禁跑官要官；五是严禁个人说了算；六是严禁说情打招呼；七是严禁违规用人；八是严禁跑风漏气；九是严禁弄虚作假；十是严禁干扰换届。

② "四必须"指，一是必须提高政治站位，增强政治判断力、政治领悟力、政治执行力，以高度政治责任感和历史使命感，把习近平总书记重要指示精神和中央、省委要求贯彻到换届工作全过程、各方面。二是必须树牢大局意识。正确对待个人的进退留转，正确处理个人和组织的关系，经受住名、权、位的考验，自觉接受和服从组织安排。三是必须严格遵规守纪。严格遵守政治纪律和政治规矩，严格遵守组织人事纪律，严格遵守"十严禁"换届纪律，做到令行禁止。四是必须强化责任担当。各责任主体特别是党委书记，要严格落实抓换届风气的重要责任，做到守土有责、守土担责、守土尽责。

（二）　监督能力水平不够高

一是乡村振兴工作面广、点多、线长，涉及的法律法规和政策较多，部分纪检干部学习掌握惠农惠民政策、法律法规知识不够全面，精准发现有价值的问题线索的能力和水平尚待提高。

二是监督能力短板明显，创新能力弱。部分纪检干部惯于用老办法开展乡村振兴领域监督工作，发现问题的能力较弱，在运用新理念、新思维助力监督、调查和处置方面还存在薄弱环节。

三是村级纪检委员的作用发挥不充分。虽然各村（社区）都设有纪检委员，但作用发挥不理想，存在不愿监督、不敢监督的情况。

四是责任落实不到位。个别纪委干部职责定位不清，对实施乡村振兴战略的重要性认识不到位，存在"一手硬、一手软"的问题。有的只是开开会、签个责任书，在主动跟进落实方面做得不够，在落实"一岗双责"的理念和行动上还存在偏差。对乡村振兴领域问题的研究不够全面，对基层党员干部的教育提醒不够深入。

（三）　监督作用发挥不到位

在县纪委监委和乡镇党委的双重领导下，乡镇纪委的纪检监督工作存在一定的局限性，监督的积极主动性不强。在信访举报、执纪审查等方面，群众心中有顾忌，对村级党组织的监督大多注重工作成效，对党员干部廉洁自律、全面从严治党主体情况的监督不够，表现为"宽、松、软"，监督作用发挥不到位。

（四）　纪检监督教育培训针对性不强

当前开展的纪检监督教育培训多是共性化理论知识方面的，提升干部审查调查工作能力、提高案件办理效率等方面的专题培训还有待加强。

六　下一步工作建议

（一）　深化日常监督与专项监察，进一步拓展监督的覆盖面

充分发挥片区协作联动机制的作用，整合县级部门、乡镇、村（社

区）群众监督检查力量，紧紧围绕"四个不摘"政策落实、群众身边腐败和作风问题整治、生态环保、村（居）务公开等的主体责任落实、工作推进情况开展专项监督，持续纠治群众身边的腐败和不正之风。常态化查处涉黑涉恶腐败和"保护伞"问题，发挥案件查办的震慑警示、规范指导、正本清源作用，助力政法队伍教育整顿。积极推动大数据、"互联网＋"等现代信息技术与监察监督业务深度融合，及时组建"监督数据库"，健全完善异常数据反馈、跟踪、核查机制。同时，通过数据比对和关联分析，精准发现问题线索，排查各类风险点位，加大问题处置力度，切实提升监督质效。

（二）拓宽民生领域的线索来源渠道，进一步提升监督检查的实效

围绕巩固拓展脱贫攻坚成果同乡村振兴有效衔接的各项目标任务，盯紧教育医疗、养老社保、安全生产、食品药品安全等重要领域和关键环节，用好互联网、移动客户端、微信等现代科技手段，为群众提供更加方便快捷的举报途径。注重从监督检查中发现问题线索，使日常监督与专项监察、专项监督、专项整治、专项治理等监督工作统筹推进，使党内监督与人大监督、民主监督、司法监督、审计监督、统计监督、群众监督、舆论监督等有机贯通、相互协调，进一步拓宽线索来源渠道，不断提升监督、审查和调查的工作实效。

（三）切实加强自身建设，进一步选优配强纪检监督队伍

扎实抓好对纪检干部的教育培训工作，分类别、分层次、有针对性地开展政治理论、专业知识、实际操作能力、信息化等培训，不断加强对乡镇村两级监督队伍的指导，切实增强其政治判断力、政治领悟力、政治执行力，推动监督水平快速提升。持续发挥各级纪检监督的作用，健全规范工作流程和职责分工，通过组织专题培训、以干代训等方式，提升全县纪检干部的政治素质和业务水平，扎实培养一批善监督、能碰硬、敢亮剑的纪检干部，并充实到基层监督队伍当中。

（四）科学运用监督执纪"四种形态"，进一步加大追责问责力度

坚持问题导向，聚焦民生领域不正之风和"微腐败"问题，紧盯"关键少数"，严肃查处弄虚作假、私挪套用、贪污腐败等问题。坚持惩前毖后、治病救人，精准运用监督执纪"四种形态"，做到"三个区分开来"，抓早抓小、防微杜渐，实现"惩治极少数、教育大多数"。深化标本兼治，坚持受贿、行贿一起查，一体推进"不敢腐、不能腐、不想腐"，扎实做好审查、调查"后半篇"文章，做实以案促改、以案促建、以案促治，多渠道通报损害群众利益的腐败问题典型案例，警醒、教育广大党员干部，达到"惩处一人、教育一片"的目的。

强化基层党风廉政建设 助力乡村振兴

——天全县思经镇廉政建设情况调研

霍　彧　范　滔　张旗文　刘元强[*]

摘　要： 雅安市天全县纪委监委基于强化基层党风廉政建设助推乡村振兴工作的视角，坚持目标引领、问题导向，深入思经镇村组一线实地调研。调研发现，尽管思经镇基层党风廉政建设取得了不少成绩，但与国家对基层党风廉政建设的要求间还存在差距。本文在分析基层党风廉政建设所面临问题的主要表现及原因的基础上，提出加强队伍建设、弘扬廉洁文化、做实日常监督、加强制度建设、抓牢作风建设等方面的具体建议。

关键词： 乡村振兴　基层党风廉政建设　基层治理

2021年是"十四五"开局之年，中央农村工作会议中提出坚持把解决好"三农"问题作为全党工作重中之重，举全党全社会之力推动乡村振兴。2022年初，中共中央、国务院发布《关于做好2022年全面推进乡村振兴重点工作的意见》，对2022年乡村振兴重点工作做出全面部署。为深入了解掌握基层党风廉政建设助推乡村振兴工作的现状和问题，雅安市天全县纪委监委对本县思经镇及其辖区内11个行政村开展基层党风廉政建设助推乡村振兴专项调研。调研组坚持目标引领、问题导向，深入村组一线，到群众中了解实情、发现问题。现将有关情况报告如下。

---

[*]　霍彧，天全县纪委常委、监委委员；范滔，天全县纪委监委党风政风监督室工作人员；张旗文，天全县小河镇纪委副书记；刘元强，天全县思经镇党委委员、纪委书记。

一 思经镇基本情况

思经镇位于天全县境东南部，面积222.6平方公里，辖11个行政村、83个村民小组，总人口有1.3万。

思经镇是天全县城后花园，交通便捷，有三条主通道与县城相连，雅康高速和正在建设的川藏铁路贯穿全境。思经镇是天全县规划的"三城三区"之"竹海渔乡"AAAA级景区，有万亩竹海和具有世界影响力的润兆渔业冷水鱼养殖、鱼子酱加工基地，已创建竹产业和鱼产业两个省级三星级现代农业园区。思经镇农业产业别具特色，"川牛膝"获中国农产品地理标志，老川茶品质优良，品系高端，具有较强的市场竞争力。境内自然资源丰富，辖区内石灰石、玄武岩、青石矿等矿产资源丰富，是天全县建材原料保障基地，有矿山企业10余家。思经镇文化底蕴深厚，民俗活动牛儿灯被列入四川省非物质文化遗产，每年农历二月十七为"农耕文化节"。

近年来，思经镇以争创全省实施乡村振兴战略先进镇为目标，以"竹海渔乡、茶香思经"为定位，以打造山区县乡村振兴样板和绿色矿山开发示范地为支撑，大力发展竹、鱼、茶三大特色产业，加快推动绿水青山转化为金山银山。

二 思经镇基层党风廉政建设情况

（一）立足"国之大者"，加强政治监督

党中央把乡村振兴作为实现国家现代化的关键性工程，这就是"国之大者"。而如何落实，这就是"国之大计"。如果说脱贫攻坚解决的是"有没有"的问题，那么乡村振兴解决的就是"好不好"的问题，其深度、广度、难度都不亚于脱贫攻坚。我们既要巩固脱贫攻坚成果，又要接续推进乡村全面振兴。近年来，思经镇把责任扛在肩上、抓在手上，全程督战、全程参战，扎实开展"脱贫攻坚纪律作风保障年"活动，不断深化对扶贫领域腐败和作风问题的专项治理，为决战决胜脱贫攻坚提供了坚强的纪律保障。在党中央做出实施乡村振兴战略的决策部署后，思经镇充分认识到

开展专项监督促进巩固拓展脱贫攻坚成果同乡村振兴有效衔接工作的重要性、紧迫性，牢牢把握乡村振兴这个"国之大者"，始终做到"两个维护"，加强政治监督，继续保持"严"的主基调，在乡村振兴建设新征程上更好地发挥纪律作风的保障作用。思经镇根据县纪委监委印发的《县纪委监委机关贯彻落实关于 2021 年开展专项监督促进巩固拓展脱贫攻坚成果同乡村振兴有效衔接的通知任务清单》，制定了《思经镇巩固拓展脱贫攻坚成果同乡村振兴有效衔接专项监督任务清单》，从严部署落实，抓好扶贫项目资产管理与村级财务管理，查处乡村建设领域腐败问题，铲除民生领域滋生腐败的土壤，紧盯利用国有投资平台公司搞利益输送的新型腐败问题，着力解决困扰基层的形式主义、官僚主义问题，持续推动移风易俗，明确专项监督的具体要求、责任和完成时限，指明工作开展方向，压实工作责任，以期进一步提升基层监督质效。

（二）强化监督检查，压紧压实责任

思经镇结合乡村振兴工作的重点，开展监督检查 20 余次。紧盯重点时节、重点人员、重点岗位，深入开展纪律、作风、资金、项目等监督检查 50 余次，开展"一卡通"、涉农保险保费补贴有关问题等专项治理监督检查 4 次，开展"三资"清理专项监督检查 2 次。通过强化监督，压紧压实工作职责。

1. 紧盯政策落实不断档

一是全面落实"四个不摘"稳基础。思经镇严格落实上级"新政策不出、旧政策不退"的要求，教育、保障兜底等帮扶政策落实有力，资金支持力度不减，帮扶力量保持总体稳定。2021 年，加强向脱贫村、乡村振兴重点帮扶村、集体经济薄弱村以及"软弱涣散"村选派"第一书记"和驻村工作队员，先后选派 4 名脱贫村"第一书记"、8 名驻村帮扶干部，选派 1 名乡村振兴重点帮扶村"第一书记"、2 名驻村工作队员，选派 1 名集体经济薄弱村"第一书记"、1 名"软弱涣散"村"第一书记"。同时，加强对驻村人员的廉政教育，开展廉政谈话 200 余人次。二是做实稳岗就业促增收。组织 67 名贫困劳动人员参加天全县首届"直播带岗"网络招聘活动和网络招聘会，帮助全镇 701 名脱贫劳动力就业，同比增加 39%，向公益性岗位兜底安置 83 人。三是做好对扶贫小额信贷的资金监管。全镇扶贫小额信贷累计发放 33 笔，金额达 112 万元。镇纪委强化资金监管，防止虚假贷款、挪用或套用贷款资金，保障资金安全。对符合续贷要求的脱贫人口累计续贷 17 笔 49.83 万元，有效满足了脱贫人口的信贷需求，确保全镇扶贫小额信贷无一逾期。

2. 紧盯工作落实不松懈

一是全面落实防止返贫动态监测和帮扶监督工作。严格按照《天全县防止返贫动态监测集中排查工作实施方案》开展监督，在全镇原有的监测户（1 户 2 人）已消除风险的基础上，对新增监测户（1 户 1 人）全面落实帮扶措施，全镇未出现一例返贫致贫。二是扎实开展"五个一"专项行动。严格按照《天全县巩固拓展脱贫攻坚成果同乡村振兴有效衔接"五个一"专项行动工作方案》，通过开展一次入户排查、入户算账、风险排查、集中督查、整改清零行动，全面掌握全县脱贫户、监测户和风险户的真实情况，及时对标补短、推进问题整改。其中，青元村、团结村顺利通过 2021 年省级巩固脱贫成果评估检查验收。三是持续推进扶贫资产管理及脱贫攻坚项目库建设工作。全面完成 2014~2020 年 26 个项目的确权移交，制定了相关管理制度，用公示牌进行公示。

3. 紧盯机制创新不懈怠

思经镇探索创新防止返贫和帮扶机制。根据《天全县精准防贫综合保险工作实施方案（试行）》，针对农村低收入户因病、因学、因灾等致贫返贫的情况，设置防贫保障线和预警线，建立"返贫预警、骤贫处置、脱贫保稳"的精准防贫机制。目前，承保公司正在对思经镇初步排查出的 48 户风险户进行入户核实，将严格按照对象初选—调查核实—信息反馈—评议公示—审批备案—抽查复核"六步法"进行核准，并及时给予理赔。

（三）督促规范村级财务管理

随着乡村振兴战略实施，村级财务管理逐渐跟不上村集体经济发展，农村普遍缺乏专业财会人员，与农村集体经济做大做强之间的矛盾越发凸显。有的村财务管理混乱，有的村财务由乡代管，管理僵化、程序烦琐，一些财务要求与实际经济活动脱节。针对这些问题，思经镇结合县纪委开展的村（社区）集体"三资"提级监督试点工作，将团结村作为提级监督试点村，镇纪委发挥近距离监督的优势，进行日常监督，协助工作组进行监督检查。对监督中发现的问题，坚持以整改为主、监督与帮扶相结合，协调帮助村子解决发展中的实际困难。2021 年，帮助团结村发现并整改问题 8 个，同步建立完善相应的制度。团结村被评为省级乡村振兴示范村。

（四）坚决防止乡村建设领域腐败问题发生

乡村工程项目仍是当前腐败问题易发多发的领域。思经镇持续深化"三盯""三公开"，镇、村两级重点公开项目安排、招投标、建设进展、质量验收，以及资金发放到人、到户等情况，把村级公开作为重中之重，推进村务公开"阳光工程"。改进公开方式、优化公开内容、提升公开质量，积极对接民政部门，把团结村打造成村级公开试点村。组织全镇各村参观学习，由点到面带动全镇村级公开，使群众真正关心关注的事项公开到人、到户。

思经镇紧盯乡村工程质量，2021 年开展新建成工程专项清理，发现并督促整改问题 4 个，发现问题线索 1 条，目前正在进行核实。对出现严重质量问题的工程一律深挖细查，严肃查处背后的腐败和作风问题，以严明的纪律促进责任落实，推动项目顺利实施。

通过监督保障，2021 年，思经镇围绕鱼子酱特色小镇创建，储备项目 63 个，总投资达 35.12 亿元。争取到思经镇河防洪堤、小河口子桥、百家到龙尾道路等项目 26 个，总投资近 3000 万元。在道路交通方面，抢抓川藏铁路建设的历史机遇，改扩建农村道路 48 公里，占全县当年改扩建总里程的近 90%。实现快速通道正式通车，启动实施雅康高速天全服务区改扩建项目。维修、加固铁索桥 9 座，拆除 2 座，争取到铁索桥改公路桥项目 4 个。在乡村建设方面，禁思路沿线 400 余户房屋风貌、冷水鱼园区 6 公里道路景观得到提升改善，牛儿灯广场等 3 个广场、竹海渔乡等 3 个景观节点和 1 个公共停车场建设完成，成为美丽乡村的亮丽风景线。思经镇还打造特色园区和特色街区，形成"一园一街"乡村旅游景观。

（五）坚决铲除民生领域滋生腐败的土壤

思经镇注重收集和解决群众民生方面的诉求，把群众在社会评价工作中反馈的问题、信访举报反映的问题等作为工作开展的着力点，坚持优先办理、优先处置、及时反馈，使群众感到身边的事情有人管、利益有人护，切实提高群众的满意度和认可度。镇党委高度重视对 2021 年度"万名群众评作风"活动中收集到的反馈问题的整改工作，专题研究整改措施，及时完善《天全县思经镇"万名群众评作风"群众反馈问题整改台账》，对群众反馈的 26 个问题逐一梳理，明确牵头整改责任人和整改时限，实行清单式管理、销号式整改。镇党委和政府坚持一手抓问题整改，一手抓制度建设，切实用制度管权、管人、管事，不断修订完善一批制度机制。尤其是针对低保动态管理、干部作风、惠农补贴等群众关切的重点领域，着力健全务实管用、常态长效的工作运转机制，以减少民生领域"微腐败"的发生。同时，强化监督检查和责任落实，镇纪委采取"四不两直"的方式，对各村低保、"三公开"、干部作风等方面进行监督检查，切实用强有力的督促检查推动工作落实，认真解决群众身边影响民生福祉和生活品质的"急难愁盼"问题。2017 年以来，思经镇严肃查处民生领域腐败问题 9 个，处理 12 人。

（六）着力解决困扰基层的形式主义、官僚主义问题

思经镇纪委监委紧盯文件多、会议多、督查多等老问题，以及统计多、清单多、工作微信群多等严重占用基层干部时间和精力的新问题，坚持从下往上查摆问题、从上往下抓好整改。定期访谈村党（总）支部书记，收集表现在基层但症结在上级的形式主义、官僚主义问题，及时向党委报告，推动为基层减负各项要求落到实处。2021 年，思经镇对镇村两级权责事项开展自查清理，特别是对职能部门通过政策"搭车"、签订责任书、纳入目标考核、下达工作任务等方式，违规将自身权责事项派交给乡镇和村来承担的问题，积极与上级党委和政府沟通协调，切实减少不必要的事项。通过开展"彻底清理层层加码、坚决真切为基层减负"专项行动"回头看"工作，认真开展自查，清理文件 78 份。深入开展形式主义、官僚主义专项整治，自查形式主义问题 6 个，制定整改措施 10 条，清理责任书 18 份，集中清理宣传标语等 3 次，建立完善会议、文件等管理制度 7 个。

（七）持续推进移风易俗

思经镇高度重视部分党员干部、公职人员将"请客随礼"作为敛财之

道，违规收受随礼等问题，督促党员干部、公职人员严格学习并执行《天全县关于规范婚丧嫁娶等事宜严禁巧立名目、公开宴请、借机敛财行为的暂行规定》（天委办〔2013〕17号）、《天全县规范农村（社区）婚丧嫁娶等事宜严禁巧立名目、公开宴请等行为的暂行规定》（天委办〔2013〕82号）、《〈天全县关于规范婚丧嫁娶等事宜严禁巧立名目、公开宴请、借机敛财行为的暂行规定〉的补充规定》（天委办〔2014〕44号）、《关于进一步规范党员干部和国家公职人员操办婚丧喜庆事宜相关工作的通知》（天纪综〔2018〕10号）等文件。镇纪委主持学习相关通报5期，通过反面典型案例的警醒，促进全镇党员干部、公职人员自觉反对陈规陋习。深入开展对大办宴席收受红包和礼金等不正之风和腐败问题的监督检查16次，进一步规范党员干部廉洁用权。

三 基层党风廉政建设中存在的问题

（一）基层监督弱化、虚化

要推动全面从严治党向基层延伸，确保全面从严治党的要求落实到每个支部，基层纪检委员在夯实基层战斗堡垒中所起的作用就显得尤为重要，特别是村级纪检委员理应在农村基层党风廉政建设和反腐倡廉过程中切实发挥监督作用。从调研的情况看，思经镇纪检监察组织建设还存在一定差距，主要表现为基层村的党建弱化、监督意识不强。

一是少数党组织仍然存在纪检委员无事可干、可有可无的思想。虽然明确了纪检委员，但对如何发挥其作用仍然缺乏认识，也没有行之有效的办法和措施。

二是有的农村党员认为纪检委员管的都是小事，给予的支持不够，就是走形式、走过场，作用不大。

三是宣传力度不够。少数群众还不知道基层村有纪检委员这个职务，有问题时并不会直接向纪检委员反映，而是直接反映给镇上或县上。

（二）廉洁文化建设不够深入

农村基层廉洁文化是整个政治生态廉洁文化的基础部分，也是新时代社会主义新农村精神文明建设的重要组成部分。思经镇廉洁文化建设还存在以下问题。

一是职责定位不明。部分领导认为加强廉洁文化建设是纪委的工作，没有意识到廉洁文化建设是基层党风廉政建设的重要组成部分，而基层党风廉政建设工作是镇党委的主体责任。

二是思想认识不到位，对廉洁文化建设工作的重要性认识不足。部分党员干部认为这是一项"软任务""虚工作"，因此在廉洁文化建设上找不到抓手，内容形式较单一、呆板，多数采取读文件、传达会议精神等灌输式方法，干部参与的主动性、积极性不高。廉洁文化建设工作脱离群众，缺乏生动活泼和群众喜闻乐见的素材与活动，没有收到应有的效果。

三是统筹规划不力。一些地区还未将廉洁文化建设纳入基层党风廉政建设的重要内容，对廉洁文化建设缺乏系统思考，廉洁文化建设未结合地方特色，缺乏领导力量、组织机构、活动载体、教育培训等方面的规划，缺乏系统性。

（三）腐败问题仍然存在

近几年，虽然持续加大对扶贫工程项目、一卡通、涉农保险保费补贴等群众关注领域的典型案件的查处力度，警示作用明显，震慑作用较大，但群众身边的不正之风和腐败问题仍未能杜绝。据统计，思经镇2017年以来查处问题22个，处理30人。问题表现为，有的村干部在村级工程项目中违规增加工程标的，有的村干部违规处置集体土地流转费，有的村干部违规收受开采管理费，有的村干部违规私自处理河道砂石等。

（四）不良社会风气仍然存在

"请客随礼"等不良现象仍然存在，移风易俗任重道远。除传统红白喜事外，新店开业、活人建墓等都要操办。有的党员干部、公职人员将"请客随礼"作为一种必要的礼尚往来。还有村组干部认为，举办宴席是一件大事，必须热闹、必须够排场。农村宴席浪费现象比较严重。

四 思经镇基层党风廉政建设中存在问题的原因

（一）基层党组织的战斗堡垒作用和示范引领功能不强

部分基层党组织的政治功能和服务功能弱化，监督管理失之"宽松软"，"三会一课"制度执行不到位，导致基层党组织的战斗堡垒作用和先锋模范作用难以有效发挥。基层党组织书记老龄化、低学历问题比较突出，整体素质不高，综合能力参差不齐，村级后备力量"青黄不接、后继无人"的问题日益凸显，与当前乡村振兴发展需要不匹配。思经镇超过90%的村干部学历为高中及以下。这些村虽然定期开展党日活动和"三会一课"活动，但参与人员的文化水平参差不齐，导致实际效果不佳。村"两委"成员平均年龄在45岁以上，暴露出基层党建人才队伍建设面临年龄偏大、创新学习能力不足的问题。部分基层党组织书记素质不高、能力不强、动机不纯、私心严重，有的甚至违纪违法，个别村接二连三出问题。五年以来，思经镇共立案查处党员干部、公职人员29人，其中，给予党内警告处分22人、严重警告处分2人，开除党籍2人，给予政务处分2人，批评教育1人。

（二）基层纪检委员理论水平不够

以思经镇为例，绝大多数村"两委"成员的学历层次以及理论学习能力都比较低。经初步统计，全镇村纪检委员平均年龄47岁，50岁及以上占55%，40~49岁占18%，20~39岁占27%。初中文化程度占46%，高中文化程度占27%，大专文化程度占27%。这和当前对村干部队伍知识化、年轻化的要求还存在差距。大多数村级纪检委员由村上卸职干部担任，年龄普遍偏大，参加专题学习培训的机会不多，缺乏必备的业务知识，对党规、党纪、基本法律知识掌握不够，对国家惠农政策缺乏了解，对村级财务管理不熟，难以发现问题。此外，"老好人"思想严重，存在不愿得罪人、不愿去管理等情况。

（三）党风廉政教育缺乏吸引力和感染力

党风廉政教育缺乏新颖性和创造性，活动形式单一，覆盖面偏小，参与者偏少，还没实现从"文件"到"文化"的转变、从"会场"到"广场"的转变、从"深宅大院"到"广阔天地"的转变，活动载体的作用发挥不够。廉政教育的形式不够生动形象、传神感人，依然是上廉政教育党课、参观廉政教育基地等传统做法。围绕全面从严治党和党风廉政建设制定印发了不少文件，但制度的执行力度不够，且治标不治本，没有形成意识和习惯。党风廉政建设主要靠组织推动，党员干部没有变成主角自觉投身融入。而且受教育面狭窄，侧重于领导干部，一般干部职工均由单位组织，家庭助廉教育没有引起足够的重视。在参观类活动中，身入心不入，人在心不在，重形式轻内容，用身边事教育身边人偏少，没有做到入脑入心。

（四）对党员干部日常监督管理不严

新形势下全方位、全覆盖监督干部的手段单一，力度不够。在惩治和预防上用力不均衡，正面教育防范抓得紧，反面警示惩治抓得还不严。工作方面监督得多，生活方面监督得少。震慑作用发挥不够，"中梗阻""慵懒散拖"问题依然存在。日常监督管理不够严格，对党员干部工作时间监督得多，对八小时以外"朋友圈""生活圈""社交圈"监督得少。对违反工作纪律等一般性问题监督得多，对一些容易发生问题的岗位和关键环节监督还不严密。源头防范的长效机制不够健全，监督执纪"四种形态"运用不够好，特别是第一种形态运用还不熟练，对党员干部身上的一些苗头性、倾向性的问题重视程度不够，抓早抓小、防微杜渐效果还不明显。制度建设还不完善，制度制定缺乏精准性和可预见性，制度执行缺乏刚性约束，推进全面从严治党从以治标为主向标本兼治转变的创造性、实效性还不强。

（五）机制不够健全、不够完善

自中央和地方改进作风的各项规定出台以来，思经镇根据规定改善和加强了制度建设。但整体来看，仍然存在制度权威缺失的现象。有些制度仍然挂在墙上、停留在纸上，对干部作风行为难有约束力。制度设计也缺乏科学性，有些制度只考虑到一时一地的情况，与实际工作存在不一致。有些制度原则性要求多，具体性规定少，落实效果大打折扣。有些制度从单个来看似乎设计合理、周全，但放到整个制度体系中则不太协调。制度执行上，对于制度面前人人平等的原则也存在失之于宽、失之于软、失之于偏的现象。制度的不合理、不完善、不科学，导致在工作开展中出现"层层加码"、干部管理不畅等现象，基层工作人员被迫把更多的精力放在应付各类表格、报告上，深入实际为群众服务的时间和精力变少，成为工作"负担"，降低了工作效率，从而影响群众的满意度和认可度。

五　对策建议

（一）加强队伍建设，巩固战斗堡垒

组织建设的基础在基层，要扎实做好抓基层、打基础的工作，强化基层党组织队伍建设，筑牢乡村振兴战斗堡垒。

一是强化党员干部常态化学习教育，坚持把学习贯彻习近平新时代中国特色社会主义思想作为首要政治任务，通过主题党日活动、"三会一课"等形式常态开展学习教育。农村流动党员通过"学习强国""共产党员网"等网络平台学习，不断提升政治领悟力、政治鉴别力、政治执行力。

二是强化党员干部教育培训，开展基层党组织书记业务能力培训，提升其履职能力。充分发挥乡镇党员教育培训学校的兜底培训作用，开展好农村党员春训、冬训工作，进一步提升基层党组织在疫情防控、项目攻坚工作中的战斗力、凝聚力、向心力。

三是优化干部队伍结构，加强农村后备干部的培养，优先从返乡高校毕业生、复员退伍军人、外出务工或经商人员、致富带头人中发展党员，充实后备干部队伍。

四是坚持宽严相济管理干部，激励与约束并重。如因工作开展受到通报批评的，要纳入年终考核。同时精准运用监督执纪"四种形态"惩治极少数、教育大多数，引导党员干部发扬斗争精神，勇于担当作为。

五是以自治为核心，德治为基础，法治为保障，加强"三治"建设。

完善村规民约，充分发挥村民自治的作用，弘扬社会主义核心价值观，通过榜样力量示范带头，加强普法宣传，提升群众的法治意识，不断提升基层的治理水平。

（二）弘扬廉洁文化，筑牢思想根基

以习近平关于廉洁文化的重要论述为指导，持续发挥廉洁教育基地和廉洁文化的引导作用，督促党员干部严格律己修身、严格家教家风。要更好地发挥先进文化的化风成俗作用，深入开展"好风传家""廉洁文化走基层"系列活动，加强对廉洁教育、家风家训、警示教育等基地的管理使用，深入挖掘、大力弘扬本土红色廉洁文化，汇聚激浊扬清的强大正能量。

一要强化政治理论学习。党员干部尤其是村"两委"成员加强廉洁理论学习，既是全面从严治党的题中应有之义，也是提升自身知识水平的现实所需。

二要发挥典型作用。要挖掘精准脱贫和乡村振兴中的先进事迹，树立一批正面典型，高扬积极向上、拼搏奋进的鲜红旗帜，引导基层党员干部投身到乡村振兴中去，积极引导村"两委"成员向模范人物学习，重视警示文化发挥的震慑作用。

（三）紧盯关键少数，做实日常监督

乡村振兴建设中的关键少数是村"两委"，抓住村"两委"这个"牛鼻子"，也就抓住主要矛盾。

一是要加强对权力主体的制度约束。严格落实谈心谈话制度，掌握村"两委"干部的思想动态，对工作中出现的苗头性、倾向性问题，及时予以谈话提醒、批评教育，坚持用制度管权、管人、管事。

二是要规范个人和工作绩效考评。进一步完善考核机制、述责述廉制度，既可以提高基层干部服务村民的积极性，又可以倒逼基层政治生态向良性发展，有力推进全面从严治党向基层延伸。

三是要严肃执纪问责。基层廉政建设关乎我们党在基层人民心中的形象，坚持"老虎""苍蝇"一起打绝不是一句空口号。对于发生在群众身边的"微腐败"，要做到发现一起、查处一起、纠正一起，绝不姑息。要

从典型案件中吸取教训，补齐制度短板，堵住监管漏洞。

（四）加强制度建设，构建长效机制

在基层廉政建设当中，权力扮演着重要的角色，它来源于群众，又作用于群众。要强化权力制约，加快构建决策科学、执行坚决、监督有力的权力运行体系，进一步推动公权力规范运行，让权力真正赋能乡村振兴。

一是要完善民主监督机制。要提高村民的政治参与意识，把全体村民纳入整个廉政建设运行系统中。在拓宽监督渠道上，既充分考虑农村自身特点，又采取网络问政、阳光问廉、监督直通、上门走访等村民喜闻乐见的监督方式。

二是要完善村级公开制度。持续探索建设村务公开、党务公开、财务公开、服务公开、事务公开、决策公开、资金公开、扶贫监管、群众监督、上级监管、统筹协调等为一体的村务信息公示公开平台。

三是完善纪检人员管理制度。坚持把村纪检委员配备和发挥作用的情况纳入村党组织党风廉政建设责任制和党建工作年度考核体系。加强纪检委员履职能力培训，镇纪委定期或不定期召开纪检委员工作例会，加大对纪检委员的业务指导和培训力度，引导纪检委员按章办事。探索向基层村纪检委员按月发放一定标准的专项工作补贴，充分调动村级纪检委员干事创业的积极性，激励纪检委员更好地履职尽责。建立纪检委员定期汇报机制，纪检委员每年向支部党员大会述责述廉，并及时将有关情况向镇纪委进行汇报，发挥好"哨点"作用。同时，对不作为、乱作为或履行职责不到位的纪检委员，实行责任追究，切实解决纪检委员干与不干一个样、干好干坏一个样的问题。

（五）抓牢作风建设，弘扬新风正气

全面实施乡村振兴战略必须把好传统带进新征程，将好作风弘扬在新时代。

一是坚持密切联系群众，办好民生实事。耐心倾听群众的述求，站在群众角度想问题、找对策，高度重视信访工作，畅通 24 小时接访渠道并及时办理回复，着力解决群众的揪心事、烦心事，凝聚起全面推进乡村振兴的强大合力。

二是集中整治形式主义、官僚主义，集中整治作风不实、表率不足、落实不力等突出问题，对排查出的问题，逐一整改落实到位。督促各级党组织建立适应乡村振兴要求的工作体系，坚决防止落实不彻底不到位、打折扣搞变通行为。

三是对"表山""会海"泛滥、打卡考核扎堆等问题，坚持从下往上倒查领导机关和领导干部的责任与作风，纠治不顾实际层层加码乱作为的问题。

廉润人心　药香百里

——岳池县顾县镇以廉洁文化建设助力乡村振兴的探索

岳池县纪委监委课题组*

摘　要： 实施乡村振兴战略是巩固脱贫攻坚成果、全面建设社会主义现代化国家、实现共同富裕的必经之路和重要内容，而廉洁文化建设是党风廉政建设的重要保障。近年来，岳池县顾县镇抢抓发展机遇，以建设中药材现代农业园为主抓手，以廉洁文化建设为催化剂，坚持走"中医药+旅游+康养"的发展路子，实现"种植+加工+旅游"三产融合发展，创新探索以廉洁文化助力乡村振兴。

关键词： 廉洁文化　乡村振兴　中医药产业

近年来，广安市岳池县顾县镇抢抓发展机遇，以建设中药材现代农业园为主抓手，以廉洁文化建设为催化剂，坚持走"中医药+旅游+康养"的发展路子，规模种植道地药材，立体构筑药材景观，大力弘扬中医药文化，推进"一园、一中心、三基地"（中医药健康产业园、川东北中药材集散中心、中药材种植基地、中药材加工基地、中医药文化宣传教育基地）建设，实现"种植+加工+旅游"三产融合发展，有力推动脱贫攻坚与乡村振兴有效衔接。2021 年，全县中医药大健康产业实现产值 6.6 亿元，同比增长 4.7%，就地解决务工群众 3.2 万人次，产业核心区羊山湖村集体经济年收入突破 15 万元。

---

*　课题组成员：朱华（负责人）、郑力元、郑克虎、廖相东。

一　顾县镇的思路与做法——廉润人心、药香百里

产业要健康发展，干部要清正廉洁，群众要幸福生活，都离不开文化的浸润。

（一）挖掘中医药文化，深化阳光工程，打造廉洁教育"新地标"

2021 年 11 月，顾县镇羊山湖村"阳光产业·中医药廉政教育基地"建成并对外开放。整个展陈参观线路长约 600 米，占地面积近 13000 平方米。基地将中医药产业发展和廉政文化有机结合、一体打造，以"治未病"为主题，坚持未病先防、既病防变、瘥后防复的教育理念，筑牢党员干部拒腐防变免疫屏障。

一是"养心·防患未然"。有关这个内容的展陈，包括"医养身心""习语润心""以廉正心"三个部分。"医养身心"部分通过"养心长廊"，将"中医名言警句"与"中药养心民谣"完美融合，充分呈现我国传统中医药文化的独特魅力。"习语润心"部分，精选习近平同志关于廉洁的金句名言，切合整个展陈主题。"以廉正心"部分，通过小品雕塑、图文展板等方式，生动展示"圣人治未病""扁鹊三兄弟""讳疾忌医——扁鹊见蔡桓公""华佗妙方治贪官""张仲景神断预后""中医克新冠肺炎"等大家耳熟能详的经典医药故事。

二是"养身·对症下药"。人要为家庭、社会、国家做出贡献，离不开一个健康的体魄。"正人正己——智识人体"部分展示"趣味人体图"，通过"五行—五味—五色"之间的内在关联，帮助我们认识自己的身体。然后，通过中医诊病的"望闻问切"四大方式查明病因。其中，"望·洞察秋毫——观气色，闻·广闻善治——听声息，问·妙问明辨——寻症状，切·寻根问底——摸脉象"，正好与纪检监察工作主责相呼应。查明病因后，就可以对症下药了。通过"疾在腠理——批评和自我批评、约谈函询"，"疾在肌肤——党纪轻处分、组织调整"，"疾在肠胃——党纪重处分、重大职务调整"，"疾在骨髓——立案审查"四个步骤，由浅入深、循序渐进，生动形象地展示中医治病和纪委监委办案的不同层次。

三是"养气·百毒不侵"。首先，要做到"人有朝气"。展陈选取全国

和岳池本地的优秀基层干部，宣传他们的先进事迹。通过"自重、自省、自警、自励"内容的趣味漫画和"前车之鉴·不越边界"主题的反面案例，教育党员干部不忘初心、砥砺前行。其次，要做到"家有生气"。展陈选取顾县本地的优秀家风代表"杨氏家训"和"游氏家风"，引导党员干部和群众形成好家风、好风气。最后是"国有正气"。展陈充分利用当地的地貌特征，整体景观造型取自"佛手"形状，因地制宜，合理布局。同时，展示钟南山院士、诺贝尔奖获得者屠呦呦等的感人事迹和中国古代十大名医形象，由此凸显中医药文化的博大精深，增强国人的文化自信。

（二）突出正邪消长，规范小微权力，构建廉洁用权"新图式"

"天运当以日光明。"（《黄帝内经·素问·生气通天论篇第三》）阳光是最好的防腐剂。岳池县大力推进"阳光乡村"建设，通过印发村级权力运行指导文件，使权力边界清晰、有迹可循、运行规范。

一是规范村级权力。2021年，落实《岳池县村级小微权力规范运行操作手册（试行）》，梳理基层单位小微权力13大类43项，明确权力范围、办理主体、办理方式、时限要求、纪律要求，确保权力依法合规、边界清晰。对43项小微权力逐项绘制操作流程图，严格要求基层干部"照单办事、按图操作"。

二是规范村务公开。2021年，落实《关于进一步规范村务公开工作的实施方案》的要求，梳理村务公开指导目录3大类58条，制定公开指导目录及公开模板，统一公开方式。综合运用惠民岳池大数据监察平台和公开栏等线上线下载体，每季度定期公开村务运行情况，接受群众监督，公开干部职务、联系方式等共计2649条。

三是规范"三资"管理。2021年，开展村级资产清查和登记造册，统一开设账户，完善财务代管制度，规范报账程序和票据管理，落实监管责任，做到对集体"三资"清底数、明情况、严管理，核查村级集体资产1200余万元。

（三）用好"望闻问切"，严格监督执纪，提升廉政建设"新高度"

顾县镇纪委坚持治病救人、驱邪扶正，按照一体推进"三不腐"理念驰而不息正风肃纪反腐，惩治震慑、制度约束、提高觉悟一体发力，引导党员干部正心修身、涵养清廉文化，拧紧思想总开关，筑牢不想腐的思想防线。

一是抓监督、纠作风。2021 年，顾县镇纪委紧紧围绕疫情防控、村"两委"换届、信访维稳等重点工作开展干部作风监督检查 62 次，发出督察通报 24 期、督办函 13 件，约谈机关干部 13 人，通报村（社区）干部 9 人。干部作风得到明显改进，工作效能得到有效提升。

二是抓审查、强震慑。2021 年，顾县镇纪委共立案 13 件，结案 13 件，给予党内警告 11 人、党内严重警告 2 人，批评教育 5 人，诫勉谈话 6 人。通过定期组织党员干部观看警示教育片、讲解违纪违法案例等方式，使廉洁教育入脑入心。

三是抓服务、解难题。深入推进"人民阅卷·广安行动"和"我为群众办实事"实践活动。2021 年，顾县镇开展"面对面"接访 12 场次，举办村头（街头）问政"坝坝会"56 场次，收集解决问题 400 余个，为群众安装路灯 800 盏，改造户厕 1200 户，完成农村土地确权纠错 1970 起，群众满意度大幅提升。

（四）强化固本培元，推动移风易俗，引领廉洁文化"新风尚"

顾县镇坚持把宣传党风廉政建设、弘扬中医药文化与顾县镇本地杨氏家风结合起来，突出以德育人、清白传家、兴家报国。

一是以家风助推党风。杨氏家风吸纳湖南永州"中华道德文明之源"的悠久文化，继承和传扬东汉杨震"廉垂四知""清白传家"、北宋杨家将"忠烈报国"和毛泽东救国忧民的家门遗风，讲究忠孝信悌、礼义廉耻，注重修身定业、兴家报国。杨氏宗祠入选"四川十大孝廉文化地标"。党员干部汲取家风精华，带头廉洁齐家、清风传家。

二是以党风引领民风。党员干部深入基层、深入群众，大力开展基层党风廉政建设宣传教育，通过"微党课"、村（社区）微信群、村头问政"坝坝会"等形式，向群众耐心细致讲解廉洁文化的相关知识，帮助居民群众了解和认知廉洁文化，使廉洁文化教育真正深入普通党员及居民心中。2021 年，共发放宣传资料 2 万余张，举办"坝坝会"56 场次、"微党课"33 场次。

三是以民风凝聚清风。在村（社区）开展移风易俗活动，制定村规民约，破除陈规陋习。结合中医药产业、旅游产业开展积极健康的娱乐活动，提高居民的文明素养，形成良好社会风气。加强对村干部操办红白喜事的管理，发挥良好带头作用。

（五）坚持党建引领，凝聚业主力量，发挥廉洁力量"新功效"

中药材现代农业园区推行"1344"机制，即成立一个中药材产业片区联合党总支，凝聚业主、合作社、农村能人三大"主力军"力量发展产业，由中药材协会、专家顾问团、劳务公司、互助基金提供"四位一体"服务，健全"租金+股金+薪金+现金"四项利益分配机制，收效显著。

一是种植规模逐年提升。截至 2021 年底，全镇累计引进、培育中药材规模化种植经营主体 30 家，规模种植中药材 3 万余亩，建成全省最大中药材连片种植基地，主要有吴茱萸、黄精、佛手、金银花、枳壳、芍药、白芷等 21 个中药材品种。其中，吴茱萸种植面积达 3000 亩，是全国最大的吴茱萸连片种植基地之一。

二是初加工已成规模。全镇大力发展中药材初加工，截至 2021 年底，建成产地初加工设施 7 个，其中烘干房 5 个，一次性烘干量可达 20 吨。冷冻库 2 个，可满足园区内冷藏需求。2021 年园区烘干中药材 2700 吨，烘干率达到 85.5%。

三是农旅融合迈开步伐。顾县镇打造中药材种植、中医药养生度假、中医药文化展示、药花观光游览、中医药健康体验等融药、医、养、食、游于一体的特色乡村旅游，建成羊山养心谷景区康养旅游度假区，成功举办小平故里中医药洽谈会等重要活动，年接待游客 4.5 万余人次。

二 问题和不足——氛围不浓、基础不牢

廉洁文化建设是党风廉政建设的重要保障。从目前顾县镇的实际情况看，抓廉洁文化建设以助力乡村振兴还存在干部思想防线不牢、群众理解接受程度不高、企业党组织作用发挥不够等问题和不足。

（一）廉洁文化与宣传教育结合还不紧密，廉洁文化作用发挥不充分

由于宣传教育力度不够，基层党委、政府抓廉洁文化建设的主动性还

不够强，对廉洁文化重要性的理解尚存偏差。部分党员干部对正风反腐中内因和外因、自律和他律、治标与治本的辩证关系理解不深，认为廉洁文化建设是"做虚功"，耗时长、效果差、费力不讨好。一些普通党员认为廉洁文化教育的对象应该是领导干部，自己无权无职，没有条件腐败，不需要学习廉洁文化和接受廉洁文化教育。深度不够是基层宣教工作的普遍问题，宣教方式主要还是传达文件、开展常规性活动、发放宣传单等，内容单调、枯燥乏味，没有创新出使人更容易接受的宣传方式，没有把宣传教育工作寓于文、寓于理、寓于乐，没有真正贴近实际、贴近生活、贴近群众，导致廉洁文化宣传教育效果不明显。

（二）廉洁文化与警示教育结合还不紧密，与筑牢干部思想防线还有差距

观看忏悔录、专题片，进行党课辅导、学习研讨，撰写心得体会等仍然是目前大多数单位经常运用的警示教育形式，这容易使党员干部对警示教育形成"套路化"印象，存在敷衍应付的消极心态。几次活动之后，党员干部对警示教育形成了固定化印象，无法产生更多的兴趣和热情。有的人甚至不再认真对待教育活动，读忏悔录挑着读，看警示教育片不深入思考，谈学习体会一概而论，大大影响了教育效果。有些单位存在为了完成教育任务而开展教育、为了教育而教育的现象，在开展教育时不能做到有的放矢，没有把警示教育与廉洁文化建设结合起来，一体推进"三不腐"的理念不能很好贯彻，惩治震慑与提高觉悟难以兼顾，不能相辅相成，往往是走形式、走过场，致使教育效果不明显。

（三）廉洁文化与群众生活结合还不紧密，与培育良好风俗习惯还有差距

廉洁文化以廉洁思想为内涵，以文化为表现形式，是廉洁的特殊性与文化的普遍性的有机统一，是廉洁内容与文化形式的巧妙结合。由于农村群众本身文化素质不高，廉洁文化需要通俗易懂。但是，调研发现，廉洁文化教育与基层群众生活结合不紧密，廉洁文化进乡村的内容不够丰富。同时，由于种种原因，廉洁文化进乡村大多通过悬挂标语、上演廉洁戏剧或播放电影的形式，很难形成浓厚的廉洁氛围。对廉洁文化内容的选择缺乏针对性，存在内容老化、不贴近生活、与实际脱节等现象。有的格言警句是古人名言，群众看不懂，理解不了。有时只选择一些领导人的讲话进行宣传，内容过于枯燥。

（四）廉洁文化与企业理念结合还不紧密，引导产业健康发展还有差距

乡村振兴离不开产业发展，产业的良性发展需要企业拥有健康的发展理念。调研发现，有的企业属于村集体经济，村干部在企业发展中发挥着重要作用。企业与村干部打交道过程中请吃请喝、送礼行贿问题突出，政商关系不清爽，随着干部的"倒下"，企业也难健康发展。究其原因，主要是乡村企业的管理人员和普通职工学习廉洁文化的主动性不够，"圈子文化""码头文化"等封建糟粕，拉关系、搞勾兑等不良习气，在企业中还有生存的土壤，营商环境受到影响。加之个别干部"吃拿卡要"等，致使一些小微企业认为"不跑不送"就不能得到"照顾"，因而更倾向于"关系学""厚黑学""官场术"等腐朽文化，对廉洁文化建设有抵触情绪。

三　打算与建议——化风成俗、产村一体

要在乡村振兴中高质量推进廉洁文化建设，需要把党委和政府、干部和职工、企业和群众联结起来，形成和谐"文化圈"，推动实现产业兴旺、生态宜居、乡风文明、治理有效、生活富裕。

（一）以基地为中心，提升廉洁文化辐射力

加强廉政教育基地建设是推进廉洁文化建设的有效路径。廉政教育基地是各级党员干部开展廉政教育的重要场所，是激发社会廉洁正能量的有效载体。

一是完善基地解说词。顾县镇中医药廉政教育基地主要通过雕塑小品、图文展板等方式将廉洁文化融入环境，需要专业的解说才能让干部群众深刻理解每一块展板、每一件雕塑所蕴含的深刻意义。顾县镇纪委要深入学习中医药基础理论，对其中有关廉洁方面的意蕴进行深入挖掘，特别

是将整体观念以及治病救人理念中与纪检监察工作共通的部分，通过现场模拟、情景展示等方式融入廉政教育基地解说词，不断增强廉洁文化的感染力，有效提升廉政教育基地的教育作用。

二是优化基地周边环境。顾县镇中医药廉政教育基地与羊山湖村活动室、羊山湖旅游景区以及部分业主用地紧紧相连，但总体风格不完全一致，影响参观效果。顾县镇党委和政府要从整体上规划设计，协调村"两委"、旅游产业业主和土地业主，共同商议廉政教育基地周边环境的提档升级，实现环境的和谐统一，融廉政教育基地、旅游、乡村产业为一体，不断增强廉洁基地的吸引力，形成良性循环，推动可持续发展。

三是建立"1+N"宣传格局。顾县镇中医药廉政教育基地建在羊山湖村，但中医药产业覆盖约9个村，范围较广。建议顾县镇按照"一点多极"理念，将中医药文化、廉洁文化纳入各村活动室建设内容，以中医药廉政教育基地为中心，辐射带动各村廉洁文化建设，提升各村活动阵地的文化软环境，把廉洁文化进乡村工作做实做细，不断营造浓厚的廉洁文化氛围。

（二）以中药为载体，提升廉洁文化的吸引力

顾县镇要通过发展中药产业推进乡村振兴，以中药为载体因地制宜地推进廉洁文化宣传。

一要突出中药故事的趣味性。可以建设"中药话廉"板块，从中药的功效引入历史故事，转入廉洁文化宣传，收到春风化雨、润物无声的效果。如中药甘草，明代医药学家李时珍在《本草纲目》中记载："甘草外赤中黄，色兼坤离；味浓气薄，资全土德。协和群品，有元老之功；普治百邪，得王道之化。赞帝力而人不知，敛神功而己不与，可谓药中之良相也。"甘草可调和各种草药的药性，而又有解毒的功效，可以调和万千，这就像朝堂上调和君、臣、民关系的国师、宰相一般。唐朝明相狄仁杰，既忠于李唐成就大事，又辅助朝政不失小节，不争不抢、淡泊名利，努力做好自己的本职工作，其品性与甘草极为相似。

二要利用中药本身的亲民性。可以开展"赠药留香"活动，通过制作"香囊"、赠送香囊等方式向群众宣传党风廉政建设成效，增强宣传的吸引力。如中药吴茱萸的生产加工是顾县镇的中药产业之一。说到吴茱萸，大

家脑海里一定会浮现唐代著名诗人王维《九月九日忆山东兄弟》中的诗句："独在异乡为异客，每逢佳节倍思亲。遥知兄弟登高处，遍插茱萸少一人。"古人认为在重阳节这天插吴茱萸可以消灾除难、避免瘟疫，所以会将吴茱萸插在发髻上，或在手臂上佩戴内装吴茱萸茎、叶、果实的香囊。从吴茱萸"祛病防疫"的功效可以引入廉洁文化中"拒腐防变"思想。

三要发挥中药植物的观赏性。可以举办"观花赏廉"活动。有的中药具有很强的观赏价值，可以将廉洁文化建设融入"中医药+旅游+康养"发展模式，吸引更多的群众参与。如芍药花大且美，是中国传统名花之一，具有悠久的栽培历史。《诗经·郑风》中有"维士与女，伊其相谑，赠之以芍药"的记载。又如，金银花甘寒清热，芳香透达，不仅能宣散风热，还能清解血毒。党员干部也要如金银花一样，干干净净做人、清清白白做事，把清正廉洁当作安身立命之根、当官从政之本、修身立业的第一准则。

（三）以健康为理念，提升廉洁文化的感染力

健康是人类的永恒追求。中医"治未病""重预防""毒药攻邪""五谷为养"等理念，与党风廉政建设和反腐败工作"惩治震慑、制度约束、提高觉悟"一体发力、抓早抓小、拒腐防变等理念高度一致，体现了马克思主义唯物史观和哲学观，重在保持健康的肌体（机体）。结合养生保健知识开展廉洁文化宣传，是群众喜闻乐见的方式。

一要把"未病先防"与"提高觉悟"结合起来。"未病先防"是指在人体未发生疾病之前，采取各种措施，做好预防工作，以防止疾病的发生。这是中医学预防疾病思想最突出的体现，《黄帝内经·素问·四气调神大论》称之为"治未病"，指出："圣人不治已病治未病，不治已乱治未乱。"未病先防旨在提高抗病能力，防止病邪侵袭。而遵纪守法不仅是个人行为，也是文化现象，自觉是内心深处的觉悟。党员干部要增强"不想腐"的自觉，从内心深处除掉腐败的种子，关键在固本培元。加强纪律教育、警示教育，能够使党员干部绷紧党纪国法这根弦，做到心有所畏、言有所戒、行有所止，筑牢堤坝、抵住诱惑。

二要把"既病防变"与"抓早抓小"结合起来。"既病防变"指的是

在疾病发生的初始阶段，应力求做到早诊断、早治疗，以防止疾病的发展及传变。疾病发生后，由于正邪力量变化，就产生了疾病的变化，如果不及时治疗，疾病会由浅入深、由轻到重、由简单到复杂。《黄帝内经·素问·阴阳应象大论篇》中说："故善治者治皮毛，其次治肌肤，其次治筋脉，其次治六腑，其次治五脏。治五脏者，半死半生也。"大量事实证明，作风和腐败是一体的、系统的，要充分认识由"风"及"腐"、由"风"变"腐"、"风""腐"一体、互为表里的内在机理。破法始于破纪，腐化堕落往往是从搞不正之风开始的。要深刻把握不正之风与腐败问题的内在关系，既对作风问题抓早抓小、防微杜渐，又密切关注背后可能隐藏的腐败问题，深挖彻查、以儆效尤。

三要把"瘥后防复"与"做实'后半篇'文章"结合起来。"瘥后防复"是指疾病的某些症状虽然已经消失，但因为养护治疗不彻底，正气不足，病根未除。余邪未尽，潜伏于体内，易受某种因素诱发而旧病复发，因此要采取防治措施。因此，瘥后防复的原则就是防止死灰复燃，要去除病根。纪检监察机关是政治机关，在查办典型违纪违法案件中，应当促使被审查人和被调查人深刻反省、忏悔反思，深入剖析案发根源，做好"后半篇"文章。赵乐际同志指出："以问题推动查补漏洞、以案件促进整改整治、以典型的人和事开展警示教育。"① 在开展以案促改工作中，既要保持严的主基调不放松，又要将惩处、教育、治理紧密联系起来，从一个个具体案件中发现体制机制的漏洞、弊端，一案一策有针对性地提出意见建议，实现"查处一个、规范一片、治理一方"的目标。

（四）以发展为目的，提升廉洁文化的作用力

乡村振兴离不开文化的振兴和产业的振兴。要找准廉洁文化与产业文化的融合点，为乡村振兴注入清廉元素，带动产业发展和群众增收致富，形成"社会齐参与、党员受教育、群众得实惠"的多赢局面，提升廉洁文化的"生命力"，助推乡村振兴战略稳步推进。

一要为企业管理注入"廉洁动力"。充分发挥党支部战斗堡垒作用和

---

① 赵乐际：《以习近平新时代中国特色社会主义思想为指导　坚定不移落实党的十九大全面从严治党战略部署——在中国共产党第十九届中央纪律检查委员会第二次全体会议上的工作报告》，《人民日报》2018年2月13日。

党员示范带动作用，坚持把纪律和规矩"摆在前面"，引导企业上下自觉运用国家法律及内部规章来规范、约束自己的行为，强化科学决策，推进依法管人、依法管事、依法经营，坚决摒弃旧的企业运营管理思维，防止职工行为"失范"。盯紧关键环节，尤其是环保、纳税、招投标、资产转让、保险信贷等较易与国家法律法规发生冲突的领域。要及时开展廉洁谈话，让职工自觉养成按章办事、遵纪守法、诚信立业的行为方式，并使之成为公司常态化的工作，以此规范企业和个人的行为，实现可持续发展。

二要为政商关系导入"廉洁活力"。乡村振兴、产业发展必然涉及大量征地拆迁、青苗补偿等与群众利益密切相关的事项，规范干部手中的权力、保证公平公正公开，是提升群众获得感、满意度的重要一环。要以"阳光乡村"建设为载体，以廉洁文化建设为"润滑剂"，引导干部自觉接受监督、主动参与监督。对村（社区）"三资"管理、土地拆迁、宅基地审批、工程招投标等村级"小微权力"进行清单化管理、规范化处理，推动干部主动服务企业、服务群众，巩固基层社会治理，营造风清气正的环境，助力乡村振兴。

三要为乡风文明激发"廉洁潜力"。注重把廉洁文化建设与社会主义核心价值观、家风家教有机结合起来，推进移风易俗，树立文明新风，不断提升居民道德素质和乡风文明建设水平。一方面，要引导群众树立通过勤劳致富改善生活的理念。等、靠、要的依赖思想，让社会上少一些抱怨，多一些自强不息；走捷径致富的投机思想，让社会上少一些浮躁，多一些苦干实干；摒弃不择手段致富的罪恶思想，让社会上少一些贪婪，多一些诚信守法。另一方面，要推动移风易俗，坚决破除陈规陋习，结合顾县镇杨氏家风、中医药文化，制定新的村规民约，大力倡导以孝、勤、俭等为主要内容的优秀家风家训，加大对高价彩礼、人情攀比、厚葬薄养、铺张浪费、封建迷信等不良风气的治理力度，推动形成文明乡风、良好家风、淳朴民风。

乡村振兴背景下加强村级监督体系
建设的对策研究

——以大竹县村级监督统派统管机制为例

陈太祥*

摘 要：乡村振兴战略的实施将推动农村治理转型，促进基层党组织和村（居）民自治组织职能转变，加快农村经济发展。现有村级监督体系存在上级监督远、同级监督软、群众监督弱、监督力量散等问题，严重制约乡村振兴战略在基层落地落实。本文以四川省大竹县村级监督统派统管机制为例，阐释乡村振兴背景下加强村级监督体系建设的重要性，深度剖析当前村级监督体系建设中基层认识仍有偏差、队伍素质亟待加强、逗硬监督缺乏底气、激励机制不够完善等问题，提出加强乡村振兴背景下村级监督体系建设，要推动监督力量从"分散"到"集中"、监督队伍从"配齐"到"配强"、监督职权从"有形"到"有效"、监督管理从"粗放"到"精准"四个方面转变的对策思考。

关键词：乡村振兴 村级监督 农村治理

实施乡村振兴战略是以习近平同志为核心的党中央做出的重大决策部署，是全面建设社会主义现代化国家的重大历史任务。党的十九大提出按照产业兴旺、生态宜居、乡风文明、治理有效、生活富裕的总要求，走中国特色社会主义乡村振兴道路，分步实施乡村振兴战略。其中，治理有效

---

* 陈太祥，中国社科院大竹廉政调研基地服务中心主任，四川省纪检监察学会会员。

是乡村振兴的重要基石，乡村治理越有效，乡村振兴战略的实施效果就越好。因此，加强村级监督体系建设，护航乡村振兴战略在基层得到全面贯彻落实，是各级纪检监察机关当前和今后一个时期的重大政治任务。

一 乡村振兴背景下加强村级监督体系建设的深远意义

党的十九届四中全会做出关于坚持和完善中国特色社会主义制度、推进国家治理体系和治理能力现代化的决定。从国家治理体系和治理能力现代化的全局看，加强村级监督体系建设是新时代乡村治理体系和治理能力建设的重要组成部分，也是推进全面从严治党向基层延伸的重要课题。

（一） 加强村级监督体系建设是时代所向

全面从严治党是党的十八大以来党中央做出的重大战略部署，是"四个全面"战略布局的重要组成部分。党和国家领导人多次强调，要推动全面从严治党向基层延伸，加强对权力运行的制约和监督，形成有效管用的体制机制。要推动监察工作向基层延伸，使群众身边的公职人员受到严密监督，让群众感到正风肃纪反腐就在身边、纪检监察工作就在身边。如何加强村级监督体系建设，从制度、规矩、作风、监督、纪律等多个方面同向发力、标本兼治，推动全面从严治党向基层延伸，是一个需要从理论与实践相结合的层面进行深入研究的重大课题，对推动基层治理体系和治理能力现代化具有深远的意义。

（二） 加强村级监督体系建设是发展所需

实施乡村振兴战略是一项系统工程，乡村治理是其中的基础一环，关系到乡村振兴的成败。习近平强调，乡村振兴"要夯实乡村治理这个根基"①。乡村治理是实现国家治理体系和治理能力现代化的重要内容，也是实施乡村振兴战略的基石。村级监督体系建设既是推进乡村治理体系和治理能力现代化的具体内容，又是实现乡村振兴的重要保障。调研发现，村

---

① 《习近平参加河南代表团审议》，新华社，http：//www.cppcc.gov.cn/zxww/2019/03/09/ARTI1552090824758240.shtml。

（社区）一级在党内监督、民主监督和群众监督方面存在组织不健全、工作合力不够、监督效力不强等问题。多数村级纪检委员身兼数职，有时一人履行对村（社区）"两委"班子及其成员的监督责任，单兵作战，不能有效发挥同级监督的作用。村（居）务监督委员会成员年龄老化、学历偏低，存在不敢、不会、不能监督的问题，村（居）务监督委员会有名无实、形同虚设。广大群众在"三资"管理、村（居）务公开等方面获取信息的渠道不畅，村（居）民自治作用发挥不够，群众监督受到制约。十九届中央纪委四次全会指出，要在更大范围整合运用监督力量，提升基层纪检监察机关的监督能力。2020年中央1号文件指出，强化基层纪检监察组织与村务监督委员会的沟通协作、有效衔接，形成监督合力。因此，只有建立健全村级党内监督和村民自治监督双轨监督治理体系，管住基层干部的"微权力"、整治基层干部的"微腐败"、提升人民群众的"微幸福"，促使农村干部廉洁用权、干净干事、清白创业，才能为推进基层治理现代化、实施乡村振兴战略提供坚强有力的政治保障。

（三）加强村级监督体系建设是民心所向

乡村振兴各项政策最终要靠广大基层干部具体落实。从近年大竹县纪委监委查处基层村组干部违法违纪案件情况来看，村组干部的"微腐败"问题依然未得到解决。一些基层干部对待工作总是"蜻蜓点水"而不是扎实推进，形式主义、推诿扯皮等问题比较突出；一些村组干部将手中权力作为谋取个人利益的工具，以权谋私、"吃拿卡要"、优亲厚友等问题屡禁不绝。群众身边的不正之风和腐败问题时有发生，疏离了干群关系，破坏了乡村治理生态。乡村振兴背景下村组干部要有新气象、新作为，必须加强村级监督体系建设，下大力气解决村组干部中存在的违纪违法问题，"有病治病，没病防病"，将监督工作做到群众身边，解决并杜绝"最后一公里"问题，不断增强人民群众的获得感和幸福感。

二 乡村振兴背景下大竹县加强村级监督体系建设的实践

为纵深推进纪检监察体制改革，激活基层监督"神经末梢"，护航乡村振兴，2020年以来，大竹县聚焦村级监督力量不足、工作机制不健全、日常监督不到位、服务不给力等问题，探索人员统派、监督统筹、体系统构、工作统管、服务统揽"五统"村级纪检监督机制，着力破解村级监督力量薄弱、监督权责分散、监督虚化弱化、监督责任缺失和监督服务两张皮等"五大"难题，推动村级纪检监督"脱虚向实"，服务经济发展提档升级，助力乡村振兴驶入快车道。相关经验做法被《人民日报》公众号、《廉政瞭望》、封面新闻、廉洁四川等中央或省级媒体刊发报道，并在《中国纪检监察》杂志主办的"新时代清廉乡村建设与乡村治理现代化"研讨会中获评"十佳案例"。

（一）统派纪检人员，配强监督队伍，破解村级监督力量薄弱难题

一是人员统派，三职合一。大竹县以村级建制调整和村（社区）"两委"换届为契机，从乡镇（街道）下派村（社区）"第一书记"、从驻村（社区）工作队员中选派优秀党员干部到村（社区）担任纪检委员（纪委书记），并聘请为监察工作信息员，符合条件的依法推选为村（居）务监督委员会主任。2021年，全县292个村（社区）实现下派纪检委员（纪委书记）、村（居）务监督委员会主任、监察工作信息员"三职合一"，占比为90.1%；大专以上学历占91.36%；平均年龄从换届前的54.7岁降至38.4岁。

二是搭建机构，整合力量。大竹县将村（社区）纪检委员、村（居）务监督委员会、村（社区）监察工作信息员的相关监督职责、监督对象、监督事项等进行整合，组建村（社区）统派统管监督工作站，由村（社区）纪检委员（纪委书记）兼任站长，人员由村（社区）纪检委员、村（居）务监督委员会成员组成，各居民小组聘请1名廉情信息员。全县324个村（社区）均建立了统派统管监督工作站，明确324名站长和1296名成员，聘请廉情信息员3678名，实现基层监督网络"全覆盖"。

三是上下联动，加速赋能。大竹县建立了县级纪委监委班子成员每季度到自己包干联系的乡镇（街道）和村（社区）开展业务指导机制，乡镇（街道）纪委（纪工委）书记、副书记每月定期督导机制，督促统派统管监督工作站高效履职。印发《村级监督工作指南》，通过以会代训、专题讲座、月度例会和"网络课堂"等方式，围绕村（社区）统派统管监督工作站运行、村级监督重点等开展全覆盖业务培训，有效提升监督能力。

（二）统筹监督内容，整合监督职能，破解村级监督权责分散难题

一是职责明细化。明确村（社区）统派统管监督工作站在乡镇（街道）纪委（纪工委）和村级党组织双重领导下开展工作，重点履行加强组织协调、宣传党规政策、监督村级事务、排查社情民意、调解矛盾纠纷和报告问题线索六项职能，拥有重要会议参与权、重大事项知情权、村组干部质询权、村级财务审核权、党纪政务处分建议权、村组干部及农村党员违纪违规监督权六项权力，实现监督与权力运行同步、同轨、同向。

二是内容清单化。大竹县聚焦村级党组织管党治党政治责任、民主决策、工程项目、"三资"管理、"三务"公开、村（社区）干部履职、民情民意、乡风文明八个领域，突出督好村（社区）班子的"责"、控好村（社区）组织的"权"、管好村（社区）集体的"钱"、办好村（居）民的"事"、守好村（社区）干部的"廉"五个重点，编制统派统管监督工作站监督责任清单、村级"小微权力"事项清单和村级班子责任清单"三张清单"，做到照单履职、照单监督。

三是监督透明化。全县推行村级"两委"履职清单、工作纪实、谈话提醒、廉政教育等制度，绘制村级重要权力运行图和重大事项决策流程图，编制《村（社区）统派统管监督工作站业务监督指南》，一权一流程、一事一招式，整理出村（社区）统派统管监督十八招，监督什么、如何监督，一看就明白，切实提升了监督的透明度和精准度。

（三）统构监督体系，激活监督效能，破解村级监督弱化难题

一是做实网格化日常监督。廉情信息员和统派统管监督工作站成员坚持每月定访村组干部、遍访普通党员、必访上访群众、抽访特殊群体等"四必访"，收集民情民意、发现问题线索，及时上报统派统管监督工作站。统派统管监督工作站建立"一本、两表、三单、四台账"运行机制，推动监督落地落实。"一本"即廉情民意记录本；"两报"即履职月报表和廉情直报表；"三单"即问题受理单、问题提醒单、问题督办单；"四台账"即受理问题台账、受理问题线索台账、问题处理台账、问题整改台账。2021年，廉情信息员和统派统管监督工作站成员走访群众14568人次，列席各种议事会议6268场次，开展监督检查8746场次，发现并督促整改问题 3263 个，报告问题线索 148 条，主动约谈党员干部 178 人，各镇纪委根据问题线索立案 108 件。

二是做细命题化派单监督。县纪委监委建立责任、任务、工作"三合一"清单，实行命题化派单监督。各乡镇（街道）纪委（纪工委）依据县纪委监委每月监督责任清单，结合实际制定监督任务清单，并派发给村级统派统管监督工作站，各村（社区）结合具体情形成监督工作清单，实行"一周一派单、一周一汇报、一月一交账"的派单监督机制。2021 年，全县 31 个乡镇（街道）纪委（纪工委）每月向村（社区）纪检委员派单 1 次，收集和反馈群众意见建议 1812 条，发现并督促整改问题 1647 个。

三是做深协作式交叉监督。各乡镇纪委将村（社区）分成 3~5 个协作区，每个协作区由 1 名乡镇纪委委员包片联系，统筹开展交叉指导、联合驻点、抽查核查，对监督中发现的问题及时督促整改落实，问题线索及时移交。2021 年，全县通过协作式交叉监督先后纠正苗头性问题 697 个，发出提示函、提醒函 125 份。

（四）统管监督工作，强化考核评价，破解村级监督责任缺失难题

一是规范化运行。印发《村级统派统管监督工作站运行管理办法》和《村级统派统管监督工作站履职正负面清单》，明确建设规范、工作规范和运转规范及工作纪律各 8 项，履职正负面清单各 10 项，涵盖建设标准、工作汇报、问题线索收报、协同联动监督、赏优罚劣机制等内容，推动统派统管监督工作在制度化轨道上高质量运行，发挥最大效能。

二是差异化探索。鼓励各乡镇（街道）根据各地实际对统派统管监督工作站的管理机制进行差别化探索，树立典型、推广经验。如高穴镇探索"坐诊"接访群众、"出诊"收集线索、"会诊"研判把脉、"回诊"精准落实"四诊"监督工作法，推动监督落地落实。庙坝镇在长乐村试点研发"村务 E 码通"微信小程序，实现村级事务可公开、群众问题可反馈、干部履职可评价。月华镇探索建立重点工作点题交办制度，每月"点餐式"布置工作任务，定期在工作例会上汇报交流。

三是多元化评价。坚持"目标导向+积分管理"，印发《村级统派统管监督目标管理办法》《下派村（社区）纪检委员（纪委书记）积分管理办法》，建立季度考核、年度述职、动态调整和责任追究制度，倒逼村级监督干部主动履职。坚持"质询评议+案例展评",每季度至少开展 1 次民主评议,接受村(居)民代表、党员、群众对监督工作的质询和评议。2021 年评选出 10 个"优秀监督案例"。

(五)统揽监督服务,护航乡村振兴,破解监督服务"两张皮"难题

一是当好人民调解员。村(社区)统派统管监督工作站将化解村(社区)党群矛盾、干群矛盾和群众矛盾作为监督服务的重要抓手,坚持监督与调解并行,协调上下资源,全面参与基层矛盾化解,为和谐美丽乡村建设注入新能量。2020 年以来,村(社区)信访量同比下降 70% 以上。

二是当好产业发展"助推员"。村级统派统管监督工作站干部切实用好手中建议权,遍访辖区大小企业、种养大户等群体,发挥工作站"连接上下、沟通内外"的桥梁作用;针对镇村产业发展中的痛点难点问题"问诊把脉",立足资源禀赋和特色优势"开方治病"。同时,将规范村级项目招投标、监督协调土地流转、做好征地拆迁、处理农民与企业的矛盾纠纷等事项,作为优化基层一线投资环境、提升营商生态质量和构建基层一线"亲清"村企关系的重要监督服务内容,全面营造良好的镇村投资环境。高穴镇管家村纪检委员通过入户开展民意调查,向村"两委"提出改良该村传统产业藠头品种、扩大种植规模的建议,并协调镇农业服务中心到重庆垫江藠头加工厂考察,引进藠头新品种 3500 多斤,试种面积达 100 多亩。月华镇九银村通过村纪委书记牵线搭桥,成功回引外出务工成功人士回乡发展牛樟芝项目,建起种植基地 500 亩、加工厂房 20 亩,在项目落地中全程督促协调土地流转等相关事宜。

三是当好人文环境"监督员"。村(社区)统管统派监督工作站全面参与乡风文明建设、基础设施规划建设、生态环境治理等重大项目,将住房保障、支农惠农、社会保障等民生事项纳入村级统管统派监督清单,确保村(社区)"两委"高质量推动惠民事业落地、人居环境改善、文化素质提升,促进乡村物质文明与精神文明齐头并进,营造经济、文化、社会发展良好的环境。庙坝镇村级统派统管监督工作站以幸福美丽新村和"廉洁村庄"为载体,通过开展"星级家庭"评定,强化廉政文化宣传教育,推动人居环境、人文环境改善,助力该镇长乐村成功创建四川省首批乡村治理示范村。

三 乡村振兴背景下加强村级监督 体系建设存在的主要问题

当前，包括大竹县在内的全国各地在围绕乡村振兴加强村级监督体系建设方面进行了卓有成效的探索，收到了较好的政治效果和纪法效果。但村级监督体系建设在运行中依然存在一些不足和问题。

（一）基层认识仍有偏差

个别乡镇（街道）的党委（党工委）和纪委（纪工委）没有充分认识到加强村级监督体系建设的重要性和必要性，没有将村级监督体系建设作为重要工作来抓，仍然存在站位不高、认识不足等问题。有的村（社区）干部甚至认为加强村级监督体系建设束缚了他们的手脚，只是在表面上配合和接受监督。少数村（社区）的纪检委员（监察工作信息员）和村（居）务监督委员会对监督制约小微权力的工作认识不到位，时常感觉人微言轻，开展工作时畏首畏尾，导致履行监督职责不给力。

（二）队伍素质亟待加强

下派的村（社区）纪检委员均在乡镇机关承担大量日常事务工作。由于是兼职，他们普遍缺乏履职必备的政治素养和业务知识，对党规党纪一知半解，对经济、财务、工程建设等重要监督领域缺乏了解，一定程度上存在外行监督内行现象，难以实现监督的精准性。同时，下派的纪检委员多数是年轻干部，发展后劲强，任纪检委员时间短则几个月就有可能被提拔或通过考调离开，流动性比较强，难以实现监督的常态化。还有一些下派到村（社区）的纪检委员不能兼任村（居）务监督委员会主任，导致一些村（社区）无法保证全部"配强"村（居）务监督委会主任。

（三）逗硬监督缺乏底气

许多村级纪检委员对自身职责定位不准，没有定位在"监督的再监督"上，离担任宣传员、情报员、监督员的基本要求还有较大差距。特别是不少地方的村级纪检委员是本地土生土长的，与村（社区）党支部书记和其他村组干部等监督对象是抬头不见低头见的乡邻亲戚,他们担心逗硬监督会得罪村组干部,将来自己办事的时候会被穿"小鞋",因此在监督过程中放不下情面的情况较为普遍。另外,基层各方利益盘根错节,涉及的人情网、关系网较为复杂,同姓家族结成的利益共同体相对稳固,往往在处理问题时容易牵一发而动全身,纪检委员在开展工作时常感到如履薄冰、进退维谷、底气不足。

(四)激励机制不够完善

大部分村级纪检委员不属于村常职干部。村建制调整改革要求纪检委员由副书记或综合专干兼任,但目前缺少有效的考核评价机制和激励约束手段。有的纪检委员认为自身工作报酬与工作量不成正比。地方政策规定可以从村"两委"招录公务员和事业人员,但村级纪检委员则没有机会通过定向招考获得更好的发展前景。这种政策规定会导致年轻人对成为村级纪检委员缺乏兴趣,无法保障村级纪检队伍的稳定。

四 乡村振兴背景下加强村级监督体系建设的对策建议

党的十九届中央纪委四次全会指出,要在更大范围整合运用监督力量,提升基层纪检监察机关的监督能力。2020年中央1号文件指出,强化基层纪检监察组织与村务监督委员会的沟通协作、有效衔接,形成监督合力。因此,应从中央和省级层面出台加强村级监督体系建设的指导意见,明确基层监督人员及其职责、权限等基本内容。同时,各县(市、区)纪委监委细化举措,积极探索监督职能向村(社区)延伸的有效途径,加强对"一肩挑"后村(社区)党支部书记的监督,推动基层干部廉洁、公平地为群众办实事、办好事。

(一)"系统思维+统筹管理",监督力量从"分散"到"集中"

坚持系统思维,推动村(社区)纪检委员、村(居)务监督委员会、村(居)监察工作信息员分类建设、一体履职、统筹管理。

一是坚持分类建设。总结村级监督统派统管经验,县级层面制定《加强村级监督体系建设实施意见》,从组织设置、人选条件、准入退出、职责权力、工作机制、考核奖惩等方面明确村（社区）纪检委员、村（居）务监督委员会、村（社区）监察工作信息员和村（社区）监督工作站一体建设的标准及指引。其中，村（社区）纪检委员和监察工作信息员由乡镇机关干部下派担任，实现"二职合一"；符合条件的，通过法定程序选举为村（居）务监督委员会主任，实现"三职合一"。

二是坚持一体履职。整合村（居）纪检委员、村（居）务监督委员会、村（居）监察工作信息员职责，编制村（社区）监督工作站"一体化"履职清单，推动村（社区）纪检委员监督职务"一肩挑"。由下派的村（社区）纪检委员担任村（社区）监督工作站站长，统筹纪检监督、监察监督和村（居）民自治监督三支监督力量，倡导村级组织建立自治、法治、德治"三治"合一的有效治理体系，实现监督队伍深度融合。

三是坚持统筹管理。理顺村（社区）纪检委员、村（居）务监督委员会、村（居）监察工作信息员管理机制，构建镇（街道）党委主导、镇（街道）纪委（纪工委）主抓、组织及民政等相关职能部门参与的工作格局，建立"一体化"议事、履职、管理、考核机制，实现管理规范、工作要求、评价标准"一把尺"。

（二）"动态调整+教育培训"，监督队伍从"配齐"到"配强"

一是严格准入，及时退出。严格准入条件与程序，明确村（社区）下派纪检委员（监察工作信息员）和村（居）务监督委员会主任、成员人选"正面清单"与"负面清单"，明确准入程序、任期与管理体制，并与《村（社区）"两委"干部人选条件审查办法》《关于建立健全村（居）务监督委员会的实施意见（试行）》等相关规定有效衔接，确保选对人。同时，列明对村级监督组织成员予以清退的具体情形，明确退出程序及后续要求。

二是送教上门，强化培训。建立乡镇纪委委员分村联系指导制度，坚持每月"送教上门"，到联系村"手把手"教纪检委员规范履职，有针对性地强化个别指导。把对村级纪检委员的培训纳入县级党员干部教育培训总体计划，采取集中轮训、以会代训等多种方式，有计划地开展政治理论、政策法规、综合业务培训。

三是跟踪培养，选树典型。注重从乡镇机关干部中选拔一批政治过硬、群众基础好、讲求工作方法的党员，建立村级纪检委员后备人才库，进行跟踪管理培养。从村（社区）纪检委员中选择并树立一批坚持原则、敢啃硬骨头、刚正不阿、秉公执纪的先进典型，积极传播正能量，用先进事迹感召鼓舞大家，打造农村基层"反腐尖兵"。

（三）"明确定位+凝聚合力"，监督职权从"有形"到"有效"

一是厘清职责定位。围绕"监督什么"的问题，明确村级监督组织及成员主要履行的职责，包括监督全面从严治党主体责任及基层党风廉政建设责任制落实，农村基层干部是否廉洁用权及尽责履职，村（社区）重大事项决策，集体"三资"管理，农村工程项目，村（居）务公开，涉农惠农政策落实及资金使用和发放，协助镇（街道）纪委（纪工委）开展初核、调查和廉洁教育工作，完成上级交办的其他工作任务等九项。赋予村级监督组织及成员行使知情权、质询权、建议权和协助调查权。

二是编制履职清单。围绕"怎么监督"的问题，编制《"一体化"推进村级监督履职清单》，强化宣传员、信息员、监督员"三员"定位，明确"监督、协助、调解、服务"四项任务，明确职责事项、履职要求、工作频率、工作方法等内容。结合各村村情，制定"共性+个性"监督清单，重点聚焦村级人、财、物、事开展监督。聚焦"人"，是重点加强对村组干部、普通党员的监督。聚焦"财""物"，是重点加强对村（社区）"三资"管理、小微项目和各种惠民惠农政策落实情况的监督。聚焦"事"，是重点加强对党务公开、村（居）务公开、落实"三会一课"制度、打造"明白村"情况的监督。

三是凝聚监督合力。注重循序渐进、由小及大、由点及面，不断拓宽村级监督范围。积极拓展监督的领域与范畴，探索新媒体反腐模式，利用好微信、微博、抖音等网络互动平台，增强基层监督实效。树立"大纪检"理念，加强同级多元监督主体联动，推进村级纪检委员专职监督与基层党组织监督、党员民主监督、群众监督相融合，形成村级纪检委员、村（居）务监督委员会、村（居）民理财小组、村（居）民代表等力量协同联动的基层监督体系。

（四）"健全机制+激励惩戒"，监督管理从"粗放"到"精细"

一是"四项机制+两张表格"做细监督。建立和完善集中议事、工作报告、信息收集、学习培训四项工作机制，明确具体的工作要求，搭建沟通平台，畅通沟通渠道，不断提升队伍素质，促进一体化村级监督管理规范、沟通顺畅、工作有序、监督有效。整合原村（居）务监督委员会、村（居）监察工作信息员在履职过程中形成的会议纪要、走访记录、监督建议书、工作台账等资料，集成制作《村级监督会议记录》《村级监督工作记录》，优化表格以方便填写，客观、如实地记录监督活动。

二是"三种方式+一本台账"做实监督。总结提升四川省大竹县村级统派统管网格化日常监督、命题化派单监督、协作化交叉监督三种监督方式，及时发现问题、纠正偏差、督促整改。建立监督问题台账，涉及民生民利、管理服务类问题，及时向村（社区）"两委"发送提示函和督办函，督促限时整改到位。涉及苗头性、倾向性问题，及时约谈提醒，让"咬耳扯袖""红脸出汗"成为常态。涉嫌违纪违法问题，第一时间向镇纪委报告，按程序调查核实。

三是"履职保障+激励惩戒"做深监督。按照"有固定办公室、有办公设施、有上墙职责、有岗位公示牌、有履责手册、有档案资料柜"的"六有"标准建设村级监督工作站，改善村级监督组织的办公条件，既保证其"存在感"，又促进其职能发挥。推动落实村级监督组织的工作经费在村级工作经费中列支。结合实际制定村级监督成员绩效保障机制，提高工资福利待遇，适时出台优秀村级纪检委员离任特殊补贴标准。每两年给村级纪检委员进行一次健康体检，体现人文关怀，从而激发村级纪检委员干事创业的热情。制定一体化推进村级监督考核细则，完善月度例会、季度调度、半年考核、年终奖惩的考评制度，列出"红榜"和"黑榜"人员名单。对于优秀的人员，从物质和精神两个层面进行正向奖励和鼓励，给予充分的生活关心和政治关怀；对于考核成绩一般者，进行通报和诚勉谈话。建立优秀村级纪检委员选拔制度，换届时吸纳进村级常职干部队伍，在乡镇公务员定向招录和事业单位招聘中给予政策性倾斜，为村级纪检委员搭建上升平台，提升村级纪检委员的政治期望。

涉农腐败现状与加强基层党风廉政建设

——以广安市前锋区为例

米　成[*]

米　成[*]

摘　要： 当前，基层腐败治理呈现出系统治理、整体推进的良好态势，但基层腐败现象仍然存在。广安市前锋区2018~2021年涉农领域案件数量和涉案人数总体呈下降趋势，但腐败出现了一些新的特点。调研发现，涉农腐败的原因涉及组织运行、思想观念、监督体系等方面，需要进一步强化党建引领、明确用人导向、加强廉政教育、拓宽监督渠道、加大惩戒力度。

关键词： 涉农腐败　基层党风廉政建设　乡村基层

基层是党的执政之基、力量之源，是党的路线方针政策和决策部署贯彻落实的"最后一公里"。只有把基层党组织建设强、把基层政权巩固好，中国特色社会主义的根基才能稳固。党中央围绕基层干部腐败治理进行了一系列顶层设计和制度创新，基层腐败治理呈现出系统治理、整体推进的良好态势，基层腐败得到有效遏制。但监督检查发现，基层腐败现象仍然存在，呈现出更加隐蔽化、智能化、复杂化的特点，严重损害了党和政府的形象，破坏了社会公平正义，影响基层社会的和谐稳定，成为乡村振兴的"绊脚石"。因此，加强基层党风廉政建设对助力乡村振兴具有重要意义。

　＊　米成，广安市前锋区区委常委、区纪委书记、区监委主任。

一　2018~2021年前锋区涉农腐败案件总体情况

（一）查办涉农案件情况

2018~2021年，广安市前锋区涉农领域违纪违法案件统计数据为：2018年立案83件，涉案83人；2019年立案68件，涉案68人；2020年立案66件，涉案66人；2021年立案47件，涉案47人。分析发现，四年中前锋区涉农领域案件数量和涉案人数总体呈下降趋势（见图1）。

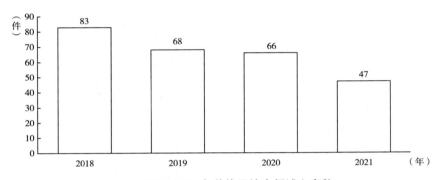

图1　2018~2021年前锋区涉农领域立案数

（二）涉农腐败的主要特点

1. 涉及领域广，手段多样

从前锋区近几年查处的案件看，农村基层涉农腐败涉及的领域不同，其手段和表现也不一样。在集体"三资"管理领域，表现为对集体资产、资源的侵占、挪用、私分等违规处置；在扶贫领域，表现为侵占各项专项扶贫资金以及低保、危房改造、易地搬迁等涉农补助款；在惠农领域，表现为强占掠夺、贪污挪用粮食直补、农村合作医疗、农田水利等农村基础设施建设和土地整治的惠农资金；在土地征收领域，主要包括虚报冒领、截留私分、贪污挪用土地补偿费等履职问题；在其他方面，则包括违反中央八项规定精神、村干部办事不公、以权谋私等侵害群众利益问题，贪污贿赂等严重违纪违法问题。可见，涉农领域腐败涉及面广，手段多样。

2. 经济腐败占主导，涉案金额较小

所查处的农村基层涉农腐败案件中，经济腐败案件为 199 件，占比为 75%（见图 2）。

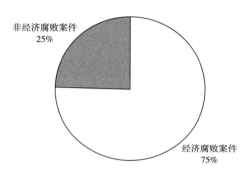

图 2　2018~2021 年前锋区涉农领域案件类型

2018~2021 年查处的涉农经济腐败案件中，涉案金额 5000 元以下的 59 件，占总受理涉农经济腐败案件数的 30%；5000~1 万元（不含）的 20 件，占总受理涉农经济腐败案件数的 10%；1 万~5 万元（不含）的 71 件，占总受理涉农经济腐败案件数的 36%；5 万~10 万元（不含）的 26 件，占总受理涉农经济腐败案件数的 13%；10 万元以上的 23 件，占总受理涉农经济腐败案件数的 12%（见图 3）。

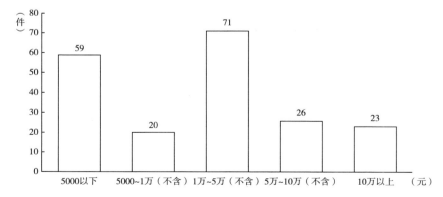

图 3　2018~2021 年前锋区涉农经济腐败案件数量

这些案件数额一般都不大，但"蝇贪"性质明显，社会危害性大，易引发社会矛盾。这些腐败所涉及的大量项目资金和资源本是用来改善农村群众基本生存条件的"救命钱"和"应急物资"，贪腐行为直接损害了广大农民群众的根本利益，阻碍乡村振兴战略的实施和社会的和谐稳定。

3. 共同违纪情况较为突出

涉农领域专项资金的拨放有固定的程序和要求，从资金的申请、审核、拨放、使用到验收，会涉及多个环节和人员。从查办的多数案件可以看出，涉案人员往往会结成利益共同体，主要表现为村"两委"班子集体违纪违法，村干部伙同部分村民共同违纪违法，村干部和国家工作人员相互勾结共同违纪违法。

2018~2021年前锋区查处的涉农领域案件（264件）中，共同作案的就有168件，占所有案件数的64%（见图4）。

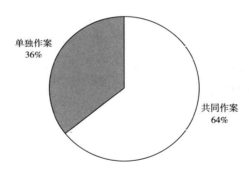

图4 2018年~2021年前锋区涉农领域单独作案与共同作案占比

二 前锋区基层涉农腐败的具体表现

（一）基层工程项目被"薅羊毛"

一是责任虚化、推脱甩手，违规承建造"安乐窝"。有的基层干部工作上消极懈怠，不愿积极作为，得过且过，遇到问题绕道走，对基层工程承包、监管、验收"走过场""做样子"。

二是暗箱操作、权钱交易，工程发包欲"赚大钱"。有的基层干部和代理公司相互串通，提前给投标企业透露标底，让其顺利中标，从而获取不法利益。有的党员干部玩忽职守，对明显的围标、串标等违法行为视而不见，为不法企业谋取利益。

三是吃拿卡要、设梗刁难，工程验收捞"好处费"。有的基层干部利用负责项目验收、拨款等职务之便，通过故意刁难、拖延验收结算等方式向他人收受好处，造成不良社会影响。

（二）惠民富农政策执行"打折扣"

一是雁过拔毛，"劫"为己有。有的基层干部通过代办代领的方式克扣部分资金，以辛苦费、跑腿费的名义收取群众的"好处费"。有的基层干部通过补助指标建议权、上报权、分配权诱骗或逼迫群众要回扣。

二是优亲厚友，"沾"为己有。有的基层干部不按照民主决策程序办理惠民项目，使不符合条件的亲属、朋友享受相关待遇，侵害了其他群众的利益。

三是虚报冒领，"套"为己有。有的基层干部依照他人条件在社保、耕地地力补贴、土地整治、农机补贴等方面，通过虚构土地面积、人员信息、身份证明等方式冒领他人补助。

（三）集体"三资"管理监守自盗

一是隐瞒、挪用图私利。有的基层干部利用其个人账户保管村集体资金，通过代收未入村账的方式隐瞒不报，将集体资金挪作他用。有的基层干部将村集体资源、资产以低价或无偿的形式交给自己亲属、朋友或特定人使用，造成村集体资产流失。

二是贪污、侵占肥私包。有的基层干部通过虚开发票、虚列支出等方式将集体资金据为己有。

三是管理混乱存私心。有的党员干部"三资"登记台账不完善、不全面，财务制度执行不力，账务底子不清。有的村干部资产收益没有实行"收支两条线"，资产使用无计划，管理混乱。

三　前锋区基层涉农腐败原因剖析

（一）部分基层党组织运行不畅

一是党内政治生活严肃性不够。有的村级党组织不认真对待"三会一课"等制度，缺乏有效的政治学习和教育，组织松弛，凝聚力不强。

二是民主集中制没有很好地落实。有的村党支部书记存在"一言堂"现象，压制党内民主氛围，党员的基本权利没有得到有效保障。

（二）有滋生腐败的土壤

一是基层熟人社会使部分干部用权产生偏差。有的村干部在决定资源分配、政策倾斜的时候，首先会想到自己的亲朋好友，让与自己关系亲密的人、与自己利益相关的人优先享受甚至单独享受能够带来收益的资源和政策。

二是村民对村干部腐败的容忍度较高。有的村民"好人主义"思想作祟，不敢、不想、不愿得罪人，只要没有损害到自身利益，就一副"事不关己、高高挂起"的态度，即便发现了腐败情况，也不主动行使监督权。有的村民为争取利益，还以送礼的方式相互竞争。

（三）震慑力度不够

一是责任追究不严。有的党组织追究责任怕影响团结，只是"吼吼嗓子、摆摆架子、做做样子"，责任追究不痒不痛。

二是警示教育作用不强。有些涉农领域对违纪违法行为惩处相对较轻，导致违纪违法的风险成本较低，未能起到法律震慑效应。个别人员没有对法律法规的畏戒之心，肆无忌惮地违纪违法。

（四）基层党员干部廉洁意识欠缺

一是主体责任意识欠缺。有些基层干部认为"天高皇帝远"，遵奉权力、权威观念，缺少公仆意识。一些干部政治意识淡薄、理想信念不够坚定，在推动乡村振兴战略实施的过程中缺乏主体责任意识和担当奉献的勇气，主动学习意识不强，责任感、使命感衰退。他们认为自己的付出与收入不成正比，当开展惠农工作时，就会找准机会为了一己之私不惜铤而走险，出现贪污、挪用公款的行为。

二是遵纪守法意识欠缺。守法的前提是知法、懂法、畏法。目前，部分村干部的文化水平较低，其履职行为带有一定的逐利性与短视性。而且，由于法治观念和纪律意识不强，部分干部在受到外界干扰时，不能守住自己的本心，忘却组织和群众的期待，容易产生思想和行为偏差，最终违纪违法。

（五）村级监督"有形无效"

一是扮演"和事佬"，不想监督。有的村级监督员存在"老好人"思想，工作不愿得罪人，发表意见畏首畏尾，对村"两委"做出的错误决策不予制止。有的村级监督员逃不开"关系网""人情面"，在监督中"和稀泥"。

二是甘为"门外汉"，不善监督。有的村级监督员对作风建设新规定、惠农惠民政策等缺乏及时学习，难以在监督工作中有效识别、发现违规新问题。有的村级监督员年龄偏大、文化程度低，自身素质有限，对业务不精通，工作有心无力，不能有效预防村级违纪违规现象发生。如前锋区现聘村级纪检监督员共26人，平均年龄43岁，50岁以上的占42%，高中以下学历的占53%。2021年，该区由村级纪检监督员发现问题线索后立案仅1件，大部分乡镇村级纪检监督员还未发现有价值的问题线索。

三是沦为"旁观者"，不敢监督。有的村级监督员碍于村"一把手"权威或村干部宗亲势力，担心提出反对意见被报复，害怕监督。有的村级监督员被村"两委"视为对立面，受到排挤冷落，虽然敢于说"不"，但无法施展。如2021年，前锋区先后有12名村级纪检监督员，因开展工作效果不佳、担心受到打击报复、不愿开展监督等申请解除聘任。

四　加强农村基层党风廉政建设的建议

（一）强化党建引领，夯实基层基础

必须把党的建设摆在首位，通过增强农村党员干部的理想信念和党性

修养来夯实基层治理基础，提高政治能力和水平。

一要坚持理论武装思想。区委组织部和乡镇党委要加强对农村基层干部的理论学习指导，用好村党支部活动阵地以及"一村一微"等平台，定期组织村干部及党员群众开展教育培训，督促深入学习并积极领会习近平新时代中国特色社会主义思想，坚定理想信念，坚决拥护"两个确立"，做到"两个维护"。

二要严格党内政治生活。区、镇两级党组织要加强对村级党组织的督导，督促严格落实"三会一课"、主题党日、组织生活会、民主评议党员、领导干部讲党课等制度，联村包村的党员领导干部、驻村"第一书记"要加强对组织生活的具体指导，提高党员的党性和积极性。强化党组织的核心作用，将基层党建和基层治理与乡村振兴工作融合起来，以党建引领工作。

三要强化党委主体责任。常态化整顿软弱涣散村党组织，落实区级领导班子成员"村村到"、乡镇领导班子成员"分片包"工作措施，着力解决突出问题。充分发挥党支部管到人头的作用，严格党员教育管理监督，督促村党组织书记要经常同党员谈心谈话，有针对性地做好思想政治工作。开展党员联系农户、党员户挂牌、承诺践诺、设岗定责等活动，引导党员当先锋、作示范。

（二）明确用人导向，优化干部队伍

选人、用人直接影响到政治生态走向，要在发展、培养、管理、监督等各个环节发力，着力打造一支守信念、讲奉献、有本领、重品行的村干部队伍。

一要拓宽选人视野。要把党员满意、群众拥护的优秀人员选进村级班子，以村党支部书记建设为重点，建立村党支部书记任免在区委组织部备案的管理制度。支持群众基础好、威望高的党员通过选举担任村民代表或村民小组长，在村级治理上努力发挥党的先锋模范作用。完善述职评议制度，村干部既向乡镇党委和政府述职，又向党员和群众述职，既接受组织评价，又接受党员和群众评议，要强化对村干部的民主监督。

二要建立稳定的村级后备干部队伍。拓宽选人渠道，每年从科技专业户、回乡大学生、复员转业军人、外出务工和经商人员以及企业经营管理

者中选取一定比例的优秀人才，纳入入党积极分子和村级后备干部培养范围，对优秀人才进行重点培养，确保村干部队伍后继有人。

三要优化激励措施。要综合考虑涉农领域基层干部的工龄、职务、绩效等相关因素，形成结构合理、程序清晰、增长有序的待遇增长机制。对于贡献突出、任职时间较长、年龄较大的村干部，可由镇村统筹考虑为其购置医疗、养老保险等，形成竞争向上效应。强化正向精神关怀，经常与村干部谈心交流，全面掌握其政治思想与工作动态，对出现问题的干部加以心理疏导与帮扶，有助于预防涉农领域违纪违法行为的发生。

（三）加强廉政教育，筑牢思想防线

要按照教育在先、警示在先、预防在先的原则，全方位开展廉政教育，从情感上唤起农村党员干部对腐败的抵制。

一要丰富廉政教育内容。强化法治教育，加大普法宣传和教育力度，提高基层干部的法治观念和法律意识，守好廉洁自律底线。组织开展廉政党课和廉政教育文化课，紧贴基层实际，有针对性地加强教育，提升基层干部对廉洁行政的认识，增强拒腐防变的信心；做实做细警示教育，充分利用身边人、身边事深入开展警示教育活动，让广大基层党员干部以案为鉴、警钟长鸣，始终绷紧党纪国法这根弦；制定基层干部廉政教育考试制度，以考试促干部自我教育。

二要拓展廉政教育形式。针对基层涉农腐败的新特点，利用网站、微信等新的传播方式，增强廉政教育的生动性和鲜活性，用基层干部喜闻乐见的方式进行廉洁教育。打造廉政教育地区品牌，建立廉政教育基地，定期开展廉政教育活动，例如通过培训、宣讲、知识竞赛的方式形成针对基层腐败的强大宣传效应，提高基层干部的廉洁意识。将乡村振兴与廉洁文化相结合，打造"清廉乡村"，重点对制度建设、制度执行、资产资源管理、民主议事、村务监督委员会作用发挥、村务公开及村级小微权力运行等群众普遍关心、反映强烈的问题进行规范，全力营造廉洁氛围。

（四）拓宽监督渠道，凝聚监督合力

突出群众主体，实现党内监督和群众监督有效结合，构建上下联动的监督体系。

一要加强行业监督。充分发挥各职能部门的专业优势，切实履行审核、监管职能，把项目审批、资金拨付与监督检查一体推进。用好"一卡通"阳光审批平台，主动接受群众实时监督，确保群众看得见、看得清、看得懂。

二要健全完善审计监督。对各类乡村振兴项目的资金，要严格按照相应财会制度进行审查管理，将监管审计工作前移，在项目申报和立项时就进行目的性及合规性审核，为项目结算奠定前期基础。对村级财务开展审计监督时，多部门要加强相互配合，让违法取证迅速准确、问题处置快捷有效，进而发挥良好的震慑警示作用。

三要深化巡察监督。把乡村振兴战略落实情况纳入巡察监督重要内容，形成巡察任务清单，并细化为一项项"体检指标"精准扫描。要准确把握各村差异性，突出针对性，统筹运用常规巡、联动巡、提级交叉巡等方式分类开展巡察监督。定期梳理、分析发现的问题，及时掌握项目资金管理和专项监督检查情况，发挥巡察监督在推动农村基层治理上的更大潜能。

四是加强纪检监督。充分发挥村级纪检监督员的作用，常态化组织开展培训，着力提升能力、素质，重点加强对乡村振兴措施落实情况的监督。选取监督"小切口"，督促指导全区各级纪检监察组织从具体问题入手，按问题类型分领域开展专项整治，以点带面地推动整体工作。充分发挥"室组地"①的联动作用，探索开展问题线索、信访举报交叉处理，着力破解熟人监督、力量不足等问题。

（五）加大惩戒力度，形成强力震慑

要加大"微腐败"行为的成本，加大惩戒力度。

一要强化纪律约束。继续保持高压态势，将涉及乡村振兴的腐败和作风问题作为纪律审查和监察的重点，收到问题线索后快查快处，加大查处违纪违法行为的力度。坚持以法律法规为准绳，加强与司法机关协作，充分发挥法律的作用，对涉及乡村振兴的腐败问题坚持执法必严、违法必究。

---

① "室组地"即监督检查室、纪检监察组、地方纪委监委。

二要加大经济处罚力度。一些基层干部会因私利和贪欲而产生腐败行为。对涉案金额较少的，相关部门一般只责令退款，给予党纪轻处分，很难起到惩前毖后的作用。因此，要加大基层干部为腐败行为付出的代价，适当结合经济处罚。

三要发挥舆论力量。利用电视、互联网等渠道，公开通报违纪违规具体案件，对基层干部的涉农腐败行为进行曝光，形成舆论震慑。

巩固拓展脱贫攻坚成果同乡村振兴有效衔接 纪检监察工作助力乡村全面振兴

——基于雅安市雨城区碧峰峡镇纪检工作所做的思考

姚勇　梅伯建　李国东　杨帆　周波[*]

摘　要：本文以雅安市雨城区碧峰峡镇为例，重点围绕在巩固拓展脱贫攻坚成果同乡村振兴有效衔接过程中纪检监察工作助力乡村振兴的现状开展研究，以便弄清镇村级纪检监察组织在乡村振兴战略中发挥的作用，以及面临的现实困境，并提出高质量助力乡村全面振兴的对策，从而为全面贯彻落实党中央、省委和省、市纪委监委的安排部署，坚定不移地贯彻新发展理念，做好巩固拓展脱贫攻坚成果同乡村振兴有效衔接，助力乡村全面振兴，推动新时代纪检监察工作高质量发展提供参考。

关键词：乡村振兴　脱贫攻坚　雅安市雨城区　纪检监察工作

"十三五"时期，以习近平同志为核心的党中央坚持把解决好"三农"问题作为全党工作的重中之重，把脱贫攻坚作为全面建成小康社会的标志性工程，启动实施乡村振兴战略。乡村振兴是"国之大者"，全面推进乡村振兴，事关我国现代化建设大局和中华民族复兴大业。

纪检监察机关作为党的政治机关和监督专责机关，必须把服务、保障乡村振兴战略实施作为一项重要政治任务切实、抓紧、抓好。为实现脱贫

---

*　姚勇、梅伯建、李国东、杨帆、周波，雅安市雨城区纪委监委干部。

攻坚向乡村振兴平稳过渡，四川省、雅安市纪委监委相继部署了巩固拓展脱贫攻坚成果同乡村振兴有效衔接专项监督工作，雅安市雨城区各级纪检监察组织认真贯彻落实省、市纪委监委的安排部署，坚决扛牢政治责任，强化监督执纪问责，为实现乡村振兴良好开局提供坚强的纪律保障。

一 碧峰峡镇基本情况

碧峰峡镇位于雨城区北部，距离城区 16 公里，面积 106.89 平方公里，其中耕地面积 34519 亩。在村级建制调整改革后，全镇共有 14 个行政村 90 个村民小组 7177 户 22207 人，其中农业人口 6150 户 17354 人。全镇原有建档立卡贫困户 314 户（907 人），贫困村 2 个，分别为黄龙村［建档立卡贫困户 27 户（59 人），2017 年摘帽］和席草村［建档立卡贫困户 36 户（109 人），2018 年摘帽］。镇域环境优美、生态良好，有碧峰峡景区（国家 5A 级景区）、中国大熊猫研究中心碧峰峡基地和红豆相思谷景区等旅游景点，是全区的旅游核心区域。

近年来，碧峰峡镇因地制宜，通过调整产业结构，大力发展生态有机农业，打造特色民宿集群。依托全镇 3000 亩油茶基地的示范带动效应，新发展油茶 5000 亩，建成近万亩油茶套种示范基地，吸引 100 余名当地群众回流创业，引进 10 余名区外优秀创业青年在当地发展特色民宿。全镇现有农家乐 131 家、民宿 29 家，有力扭转了农村人口以外出务工为主要收入来源和年轻劳动力流失的局面，进一步提高群众收入，乡村旅游产业增收成效显著。2021 年，全镇农村人均可支配收入达 21305 元，同比增长 10.5%。2017 年碧峰峡镇成功创建省级森林小镇，2018 年在全国最美森林小镇评选中荣获生态旅游型"森林小镇"称号，2020 年成为市级乡村振兴示范镇，2021 年获评第十一批全国"一村一品"示范镇。

二 碧峰峡镇纪检监察组织工作开展的基本情况

（一）纪检监察组织的机构设置及人员组成

在机构设置上，碧峰峡镇设纪律检查委员会，人员编制 5 人，其中领导 1 人，女性 1 人，平均年龄 32 岁，均为大学学历。在人员配置上，设纪委书记 1 人，副书记 1 人，委员 3 人。在村民委员会换届选举中，依法推选村纪检委员为村务监督委员会主任，不担任村民委员会成员。村纪检委员明确为监察工作信息员。全镇 14 个行政村均有纪检委员 1 名，为村级组织领导班子成员之一。14 名纪检委员平均年龄 43 岁，初中学历 7 人，高中学历 4 人，大专学历 2 人，本科学历 1 人。

（二）助力乡村全面振兴的主要做法及成效

雨城区碧峰峡镇纪检监察组织深入贯彻落实上级的决策部署，以钉钉子精神持续开展乡村振兴专项监督，为巩固拓展脱贫攻坚成果同乡村振兴有效衔接提供纪律保障。

1. 践行"两个维护"，推动党中央、省委重大决策部署和市委、区委具体工作安排落地落实

一是强化政治监督，保障"四个不摘"落实落细。党中央的决策部署到哪里，政治监督就跟进到哪里。2021 年以来，碧峰峡镇纪委深入贯彻落实中央纪委国家监委、省纪委监委关于巩固拓展脱贫攻坚成果同乡村振兴有效衔接专项监督的安排部署和市、区纪委监委工作安排，牢牢把握乡村振兴这个"国之大者"，高质量开展乡村振兴专项监督。聚焦摘帽不摘责任、摘帽不摘政策、摘帽不摘帮扶、摘帽不摘监管"四个不摘"，以及 5 年过渡期政策要求和建立健全防止返贫监测及帮扶机制、脱贫人口就业和产业、扶贫项目资产管理监督等工作落实情况，对是否存在过渡期政策断档、政策空白等问题开展监督检查 20 余次，走访脱贫户 70 余户。推动解决 49 名脱贫群众的就业难题，改造提升 34 户脱贫户的居住环境，为 137 名困难家庭学生成功申报教育扶贫资金。督促全镇清理扶贫资金 1400 余万元，涉及项目 32 个。

二是全程跟进监督，推动重点项目建设提速增效。项目建设是乡村振兴战略的主引擎，2021 年碧峰峡镇接受各级财政补助的项目总金额达 1420 万元，资金投入 100 万元以上的项目有 5 个，其中碧峰峡镇农文旅产业发展示范项目、碧峰峡镇农村人居环境提升项目的资金投入达到 300 万元。碧峰峡镇镇村两级纪检监察组织紧盯重点项目，围绕政策落地、施工进度、资金拨付、公示公开、工程质量等关键环节开展监督。统筹开展

对脱贫攻坚、乡村振兴项目的监督检查，全覆盖完成对 2020 年建成的脱贫攻坚项目和 2021 年新建、在建的乡村振兴项目的检查，发现并纠正问题 2 个。

2. 聚焦群众身边的"急难愁盼"问题，为乡村全面振兴营造干事创业的良好环境

一是用心、用情回应群众期盼，下大力气补齐民生领域的突出短板。始终坚持以人民为中心的发展思想，以监督的实效实现好、维护好、发展好人民群众的根本利益，是各级纪检监察组织的重要职责。碧峰峡镇纪委紧盯群众反映强烈的出行、饮水等民生实事项目，监督检查、实地走访、收集意见，凡涉及区级单位的事项及时报告给镇党委协调解决。通过监督检查督促和倒逼镇村两级干部履职，最终争取资金 30 万元，解决了福国村群众饮水难的问题；推动落实 6 个"一事一议"项目，投入资金 96 万元，建成 6 条通组道路，解决了群众出行难的问题；推动协调落实 89 万元乡村振兴项目资金用于永兴村饮水安全项目建设，解决该村 1500 余人饮水困难等问题。针对 2021 年雅安市"万名群众评作风"活动反馈的问题，按照解决一批、疏导一批、温暖一批"三个一批"的要求建立台账，明确整改责任人和整改时限，采取清单式"点对点"方式督促整改问题 18 个，做到件件有落实、事事有回音。以一个个具体问题的解决推动乡村振兴战略的深入实施，让人民群众的获得感、幸福感、安全感更加充实、更有保障、更可持续。

二是聚焦、聚力营造良好的营商环境，构建"亲""清"的政商关系。党的十九届中央纪委五次全会对纪检监察机关营造风清气正的政治生态和良好的发展环境提出了明确要求。结合镇乡村振兴项目多、项目资金量大的特点，碧峰峡镇纪检监察组织着力在优化营商环境上下功夫。2021 年以来，先后召集负责 12 个乡村振兴项目的村组干部和镇政府相关同志召开营造良好营商环境专题会 5 次。通过组织政务服务人员、招商引资干部观看警示教育片、案例通报、法纪规定学习等方式，从思想源头为优化营商环境筑牢廉政防线，推动全镇营商环境不断优化。通过微信公众号和镇村两级便民服务窗口发布信访公告，拓宽群众信访举报和反映意见渠道。纪检监察组织收到意见建议 8 条，并从中发现问题线索 1 条，处理处分 1 人，营造出监督人人可为的良好氛围。同时，对辖区内 7 家民营企业和基层单

位负责人进行全覆盖走访，通过面对面的方式听取意见建议，通过下发督办函、纪律检查建议书等方式，全面督促相关责任人改进工作、解决问题，为企业解决困难 3 个。督促开展经营秩序提升专项行动 10 余次，持续改善景区及沿线的环境卫生、提升旅游服务质量，推进西康文化美食走廊、下里老街文旅街区的硬软件设施建设，打造出碧峰峡镇特色文旅街区亮点，完善旅游服务产业链。

三是常态、长效深化干部作风建设，营造干事创业的良好氛围。干部过硬的作风是推动乡村振兴战略落地的重要保证。碧峰峡镇纪委聚焦干部作风建设，把贯彻落实习近平总书记关于加强作风建设的重要指示精神与推动乡村振兴战略紧密结合起来，坚决纠正、整治党员干部中存在的"假拖压卡混"等"中梗阻"问题，破除乡村振兴中的形式主义、官僚主义。通过协助镇党委完善镇村干部考核制度，推动开展"做人民群众的公仆、当群众的知心人"活动。结合市、区"转作风、树新风、作表率、抓落实"行动和碧峰峡镇的工作实际，制定了镇一级工作方案：对一般性问题，督促提醒、责令整改；对苗头性、倾向性问题，及时约谈提醒；对不收敛、不收手问题，坚决严肃查处。2020 年以来，共查处乡村振兴方面的问题 4 个，给予党纪政务处分 4 人、组织处理 2 人。

3. 完善监督检查机制，切实提高履职能力，提升监督治理效能

一是建立片区协作机制，贯通协作形成监督合力。碧峰峡镇纪委为解决基层监督力量薄弱、监督能力较低和熟人监督等难题，将 14 个行政村村级分为 3 个片区，纪检委员和镇纪检干部由"单兵作战"向"兵团式作战"转变，形成资源共享、力量互补的工作格局。每个片区由 1 名镇纪委班子成员担任片区协作组组长，负责统筹督导乡村振兴、安全生产、环境保护、疫情防控常态化、森林防灭火等工作落实情况，开展协同交叉监督检查，着力打通服务群众的"最后一米"。监督检查中发现的问题由各片区协作组组长收集后报镇纪委集体研究，并根据干部管理权限按程序报批处置。镇纪委制定了片区协作考核工作办法，将考核情况作为衡量村纪检委员和镇纪检干部工作绩效的重要依据，作为干部年度绩效考核、评先评优和干部推荐的重要指标。自实行片区协作机制以来，有效增强了村纪检委员履行监督职责的主动性，使纪检委员对职责定位的认识更准确，对监督重点的把握更准确。碧峰峡镇片区协作开展联合检查 3 次、交叉监督 6

次，共发现并督促整改问题 30 余个。

二是探索"五个一"工作机制，开展对重点村集体"三资"提级监督。聚焦集体"三资"明细不清、管理监督流程不全、公开公示不到位等问题，镇纪委主动对接区纪委，将重点村"三资"管理纳入提级监督试点范围。依托区纪委片区协作组、村务监督委员会，围绕提级监督的重点内容，通过建立一本管理台账、健全一批公开机制、完善一套审批流程、建立一支监督队伍、制定一本工作手册的"五个一"工作机制，扎实推动重点村集体"三资"提级监督试点工作。通过蹲点收集、走访了解等方式，紧盯农村集体"三资"管理方面的重大事项、重大活动、重大项目，紧盯集体土地和资产、资源的承包、经营和租赁，紧盯群众反映强烈的其他事项，发现问题 3 个，推动解决 2 个，处分处理 1 人，切实把监督触角延伸到基层组织末端。

三是引导群众参与监督，紧盯"小微权力"，打造监督新模式。针对各村公示公开全覆盖难、受关注低、受猜疑多等问题，碧峰峡镇纪委采取在 14 个行政村推行一份"小微权力"清单、一个"一事一回复"公开栏、一个"马上办"微信群、一个群众意见收集箱的"四个一"方式，推动公示公开立体延伸、全方位覆盖，扩大政策的知晓度；抓住惠农政策以及水、电、路等群众关注的民生问题，定制公开公示内容，提高群众的关注度；推进镇村干部入户走访全覆盖，与群众交流互动，打消群众顾虑，提高群众监督的参与度。探索"有奖举报"，鼓励群众对乡村振兴、便民服务、"一卡通"等重点领域的不正之风和腐败问题进行监督举报，推动上级政策、资金、项目在基层落地、落实、落稳。通过引导群众参与监督，增强了广大群众投身乡村全面振兴的主动性和积极性，干群关系更加融洽，群众的获得感成色更足。2021 年，碧峰峡镇"万名群众评作风"活动在全市排名较 2020 年上升 12 位。

三　乡镇纪检监察组织助力乡村全面振兴面临的现实困境

为做好巩固拓展脱贫攻坚成果同乡村振兴有效衔接，碧峰峡镇纪检监察组织认真履行纪检监察职责，强化政治监督，推动党的惠民富民政策落实到户、到人。但从实践来看，乡镇纪检监察组织在助力乡村全面振兴中还存在一定的困难。

（一）纪检监察干部队伍力量仍然薄弱

做好巩固拓展脱贫攻坚成果同乡村振兴有效衔接，要聚焦9项重点任务做实监督。乡村振兴领域政策多、项目多、资金多，开展专项监督工作责任大、任务重、要求高，需要较多的人力、物力、财力作保障。碧峰峡镇行政区划调整改革后，镇纪委监督对象大幅增加，达到625人。虽然镇纪委职数调整为5人，但纪委副书记及1名纪委委员被区级部门抽调，14个行政村的纪检委员也均为兼职。镇纪委书记、副书记至少要联系1个村，而且基层工作涉及防汛减灾、森林防灭火、疫情防控等方方面面，工作复杂琐碎，工作任务较重。实际工作中，镇纪委开展的监督检查基本涉及镇党委、政府的各项工作，纪检监察干部还不同程度协助、联系或承担除纪检监察以外的其他日常工作，分散了工作精力，影响了监督工作的开展。省纪委《关于印发〈四川省乡镇纪检监察工作规程（试行）〉的通知》要求，"乡镇纪检监察组织主要负责人应当把主要精力放在纪检监察工作上，分管的其他工作应当与纪检监察工作相关且不冲突"。但是在实际工作中，由于纪委书记政治素质较高、业务能力较强，单位主要负责人仍然习惯给纪检监察干部压担子，让纪委书记联系和参与多项工作。就碧峰峡镇纪委来看，镇纪委书记没有直接分管项目、财务等工作，但是负责水利和武装等方面工作，在"上面千条线、下面一根针"的乡镇实践中很难把握和落实省纪委的要求。

（二）纪检监察干部队伍专业化素养不高

为做好巩固拓展脱贫攻坚成果同乡村振兴有效衔接，各级党委、政府给予大量政策支持，尤其是在项目建设、资金投入方面力度空前。碧峰峡镇2021年财政补助项目资金达1200余万元，在项目建设招投标、合同签订等多环节需要大量专业的法律知识、工作常识以及对政策的理解能力。碧峰峡镇村级纪检委员平均年龄43岁，初中学历7人（占50%），均无法律、财会、审计等相关专业背景。年龄结构偏大，文化素质较低，不懂财务报表报告，对国家的方针政策、有关法律法规、财务管理和工程建设管理等方面的知识了解较少，导致在监督过程中不能精准发现问题，只能依靠信访反映，没有信访举报线索就难以实施监督，对该发现的问题发现不了或不能及时发现，难以有效开展监督工作。换届后，区镇两级虽然采取专题培训、集中培训、轮训等多种形式提高镇村纪检监察干部的业务素质和政策理论水平，但由于纪检监察工作业务性较强，换届后基层干部新人较多，仍然存在文化素质偏低、年龄偏大等问题。加之部分新任村"两委"干部对前期脱贫工作底数不清、政策不明，在一定程度上影响过渡期工作的推进落实。我们走访调研中发现，还有个别村级纪检委员不清楚2021年财政补助项目建设"四公开"的内容。

（三）村级纪检监察组织建设不完善

党的十九大报告指出，要按照产业兴旺、生态宜居、乡风文明、治理有效、生活富裕的总要求，实现乡村振兴战略。《中共中央 国务院关于做好 2022 年全面推进乡村振兴重点工作的意见》指出，加强农村基层组织建设，加强基层纪检监察组织与村务监督委员会的沟通协作、有效衔接，强化对村干部的监督。村级纪检监察组织是农村基层治理的关键，做深做实"末梢治理"大文章，积极构建基层社会治理新格局，不仅能解决群众"急难愁盼"问题，切实增强人民群众的获得感、幸福感、安全感，还能为全面促进乡村和谐稳定、推动乡村振兴提供坚强的纪律保证。但就碧峰峡镇而言，村级纪检监察组织建设的相关制度尚不够全面系统，缺乏针对性和可操作性，也缺乏针对村纪检委员行之有效的考评机制，干好和干差一个样。村级纪检监察组织认为，整治群众身边的不正之风和腐败问题是上级纪检监察机关的职责，自身监督工作可紧可松、可有可无，只任职、不履责，甚至个别的村纪检委员不了解自己的具体职责究竟是什么，不知道如何来开展监督。2020 年以来，碧峰峡镇村级纪检委员未发现一条问题线索。此外，镇纪委也没有出台针对村级纪检委员的监管制度。如果村级纪检委员自身发生腐败问题，则直接影响农村基层党风廉政建设和反腐败斗争的成效。

（四）待遇保障未明确，工作积极性受影响

按照党的十九大提出的决胜全面建成小康社会、分两个阶段实现第二个百年奋斗目标的战略安排，实施乡村振兴战略的目标任务是：到

2020 年，乡村振兴取得重要进展，制度框架和政策体系基本形成；到 2035 年，乡村振兴取得决定性进展，农业农村现代化基本实现；到 2050 年，乡村全面振兴，农业强、农村美、农民富全面实现。这要求广大纪检监察干部持续用力、久久为功，为乡村全面振兴提供坚强的纪律保障，同时也要保障镇村级纪检监察干部的待遇，提高纪检监察干部的认同感、获得感和幸福感。当前，镇（街道）纪（工）委享受纪检监察办案补贴的人员范围没有明确，一些纪（工）委委员虽然积极从事纪检监察工作，但是待遇无法保障。现有的工作补贴对村级纪检委员个人和家庭的生产生活开支也无法满足，均需纪检委员自行从事其他工作来取得收入。"工资领得少，又要得罪人"的想法较为普遍，一些村级纪检委员在思想上存在不愿监督、不想监督的错误认识，在工作实际中就表现出消极懈怠的工作态度。

四 乡镇纪检监察组织助力乡村全面振兴的对策建议

实施乡村振兴战略是党的十九大做出的重大决策部署，是决胜全面建成小康社会的重大历史任务，对解决新时代"三农"问题具有重大现实意义。纪检监察机关作为党的政治机关和专责机关，必须把服务和保障乡村振兴战略作为一项重要政治任务，主动融入、主动谋划、主动作为，努力推动乡村振兴战略各项决策部署落到实处，努力当好实施乡村振兴战略的保障者、监督者、实践者。

（一）强化思想认识，压紧压实工作责任

习近平总书记强调："脱贫摘帽不是终点，而是新生活、新奋斗的起点。"[1] 乡村振兴是新时代做好"三农"工作的总抓手，是全面建设社会主义现代化国家的重大战略。要压实镇党委的主体责任和党委书记第一责任人的责任，切实增强政治意识，当好乡村振兴"一线总指挥"。对标新形势、新任务、新要求，督促领导班子成员切实把职责范围内的乡村振兴工作抓紧、抓实、抓出成效，大力支持镇村级纪检监察组织工作，全力保障

---

[1] 习近平：《在全国脱贫攻坚总结表彰大会上的讲话》，人民出版社，2021，第 20 页。

纪检监察组织工作开展。科学精准地推进巩固拓展脱贫成效同乡村振兴有效衔接各项工作，切实做到目标任务从聚焦"脱贫"向聚焦"发展"转变，切实确保党中央和省委关于巩固拓展脱贫攻坚成果同乡村振兴有效衔接的部署全面落实。镇纪委要切实强化政治监督，做到乡村振兴工作部署到哪里、项目推进到哪里，纪检监察工作就跟进、服务到哪里。

（二）强化监督合力，确保监督工作的质效

牢牢把握乡村振兴领域政策运行的"关键点"、项目管理的"薄弱点"、问题易发的"风险点"，整合各类监督力量，强化监督质效，增强专项监督的精准性和有效性。紧盯实施乡村振兴战略的关键领域，联动镇一级民政、自然资源、财政等部门的工作力量，针对防止返贫的监测和帮扶机制运行、衔接资金使用、重点帮扶项目实施等重点，结合工作实际深入开展监督检查，及时发现资金支出滞后、项目推进缓慢、检查对象识别不清、帮扶不到位等方面的问题，并采用"点对点""清单式"反馈问题，督促抓好问题整改。用好上级纪委监委片区协作机制，借力区级纪委监委，督促乡村振兴、农业农村、财政、审计等行业主管单位，切实确保"管行业必须管监督"的工作要求落地落实，不断推进专项监督与日常监督的有效结合和"上下联动监督"。密切关注乡村振兴战略实施中的干部作风、项目建设、资金管理、政策落实等情况，深挖细查干部作风方面存在的问题，对责任落实不到位、工作推动缓慢、敷衍应付的情况及时进行通报曝光，并对相关责任人进行严肃追责、问责，切实把"监督合力"转化为"工作动力"。

（三）强化专项整治，用实际成效赢得民心

始终聚焦广大人民群众关心、关注的痛点、堵点和难点问题，不断深入开展专项整治，真正用实干拉近与群众的距离，用实绩赢得民心。加强对乡村振兴项目建设、资金使用等情况的监督检查，严肃查处借乡村振兴之名搞项目谋私，截留、挪用专项资金，损害群众利益等问题。持续深入开展对重点行业领域突出问题的系统治理，下大力气整治教育医疗、养老社保、生态环保、食品和药品安全、乡村产业发展等领域群众反映强烈的腐败和作风问题。不断巩固"我为群众办实事"活动成果，立足于职能职

责推动解决好群众的"急难愁盼"问题，不断增强人民群众的获得感、幸福感、安全感。推广村级集体"三资"提级监督，联动区纪委监委，对典型案件督查督办、直查直办、通报曝光，让群众感到身边的事情有人管、利益有人护。对落实上级决策部署中存在的表态多、调门高、落实少，甚至说一套做一套等问题进行重点查处、坚决纠正，对基层党员干部中存在的"怕、慢、假、慵、散"等问题进行严肃查处。

（四）畅通监督渠道，使群众参与监督成为常态

进一步畅通村级信访监督举报渠道，建立健全"信、访、网、电"四位一体信访举报格局，确保群众参与监督"有办法"，反映问题"有地方"。全覆盖搭建"有事来商量、众事众商"平台，采取院坝会、座谈会等方式广泛收集广大人民群众对工作的意见、建议。进一步规范村（社区）事务公开工作，对公开事项、公开要素、公开语境、公开时间、公开方式等进行再明确、再细化，推动村级公开事项更科学、要素更简练、语境更明了、时间更合理、方式更灵活，切实保证群众看得到、看得懂、喜欢看。结合工作实际，不断建立健全村级监督方面的制度机制，完善村级监督激励办法，进一步激发广大群众参与监督的热情和积极性，切实让广大人民群众主动关心、关注村级事务，自觉、自愿参与监督，真正确保把参与监督村级事务变成广大群众的所思所想、所作所为。探索村（社区）分类监督方式，深入推进村（社区）集体"三资"提级监督，督促落实群众"急难愁盼"问题，按照"解决一批、疏导一批、温暖一批"的原则分类处置，不断提高监督质效。

（五）强化干部队伍建设，打造素质过硬的纪检监察队伍

选优配强村级纪检委员，把文化水平高、思想觉悟高的农村年轻党员充实到村级纪检委员队伍中。采取定期培训、"送学上门"等方式，不断提升村级纪检委员的业务能力和工作水平，切实解决村级纪检委员在巩固拓展脱贫攻坚成果同乡村振兴有效衔接的专项监督中应该"监督什么""怎样监督"的问题。定期抽调村级纪检委员到镇纪委参与具体案件办理，从问题线索的初核到案件的调查处置全程参与，不断提高村级纪检委员的办案能力。推动镇党委加大对村级纪检委员的培养管理、挂职锻炼和交流

轮岗力度，不断提高纪检监察干部的政治素养、业务能力。持续压实系统内部"两个责任"，常态化开展警示教育。对纪检监察干部执纪违纪行为坚决一查到底，严肃追责、问责，坚决清除"害群之马"。此外，还要采取措施保障镇村纪检委员的待遇，调动他们的监督积极性，以更大的热情投入到监督事务中去，为做好巩固拓展脱贫攻坚成果同乡村振兴有效衔接贡献力量。

仁寿县开展乡村振兴专项监督　助力巩固脱贫攻坚成果与乡村振兴有效衔接

仁寿县纪委监委课题组*

摘　要：仁寿县纪委监委认真贯彻上级关于乡村振兴专项监督工作的决策部署，紧紧围绕巩固脱贫攻坚成果有效衔接乡村振兴这条工作主线，形成"县委政府主责、牵头部门主抓、纪委监委主推"的工作格局。紧盯衔接政策落实、工程审批、项目验收、资产管理等环节，精准监督、严肃执纪。建立健全常态化监测帮扶机制、精准帮扶机制、监督联动机制等三大工作机制，逐步补齐工作短板。目前，扶贫领域仍时有违纪违法问题发生。未来，应坚持正面引导，强化教育宣传，筑牢思想根基；坚持标本兼治，健全工作制度，规范权力运行；坚持多点发力，构建多元监督，凝聚监督合力；坚持靶向发力，把握工作重点，提升监督

---

*　课题组成员：徐国，仁寿县县委常委、县纪委书记、县监委主任；吴永泉，仁寿县纪委副书记、县监委副主任；蔡娴熹，仁寿县纪委监委机关党委书记；叶绪燕，仁寿县纪委监委党建办干部。

实效；坚持警示教育，深化"以案促改"，巩固治理成效。

关键词： 乡村振兴　乡村振兴专项监督　以案促改　精准
监督

习近平总书记指出："脱贫摘帽不是终点，而是新生活、新奋斗的起
点。"① 脱贫攻坚取得胜利后，为坚决守住脱贫攻坚成果并持续发展，全面
推进乡村振兴势在必行。当前，正处在巩固脱贫攻坚成果同乡村振兴有效
衔接的重要时期，脱贫攻坚工作仍有存量问题未彻底得到解决，脱贫后又
有新问题、新表现。在"三农"领域，国家制定政策、投入资金、新增项
目，若监管跟不上，极易滋生新的腐败问题和不正之风，因此开展乡村振
兴专项监督一刻也不能放松。2021 年以来，仁寿县纪委监委高度重视、一
体推进落实过渡期监督的各项任务，使全县 26379 户 76348 人脱贫后继续
享受帮扶政策，1551 户 3816 人得到持续监测和帮扶，坚决守住不发生规
模性返贫的底线，为推进脱贫攻坚与乡村振兴有效衔接提供了坚强的纪律
保障。

一　仁寿县开展乡村振兴专项监督的主要做法和成效

（一）坚持一条工作主线，推动形成良好工作格局

仁寿县纪委监委认真贯彻上级关于乡村振兴专项监督工作的决策部
署，紧紧围绕巩固脱贫攻坚成果同乡村振兴有效衔接这条工作主线，助力
形成"县委政府主责、牵头部门主抓、纪委监委主推"的工作格局。

一是县委政府主责。县委、县政府制定《关于推动巩固脱贫攻坚成果
同乡村振兴有效衔接加快农业农村现代化的意见》等系列文件，出台产
业、交通、基础设施等三年提升行动方案。调整充实领导小组力量，由党
委和政府主要领导任双组长，下设 6 个专项小组，具体推动乡村振兴工作，
形成"三级书记"责任制。把全县 27 个乡镇（街道）划分为 6 大片区，
由县主要领导担任总片区长，安排 20 名县级领导干部分管乡镇，协调推进

---

① 习近平：《在全国脱贫攻坚总结表彰大会上的讲话》，人民出版社，2021，第 20 页。

包帮片区发展，抓实"挂联包帮"清单制。

二是牵头部门主抓。坚持盯主管、促监管，督促乡村振兴局、农业农村局等部门强化规划引领，及时出台有关巩固拓展脱贫攻坚成果同乡村振兴有效衔接的政策指导性文件，编制 23 个重点帮扶村的"一村一策"，调整优化医疗、教育、住房等领域普惠性政策，推动相关职能部门抓早动快、主动履职。

三是纪委监委主推。县纪委常委会专题研究部署乡村振兴专项监督工作，定期召开协调会、推进会，制发《仁寿县开展专项监督促进巩固拓展脱贫攻坚成果同乡村振兴有效衔接工作清单》，细化监督事项 4 大类 9 大点，实行按月推进、季度盘点。统筹两办督查室、巡察、监督执纪协作区的力量，累计开展交叉督查、专项监督、联动监督等 5 轮，涉及 120 余人次，推动解决问题 243 个，形成了强大监督合力。

（二）突出六项重点工作，持续开展精准、有效监督

县纪委监委紧盯衔接政策落实、工程审批、项目验收、资产管理等环节的精准监督、严肃执纪。2021 年以来，严肃查处扶贫领域腐败和作风问题 10 个，处理 18 人。

一是紧盯"四个不摘"政策落实。督促制定《仁寿县防止致贫返贫监测和帮扶工作方案》，围绕"两不愁三保障"及群众饮水安全、收入情况等，开展防止返贫动态监测和帮扶、巩固脱贫攻坚成果"回头看"等专项督查 3 次，发现并整改问题 78 个，新增监测对象 143 户 406 人，逐一落实就业救助、政策兜底等帮扶措施，推动"两不愁三保障"等各项普惠性政策平稳落地。

二是规范项目资产管理。督促主管部门对 2013 年以来的 20.97 亿元财政扶贫资产进行全面清产核资、登记确权，规范对 1238 个财政扶贫项目的资产后续管理。以山坪塘为切入口，推行村级"三资"提级监督，摸排养殖水面、山林地等村级集体资产、资源 5000 余处，建立县乡镇（街道）集体资源摸排台账，梳理、核查疑点数据 100 余条，查处村级"三资"管理问题 3 个，处理 5 人。开播《阳光问廉》，曝光蓄水池管护不力等问题，推动县发展和改革局等部门举一反三，对易地搬迁项目中涉及的塘、库、堰等进行全面排查，查出需整改问题 5 个，形成强大震慑力。

三是整治民生领域"微腐败"。以"我为群众办实事"活动为契机，聚焦影响民生福祉的"急难愁盼"问题、惠民政策落实中的"绊脚石"，组建工作专项小组，通过实地走访、大数据比对、电话抽访、查阅账目等方式，用两周时间对全县 27 个乡镇（街道）的厕污共治、困难救助工作情况开展全覆盖监督。实地走访点位 487 个，比对数据 29 万条，走访群众 239 人，电话抽访群众 145 人，发现并整改问题 151 个。

四是持续强化公示公开。深化"三盯""三公开"，发现并整改村务、财务公开不及时和不规范问题，督促民政部门推进村务公开"阳光工程"，改进公开方式、提升公开实效。

五是切实推进减证便民。深入开展"奇葩证明"整治、权责事项清理，着力解决县级部门责任下交、工作下卸等形式主义、官僚主义问题。印发《仁寿县证明事项"正负面"清单》，将 98 项证明事项精简为 28 项，大幅度清理"奇葩证明"，切实为基层减负松绑。推动县行政审批局探索推出身后"一件事"改革，切实解决群众多头跑、反复提供证明的问题。

六是推进"阳光审批"平台建设。巩固"一卡通"专项治理成果，组织召开联席会议 3 次，会商、通报、解决问题 13 个。按照省、市统一安排，将耕地地力保护、农机购置补贴、残疾人就业创业补贴等 26 个项目纳入平台管理，发放资金 0.54 亿元，实现阳光审批、阳光发放、阳光监管。

（三）健全三大工作机制，逐步补齐工作短板

针对脱贫群众基数大、脱贫基础尚不稳固等实际，仁寿县督促行业主管部门和监管部门强化制度保障、健全工作机制。

一是健全常态化监测、帮扶机制。制定《仁寿县防止致贫返贫监测和帮扶工作方案》等 3 个文件，建立"自上而下、自下而上"双向监测预警机制。常态化开展监测和预警，县纪委监委定期收集、汇总预警情况，加强对整改情况的监督检查。2021 年以来，推动相关单位对新发现的脱贫不稳定户、边缘易致贫户、突发严重困难户等 79 个监测对象开展帮扶救助。

二是建立精准帮扶机制。推动新一轮驻村干部轮换和干部结对调整，建立全县面上精准帮扶结对台账，对帮扶干部结对联系工作情况开展 2 轮作风监督，督促帮扶干部下"深水"走访、用真情帮扶，精准落实综合救助、产业扶持等帮扶措施，确保帮扶不留死角。

三是构建监督联动机制。依托监督执纪协作区，常态化开展联动监督、交叉检查，根据督查情况"点对点"反馈整改。同时，强化巡察、审计监督协同联动、信息互通共享。2022 年以来，双向移送问题线索 3 条。

二 存在的问题及违纪违法风险

在全县实现脱贫攻坚评价由"差"转"好"，特别是与全国、全省、全市同步打赢脱贫攻坚战后，部分单位"刀枪入库、马放南山"的倾向滋长蔓延。就目前仁寿县乡村振兴工作的开展情况来看，主要存在五方面问题。一是重视度有所减弱。27 个乡镇（街道）虽设有乡村振兴办公室，但工作人员多身兼数职，缺乏乡村振兴工作专职人员，33 个涉农部门没有设置专职人员对接乡村振兴工作，由此导致资料归档不规范、衔接项目推进不及时等一系列问题。二是政策落实还有差距。进入过渡期后，取消了脱贫攻坚期内的超常规政策，个别基层干部、群众对帮扶政策不清楚、不了解，使政策落实不及时。三是返贫压力依旧较大。产业扶贫总体发展质量不高，柑橘等主流产业种植面积已达峰值，且市场价格持续下滑，带富能力持续减弱。四是部分扶贫资产管理不完善。行业扶贫资金、社会扶贫资金等涉及的主管部门较多，扶贫资产后续管理难度较大，存在资产移交手续不完整、管护制度缺位等问题，容易造成资产闲置和流失。五是对有些项目的监管不到位。如我们在对厕污共治项目的督查中发现，有的乡镇存在建设不达标就拨付资金的情况。

从全县纪检监察系统查办案件的情况来看，2016 年以来，全县共查处群众身边的腐败和作风问题 1997 个，其中扶贫领域的腐败和作风问题占 12%。2021 年，全县严肃查处扶贫领域的腐败和作风问题 10 个，处理 18 人，虽然较往年有所下降，但过渡期出现违纪违法行为的风险仍然不容小觑，主要表现在五方面。

一是履职不力，作风不实。有的党员干部在工作中责任意识不强，作风不实，在一些项目工程中失责失察，不作为、慢作为、乱作为，不按要求严格审核把关，致使监管不到位，造成不良影响，甚至导致财政专项资金损失。

二是优亲厚友，以权谋私。有的党员干部权力观念异化，本着"肥水不流外人田"的错误思想，把手中的权力当成人情来谋取私利，在享受优惠政策、承包项目工程方面为亲友开口子、走后门，绞尽脑汁谋取私利。

三是与民争利，吃拿卡要。有的党员干部宗旨意识不强，在工作中没有把群众的利益放在第一位，在利益分配或者帮助群众办理低保申请、危房改造等过程中巧立名目，收取"好处费""辛苦费""劳务费"，借机"吃拿卡要"。有的利用职权为企业老板提供关照和帮助，收受礼金、红包。

四是弄虚作假，违规套取。有的党员干部纪律意识淡薄，在工作中不按规矩办事，借工作名义对集体资金、社会捐助资金动歪脑筋，搞暗箱操作、无中生有、套取挪用。

五是擅权妄为，损公肥私。有的党员干部滥用手中的权力，任意妄为，将"黑手"伸向集体"三资"，把集体"三资"当成个人的"摇钱树"，在村级财务、重要事项上不公开、不透明，耍小聪明，心存侥幸，妄图瞒天过海。

三　违纪违法问题发生的原因分析

扶贫领域违纪违法问题的发生，既有当事人党纪法规意识淡薄等主观原因，也有监管不到位、制度不完善等客观原因。

（一）法纪观念薄弱

从2016年以来查处的扶贫领域腐败和作风问题案件来看，违纪违法人员以村干部为主，高达90%以上。不论是脱贫攻坚工作还是乡村振兴发展，落脚点主要在农村，村干部作为最末端的政策执行者，他们的法纪意识直接影响着农村经济、社会、文化等各方面的发展。从全县的情况来看，不论是县级层面还是乡镇层面，专门针对村一级干部的廉政教育和法治教育相对不足，村干部的政治素养不高、法纪意识不强的状况还未改变，一些人存在"只要钱是花在了公家而不是私人就没有问题"的错误认识，进而出现弄虚作假、违规套取等问题。也有村组干部认为工作付出与工资报酬不成正比，因而心态失衡，产生想方设法捞好处的补偿心理，无视党纪法规，心存侥幸，抵制不住各种诱惑。

（二）权力缺乏约束

从 2016 年以来查处的扶贫领域腐败和作风问题案件来看，村党支部书记违纪违法占村干部违纪违法的半数以上。作为上级党委和政府与村民沟通的桥梁，村党支部书记是上级政策往下落实的第一执行者，也是底层心声向上反馈的传达者，因此在工作过程中，被赋予了较多的权力。特别是村级建制调整后，村党支部书记、村委会主任实行"一肩挑"，集领导决策权和资金支配权于一身。再者，群众主动参与村务管理和民主监督的意识不强，怕给自己惹麻烦、添乱子，不愿意监督，造成村干部权力大、胆子大，权力缺乏约束，部分村干部严重损害群众利益。

（三）监督合力尚未形成

在扶贫领域腐败和作风问题之所以屡禁不止，一方面因为个别党员干部为民服务的意识欠缺，另一方面因为监督机制不完善，监督缺位。就上级监督而言，扶贫和乡村振兴领域涉及的项目多、覆盖面广，业务主管部门在监督管理上很难做到面面俱到，实现全方位、全过程的监督；乡镇有时怕工作不好推动，当"老好人"，纠治问题时"软着陆"，执纪问责不严肃。就同级监督而言，村级纪检干部除了履行村务监委会的责任外，往往还担负着其他工作任务，很难将自己的精力完全集中到监督中来。同时，日常监督中还会面对村"一把手"，工作起来难免畏首畏尾、行动不坚决。有些村级纪检干部甚至不知道应该监督什么，导致同级监督不能自主、有效地进行。就群众监督而言，在农村基层干部与群众都生活在一起，低头不见抬头见，构成了"熟人社会""人情社会""面子社会"。由于熟人、人情、面子等因素，一些群众即使发现干部有违纪违法的行为也不愿意监督举报。这种"上级监督太远、同级监督太软、群众监督失言"的情况，导致监督质效不强，监督合力很难发挥。

（四）惩处力度不够

纪检监察部门在日常监督检查中对发现的倾向性、苗头性问题，咬耳扯袖、抓早抓小做得不到位；对核实的违纪违法问题，缺少严查快处、绝不姑息的力度。特别是对一些基层党员干部责任意识不强、工作作风不实等问题的惩处力度更加不够，缺少事前警醒、事中警示、事后警戒，无法从根本上形成强大的持久震慑，导致同一个人反复违纪的现象时有发生。

四　针对过渡期违纪违法问题预防与治理的工作建议

（一）坚持正面引导，强化教育宣传，筑牢思想根基

一是深入开展党性教育，持续学、思、悟、践习近平新时代中国特色社会主义思想，不断巩固深化党史学习教育，不断增强"四个意识"，坚定"四个自信"，自觉做到"两个维护"，坚定捍卫"两个确立"，不断提高政治判断力、政治领悟力、政治执行力。

二是常态化开展廉政教育，坚持教育在先、预防在先的原则。通过集中学习、实地参观等多种形式，将廉政教育与党员干部平时的学习教育相结合、与实际工作相结合，增强廉政教育的针对性和实效性，不断提高党员干部遵纪守法的自觉性。

三是打造廉政文化宣传阵地，把对廉洁文化的宣传教育作为推进基层党风廉政建设和反腐败斗争的重要抓手。充分发掘和利用本地区的廉政文化元素，大力推进乡镇、村级廉政阵地建设，营造风清气正的社会氛围，让党员干部在潜移默化中得到熏陶、接受教育。

（二）坚持标本兼治，健全工作制度，规范权力运行

一是完善村级"小微权力"清单制度，对村级重大事项、日常性事务、社会保障、脱贫攻坚、乡村振兴中与群众密切相关的权力事项进行梳理，厘清党员干部的职责权限，实现村级权力事项运作的流程化、规范化。

二是完善集体"三资"管理制度、村级"三务"公开制度，重点加强对制度执行情况的监督检查，强化结果运用。

三是探索建立村（社区）干部廉政档案制度，将信访反映情况、个人重大事项、民主测评情况等登记建档，作为考评干部的依据。

（三）坚持多点发力，构建多元监督，凝聚监督合力

强化同级监督，充分发挥村务监督委员会的作用，加强对村（社区）

纪检干部的教育培训，实现敢监督、会监督、真监督。强化群众监督，推进"阳光审批"，推广"小微权力"运行监督平台，畅通群众监督的渠道。强化上级监督，上级政府要对村级事项特别是资金使用、项目建设等方面进行不定期检查。业务主管部门要增强监督意识，对工程项目进行实地考察和检查，防止巧设名目套取、挪用国家财政资金。纪检部门要发挥系统优势，整合监督力量，注重把纪律监督、监察监督、巡察监督、派驻（出）监督贯通融合。同时，要加强与审计监督、财会监督、群众监督和舆论监督等贯通融合，并发挥民生领域监督系统、各领域各行业大数据系统等的监督优势，打出监督组合拳，从而形成齐抓共管、一体贯通的监督合力。

（四）坚持靶向发力，把握工作重点，提升监督实效

一方面，持续强化乡村振兴专项监督。整合县、乡、村三级纪检组织力量，紧盯县里的权、乡里的情、村里的点，聚焦乡村振兴领域的资源、资金、资产，加强对乡村振兴项目建设、资金使用情况的监督检查，从严查处违规决策导致的国有资产流失、暗箱操作、权钱交易等问题，严肃查处优亲厚友、克扣盘剥、吃拿卡要等侵害群众利益的行为。

另一方面，将乡村振兴专项监督与整治群众身边的腐败和作风问题相结合，持续巩固"我为群众办实事"的成果，聚焦群众反映强烈的行业和领域突出问题，深入开展专项治理。开展公立养老机构问题专项监督"回头看"，围绕公立养老机构存在的虚报人数、套取补贴、克扣伙食费等突出问题，深化系统治理。持续深化"一卡通"阳光审批平台建设，推进村（社区）集体"三资"提级监督，深化村级公开专项监督。

（五）坚持警示教育，深化"以案促改"，巩固治理成效

做实警示教育，做好案件查办"后半篇"文章。认真剖析乡村振兴中项目建设、资金使用以及村（社区）集体"三资"、村级公开等方面的典型案例，及时通报曝光，以身边事教育身边人，督促案发地区和单位职能部门召开警示教育大会、组织生活会，持续震慑，以期收到"查处一案、教育一片"的效果。

为基层监督赋能 护航乡村振兴

——筠连县巩固脱贫攻坚成果同乡村振兴有效衔接

申婷婷[*]

摘　要：本文深刻总结、分析阻碍基层党风廉政建设的问题和原因，充分运用全面从严治党在基层党风廉政建设方面的成果，立足乡村振兴工作的现状，通过规范化、常态化、精准化的专项监督，持续解决脱贫攻坚存量问题，及时处置脱贫后的新问题、新表现，着力整治群众身边的腐败和作风问题，以高质量监督推动基层治理提质增效，有效应对乡村振兴对纪检监察工作提出的新挑战，并在实践中及时总结专项监督过程中存在的问题和不足，有针对性提出意见和建议。

关键词：扶贫攻坚　乡村振兴　基层监督

一　调研背景

《中共中央　国务院关于做好 2022 年全面推进乡村振兴重点工作的意见》（即 2022 年中央 1 号文件）明确了 2022 年乡村振兴工作的重点之一是坚持稳中求进、稳字当头，牢牢守住不发生规模性返贫的底线。这是求稳的关键，也为巩固脱贫攻坚成果同乡村振兴有效衔接提供了清晰的路径。十九届中央纪委五次全会要求，强化对巩固"四个不摘"政策成果的

---

　　*　申婷婷，筠连县纪委干部。

监督，保障同乡村振兴有效衔接。十九届中央纪委六次全会强调，要聚焦"国之大者"，推动政治监督具体化、常态化。为了紧紧围绕党中央的决策部署，做深做实政治监督，全面推进乡村振兴，纪检监察机关要立足自身职责，以有力监督推动脱贫攻坚与乡村振兴的有效衔接。

四川省委常委、省纪委书记、省监委主任廖建宇在省纪委十一届六次全会工作报告中安排 2022 年工作时指出："坚持和深化一年两例会、三盯、四公开等有效做法，围绕促进巩固拓展脱贫攻坚成果同乡村振兴有效衔接开展乡村振兴专项监督。"随着乡村振兴战略深入推进，大量资金、项目向基层倾斜，而基层监督力量薄弱，群众反映强烈的问题易发多发，脱贫攻坚与乡村振兴如何有效衔接成为群众关注的热点。乡村振兴专项监督也是乡镇纪检监察工作的重点及难点，专项监督的成效反映了对基层"微腐败"问题的整治效果及基层治理机制是否健全完善。为了准确把握中央、四川省、宜宾市纪委关于专项监督的新要求，贯彻落实好中国共产党第十九届中央纪委六次全会、四川省纪委十一届六次全会以及宜宾市纪委六届二次全会的精神，更好地把握专项监督的要领，推动专项监督取得实效，筠连县纪委监委调研组就在巩固拓展脱贫攻坚成果同乡村振兴有效衔接的过程中，纪检监察工作如何助力乡村振兴开展了专题调研。

二　筠连县基层监督的主要做法

为确保党中央、省、市的各项部署和要求落地落实，为巩固拓展脱贫攻坚成果、推动脱贫地区发展和乡村全面振兴提供坚强纪律保障，筠连县纪委监委通过规范化、常态化、精准化的专项监督，持续解决脱贫攻坚工作的存量问题，及时处置脱贫后的新问题、新表现，着力整治群众身边的腐败和作风问题，以高质量监督推动基层治理提质增效。

（一）注重统筹"三个关系"，切实推进专项监督

1. 统筹好"加"与"减"的关系

首先，"加"监督质效。①召开专题座谈会。由县乡村振兴局牵头，县纪委监委、县委组织部参加，县农业农村局、财政局等部门配合，研究全县如何巩固拓展脱贫攻坚成果同乡村振兴有效衔接，以县委、县政府名

义出台实施意见，明确责任部门及任务分工。②明确专项监督的重点。按照省纪委监委部署的9项重点任务，结合市纪委党政室下发的《巩固拓展脱贫攻坚成果同乡村振兴有效衔接专项监督项目表》，县纪委监委多次与县乡村振兴局、财政局、农业农村局、民政局等部门进行沟通协调，结合筠连县相关政策落实和项目资金使用的实际，进一步细化了筠连县《巩固拓展脱贫攻坚成果同乡村振兴有效衔接专项监督项目表》，拟订监督计划，挂图作战。对专项监督的9大重点任务进行细化，明确主责部门、行业主管部门的相关职能职责，确定参与部门，也对相应的纪检监察组提出监督的内容及点位，明确了监督方式和开展专项监督的时限要求。③统筹推进相关工作。结合开展巩固脱贫攻坚成果"回头看"、做好两项改革"后半篇"文章、基层治理等工作，系统推进专项监督。特别是利用这次集中对12个乡镇开展巩固脱贫攻坚成果"回头看"的契机，针对帮扶政策是否稳定、是否做好防止返贫监测和后续扶持、扶贫项目资产管理等同步开展专项监督。

其次，"减"基层压力。为了避免文件多、会议多、报表多、督查检查多、追责问责多等问题，通过工作抓结合，监督力量抓统筹，紧盯困扰基层的形式主义、官僚主义问题，切实为基层减负。

2. 统筹好"内"和"外"的关系

"内"指整合纪检监察力量。①第一纪检监察室和派驻纪检监察组协同召开专项监督座谈会，在联合督导走访工作中统筹推进专项监督工作。整合县、乡、村三级纪检监察力量，以点带面监督调研乡镇纪委开展专项监督。印发《筠连县纪检监察系统监督调研工作方案》，对筠连镇纪委、联合苗族乡纪委履行专项监督促进巩固拓展脱贫攻坚成果同乡村振兴有效衔接有关工作开展督导调研，以点带面地促进专项监督工作开展。②强化对基层"小微权力"的监督制约。聚焦巩固拓展脱贫攻坚与乡村振兴有效衔接全过程，以及村党支部书记、村委会主任"一肩挑"实施后的廉政风险，集合乡镇党委、县纪委监委和县委巡察"三支力量"，打好基层监督工作"1+3"组合拳，构建严密、高效的村级"微权力"监督体系。

"外"指整合其他监督力量。①统筹财政、乡村振兴、农业农村、民政、审计等职能部门，明察暗访、摸排问题、建立台账、跟进整改，同步开展防止返贫动态监测和风险排查有关工作。目前已实现对全县所有农户

（含 10268 户脱贫户和 563 户已消除风险的监测户）开展防止返贫动态监测全覆盖，共 94646 户 367197 人。排查结果比原有数据新增监测对象 86 户 363 人，分类、分级建立排查问题台账，因户施策制定整改措施。②强化对农村集体资产的管理。紧扣"两项改革"的"后半篇"，按照中共宜宾市纪委机关等 9 部门联合印发的《关于进一步加强农村集体资产管理的意见》的有关要求，督促县乡村振兴局、财政局等部门对全县扶贫项目资产进行清理。目前已完成对扶贫项目资产清产核资、登记造册，完成资产、财产进一步确权，并将对村集体经济组织的监督作为日常监督和巡察监督的重点工作。

3. 统筹好"标"与"本"的关系

"标"指压紧、压实乡镇党委、纪委责任，发挥好村（社区）纪检委员的前沿哨兵作用，推动巩固脱贫攻坚成果同乡村振兴有效衔接的各项政策落地落实，重点关注建设项目、资金监管问题。推动村（组）务公开。加强与民政局的沟通衔接，督促民政部门出台《村务组务公开协调配合项目标考核细则》，将对村（组）务公开纳入日常监督检查和年终考核，常态化督促全县各村（社区）以"一栏一群一评"的方式全面推进村（组）务公开。督促有关职能部门持续推动"一卡通"平台建设，让基层权力在阳光下运行。

"本"指进一步建章立制，堵塞监管的漏洞。

（二）聚焦重点工作，强化监督的精准度

1. 聚拢监督合力

牢牢把握乡村振兴领域政策运行的"关键点"、项目管理的"薄弱点"、问题易发的"风险点"，整合各类监督力量，形成系统的动态监督工作模式，增强专项监督的精准性、有效性。抓住主要矛盾、把握关键环节，紧盯乡村振兴战略实施的各环节、各领域，既督促乡村振兴、农业农村、财政、审计等部门发挥监管作用，又通过"室组地"协同联动监督的方式，发挥"上对下监督"的组织优势和"面对面监督"的距离优势，推进专项监督与日常监督有效结合。同时，灵活运用蹲点调研、交叉监督、提级监督等方式对重点事项靠前监督，实现由"单兵作战"向"协同作战"转变，推动监督下沉、落地见效。

2. 全程跟进监督

紧盯巩固拓展脱贫攻坚成果同乡村振兴有效衔接工作中重点项目和政策落地、审批验收、资金安排等重要环节开展监督，加大力度对群众反映集中和社会关注度高的农村基础设施工程建设、产业项目实行重点监控、重点督查，推进村级公开规范化、精准化、常态化。截至 2022 年 6 月，中央、四川省下发衔接推进乡村振兴补助资金 9194 万元，用于脱贫户巩固提升、特色优势产业培育和壮大、小型公益性基础设施建设补短板，以及作为项目管理费、小额信贷贴息、"雨露计划"补助等。下一步将对资金分配计划中支持巩固拓展脱贫攻坚成果的 2289.05 万元、支持衔接推进乡村振兴的 5414 万元及项目进行摸排抽查，及时发现问题、反馈问题。同时，立足"监督的再监督"，对县乡村振兴局等职能部门履行职责情况开展专项监督，主动跟进、精准发力，切实把压力传导到位。

3. 深化巡察监督

将乡村振兴战略的重大决策部署和贯彻落实情况作为筠连县巡察的重要内容，对镇、乡、村进行全面"政治体检"。

（三）聚焦重点领域，监督下沉落地

1. 重心到村到户

乡村振兴的主战场在广大乡村。全县继续保持一村一名纪检干部，让纪检干部发扬"大脚板"作风，进村入户，深入群众家中，掌握社情民意、摸排问题线索。防止纪检干部坐在办公室里等线索，电话、微信群遥控，以及不见面核实，坚决防止"只进村不入户"，"乡一遍遍下，问题在眼皮子底下没发现"，搞面上监督。要求纪检干部见人、见事、见细节，带着问题下去，把问题捞上来，深入走访，善于从与老百姓家常闲聊中发现问题线索，听听"家长里短"，解决"急难愁盼"问题。

2. 紧盯重点领域的监管

乡村振兴全面铺开后，基层实施的项目资金将越来越多，极易产生腐败问题。纪检监察机关紧盯乡村振兴涉及的重点领域、关键岗位、重要环节，紧盯资金安排、项目落地、审批验收等重要环节，开展分层次、全过程监督，严肃查处以权谋私、优亲厚友、虚报冒领等侵害群众利益的问题，为项目建设和资金使用保驾护航。

3. 助力产业发展

纪检组织会同扶贫开发、农业农村、市场监督管理等部门，对全县特色农场、电商企业、扶贫超市等进行全链条监督，建立工程项目招投标和政府采购月通报制度，督促乡镇（街道）、村（社区）加强对困难群众农副产品销售的帮扶，协助做好清点结账等工作，切实保障群众的切身利益。

4. 深化以案促改促治

县纪委监委将惩治形式主义、官僚主义问题作为对乡村振兴专项监督检查和审查调查的重点，持续整治扶贫领域、群众身边的腐败和作风问题，深化以案促改促治，把整治整改与完善制度、促进治理相结合，规范基层的权力运行。坚持严管和厚爱相结合，实事求是地运用监督执纪"四种形态"，落实好"三个区分开来"①，积极为受到诬告的干部澄清正名，促进基层干部勇于担当作为，在乡村振兴大舞台上建功立业。

（四）抓整合提素质，提升基层监督水平

1. 深化全员培训

进一步整合村级干部人才资源，坚持优中选优，目前已选优配强基层纪检委员 157 名。将对基层纪检委员的教育培训纳入全县纪检监察干部教育培训的总体计划，制定《筠连县村（社区）纪检委员培训方案》。围绕村（社区）纪检委员"是什么""干什么""怎么干""如何干得好"等内容，通过课堂讲授、案例分享、交流座谈等形式分层、分类、分片组织业务培训，全面提升纪检委员的业务素质和履职能力。2021 年以来，县乡两级累计开展业务培训 18 场次，组织测评考试 2 次，因培训和测评成绩不理想而被批评教育的有 12 人次。

2. 明确职责规范

明确村级纪检委员作为基层党风廉政建设"前沿哨兵"的职责定位，

---

① "三个区分开来"：要把干部在推进改革中因缺乏经验、先行先试出现的失误和错误，同明知故犯的违纪违法行为区分开来；把上级尚无明确限制的探索性试验中的失误和错误，同上级明令禁止后依然我行我素的违纪违法行为区分开来；把为推动发展的无意过失，同为谋取私利的违纪违法行为区分开来。

探索推广纪检委员"1234"工作法①。列出履职清单，围绕村党支部书记和村委会主任"一肩挑"后可能存在的廉政风险和村（组）务公开两个工作重点，紧扣履行宣传员、信息员、监督员"三员"职责，采取"一会、二访、三汇报、四反馈"的工作方式，扎实开展村级纪检监督工作，实现村级纪检监督职责清晰、任务明确、重点突出、方式多样。

3. 创新基层监督办法

实行基层党组织纪检委员划片管理，以乡镇为单位，将全县12个乡镇的172个村划分为4个协作片区，实现片区村级纪检监督力量统筹管理、统筹使用，解决单个纪检委员监督力量薄弱的难题。以村为单位，建立乡镇纪委委员分片联系、指导村级党组织和纪检委员的管理机制，通过交叉检查、跨片监督、分片拉练等形式开展日常监督检查，着力破解纪检委员因"熟人关系"不愿监督的难题。

4. 健全考核激励

制定《村（社区）纪检监督工作考核办法》《村（社区）纪检监督工作考核评分细则》，将加强村（社区）纪检监督工作情况纳入基层党风廉政建设工作日常暗访督查范围，作为对乡镇党委落实基层党风廉政建设责任制考核和纪委纪检监察综合业务考核的重要内容，进一步压紧压实村（社区）纪检监督工作的"两个责任"。建立健全村（社区）党组织纪检委员"能上能下"的工作机制，量化推进"目标任务考核+岗位履职考核+满意度考核"的履职尽责评价模式，将履职优秀者作为村级组织主要负责人后备人选予以考虑，对履职达不到要求者及时开展约谈提醒、诫勉谈话、组织调整。

（五）聚焦工作落实，基层监督靶向发力

乡村振兴的主战场在基层，纪检监察机关要围绕基层权力运行开展精准监督。

1. 沐爱镇开展"三色"管理，对"微权力"分类监督

筠连县沐爱镇对村级基层治理权力运行、重点项目推进过程中产生的廉政风险问题进行了深入探索思考，制定蓝、黄、红"三色"管理模式：

---

① "1234"工作法的主要内容为：1个保障，2个抓手，3个聚焦，4个突出。

对村（社区）干部坐班值班制度执行、村（社区）干部对基本制度应知应会等情况实行蓝色跟踪；对村（社区）"三务公开""三会一课"制度的落实情况实行黄色跟进；而对民生领域的低保救助、救灾救济等内容则实行红色风险管理，由镇纪委牵头，镇财政所、民政办等有关部门全程紧密跟进，使监督介入"申请—评议—公示—发放"全过程，确保申请客观、评议公正、公示公开、发放到位。

2. 巡司镇纪委在全镇启动实施"啄木鸟行动"

巡司镇纪委在镇一级成立"啄木鸟巡察组"，在25个村（社区）建立"啄木鸟驿站"，在155个（居）组设立"啄木鸟情报员"，紧紧围绕涉及乡村振兴工作的关键环节和重点领域开展沉浸式监督，通过建立完善的镇、村、组三级联动监督模式，织密基层监督网。为组建队伍，镇纪委在全镇纪检干部、村级纪检委员及部分群众代表中精挑细选、反复酝酿，建立了由33名人员组成的"啄木鸟监督人才库"，为"啄木鸟行动"提供人力资源，夯实监督力量。除开展日常监督外，该库人员还可以第一时间组建力量开展专项监督。分赴各个乡村的"啄木鸟情报员"定期或不定期地把收集到的情况反馈给村级"啄木鸟驿站"，村纪检委员视情况及时针对问题督促整改，不能办理的汇报给镇纪委提级处理。镇纪委同步开展常态化监督检查，对镇村级重大决策事项和重点工作推进情况进行巡回督导，督促处理群众来信来访，及时研判廉政风险防控，实现对镇村廉情的实时动态监督。该行动在巡司镇实施以来，已督促村（社区）建立、完善与乡村振兴有关的制度50余项，收集问题线索30余条，化解矛盾纠纷47起。

三　筠连县基层监督和乡村振兴工作中存在的问题

（一）责任压力不够，积极性待提高

巩固拓展脱贫攻坚成果同乡村振兴有效衔接涉及的行业部门，在落实主体责任方面有差距，对上面的政策和要求存在观望心态，缺乏主动作为。专项监督的9项重点任务点多面广，是一个系统性监督工程，但监督检查中发现的问题层次浅等依然突出。

（二）监督不畅，难以发现问题，"微腐败"依然易发多发

从外部监督看，上级监督偏少、同级监督偏软、群众监督偏难等问题不同程度地存在。受时空限制，上级党组织对村（社区）干部的监督方式较为单一，听汇报、看现场难以准确掌握其行使权力的情况，监督作用发挥不够。相关职能部门在工作推进中缺乏监督检查的主动性，对村（社区）组织如何开展工作、出了哪些问题跟进和了解不够，存在重投诉举报、轻监督检查，重目标控制、轻普遍治理的现象，监管职责的履行不够到位。

（三）村级集体经济发展能力较弱

一是基层干部普遍素质不高，年龄偏大，知识和能力有限，缺乏主动引导农村积极发展的魄力和能力。有些村干部缺乏责任感和担当精神，只注重发展民营经济，鼓励群众创业创新开辟市场，但对集体经济的认识和投入力度不够。二是有些村以前有债务，难以偿还，村干部不愿意去承担风险，思想压力大。同时，村集体经济在经营管理上缺乏专业的管理人才，大多是由村"两委"班子人员兼任，难免力不从心。三是集体内部的规范管理有待加强。农村集体资产没有查清，资产构成复杂，产权混乱，权责不清。对集体资产管理和监督不到位，极易造成集体资金的流失，出现变卖集体资产给亲友、低价承包、变更资产属性、强占集体自然资源等现象。四是集体经济发展制度不完善，导致部分村不能认真执行有关财务管理制度，民主监督不到位，造成财务公开透明度不强。五是部分村集体固定资产长期被闲置，未能及时处置，造成村集体固定资产损失和浪费严重。

（四）村"两委"干部的素质有待提升

一是一些村干部年龄偏大，年轻人员受薪资待遇、发展前景、保障措施等各方面的限制，不愿意进入村级组织队伍，导致许多村的后备干部人选不足。二是不少村干部对电脑、手机 App 等相关操作不熟悉，导致工作开展进度缓慢。三是部分村干部思维固化，对新思想、新发展模式接受不足，观念和思维受传统自给自足的小农思想影响，对乡村振兴的思考

不足。

（五）"一肩挑"后的权力监督有待加强

村级虽有纪检委员（纪委书记），成立了村务监督委员会，但实际上干事和监管含混不清，并未完全分开。村级干部的职能分工不明确，导致监督体系效用不明显。

（六）日常监督检查力度还不够

一是基层走访不够深入，走访面不够大，没有形成有效的监督氛围。二是纪检干部的业务素质和能力需要进一步提升。一些纪检人员发现问题、处置问题的能力不足，存在对乡村振兴工作不愿监督、不敢监督、不善监督的问题，影响监督责任的落实。三是监督方式方法单一，主要依靠干部下村走访，没有充分调动群众参与监督、主动监督。

四 下一步改进措施

（一）强化监督检查

密切关注易返贫致贫人口的收支变动情况，"两不愁三保障"政策的落实情况，及时发现问题，督促落实防止返贫动态监测和帮扶机制，加大在就业、产业、后续配套设施等方面的帮扶力度，守住防止规模性返贫的底线。要加强对脱贫摘帽后"四个不摘"情况的监督检查，持续聚焦脱贫攻坚政策落地、项目安排、资金使用、责任落实和工作作风等重点领域，加强监督检查，保持脱贫政策的连续性、稳定性，不断提升脱贫质量。

（二）发挥监督的制度优势

贯通纪律监督、监察监督与巡察监督、审计监督、财会监督、司法监督，建立议事协调、专项会商、线索移交等联系协作机制，构建系统集成、协同高效的监督体系。着力推进县、乡、村各级纪检监察工作规范化、法治化、正规化，探索建立县纪委监委"室组地"联合办公、片区协作机制。修订完善"一线监督"履责手册、工作指南，建立完善会议调度、请示报告、监督检查、线索收集等制度流程，强化对村（社区）纪检委员政治能力和履职能力的培训，切实提升基层监督质效。

（三）强化执纪问责

严厉整治不正之风。监督、推动对党中央、省委、市委关于持续纠治形式主义和官僚主义、为基层减负的部署要求的落实执行，坚决纠治文多会多、督查检查多、表格资料多等现象，整治违规将自身权责事项派交下移，以及"第一书记"不到岗、不履责等典型问题。常态化开展"拍蝇"行动，坚决查处贪污侵占、虚报冒领、截留挪用、优亲厚友等侵害群众利益的突出问题。常态化开展扫黑除恶斗争，将惩治群众身边的"村霸"及其背后的"保护伞"作为重要政治任务，对"关系网""保护伞"一律从严、从快处理，铲除基层黑恶势力滋生的土壤。督促有关部门对巩固脱贫成果进行评估，对搞数字脱贫、虚假脱贫的要严肃问责，确保脱贫过程扎实、脱贫结果真实。

巩固拓展脱贫攻坚成果同乡村振兴有效衔接责任重大、影响深远。各级纪检监察机关要提高政治站位，在全面建设社会主义现代化国家新征程上强化监督职能，为做好脱贫攻坚与乡村振兴"接力棒"的历史性交接提供坚强的纪法保障。

征稿邀请

　　《四川基层纪检调研报告》是四川省社科联重点研究基地四川省纪检监察研究中心、四川师范大学纪检监察学院等主办的，面向全国基层纪检工作征集的调研性论文集，本着面向基层纪检，发现问题、研究问题、解决问题的思路，为基层纪检工作的理论研究提供丰富真实的数据、原创的素材，为推动基层纪检工作高质量发展进行有益的探索。现热诚欢迎国内外社会科学界同仁不吝赐稿。

　　为使编辑工作规范化、标准化、现代化，现将对稿件的结构、格式及有关问题作如下说明。

　　（一）题名。应概括文章的要旨，简明、具体、确切。

　　（二）作者。每篇文章的作者都应有作者简介，包括：姓名（出生年—）、性别、民族（汉族可省略）、籍贯、职称、学位、研究方向等。若文章成果曾受到资助，应标明基金项目名称（含编号）。

　　（三）中文摘要。应反映文章的主要内容和基本观点，字数为200字左右。

　　（四）关键词。每篇文章应选3~5个最能概括文章主旨的名词性术语作关键词。

　　（五）正文。要求观点明确、立论新颖、论据可靠、语言规范通达，未在国内外公开发表过，字数以10000字以内为宜。

　　（六）注释。注释是对文章某一特定内容的解释或补充说明，采用页下注形式，用阿拉伯数字标注序号。

　　（七）参考文献。集中列于文末，用阿拉伯数字标注序号。

　　（八）本书实行匿名审稿制度。若三个月内未见用稿通知，作者可自行处理。来稿一律不退，作者请自留底稿。稿件一经发表，赠年度报告两本。为便于联系，文章末尾请留下作者姓名、电话、邮箱、通信地址。

（九）本书编辑部有权对来稿进行必要的编辑处理。若作者不允许对内容作任何改动，请在来稿中说明。

（十）来稿请勿一稿多投，严禁抄袭、剽窃，否则作者自负其责。

（十一）本书一般采用电子稿件，投稿请发送到邮箱 sicnu_jijxy@126. com，或者将纸质稿件直接邮寄至四川师范大学纪检监察学院。

注释、参考文献著录原则与样式

1. 普通图书。著录信息包括作者、文献题名、出版社及版本、页码等，如有编者、译者、注者等信息，也应当著录。英文书名斜体。例如：

①唐绪军：《报业经济与报业经营》，新华出版社，1999，第5页。

②Brian Grazer and Charles Fishman, A Curious Mind：The Secret to a Bigger Life, New York：Simon & Schuster, 2016, 188.

2. 连续性出版物，包括期刊、报纸等文献。著录信息包括作者（如无可省略）、文章篇名、连续出版物名称、出版时间、引用具体页码（版次）等，电子报刊可增加 URL 或 DOI 等信息的著录。英文报刊名斜体。例如：

①陈驰：《论人权的宪法保障》，《四川师范大学学报》（社会科学版）2000年第1期，第9页。

②陆娅楠、程远州、韩俊杰：《我国高铁营业里程年底将达3.5万公里》，《人民日报》2019年11月30日，第1版。

3. 学位论文。著录信息包括作者、篇名、学位授予单位、学位类别及时间、页码等，电子文献可著录获取或访问路径。例如：

吴云芳：《面向中文信息处理的现代汉语并列结构研究》，北京大学博士学位论文，2013。

4. 网络文献，包括新闻网页、博客在内的一切网络信息资源。除著录基本信息外，还需要著录获取或访问路径。例如：

白阳：《与你我息息相关！一批食药领域法律法规12月起施行》，新华网，http：//www. xinhuanet. com/legal/2019-11/29/c_1125289806. htm。

图书在版编目（CIP）数据

四川基层纪检调研报告. 2022：乡镇篇／李向成主编. -- 北京：社会科学文献出版社，2022.12

ISBN 978-7-5228-1240-3

Ⅰ.①四…　Ⅱ.①李…　Ⅲ.①中国共产党-纪律检查-工作-研究报告-四川　Ⅳ.①D262.6

中国版本图书馆 CIP 数据核字（2022）第 243989 号

四川基层纪检调研报告（2022）乡镇篇

主　　编／李向成
副 主 编／滕文浩　张　平
执行主编／崔　巍　毛张燕　张晓宏　陶　荣

出 版 人／王利民
责任编辑／赵晶华　谢　炜
责任印制／王京美

出　　版／社会科学文献出版社·联合出版中心（010）59367180
　　　　　地址：北京市北三环中路甲 29 号院华龙大厦　邮编：100029
　　　　　网址：www. ssap. com. cn
发　　行／社会科学文献出版社（010）59367028
印　　装／天津千鹤文化传播有限公司

规　　格／开　本：787mm × 1092mm　1/16
　　　　　印　张：24.75　字　数：407 千字
版　　次／2022 年 12 月第 1 版　2022 年 12 月第 1 次印刷
书　　号／ISBN 978-7-5228-1240-3
定　　价／128.00 元

读者服务电话：4008918866